〈教養〉としての
国際問題入門

島村直幸

Shimamura Naoyuki

［著］

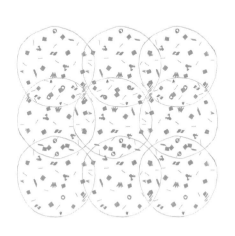

一藝社

〈教養〉としての国際問題入門

◉

目 次

第1部　トランプ政権とオバマ政権の内政と外交

第2部　安倍政権と菅政権の内政と外交

第3部　アジアをめぐる国際問題

第4部　ヨーロッパをめぐる国際問題

第5部　ロシア・核兵器をめぐる国際問題

第6部　イスラーム圏をめぐる国際問題

第9部　ハイテクノロジーをめぐる国際問題

はじめに

<教養>としての
国際問題入門の必要性

歴史は繰り返さないが、韻を踏む。　　──アメリカの作家のマーク・トウェイン

　わたしたちは過去から学び、今日のために生き、未来に期待を持たなければなりません。
　……未来の担い手である諸君が今、学校で学んでいるのは、世界中の国々の何世代もの人々が、熱心に努力して生み出した仕事の成果です。そのことを忘れないで下さい。諸君がその素晴らしい成果を手にするのは、いつか次世代に手渡すためなのです。各世代で共有できる遺産を創造することによって、人類は永遠に存続することができます。そのことを忘れないで下さい。そうすれば、人生と仕事に意義を見い出し、他の国や時代に対して適切な態度をとることができます。
　　　　　　　　　　　　　──物理学者のアルベルト・アインシュタイン

　知識はすべてを可能とする。知識がなければ、この世は闇だ。ただし、勇気をともなわない知識は無力だ。逆に勇気さえあれば、知識は不朽のものとなるだろう。
　　　　　　　　　　　　　──スペインの著述家のバルタザール・グラシアン

　2020年11月3日、稀に見る大接戦となったアメリカ大統領選挙では、本選挙での一般投票で勝者と敗者がすぐに決まらなかった。票の集計が継続された。4日後の7日に、民主党のジョー・バイデン大統領候補（前副大統領）が、「ラストベルト（錆びついた工業地帯）」の激戦州（battle-ground state）のペンシルベニア州（20名）を制し、大統領選挙人の過半数である270名を超えて、次期大統領の座をほぼ獲得した。この時点で、獲得した大統領選挙人の数は、バイデンが279名、ドナルド・トランプ大統領が214名であった（最終的には306名対232名となった）。

　7日夜、次期大統領となるバイデンは、「分断ではなく、結束を目指す大統領になることを誓う。（アメリカを）赤い州と青い州に分けて

見るのではなく、合衆国として見る大統領になる」と演説し（オバマ演説を彷彿とさせた）、「より冷静になり、もう一度互いに向き合い、もう一度互いに耳を傾ける時だ。前に進むため、互いに敵とみなすことを止めなければならない」とも述べ、アメリカ人としての結束を呼びかけた。新大統領としての品格も示した（彼の長い政治人生のなかでも最上の出来栄えか）。

●「私は最後ではない」

女性初の副大統領となるカマラ・ハリスは、「私は、はじめての女性副大統領になるかもしれないが、最後ではない。この場面を見ている幼い女の子は、アメリカの可能性がわかったからだ」と演説した（感動的ですらあった。歴史的な演説となろう）。78歳で大統領となるバイデンを支える56歳のハリスの存在感は大きい。インドとジャマイカの血を引く黒人女性で、多様性を象徴する存在でもある。

こうして、コロナ禍のアメリカの大統領選挙は、11月3日の「赤の蜃気楼（red mirage）」から、4日後の7日に「ブルー・シフト」となった。約6500万票の郵便投票を含めた期日前投票は、1億票を超えた。たしかに選挙戦終盤のトランプ大統領の猛追は、凄まじかった。大統領選挙の結果を決める激戦州でのバイデンとトランプの支持率は、投票日直前までにほぼ拮抗していたからである。

しかし、トランプ大統領は7日以降も、「選挙で不正が行われた」や「郵便投票は不正の温床だ」、「大統領選挙は終わっていない」として、法廷闘争に踏み切り、最高裁判所の判決まで持ち込む構えで、敗北をすぐに受け入れる姿勢を見せてはいなかった。最終的な決着は、長期化するかもしれなかった。大統領選挙は、敗者が敗北を認めて、完全に終結する。たしかにトランプ大統領は、敗北したとはいえ、7419万6128票（47％）を獲得した。2021年以降も、「アメリカ第一主義」や反エスタブリッシュメント

（反エリート）、反移民、労働者優先、反グローバリゼーションなど、トランプ主義は無視できない。トランプ大統領は、4年後の2024年の大統領選挙での出馬を狙っているのではないか──。問題は、自身の健康問題に加えて、本人のやる気と根気が継続するかである。

議会選挙でも、下院で民主党が多数党を維持したが、民主党は議席を減らした。上院は大接戦となり、11月7日の時点で多数党は明らかとなっていなかった。「青い波（blue wave）」は、起こらなかった。「トランピズム」、恐るべしである。上院で共和党が多数党の座を維持すれば、上院と下院で「ねじれ議会」となり、大統領との関係では、「分割政府（devided government）」の政治状況となる。逆に、上院で民主党が多数党となれば、ホワイトハウスと上院、下院を統治する政党がすべて民主党となり、「トリプル・ブルー」で「統一政府（unified government）」の政治状況となる。

上院選挙の結果は、非改選を含めて、共和党が50議席を固め、民主党は48議席を固めた。残るのはジョージア州の2議席であった。このジョージア州の2議席は、2021年1月5日に行われる決選投票で勝敗が決まる。結果は、民主党が二つとも勝利し、上院は民主党が50議席、共和党が50議席となり、「統一政府」の政治状況となった。

● 長期政権の終わりと2010年代の国際政治

日本では、8月28日に安倍晋三首相の突然の辞意表明を受け、歴代最長の長期政権となっていた安倍政権が7年8カ月で幕を閉じ、9月16日に菅政権へと移行した。菅義偉首相は、安倍政権を官房長官として支え続けたことから、内外の政策は大幅な見直しはないという見方もあるが、本格的に始動してみないとよくわからない。官僚機構や党など既存組織の古いしきたりを打ち壊し、大きく改革する姿勢を見せているからである。

　菅首相は、10月26日の所信表明演説では、たとえば、気候変動（climate change）の問題に関して、2050年までに温室効果ガスの排出量を実質的にゼロにすること（カーボン・ゼロ）を目標に掲げた。2021年11月にロンドンで開催予定（コロナ禍で1年延期された）の第26回国際連合気候変動枠組み条約締約国会議（COP26）までに計画の詳細を詰めるという。また菅政権は、「デジタル庁」を新たに設置し、日本の政治経済社会のデジタル化を大幅に推進する意向である。

　菅首相は、行政改革・国家公務員制度担当大臣、内閣府特命担当大臣（沖縄および北方対策、規制改革）の河野太郎との相性も抜群のようである。菅首相は、長期政権を目指すが、河野太郎は、「ポスト菅」の有力候補として躍り出た形である。指導層の世代交代が期待できる。もし菅政権が「ピンチ・ヒッター」の短期政権で終われば、石破茂と岸田文雄が再び総裁選挙に挑戦するであろう。持病次第だが、安倍晋三前首相が3度目の再選を図るかもしれない。逆に言えば、菅政権が長期政権となれば、石破や岸田が総理大臣になる可能性がほとんどなくなるということを意味する。

　中国では、習近平国家主席が終身化を図り、ロシアでは、ウラジーミル・プーチン大統領が院政を敷くための憲法改正を急ぐ。

　21世紀前半の国際政治は、いかなる方向性を示すのか──。米中冷戦へと突入するのか、あるいは、米中印で3極の国際システムとなるのか。もしくは、欧州連合（EU）やロシア、日本が復活して、多極の国際システムとなるのか。それとも、ポスト・モダンの「新しい中世」へと向かい、"近代"が終わるのか──。

　2020年以降の国際政治を展望するにあたり、2020年や2021年の現状分析だけでなく、2010年代の10年間の国際問題の動向を踏まえる必要がある。たとえば、2010年12月18日からは、チュニジアで「ジャスミン革命」が

起こり、2011年以降、「アラブの春」として民主化の動きはほぼアラブ諸国全域に影響が及んだ。チュニジアをはじめ、エジプトやリビア、イエメンでは政権が交代した。長期独裁体制が瓦解したのである。ただし、民主主義がすぐに根づいたわけではない。

　国内問題になるが、同じ2011年には日本で「3.11」の東日本大震災があり、大きな津波が東日本の沿岸部を襲い、福島では原子力発電所が大きな被害に見舞われた。その後、大震災からの復興が目指されたが、日本は、復興後のヴィジョンをより明確に描く必要性に迫られてきた。残念ながら、被災地の復興はまだ道半ばである。政治家の指導力と国民の創造力が問われる。

　2010年代の国際関係で注目すべき点の一つは、地政学が復活したことである。たとえば、2014年3月18日にはプーチンのロシアがウクライナのクリミア半島を併合した。冷戦後にはじめての国境線の書き換えとなった。中国は、特に2010年代に入り、南シナ海と東シナ海で積極的な海洋進出を試みてきた（いる）。2013年11月23日には、尖閣諸島上空を含む東シナ海上空に「防空識別圏（ADIZ）」を設定した。中東地域では、アラブの春後の混乱に乗じて、一時期、イスラーム国（IS）が台頭し、国際社会にとって深刻な脅威となった。こうして、国際社会は、ロシアと中国のモダンな脅威に直面し、イスラーム国（IS）のプレ・モダンな脅威に直面してきた。さらに国際社会は、気候変動（climate change）の問題というポスト・モダンの脅威にも取り組む必要がある。

◉ 新型コロナ・ウイルスと貧富の格差の拡大

　2020年には、新型コロナ・ウイルスの感染がグローバルに拡大し、パンデミックとなった。2020年12月31日の15時（日本時間）には、世界の感染者は8270万7976人で、死者は180万5002人を数えた。

4

その後も、感染拡大はさらに続いた。2020年から2021年にかけての冬のシーズンに、北半球で感染拡大の第三波が懸念される。「ウィズ・コロナ」から「ポスト・コロナ」への世界像を描いていく必要がある。政治や経済、企業のあり方、働き方、ライフ・スタイル、社会のあり方の大幅な見直しを迫られよう。米中を軸とした覇権争いにも、大きな影響を及ぼすであろう。新型コロナ・ウイルスの感染拡大を強権でいち早く抑え込んだ中国は、経済成長を取り戻しつつある。

加えて、「ハイパー・グローバリゼーション」の進展により、貧富の格差が拡大し（上下の"分断"）、難民と移民が大量に出ることによって、主要国の間で、ポピュリズム（大衆迎合主義）やナショナリズムが台頭している。2016年6月下旬のイギリスの欧州連合（EU）からの離脱劇（Brexit）や11月8日のアメリカ大統領選挙でのドナルド・トランプの勝利、2017年以降のヨーロッパ各国でのポピュリズムの台頭などが指摘できる。民主主義やリベラリズムの後退が指摘されるほどである。"異形"の大統領トランプが、自由民主主義（政治の民主化や民主主義の促進）や資本主義（経済の市場化や自由貿易の拡大）、法の支配などリベラルな価値観をほとんど語らなかったため、アメリカ中心のリベラルな国際秩序は、地政学の復活もあって、大きな岐路に立たされてきた。

バイデン政権は3月3日、暫定版となる『国家安全保障戦略（NSS）』をまとめ、中国を「国際秩序に挑戦する唯一の競争相手」と位置づけた上で、「新しい国際規範や合意を形作るのはアメリカだ」と宣言した。ほぼ同時に、バイデン政権とアメリカ議会は、2020会計年度から273億ドルの予算を投じ、沖縄からフィリピンを結ぶ第一列島線に沿って米軍の対中ミサイル網を築くことを検討し始めた。

● 「真実後（post truth）」を生きるために

はたして、2021年以降の国際問題をいかに展望すべきなのか——。2020年や2021年の現状分析だけでなく、少なくとも、2010年代の10年間の国際問題を丹念に振り返ることで、その糸口を探る必要があると言えよう。国際政治も、国内政治も、"変化"と"継続"を見極める眼が特に必要となる。＜教養＞や＜知識＞を深めるための国際問題の入門書をまとめることが本書の目的である。比較的に新しい歴史を取り上げるが、歴史の重要性を軽視しているわけではない。かつてシンクタンクで調査・研究もしていたから、現実の世界にも関心が深いだけである。

インターネットやスマートフォンの普及で情報は大量かつ容易に入手できるようになった時代だからこそ、＜教養＞や＜知識＞を身につける必要性はむしろ高まっている。本を読むことでしか身につかない＜教養＞や＜知識＞もある。ソーシャル・ネットワーキング・サービス（SNS）など新しいメディアの登場と発達で、現実の真実があいまいとなりつつある。「真実後（post truth）」の世界である。こうして、道しるべなき21世紀を生きるわれわれにとって、豊富な＜教養＞や＜知識＞を身につけることは、差し迫った重要な課題であると言ってよい。アルベルト・アインシュタインの「想像力・創造力は知識よりも重要だ。知識には限界があるが、想像力・創造力は世界を包み込む」という言葉もあるが、想像力・創造力の土台となるのは、まず＜教養＞や＜知識＞であろう。

第1部

オバマ政権とトランプ政権の内政と外交

一歩踏み出すだけでは、地上に道はつくれない。同じく、わずかな思考では、心に道はつくれない。何度も繰り返し歩かなければ、道はできない。人生にとって大切なことを何度も試行しなければ、心に深く刻まれた道はつくれないのだ。

──アメリカの思想家のヘンリー・デイヴィッド・ソロー

いくつもの課題を克服するために、アメリカの魂を再生し、アメリカの未来を確保するためには、言葉だけでは到底足りません。はるかにたくさんのことが必要です。民主主義において何より得がたいもの、つまり結束が必要なのです。結束が。

──アメリカのジョー・バイデン大統領の就任演説

私たちは、正直さと誠実さを学んだ。真実が重要であることを、近道をしないことを、都合のいい自分だけのルールにしたがわないことを。そして、公平で正当なものでない限り、真の成功は得られないことを。

──アメリカの法律家でバラク・オバマ元大統領の妻のミッシェル・オバマ

人は過ちを認められるほど寛容で、その失敗から学べるほど賢く、原因となった欠点を直せるほど強くなければならない。

──アメリカの作家のジョン・C・マクスウェル

第**1**章

「トランプ化」する共和党と郊外で躍進する民主党
──レーガン主義の終わり？

● はじめに ── 2020年大統領選挙の意義

　2020年11月3日のアメリカ大統領選挙は、「規格外」であったトランプ政権の4年間を問う信任投票の性格が強かった。熱烈なトランプ支持者と反トランプの有権者との対立が、改めて浮き彫りとなった。ドナルド・トランプ大統領とジョー・バイデン前副大統領、どちらが勝利しても混乱が予想された。

　保守とリベラルのイデオロギーのさらなる分極化（左右の"分断"）の背景の一つには、マスメディアの分極化がある。保守的な有権者は、FOXテレビなど保守のマスメディアしか見ず、ますます保守的になる。これに対して、リベラルな有権者は、CNNなどリベラルなマスメディアしか見ず、ますますリベラルになっていく。ソーシャル・ネットワーキング・サービス（SNS）の普及によっても、同じような現象が観察できる。

　コロナ禍のため、約6500万票の郵便投票も含めて、1億票以上と期日前投票が多かった。そのため、集計に遅れが生じることは、早くから予測できた。実際、「選挙に不正があった」や「郵便投票は不正の温床だ」、「大統領選挙は終わっていない」などと申し立て、トランプは、法廷闘争に踏み切った。最高裁判所での判決に持ち込まれることになるのか、それとも年明けの下院での投票まで持ち込まれるのか、注目された。

　しかし、「選挙に不正があった」という主張には、ほとんど法的根拠がなかった。11月23日には、トランプ政権も、政権以降のプロセスに応じる姿勢を示した。ウィリアム・バー司法長官は、12月1日に、「結果を覆すほど重大な不正があった証拠は確認されていない」と言明した。

　「トランプ的なもの」をいかに克服するのか──。敗北したとは言え、トランプ大統領は、7419万6128票（47％）の得票数を獲得した。したがって、「アメリカ第一主義（America First）」、反エスタブリッシュメント（反エリート）と反移民、労働者優先、反グローバリゼーションといったトランプ主義は依然として残る。バイデン政権も、トランプ支持者たちの主張を無視できないであろう。

　もしトランプが再選された場合、アメリカの"自画像"が揺らぐことになるところであった。万が一、法廷闘争の結果、トランプが再選されることになれば、民主主義の根幹である選挙の正統性が問われることになる。

1 ● 2020年大統領選挙
（と議会選挙と州レベルの選挙）

　2020年9月上旬の労働の日（レイバー・デー）明けの世論調査でバイデンが優勢であった。49.9％対42.8％で、7ポイントの差があった。

　10月のテレビ討論会（televised debate）は、お互いに非難の応酬で政策論争にならなかった。「史上最悪のテレビ討論会」と批判された。

　バイデンは77歳（就任時は78歳）、トランプは74歳で、ともに高齢である。そのため、鍵を握るのがラニング・メイト（副大統領候補）の存在である。民主党のカマラ・ハリス上院議員と共和党保守派のマイク・ペンスである。ハ

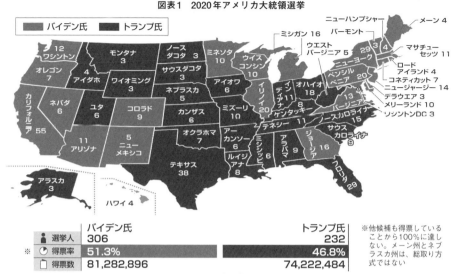

図表1　2020年アメリカ大統領選挙

		バイデン氏	トランプ氏
👤	選挙人	306	232
⏱	得票率	51.3%	46.8%
📄	得票数	81,282,896	74,222,484

※他候補も得票していることから100%に達しない。メーン州とネブラスカ州は、総取り方式ではない

［出典］https://mainichi.jp/articles/20201216/ddm/003/030/085000c

リスは、インド系・ジャマイカ系アメリカ人で黒人女性である（アフリカ系アメリカ人ではない。ハリスは、女性初の副大統領となる）。

「10月のサプライズ」は、トランプ大統領が10月上旬に新型コロナ・ウイルスに感染したことであった。トランプの支持率は大幅に低下した。しかし、復帰後、トランプの追い上げは、凄まじかった。大規模集会の開催や徹底した戸別訪問などで、「激戦州（battle ground states）」での支持率の差をにわかに縮めたのである。

10月3日の4日後の7日に、バイデンが東部の「激戦州」であるペンシルベニア州で勝利し、バイデンの大統領選挙での勝利がほぼ確定した。279名で過半数を超えたのである。ただし、トランプも最終的に、7419万6128票を獲得した。「トランピズム」恐るべしである。

議会選挙の結果は、下院では民主党が多数党となり、上院も民主党多数議会となった。「ねじれ議会」は解消され、大統領とアメリカ議会（上下両院）を同じ政党が統治する「統一政府（unified government）」の政治状況になった。上院選挙の結果、もし「分割政府（divided

government）」の政治状況になっていれば、「建国の父たち」が企図したように、内政による＜抑制＞がより強く働くことになるはずであった。

2◉「トランプ旋風」と「サンダース旋風」

「トランプ旋風」と「サンダース旋風」は、共和党と民主党の将来の方向性を指し示す。構造的な変化であり、一過性の現象ではない。

トランプ旋風のルーツは、少なくとも2008年以降の「茶会（Tea Party）」運動にまで、さかのぼることができる。「茶会」運動は、指導者不在で、グラスルーツの運動であり、リバタリアン（自由至上主義者）的傾向があった。極端な「小さな政府」路線をとる。「放っておいてくれ（leave us alone）」連合であった。ただし、宗教右派も部分的に加わっていた。

「茶会」運動は、オバマ政権の医療保険制度改革（オバマケア）に特に反対した。2010年11月2日の中間選挙での共和党の躍進に貢献し、下院では、共和党が多数党となった。その結果、「分割政府」の政治状況となった。

またトランプ旋風は、約30年前の冷戦の終

結直後のパット・ブキャナンの「アメリカ第一主義」にまでさかのぼることができる。さらに、80年近く前の真珠湾奇襲攻撃前の「アメリカ第一主義委員会」にまでさかのぼることもできる。「アメリカ第一主義委員会」は、孤立主義の団体で、反ユダヤの差別的な傾向もあった。冒険家のチャールズ・リンドバーグがスポークスマンであった。

これに対して、サンダース旋風のルーツは、2011年9月以降の「ウォール・ストリートを占拠せよ！（Occupy Wall Street!）」運動にまでさかのぼることができる。サンダース旋風は、2020年6月上旬以降の「黒人の命は重要だ（Black Lives Matter: BLM）」運動との"共振"を指摘することができる。サンダース支持者もBLM運動の支持者も、ミレニアム世代やZ世代の若者が多いためである。

トランプ旋風とサンダース旋風の背景として、貧富の格差の拡大（上下の"分断"）がある。「ハイパー・グローバリゼーション」の副作用である。極端な現在の貧富の格差を解消するためには、国家（政治）が市場（経済）に干渉し、福祉のセーフティー・ネットを張りめぐらせる必要がある。

3●「トランプ化」する共和党、郊外でのリベラル化

共和党は、「トランプ化」してきた。「トランプ党」になってしまった。なぜ共和党は、「トランプ化」したのか――。トランプ大統領は40％弱の強固な支持基盤があり、共和党支持者の8割、9割がトランプを支持するため、共和党の議員たちがトランプの政策に反対できなかった。「トランピズム」を無視できないのである。

郊外でのリベラル化の動きも注目される。2018年11月の中間選挙の郊外での民主党の躍進、特に進歩派（progressive）や女性の伸長があった。

注目すべきことに、大票田のテキサス州が「青い州（blue state）」になる日が遠くない、と指摘される。共和党の地盤であった南部のアリゾナ州では、2020年11月3日の大統領選挙で、民主党のバイデンが勝利した。カリフォルニア州からテキサス州やアリゾナ州へ、リベラル志向の若いIT人材が移り住むと同時に、メキシコなどから移民であるヒスパニック系が増えているためである。大票田のテキサス州が「青い州」になれば、共和党はほぼ未来永劫、大統領選挙で勝利できなくなる。

全米レベルでも、ヒスパニック系などマイノリティーの増加を受けて、遠くない将来に、白人がマイノリティーになる日が来ると予測されている。こうした人口動態の変化に鑑みて、長期的には民主党が優位の時代へ突入することは必至である。そのため、ポール・ライアン下院議長など共和党の「ヤング・ガンズ」たちも、たとえば、移民政策などを転換し、共和党の変革を目指していた。ところが、2016年11月8日の大統領選挙で、主に白人労働者の支持を獲得して、トランプが勝利してしまった。

4●「レーガン主義」の終わり？
――「小さな政府」の時代の終わり？

1980年11月4日の大統領選挙では、保守派のロナルド・レーガンが勝利した。「レーガン主義」は、「小さな政府」路線で、経済政策としてレーガノミクス（大幅減税、規制緩和、金融の自由化、福祉の削減など）を推進し、外交と安全保障政策では「力による平和（peace through strength）」のアプローチをとった。

レーガン政権後、1990年の冷戦の終結で、レーガン主義が"神聖化"された。

続くブッシュ・シニア政権は、共和党穏健派の政権で、しかもアメリカ経済が低迷していたため、1期4年間のみで終了した。

1990年10月3日のドイツ再統一で、冷戦が終結した。その伏線として、1989年夏からの東欧革命と11月9日のベルリンの壁崩壊、12

月2-3日のマルタでの米ソ首脳会談での「冷戦の終結」宣言があった。ブッシュ・シニア外交は、実務外交で、こうした冷戦の終結という国際システムの変化をソフト・ランディングさせることに成功した。

1989年6月4日の天安門事件後には、ブッシュ・シニア政権は、後に批判されることになるが、表向きは経済制裁を科すなど強硬姿勢を見せつつも、水面下では中国に対して慎重姿勢をとった。政府高官らが訪中していたのである。

1991年1月17日からの湾岸戦争に際しては、ブッシュ・シニア大統領は、「新世界秩序（new world order）」構想を掲げた。ブッシュ・シニアの支持率は、一時、90％を超えた。1991年12月25日には、ソ連邦が崩壊した。

ブッシュ・シニア政権は、冷戦の終結に直面して、多国間主義（multilateralism）のアプローチによる国際秩序の再編を試みた。

ビル・クリントンは、1992年11月3日の大統領選挙を「ニュー・デモクラット」として戦った。現職のブッシュ・シニア大統領に対しては、「経済が重要なのだよ、愚か者！（it's economy, stupid!）」と言い放ち、経済重視の姿勢を見せた。クリントン政権の下で、1990年半ばまでには、アメリカ経済が再生された。注目すべきは、ブッシュ・シニア政権と同じく、マルチラテラリズムによる国際秩序の再編を目指したことである。

クリントン政権は、1995年2月1日に、『関与と拡大（engagement and enlargement）の国家安全保障戦略』を打ち出した。これから脅威となる中国を封じ込めるのではなく、宥和するのでもなく、中国に関与し、中国をアメリカ中心の国際経済に関与させ、中国を"取り込む"ことで、中長期的に、中国でも民主主義の"拡大"を図るという戦略であった。

内政では、クリントン大統領は、1996年1月23日の一般教書演説で、「大きな政府の時代は終わった」と述べた。

時期をさかのぼるが、1994年11月8日の中間選挙では、上下両院で、共和党の躍進し、民主党は大敗した。特に下院で共和党が多数党となるのは、実に40年ぶりであった。クリントン大統領の再選は難しい、と指摘された。しかし、クリントン大統領は、「トライアンギュレーション（三角測量）」の選挙戦略で、保守でもなくリベラルでもなく「第三の道」をとって、1996年11月5日の大統領選挙で再選されることとなった。

クリントン政権は、2期目の外交と安全保障政策の優先課題として、北大西洋条約機構（NATO）の東方拡大と対中関与を推進していく。

2000年11月7日の大統領選挙では、共和党のジョージ・W・ブッシュ大統領候補が、「思いやりのある保守主義（compassionate conservative）」を掲げて、ごく僅差であったが、現職のアル・ゴア副大統領に勝利した。W・ブッシュは、まず教育改革の争点を重視し、郊外の「サッカー・ママ」へアピールした形であった。またW・ブッシュは、内政では、「信仰に基づくまたコミュニティによるイニシアティブ（Faith-based and Community Initiatives: FBCI）」を推進していく。

W・ブッシュ政権は、外交と安全保障政策では、単独主義（unilateralism）のアプローチをとった。「9.11」同時多発テロ攻撃以降は、アフガニスタン戦争を戦い、「先制（pre-emption）」のドクトリンを『国家安全保障戦略』で打ち出し、イラク戦争へ突入していく（いずれの戦争も戦後復興で躓いた）。

2期目に入ってから、W・ブッシュ政権は、中国に対して、大国らしい振る舞いを要求し、「責任ある利害共有者（responsible stake-holder）」となるよう促した。

また、サブプラム金融危機（2017年7月〜）と「リーマン・ショック」（2018年9月15日）で、アメリカ経済発の世界金融危機に見舞われた。「新自由主義」に基づくハイパー・グロー

バリゼーションの限界が露わとなったのである。皮肉なことに、「小さな政府」路線をとる保守派のW・ブッシュ政権は、長引くアフガニスタン戦争とイラク戦争に加えて、経営破綻した金融機関の救済のため、「大きな政府」路線に傾斜してしまった。「茶会」運動の起源は、この時期にある。

バラク・オバマ大統領候補は、2008年11月の大統領選挙で、「民主党の大統領でもなく、共和党の大統領でもなく、アメリカ合衆国の大統領を選ぼう」と有権者に訴えて、「赤と青」で分断されたアメリカの国家統合と国民統合、"融和"と"結束"を目指した。こうした融和姿勢は、「ザ・スピーチ」と呼ばれた、2004年夏の民主党の全国党大会でのオバマの応援演説にさかのぼることができる。

オバマ外交は、2009年4月5日のプラハ演説で、「核兵器のない世界」をまず訴えた。

ヒラリー・クリントン国務長官の「マルチ・パートナーの世界」演説（2009年7月15日）は、オバマ外交の戦略的指針を描いた。オバマ外交は、マルチラテラリズムのアプローチをとり、中国やロシア、インドと戦略的対話を模索し、イランや北朝鮮の「ならず者国家」に対しても対話の姿勢を見せた。クリントン国務長官は、ジョセフ・ナイの言う「スマート・パワー」の政策概念にも強く影響されていた。スマート・パワーとは、"目に見える"軍事力や経済力の「ハード・パワー」と"目に見えない"他国を魅了する力の「ソフト・パワー」を"賢く"使い分けていくことを目指すものである。

オバマ政権は、内政では、医療保険制度改革（オバマケア）をまず推進した。これに対しては、繰り返しになるが、「茶会」運動が強く反発した。

またオバマ政権は、ロシアとの間で、新STRT条約を締結した（2010年4月8日に署名、2011年2月5日に発効）。オサマ・ビン・ラーディン暗殺（2011年5月2日）も実現し、「テロとの戦い」で一定の成果を収めた。2011年

11月には、「再均衡（rebalancing）」ないし「アジア旋回（pivot to Asia）」で、中国の脅威を牽制するようになった。

オバマ政権下では、「インド太平洋（Indo-Pacific）」の地域概念が生まれたことも注目される（クリントン国務長官の2010年10月28日の演説）。

以上は、オバマ政権1期目の政策の成果である。政権2期目には、オバマ大統領は、「歴史に名前を残す」ため、大統領の裁量が大きい外交と安全保障政策で、大きな成果を残した。まずイラン核合意（2015年7月14日）で、当面の中東地域の安定化を図った。環太平洋経済連携協定（TPP）の大筋合意にもこぎ着けた（2015年10月5日）。「パリ協定」（2015年12月12日）では、気候変動（climate change）問題へ国際的な枠組み作りを主導した。

懸念されるのは、オバマ大統領が、「アメリカはもはや世界の警察官ではない」とか、「（ジョージ・ケナンのような）戦略家は今、必要ない」とか、内向きの対外姿勢を見せていたことである。オバマ政権とトランプ政権には、こうした継続性も指摘できる。

● おわりに──トランプ政権の政策とその後

トランプ大統領候補は、2016年11月8日の大統領選挙を「アメリカ第一主義」と「アメリカを再び偉大にする（Make America Great Again）」というキャッチフレーズで戦い、クリントン元国務長官に勝利した。政権移行期から、保守派のペンス副大統領の存在感が大きかった。ヘリテージ財団などから保守派の人材が多数政権入りすることとなった。

トランプ政権はまず、TPPからの離脱を図った（2017年1月23日）。トランプ大統領は、保護貿易に傾斜し、二国間交渉を好んだ。

また、「パリ協定」からの離脱を表明した（2017年6月1日）。

次いで、米中貿易戦争を中国に対して、仕か

けた（2018年7月〜）。2008年10月4日のペンス演説で、米中の「新しい冷戦」へ突入したという議論も生じた。

トランプ大統領は、この間、イラン核合意からの離脱も発表した（2018年5月8日）。北米自由貿易協定（NAFTA）は、再交渉され、USMCAへ移行した（2018年9月30日に合意、11月30日に署名）。中東地域では、「イスラーム国（IS）」の掃討に力を注ぐも、対外関与や軍事介入には消極的であった。

2018年11月中旬に訪日したペンス副大統領は、安倍政権の「自由で開かれたインド太平洋（Free and Open Indo-Pacific : FOIP）」戦略に同意した。この戦略は、菅政権の下で、日米豪印戦略対話（Quadrilateral Security Dialogue: Quad）の推進へと引き継がれていく。

またトランプ政権は、特にヨーロッパの同盟国との間に亀裂を残した。たとえば、NATOと日本など、同盟国に防衛予算の増額（GDP比2%以上）を要求した。ただし、日米関係は、トランプ大統領と安倍晋三首相との間の信頼関係のため、同盟が"漂流"することなく、日米同盟の強化が図られた。

問題は、バイデン政権の下で、「トランプ後」をいかに描くか、である。共和党は、変革・再生の必要性がある。「脱トランプ化」は可能か――。トランプ後も、「トランピズム」は残る。トランプが、2024年11月の大統領選挙に再び、出馬するかもしれない。あるいは、より若いトランプのような大統領候補が、近い将来再び、出現するかもしれない。

民主党も変革・再生の必要性がある。バイデンは、民主党内の変化をまったく象徴していない。民主党では、繰り返しになるが、進歩派や女性が台頭している。マイノリティーなどを念頭に置いて、多様性を重視する必要もある。バイデンは実際、多様性と安定性を重んじた人事案を発表した。バイデン自身は、ワシントン政治のインサイダー中のインサイダーである。

最後に問題となるのは、アメリカ中心のリベラルな国際秩序（LIO）をいかに再構築するか、である。たとえば、ネオリベラリストのジョセフ・ナイやジョン・アイケンベリー、ジャーナリストのファリード・ザカリアなどは、リベラルな国際秩序は「頑強である（is alive）」、と主張する。これに対して、攻撃的リアリズムのジョン・ミアシャイマーや国際政治学者のウォルター・ラッセル・ミード、ジャーナリストのギデオン・ラックマンなどは、リベラルな国際秩序は「終わった（is over）」と主張する。さらに、ネオクラシカル・リアリズムのギデオン・ローズやリアリストのリチャード・ハースなどは、イギリスの欧州連合（EU）からの離脱劇（Brexit）やトランプ政権の成立などで、リベラルな国際秩序は崩壊しつつあるが、「トランプ後」の新しい政権で、再構築を図るべきである、と主張する。

さらにローズは、「埋め込まれた自由主義2.0」の必要性を指摘する。「埋め込まれた自由主義」とは、第二次世界大戦の終結時に、アメリカ中心で戦後の国際経済制度を形成するにあたり、国内の完全雇用の実現と福祉のセーフティー・ネットを張る必要性を前提とした上で、国際レベルでの自由貿易の拡大を図るという妥協、取り引きである。ハイパー・グローバリゼーションの進展にともない、貧富の格差が拡大するなかで、「埋め込まれた自由主義2.0」が強く求められる。貧富の格差の是正のため、国家（政治）の市場（経済）や個人への何らかの干渉が必要である。

「ウィズ・コロナ」から「ポスト・コロナ」への移行期には、国際社会全体で、政治経済や社会、企業のあり方、働き方、ライフ・スタイル、地域のあり方などは、大きな変容を迫られるものと思われる。「ポスト・コロナ」の処方箋としては、SDGs（持続可能な開発目標）が注目される。はたして、「ポスト・コロナ」の国際秩序はいかなる姿を見せるのか――。

12

●バイデン政権の主要な人事

・大統領首席補佐官
　ロン・クレイン元首席副大統領補佐官
・大統領次席補佐官
　ジェニファー・オマリーディロン
　　（バイデンの選対本部長）　＊女性
・行政管理予算局（OMB）局長
　（ニーラ・タンデン　＊インド系女性←取り下げ）
・国家安全保障担当大統領補佐官
　ジェイク・サリバン元副大統領補佐官
・国家安全保障会議（NSC）インド太平洋調整官（新設）
　カート・キャンベル元国務次官補
　　（東アジア・太平洋担当）
・国家経済会議（NEC）委員長
　ブライアン・ディーズ元NEC副委員長、元OMB副
　　局長
・NECテクノロジー・競争政策担当大統領特別補佐官
　ティム・ウー・コロンビア大学教授
・国内政策会議（DPC）委員長
　スーザン・ライス元国家安全保障問題担当大統領補
　　佐官　＊アフリカ系女性
・大統領上級顧問
　セドリック・リッチモンド下院議員　＊黒人
・大統領顧問
　スティーブ・リケッティ元副大統領首席補佐官
・大統領法律顧問
　ダナ・レムス　（バイデン陣営の法律顧問）
・気候問題担当の大統領特使（新設）
　ジョン・ケリー元国務長官
・国内環境政策の調整役
　ジーナ・マッカーシー元環境保護局（EPA）長官
　　＊女性
・大統領科学顧問
　エリック・ランダー・ブロード研究所所長
・副大統領首席補佐官
　ティナ・フロノイ（クリントン元大統領首席補佐官）
　　＊黒人女性
・安全保障問題担当副大統領補佐官
　ナンシー・マケルダウニー元ブルガリア大使
　　＊女性
・内政担当副大統領補佐官
　ロヒニ・コソグル（ハリスの上級顧問）　＊女性

・国務長官
　アントニー・ブリンケン元国務副長官
・国防長官
　ロイド・オースティン元陸軍大将　＊黒人
・中央情報局（CIA）長官
　ウィリアム・J・バーンズ元露大使、元国務副長官
・国土安全保障長官
　アレハンドロ・マヨルカス元国土安全保障副長官
　　＊ヒスパニック系
・国家情報長官
　アブリル・ヘインズ元CIA副長官　＊女性
・国連大使
　リンダ・トーマス・グリーンフィールド元国務次官補
　　＊アフリカ系女性
・財務長官
　ジャネット・イエレン前米連邦準備制度理事会
　　（FRB）議長　＊女性
・財務副長官
　アデワレ・アデエモ元消費者金融保護局（CFPB）の
　　首席補佐官　＊アフリカ系
・商務長官
　ジーナ・レイモンド・ロードアイランド州知事
　　＊イタリア系女性
・商務副長官
　ドン・グレイブス元副大統領経済顧問
・米国通商代表部（USTR）代表
　キャサリン・タイ元USTR中国担当法律顧問
　　＊アジア系女性
・経済諮問委員会（CEA）委員長
　セシリア・ラウズ元CEA委員　＊アフリカ系女性
・CEA委員
　ジャレド・バーンスタイン元副大統領経済顧問
・CEA委員
　ヘザー・ブシェイ元副大統領経済顧問
・司法長官
　メリック・ガーランド・ワシントン連邦高裁判事
・厚生長官
　ハビエル・ベセラ・カリフォルニア州司法長官
　　＊メキシコ系
・エネルギー長官
　ジェニファー・グランホルム元ミシガン州知事
　　＊女性

・連邦環境保護局（EPA）長官
　マイケル・リーガン・ノースカロライナ州環境品質
　　局長
・内務長官
　デブラ・ハーランド下院議員　＊先住民女性
・教育長官
　ミゲル・カルドナ・コネティカット州教育長
　　＊ラテン系
・労働長官
　マーティ・ウォルシュ・ボストン市長
・農務長官
　トム・ヴィルザック元アイオア州知事、元農務長官
・運輸長官
　ピート・ブティジェッジ
　元インディアナ州サウスベント市長　＊LGBT
・中小企業庁長官
　イザベル・グスマン・カリフォルニア州経済開発担当
　　＊女性
・住宅都市開発省（HUD）長官
　マルシア・ファッジ下院議員　＊アフリカ系女性
・退役軍人長官
　デニス・マクドノー元大統領首席補佐官
・大統領報道官
　ジェン・サキ元国務省報道官　＊女性
・ホワイトハウス広報部長
　ケイト・ベディングフィールド
　　（バイデン・ハリス選対陣営の広報担当）　＊女性
・バイデン夫人の広報部長
　エリザベス・アレキサンダー元副大統領報道官
　　＊女性
・副大統領の広報部長
　アシュレー・エディエンヌ
　　（バイデン・ハリス選対陣営の顧問）　＊女性
・大統領副報道官
　カリーヌ・ビア
　　（バイデン・ハリス選対陣営の顧問）＊女性
・副大統領報道官
　シモーン・サンダース
　　（バイデン・ハリス選対陣営の顧問）　＊女性
・ホワイトハウス副広報部長
　ビリ・トバール元シューマー上院院内総務のメディ
　　ア広報部長　＊ヒスパニック系女性

●ヒラリー・クリントンの政策スタッフ（2016年）

《ヒラリー・ランド（女傑集団）》
・シェリル・ミルズ元国務長官付首席補佐官
・ヒューマ・アベディン元国務長官付次席補佐官
・ニーラ・タンデン・アメリカ進歩センター所長
・メラニー・バービアー元国際女性問題担当大使
・マドレーヌ・オルブライト元国務長官
・フマ・アベディン個人的秘書

《外交・安全保障チーム》
・ジョセフ・ナイ元国防次官補
・カート・キャンベル元国務次官補
・ジェイク・サリバン元副大統領付国家安全保障問題
　担当補佐官
・ミッシェル・フロノイ元国防次官
・ローラ・ローゼンバーグ元国務省アジア問題担当
・ウェンディ・シャーマン元国務次官
・ウィリアム・バーンズ元国務副長官
・アン・マリー・スローター元国務省政策企画室室長
・ジム・スタブリディス元北大西洋条約機構（NATO）
　最高司令官
・ジェームズ・スタインバーグ元国務副長官
・ジェフリー・ベーダー元国家安全保障会議（NSC）
　上級アジア部長
・レオン・パネッタ元国防長官、元首席補佐官
・ニック・バーンズ元国務次官
・スティーヴン・ステファノヴィッチ元ロシア大使

《経済アドバイザー》
・ラリー・サマーズ元財務長官
・ロバート・ルービン元財務長官
・アラン・ブラインダー元大統領経済諮問委員会委員
・トム・ナイズ元国務副長官
・ロバート・ホーマッツ元国務次官
・ダニエル・タルーロ元国際経済問題大統領補佐官
・ジョセフ・スティグリッツ元コロンビア大学教授
・ジャレッド・バーンスタイン元副大統領付経済顧

第2章

アメリカ大統領選挙の仕組みとは何か

● はじめに —— ポイントと予備知識

アメリカでは、4年に一度、大統領選挙が実施される。オリンピックと同じ年である。

予備選挙と党員集会で、民主党と共和党の大統領候補を決め、本選挙での一般投票で大統領が確定する。

アメリカの大統領には2期8年間の任期制限があるため、たとえば、2016年11月の大統領選挙で、バラク・オバマ大統領は再選されることはなかった。

特に2000年の大統領選挙以降、共和党と民主党の勢力は伯仲しているため（「赤と青」のアメリカ）、大統領選挙（と議会選挙と州知事選挙など）は、（大）接戦となる傾向がある。

背景には、1970年代以降のアメリカ政治で、保守とリベラルのイデオロギーが分極化していることがある（左右の"分断"）。そのため、有権者は、民主党支持層と共和党支持層、無党派層で、それぞれ3分の1ずつ分かれている。したがって、厳密には「赤と青と紫」のアメリカである。

また、アメリカ大統領選挙では、事前に有権者登録をしなければ、本選挙の一般投票で投票できない。低投票率の原因の一つとなっている。

1 ● 2020年アメリカ大統領選挙

2020年11月3日に、4年に一度のアメリカ大統領選挙が実施された。同時に、議会選挙と州知事選挙、州議会選挙も行われた。

アメリカは、民主党と共和党の二大政党があり、歴代の大統領はそのどちらかから選ばれてきた。こうして、強固な二大政党制だが、それぞれの政党の規律は比較的に弱く、党議拘束が強くかからない。イギリスや日本など、議院内閣制下の強い政党とは異なる。

現職の共和党のドナルド・トランプ大統領が、再選されるかが焦点となった。トランプ政権4年間の信任投票の性格が強かった。これに対抗して、民主党からは20名を超える候補者が出馬表明した。最終的には、ジョー・バイデン前副大統領が民主党の大統領候補となった。

2020年11月の大統領選挙の結果は、すでに見た通り、11月半ばまでに、バイデンが306名、トランプが232名の大統領選挙人を獲得し、バイデンの勝利が確定した。

2 ● 大統領選挙の予備選挙と党員集会 —— 2月から6月まで

アメリカ大統領選挙は、大統領候補を選ぶための予備選挙（primary）ないし党員集会（caucus）と、その大統領候補同士が争う本選挙の二つに分かれる。

予備選挙と党員集会は、2月から6月にかけて、アメリカ50州でそれぞれ行われる。アイオア州の党員集会とニューハンプシャー州の予備選挙から始まる。党員集会では、党員による集会が開かれ、両党の代議員を選出する。

特に2月か3月に「スーパー・チューズデイ」が開催され、その結果、両党の大統領候補がほぼ絞られる。2008年の大統領選挙は例外で、6月までオバマとヒラリー・クリントンが競り合った。

3◉党大会からテレビ討論会へ
——7月から11月まで

　その後、7月から8月の間に、その代議員たちによる全国党大会が開かれ、両党の大統領候補（と副大統領候補）が正式に決定する。マラソン・レースに例えられるアメリカ大統領選挙では、副大統領候補を「ラニング・メイト」と呼び、大統領候補と副大統領候補の組み合わせを「チケット」と言う。

　両党の大統領候補は、特に労働の日（レイバー・デイ）明けの9月上旬から本選挙が行われる11月上旬にかけて、全米各地を遊説する。ただし、オハイオ州やミネソタ州、ウィスコンシン州などの中西部と南部のフロリダ州など、7から11ぐらいの「激戦州（battle-ground states）」を中心に遊説する。東部のペンシルベニア州も無視できない。激戦州は、「揺れる州（swing states）」である。激戦州には、無党派層が多く住んでいる。無党派層は、「揺れる投票者（swing voters）」と呼ばれることがある。

　大統領選挙の直前の9-10月には、テレビ討論会（televised debate）が実施される。特に政治的に意識の高い無党派層は、大統領候補者たちの政策と指導力を見定めようとする。

4◉本選挙から新大統領就任へ
——11月から翌年1月まで

　11月上旬（最初の月曜日の次の火曜日）の本選挙での一般投票は、両党の大統領候補の一騎打ちとなる。内外の政策をめぐって論戦が繰り広げられた後に、有権者による一般投票が行われる。

　州ごとに得票率の最も多かった大統領候補が、各州に割り振られている大統領選挙人を獲得する。大統領選挙人の過半数を獲得した大統領候補が、次の大統領となる。本選挙で、事実上、次の大統領が決まる。

　大統領選挙人は、一般投票の結果を踏まえて大統領候補に投票する。州ごとに人口に応じて割り振られていて、定数の合計は538名、過半数は270名となる。大統領選挙人は、カリフォルニア州の55名が最大である。次いでテキサス州の38名、ニューヨーク州とフロリダ州の29名である。最少はアラスカ州などの3名である。

　注目すべきことに、48州が、州ごとで一票でも多くの票を獲得した大統領候補がその州の選挙人全員の票を獲得する「勝者独占方式（take-winner all）」をとっている。

　12月中旬に、大統領選挙人による投票が行われ、正式に次の大統領（と副大統領）が決まる。こうして、アメリカの大統領選挙は、形式的には間接選挙だが、事実上、直接選挙に近い。

　大統領選挙の翌年の1月20日に、次の大統領が就任する。

　大統領就任までの間に、次の大統領は、主要な閣僚や大統領補佐官などを指名する。地域や性別、人種などをバランスさせ、政権のチームを構成する。そのため、「寄せ集めの内閣」と呼ばれる。

5◉共和党の主義・主張や支持層、
　主な政策について

　共和党の主義・主張は、「小さな政府」路線であり、個人の自立を重視し、国家（政治）の市場（経済）や個人への干渉を少なくすることを目指す。

　共和党の支持基盤は、富裕層、キリスト教保守、地方の白人層などである。

　共和党の主な政策は、たとえば、法人税減税、規制緩和、金融の自由化、社会保障制度の削減、国民皆保険に反対、軍事力の増強、自由貿易の拡大、移民の制限、地球温暖化対策に反対、銃規制に反対、妊娠中絶に反対、同性愛など性的少数者（LGBT）に反対、などである。

　共和党は本来、自由貿易主義だが、トランプは2016年11月8日の大統領選挙で、保護貿

易主義的な政策のアピールで、特に白人の労働者層の支持を取り込んだ。トランプのインフラ整備のための財政出動という公約も、「小さな政府」路線をとる共和党としては、例外的であったと言ってよい。

6 ● 民主党の主義・主張や支持層、主な政策について

民主党の主義・主張は、「大きな政府」路線であり、格差の解消、社会保障政策を重視し、国家（政治）の市場（経済）や個人への干渉をいとわない。

民主党の支持層は、女性、若者、マイノリティー、都市住民などである。

民主党の主な政策は、たとえば、法人税増税、社会保障制度の充実、医療保険制度（オバマケア）の推進、保護貿易主義、移民の受け入れに賛成、地球温暖化対策・環境保護政策に賛成、銃規制に賛成、妊娠中絶に賛成、同性愛などLGBTに寛容、などである。

2018年11月6日の中間選挙では、民主党内でも、特にリベラルな主張の進歩派（progressive）が躍進した。また、女性の強い支持を受けて、女性候補が躍進したことも注目される。民主党は、特に郊外で躍進した。2020年11月3日の大統領選挙の伏線となった。

● おわりに —— 政党再編成の可能性？

(1)1932年大統領選挙後の「リベラルの時代」

1929年世界大恐慌を背景に戦われた1932年11月8日の大統領選挙は、「政党再編成（party realignment）」をもたらす「決定的選挙」となった。それまで過去30年強、「保守の時代」が続いてきたアメリカ政治の潮流は、「リベラルの時代」へと大きくシフトし、歴史的な転換点となった。

1933年にフランクリン・ローズヴェルト大統領が「最初の100日間」で「ニューディール」政策を断行することによって、「ニューディー

ル連合」が形成された。1930年代から1960年代まで、「リベラルの時代」が続き、大統領選挙も議会選挙も、民主党がほとんど勝利することとなった。1950年代の共和党のアイゼンハワー大統領は例外だが、アメリカ議会の下院は1955年から民主党多数議会が40年間も続くこととなる。

(2)1968年大統領選挙と「勢力伯仲の時代」

1960年代後半のヴェトナム戦争の「泥沼化」を背景に戦われた1968年11月5日の大統領選挙はたしかに、1932年11月の大統領選挙ほど明確な形で「政党再編成」をもたらす「決定的選挙」とは歴史的にならなかった。だが同時に、70年代以降、「リベラルの時代」と「ニューディール連合」が徐々に溶解していく歴史的な分水嶺となった。

こうして、1970年代以降の現代アメリカ政治は、全体としては「小さな政府」路線でやや保守化し、民主党と共和党、保守とリベラルの勢力がほぼ伯仲する時代となった。

(3)2008年大統領選挙は、歴史的な転換点となりうるのか？

2008年11月4日の大統領選挙はさしあたり、W.ブッシュ政権の2期8年間の「保守の時代」に終焉を迫る結果となった。問題は、建国以来の保守とリベラル、南北戦争後の民主党と共和党の30年強の歴史のサイクルの転換点となりうるのか、政党再編成は起こるのか、という点であった。

オバマ次期大統領が、1930年代のローズヴェルト大統領の「ニューディール」政策のように、「最初の100日間」で迅速かつ強力な指導力を発揮し、21世紀型のグローバル金融危機を収束させることに成功したならば、「リベラルの時代」の扉を開く可能性が残されていた。

(4)さらに深まるアメリカ政治社会の"分断"

結果は、オバマ政権の2期8年間で、アメリカの政治社会の"分断"がむしろ広がってしまった。オバマ政権の金融機関の救済や医療保険制

度改革（オバマケア）といった「大きな政府」路線に対して、極端な「小さな政府」路線を目指す「茶会（tea party）」運動が起こった。その結果、2010年11月2日の中間選挙で大統領とアメリカ議会（下院）を統治する政党が異なる「分割政府（divided government）」の政治状況となってしまう。分断されたアメリカ政治社会の"融和"や"結束"を目指してきたオバマ政権にとっては、皮肉な結果となってしまった。

オバマ政権下では、貧富の格差（上下の"分断"）もさらに拡大したことが注目される。

2016年11月8日の大統領選挙では、リベラルな価値を語らない"異形"の大統領のトランプがヒラリー・クリントン元国務長官に勝利した。トランプ政権の下では、共和党内の熱狂的なトランプ支持と民主党内の反トランプ感情とで、アメリカ政治社会の"分断"はさらに深刻なものになってしまった。2020年11月3日の大統領選挙の結果は、その帰結であったと言ってよい。詳しくは、続く章で後述する。

第3章

2020年アメリカ大統領選挙とバイデンの勝因は何か

● はじめに ── ポイントと基礎知識

2020年は、4年に一度の大統領選挙がアメリカで実施された。アメリカには、民主党と共和党の二大政党があり、歴代の大統領はそのどちらかから選ばれてきた。

現職の共和党のドナルド・トランプ大統領が再選を目指し、これに対抗する民主党では20名を超える出馬表明となった。民主党では、ジョー・バイデン前副大統領が大統領候補となった。

2020年11月のアメリカ大統領選挙は、マスメディアと専門家たちの予測が大きく外れたわけではなかったが、全米規模の世論調査の結果は再び、まったく当てにならなかった。「激戦州」ごとの世論調査を見なければ、意味がない。激戦州での支持率は、本選挙が近づくにつれて、バイデン前副大統領とトランプ大統領との間でごく僅かな差へと縮まりつつあった。

1 ● 2020年アメリカ大統領選挙の有力候補たち

2020年11月3日のアメリカ大統領選挙の有力候補たちを簡単に見ておこう。

共和党では、現職のトランプが再選を目指した。はたして、トランプ大統領は再選されるのか、「トランプ旋風」は再び起こるのか、が注目された。トランプは、政治経歴や軍歴のない不動産王として、2016年11月8日の大統領選挙を戦い、ヒラリー・クリントン元国務長官に勝利した。

自由民主主義や資本主義、法の支配など、リベラルな規範や価値観をほとんど語らないトランプ大統領は、"異形"の大統領である。むしろ、「アメリカ第一主義（America First）」を掲げ、「主権（sovereignty）」を強調して、通商・貿易では、制裁関税という手段を使い、保護貿易主義のアプローチをとってきた。トランプ大統領は、「アメリカを偉大なままに（Keep America Great）」を掲げて再選を狙った。

これに対して、民主党では、中道派のジョー・

図表3　激戦州の支持率

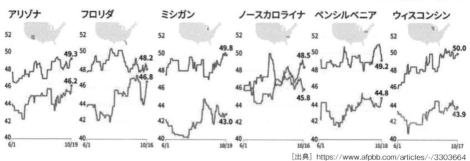

[出典] https://www.afpbb.com/articles/-/3303664

バイデン前大統領が支持率でトップを走った。バイデンは、「より良い再建（Build Back Better）」を掲げて、トランプへの勝利を狙った。そのバイデンをリベラル左派のバーニー・サンダース上院議員とエリザベス・ウォーレン上院議員が追う展開を見せた。

2016年の大統領選挙でも「旋風」を起こしたサンダース上院議員は、ユダヤ系で、自称、社会主義者である。

ウォーレン上院議員は、GAFAなど巨大IT企業の解体を公約として掲げていた。また、サンダース上院議員とともに、大学の授業料の無償化を公約していた。

こうして、大統領選挙では、特に州知事や上院議員が、有力な大統領候補となりうる。

また、大統領選挙では、現職の大統領が圧倒的に有利である。レーガン大統領以降、再選されなかったのは、ブッシュ・シニア大統領のみであった。レーガンとクリントン、W.ブッシュ、オバマと、歴代の大統領は再選されてきた。

2019年11月24日には、中道派のマイケル・ブルームバーグも出馬表明をしていた。

民主党は、中道派とリベラル左派とで対立し、共和党に有利な状況となってしまうのか——。それとも、民主党は、現職のトランプ大統領に勝利できる大統領候補を見い出すことができるのか——。2020年11月の大統領選挙の結果に注目が集まった。

2●2020年11月のアメリカ大統領選挙と議会選挙の結果

大統領選挙の結果は、選挙人獲得数でバイデンが306名、トランプが232名を獲得し、バイデンがトランプに勝利を収めた。議会選挙も含めて、「大きな青い波」が起こり、「トリプル・ブルー」で民主党が圧勝するという予測は外れた。一応、「トリプル・ブルー」で「統一政府（unified government）」の政治状況となったが、上院選挙の結果は50対50となった（副大統領が上院議長ため、民主党多数議会となった）。

得票数（率）は、バイデンが8125万5823票（51%）、トランプが7419万6128票（47%）で、予想以上の大接戦であったことがわかる。

ただし、約6500万票の郵便投票を含む期日前投票が1億票を超えたことから、11月3日の本選挙での一般投票では、「赤の蜃気楼（red mirage）」となり、その後、「ブルー・シフト」することが予測されていた。また2000年の大統領選挙の時のように、法廷闘争となり、最高裁判所の判決まで持ち越される可能性が早くから

指摘されていた。さらに、年明けの下院での投票まで持ち越されるシナリオも指摘されていた。

結果は、すでに見た通りだが、本選挙での一般投票から4日後の11月7日に、バイデン前副大統領が、「ラストベルト」で激戦州でもあるペンシルベニア州での勝利を収めて、大統領選挙人の279名を獲得し、過半数の270名を超えた。しかし、トランプ大統領は、「選挙で不正が行われた」として、その後も敗北を認めず、法廷闘争で争う姿勢を見せ続けた。

アメリカ議会の改選前の議席は、上院は民主党が47議席、共和党が53議席であったのに対して、下院は民主党が232議席、共和党が197議席（欠員が5議席、その他1議席）であった。

議会選挙の結果は、下院では、民主党が222議席、共和党が204議席で、民主党が多数党の座を維持した。すでに見た通り、上院でも共和党50議席、民主党が50議席で、民主党多数党議会となった。

こうして、上下両院の「ねじれ議会」は解消され、大統領とアメリカ議会（上下両院）を統治する政党が同じ「統一政府」の政治状況となった。

州知事選挙では、民主党が23名で、共和党が27名となった。共和党が優勢である。「0」で終わる年の選挙では、州知事選挙の結果が10年に一度、国税調査（センサス）に基づく選挙区割りに影響する。

▼ 2020年11月の大統領選挙と議会選挙、州知事選挙の結果
・大統領選挙の結果：
　選挙人獲得数：バイデン　306　トランプ　232
　得　票　率：バイデン　51%　トランプ　47%
・議会選挙の結果：
　上院：　民主党　50　共和党　50
　下院：　民主党　222　共和党　204　未確定　9
・州知事選挙の結果：民主党　23　共和党　27

3◉バイデン勝利の要因（トランプ敗北の要因）

4年前の2016年大統領選挙は、トランプが勝ったというよりも、ヒラリー・クリントン元国務長官が負けた選挙であった。これに対して、2020年大統領選挙は、バイデンが勝利したというよりも、トランプが敗北した選挙となった。

(1)白人層（特に中高年男性の労働者、家計は中間層の下）の支持の切り崩し

拡大する貧富の格差（上下の"分断"）による白人労働者の怒りと絶望がある。特にアメリカの白人中高年男性は、先進国で唯一、死亡率が上昇している。4年前の2016年11月8日の大統領選挙でのトランプの勝利は、こうした白人労働者からの支持獲得が大きな要因であった。

2020年の大統領選挙では、バイデンが白人労働者の支持を数ポイントだが取り戻した。バイデンは、ペンシルベニア州の出身で、白人労働者の味方として、自分自身を売り込んだ。

選挙の直前に、「激戦州（battle-ground states）」の中西部で、新型コロナ・ウイルスの感染が拡大し、景気や雇用が悪化したこともバイデンの勝利に貢献した。

(2)「ラストベルト」と「激戦州」での勝利

ミシガン州やウィスコンシン州、インディアナ州、ペンシルベニア州などの「ラストベルト（錆びついた工業地帯）」、またそれらとほぼ重なる「激戦州」、つまりミシガン州やウィスコンシン州など中西部と東部のペンシルベニア州での勝利が大きな要因であった。

しかし、「激戦州」のオハイオ州と南部の大票田のフロリダ州では、トランプの勝利を許した。

(3)「トランピズム」への批判票

「アメリカ第一主義」や反エスタブリッシュメント（反エリート）、反移民、労働者優先、反グローバリゼーションをはじめとしたトランプ主義への批判票が大きな要因となった（ただし、トランプ主義は、バイデン政権でも残るで

あろう）。

トランプ大統領の再選を阻止しなければならないという目的で、主流派・穏健派とリベラル左派で分裂する民主党がまとまったことが大きな要因であった。そもそもバイデンは、トランプに勝てる候補として、民主党の大統領候補に選ばれたのである。バイデンへの強い支持があって、勝利したわけではなかった。

その結果、大統領就任時に78歳となる史上最高齢の大統領が誕生することとなった。

(4)「10月のサプライズ」

トランプ大統領が10月2日に、新型コロナ・ウイルスに感染したことが明らかとなり、バイデンとトランプの支持率は差が大きく開いた。

しかし、その復帰後、トランプは、「激戦州」で支持者向けの大規模集会を開催し、戸別訪問に力を入れるなど、本選挙での一般投票が近づくにつれて、急速に巻き返しを図った。

(5)女性票で健闘したバイデン、ヒスパニック票で健闘したトランプ

バイデンは、「zoomママ」と呼ばれる、特に郊外の女性票で健闘した。

他方で、ヒスパニック票では、民主党の「社会主義」を批判したトランプが予想以上に健闘した。たとえば、フロリダ州のキューバなどからの移民は、反共の姿勢が強いからである。

(6)予想以上に弱かったバイデン、予想以上に強かったトランプ

新型コロナ・ウイルスの感染拡大による景気低迷があったにもかかわらず、バイデンは僅差での勝利となった。勝利はしたものの、バイデンは、予想以上に弱かった。議会選挙の結果も踏まえて、「勝ちはしたが、事実上、民主党の敗北である」という指摘もある。

これに対して、トランプは、敗北したとはいえ、予想以上に強かった。

(7)「継続」よりも「変化」を望んだ有権者の心理

経済回復優先から新型コロナ・ウイルス対策に消極的で、人種差別の問題にも一定の距離を置く（むしろ、時に人種差別集団を擁護して人種間の"分断"を煽る）トランプよりも、経済回復より新型コロナ・ウイルス対策をより優先し、人種差別の問題に真剣に向き合うバイデンが勝利した。

バイデン支持者は、新型コロナ・ウイルス対策と人種差別の解消を重要な争点と判断したのに対して、トランプ支持者は、経済回復と刑事司法・警察を重要な争点と判断したのである。

こうしたことから、もし新型コロナ・ウイルスのパンデミックが起こらず、「黒人の命は重要だ（Black Lives Matter）」運動が起こらなければ、トランプが勝利していた可能性が高かったと言える。

もともと政治経験も軍歴もない不動産王のトランプは、ワシントン政治のアウトサイダーであり、有権者の〈変化〉の期待を集めることができる。しかし、2020年の大統領選挙では、トランプ政権の政治運営からの"変化"を求める声が僅かに勝って、バイデンの勝利となった。ただし、バイデンは、その長い議員生活や副大統領としての2期8年間などの経験から、ワシントン政治のインサイダー中のインサイダーである。本来、大きな〈変化〉は期待できない。

こうして、予測不能なトランプよりも、安定感の強いバイデンが選ばれた形である。

ただし、バイデン政権の人事が発表されていくにつれ、「これではアンシャン・レジームだ」とか、「これまでの混乱の4年間は何だったのか」という批判も生じた。

(8)争点なき選挙？

テレビ討論会では、バイデンとトランプは、お互い、非難の応酬に終始し、政策論争は盛り上がらなかった。「アメリカ政治史上最悪のテレビ討論会」と揶揄された。

(9)「ギンズバーグの死」── 新しい最高裁判所の判事を誰が決めるのか？

大統領選挙直前のルース・ベイダー・ギンズバーグの死を受けて、トランプ大統領は、最高

裁判所（最高裁）の新しい判事としてエイミー・コニー・バレットを指名し、共和党が多数党を握る上院は、バレット判事を承認した。

　4年前の大統領選挙前には、アントニン・スカリアの死を受けて、最高裁の判事指名を次期大統領に委ねるべきであるとして、上院の院内総務のミッチ・マコーネルは、バラク・オバマ大統領が指名した判事の承認のための審議に応じなかったが、2020年11月の大統領選挙前には、現職のトランプによる最高裁の判事指名を許した。こうしたマコーネル院内総務の"変節"に対する批判も生じた。

　こうして、トランプは、ニール・ゴーサッチとブレット・カバノー、バレットと3名の保守的な最高裁の判事を指名したことになり、支持基盤の保守層に強くアピールできた形であった。

　仮に2020年の大統領選挙の結果が、最高裁の判決まで待ちこまれた場合には、6対3での保守とリベラルのバランスから、トランプが有利になるという見方もあった。ただし、最高裁の判事は、政治的な思惑からは一定の距離を置いて、自分自身の信念や政治的信条にしたがって、判決を下す。

● おわりに ── 予想以上の接戦だが、想定内の結果

　結果は、すでに見た通りだが、本選挙での一般投票から4日後の11月7日に、ジョー・バイデン前副大統領が、「ラストベルト」で「激戦州」でもあるペンシルベニア州での勝利を収めて、大統領選挙人の279名を獲得し、過半数の270名を超えた（最終的には306名対232名となった）。しかし、トランプ大統領は、その後も敗北を認めず、法廷闘争で争う姿勢を見せ続けた。

　たとえば、2000年の大統領選挙の時のように、法廷闘争となり、最高裁の判決まで持ち越される可能性が早くから指摘されていた。さらに、年明けの下院での投票まで持ち越されるシナリオも指摘されていた。本選挙の一般投票での「赤い蜃気楼」から「ブルー・シフト」へというシナリオも予測されていた。6500万票を超えた郵便投票では、民主党のバイデン支持が多いことが明らかであったからである。トランプはかねてから、「郵便投票は不正の温床となる」と批判的であった。

第4章
概説・トランプ政権の内政と外交とは何か

● はじめに ── ポイントと基礎知識

　ドナルド・トランプは、「アメリカ第一主義」で「アメリカを再び偉大にする」と公約として、2016年11月の大統領選挙を戦い、勝利した。

　トランプ大統領は、就任直後からオバマ前政権の内外の政策を次々と覆していくこととなった。内政では、医療保険制度改革（オバマケア）

の撤廃を目指しつつ、大幅減税に踏み切り、規制を緩和するなど「小さな政府」路線をとった。外交と安全保障政策では、「強いアメリカ」を目指し、レーガン流の「力による平和」のアプローチをとった。

　しかし、政権中枢は相次ぐ幹部の交代や「ロシア疑惑」、「ウクライナ疑惑」で混乱し、40％前後で支持率の低迷が続いた。逆に言う

と、トランプ大統領には、40％弱の強固な支持基盤があったのである。そのため、共和党は、「トランプ化」してきた。

1◉2016年11月のアメリカ大統領選挙と議会選挙

　2016年11月8日に行われたアメリカ大統領選挙は、共和党大統領候補のトランプが、民主党大統領候補のヒラリー・クリントンに勝利した。ほとんどの専門家とマスメディアの予測は、大きく外れた。全米規模の世論調査も、まったく当てにならなかった。

　また議会選挙の結果、上下両院で共和党が多数党となった。

　こうして、上下両院で統一議会となり、大統領とアメリカ議会を統治する政党が同じ「統一政府（unified government）」の政治状況となった。

▼ 2016年11月の大統領選挙と議会選挙の結果

・大統領選挙の結果：
　選挙人獲得数：トランプ　290　クリントン　232
　得票率：　　　　トランプ 47.2%　クリントン 47.9%

・議会選挙の結果：
　上院：　共和党　54　民主党　44　無所属　2
　下院：　共和党　239　民主党　193　無所属　0

2◉「トランプ旋風」とは何か

　トランプは、不動産開発を手がけ、カジノを経営する実業家で、政治経験も軍歴も皆無だった。大統領選挙中は、「アメリカ第一主義（America First）」で「アメリカを再び偉大にする（Make America Great Again）」という公約を掲げて、たとえば、国内の雇用創出や移民排斥などを訴えた。「政治的正しさ（political correctness: PC）」を無視した過激な発言は批判も浴びた。アメリカの多文化主義を破壊した、とも批判されている。

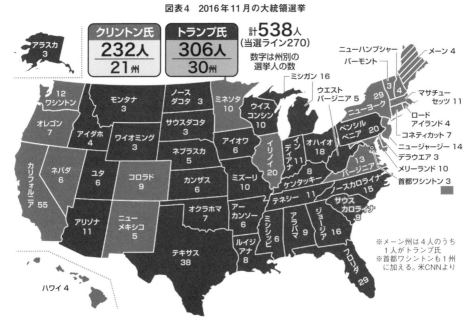

図表4　2016年11月の大統領選挙

[出典] https://www.yomiuri.co.jp/world/uspresident2020/20200929-OYT1T50226/

しかし、ポピュリズム（大衆迎合主義）的な政治手法や政策構想は、特に白人労働者（の中間層の下）の支持を集め、かつては民主党の地盤であった「ラストベルト（錆びついた工業地帯）」と呼ばれるオハイオ州やミネソタ州、ウィスコンシン州、ペンシルバニア州を制して、選挙に勝利した。これらの州は、「激戦州（battle-ground states）」ともほぼ重なる。

3 ● 「ロシア疑惑」とは何か

大統領選挙中には、トランプ大統領候補が有利になるようにロシアがサイバー攻撃を行っていたことが発覚している。

大統領選挙中に連邦捜査局（FBI）が捜査に乗り出したが、トランプ大統領は2017年5月9日に、ジェームズ・コミーFBI長官を解任してしまう。その直後、5月17日に、司法省がロシア関連疑惑の特別検察官にロバート・モラーを任命した。

2019年3月22日、モラー特別検察官は、「ロシア疑惑」についての報告書を司法省に提出した。しかし、トランプ大統領を弾劾するまでの内容ではなかった。こうして、ロシア疑惑は解明されないままである。

4 ● トランプ政権による政策転換

トランプ政権は、発足直後からオバマ前政権の政策を次々に覆した。

たとえば、1月20日に大統領に就任すると、まず環太平洋経済連携協定（TPP）からの離脱を表明し、23日にそのための大統領令に署名した。その後、北米自由貿易協定（NAFTA）についても再交渉する方針も打ち出した（これは、アメリカ・メキシコ・カナダ協定〔USMCA〕として2018年9月30日に合意された）。

また6月1日には、気候変動（climate change）ないし地球温暖化（global warming）の問題の「ポスト京都議定書」の国際的な枠組みであるパリ協定からの離脱を表明した。

さらに2018年5月8日に、トランプ大統領は、イランとの核合意からの離脱を表明した。

内政では、オバマ前政権が推し進めた医療保険制度改革（オバマケア）の見直しも進めたが、完全には実現していない。オバマケアが廃止されれば、医療保険に加入できない人が大量に出る恐れがあった。

5 ● 中国への厳しい姿勢（とロシアへの甘い対応？）

トランプ政権は、2017年12月18日に発表した『国家安全保障戦略（NSS2017）』で、中国とロシアを「現状変革国家（revisionst powers）」と位置づけ、レーガン流の「力による平和（peace through strength）」のアプローチをとる、と謳った。

特に中国に対しては、2018年7月から制裁関税を科し、米中貿易戦争を仕掛けた。2018年10月4日のペンス演説後は、米中の「新しい冷戦」へ突入したという指摘も出た。

これに対して、ロシアに対しては、甘い対応に終始したと言える。たしかに、NSS2017の発表時にロシアを批判し、中距離核戦力（INF）全廃条約の破棄を通告（2019年2月1日）、新戦略兵器削減条約（新START）の延長交渉で強硬な姿勢を見せていたが、トランプ大統領がロシアのウラジーミル・プーチン大統領のことを個人的に批判することはなかった。また、2020年6月に開催予定であった主要国7カ国首脳会議（G7）では、プーチンを招待することを提案していた。

6 ● トランプ政権の排外主義とは何か

トランプ政権は、排外主義的な姿勢も鮮明に見せてきた。たとえば、トランプ政権の成立直後の2017年1月下旬には、シリアやイラン、イラクなど7カ国からの移民入国を一時禁止する大統領令に署名し、国内外で強い反発を招いた。アメリカの空港は一時、大混乱に陥った。

トランプ大統領の「アメリカ第一主義」は、

アメリカ政治社会の"分断"をさらに深めるという皮肉な結果となっている。

不法移民が入れないように、メキシコとの国境に「壁」を作る計画も進めたが、巨額の費用をめぐって議会との調整が難航した。一時、35日間も政府が閉鎖された。

7●2018年11月の中間選挙の結果

2018年11月6日の中間選挙の結果、上院では、民主党が47議席、共和党52議席で、共和党多数議会が維持された。下院では、民主党が233議席、共和党が201議席で、民主党多数議会へ移行した。こうして、民主党の「青い波（blue wave）」は起こらず、引き分けの結果となった。

その結果、下院で民主党が多数党を奪還する一方で、上院では共和党が多数党を維持し、「ねじれ議会」となった。

また同時に、大統領とアメリカ議会（下院）を統治する政党が異なる「分割政府（divided government）」の政治状況となった。分割政府は、それまでの統一政府の政治状況よりも、重要な法案を可決することが相対的により困難となる（ただし、不可能なわけではない）。

知事選挙では、民主党が23で、共和党が27となった。民主党が選挙で善戦した。知事選挙の結果は、2020年後の選挙区割りにも影響する。

▼ 2018年11月の中間選挙の結果

・議会選挙の結果：

上院：	民主党 47	共和党	52
下院：	民主党 233	共和党	201

7●3度にわたる米朝首脳会談

2018年6月12日に、トランプ大統領と金正恩委員長は、米朝首脳会談を開催し、朝鮮半島の非核化と北朝鮮の体制の保証で合意した。朝鮮戦争の終結も視野に入ったかに見えた。

しかし、2019年2月27日と28日に、トランプ大統領と金正恩委員長は、二度目の米朝首脳会談を開催したが、朝鮮半島の非核化をめぐって交渉は決裂した。6月30日には、板門店で3度目の首脳会談を行ったが、目立った成果はなかった。

その後、米朝間では、駆け引きの応酬に終始し、交渉は進展していない。北朝鮮は、頻繁に日本海へ飛翔体、つまりミサイルを発射するが、アメリカや国際社会の気を引きたいのではないかと思われる。

8●「ウクライナ疑惑」とトランプ大統領の 弾劾訴追・裁判

2019年7月25日に、トランプ大統領は、ウクライナのウィロディミル・ゼレンスキー大統領に電話で自分の政敵に関する情報提供を依頼していたことが発覚した。「バイデン前副大統領とその息子に関する情報を提供してほしい」という内容であった。

ウクライナ政府は、ジョー・バイデンの息子が役員を務めていたガス会社の汚職疑惑について捜査を進めていた。当時、オバマ政権下の副大統領であったバイデンは、息子を守るために、ウクライナに圧力をかけた疑いがあるという。

バイデンは、2020年大統領選挙の民主党の最有力候補の一人で、再選を目指すトランプ大統領のライバルであった。そのため、トランプ大統領は、政敵の弱みを握るために大統領の権限を乱用し、外国政府に介入を依頼した疑いがあった。

アメリカ議会の下院は、民主党のナンシー・ペロシ下院議長が9月24日、トランプ大統領の弾劾に関する正式な調査を開始すると表明した。12月18日には、下院がトランプ大統領を弾劾訴追する決議案を可決した。

上院で弾劾裁判が行われ、3分の2以上の賛成で、トランプ大統領は罷免されることになる。ただし、上院は共和党多数議会のため、トランプ大統領が罷免される可能性は高くはなかった。

つまり、大統領に在留する可能性が高かったのである。実際、上院での弾劾裁判は、3分の2の賛成には遠く及ばず、トランプ大統領が罷免されることはなかった。

● おわりに──2020年アメリカ大統領選挙と大統領の正統性

2020年11月3日のアメリカ大統領選挙で、もしトランプが再選された場合、民主党ははたして弾劾訴追されたトランプ大統領の再選に納得したであろうか──。これに対して、共和党は、「ウクライナ疑惑」を民主党のでっち上げだと考えている。バイデンが大統領選挙で勝利したが、トランプ大統領とその支持者たちは、納得するであろうか──。案の定、2021年1月6日、トランプ支持者たちが連邦議会を占拠する事件が起こった（死者4名）。

トランプとバイデン、どちらの大統領候補が勝利しても、その正統性が問われる大統領選挙であったと言えよう。換言するならば、バイデンが勝利したが、大統領選挙で露わとなった共和党と民主党、保守とリベラル、トランプ支持と反トランプ、白人とマイノリティー、富める者と貧しい者、中高年層と若年層の間の深刻な"分断"を克服し、"融和"と"結束"をもたらすことは至難の業と言わざるを得ない。

大接戦となった2020年の大統領選挙で、トランプは、敗北したとはいえ、7419万6128票（47％）の得票数（率）を獲得した。大統領選挙後も、バイデン政権は、トランプ支持者やトランプ主義を無視できない。ポピュリズム的な政治手法の「トランピズム」も、しばらくアメリカに残るであろう。"融和"と"結束"への道は、不可能ではないが、容易ではない。

第5章

トランプ政権の『国家安全保障戦略（NSS2017）』とは何か

● はじめに──ポイントと基礎知識

はたしてトランプ外交と安全保障政策に戦略はあるのか、が問われていただけに、2017年12月という比較的に早いタイミングで、『国家安全保障戦略（NSS2017）』がまとめられたことは一定の評価ができる。

NSS2017で明らかとなったトランプ政権の国家安全保障戦略は、「強いアメリカ」を目指し、レーガン流の「力による平和」のアプローチをとることであった。特に中国に対する関与（engagement）政策や、中国が「責任ある利害共有者」として大国らしい振る舞いをすることを期待するこれまでのアメリカの政策を徹底的に批判した。また、核兵器を使用する意思を明らかにしたことも大きな特徴であった。

政権発足から1年目のトランプ政権の外交と安全保障政策は、第一に、2016年大統領選挙での公約通り、「アメリカ第一主義」で「アメリカを再び偉大にする」ために推進されてきた。第二に、オバマ政権の外交と安全保障政策の「遺産（レガシー）」を一つずつ覆してきた。第三に、特に通商・貿易の分野では、保護貿易主義的な政策姿勢を鮮明に見せた。第四に、国際連合（国連）演説（2017年9月19日）で強調したように、内外の政策で「主権（sovereignty）」を最重要視してきた。2018年7月以降の中国に対する制裁関税も主権の発動であった。

NSS2017は、ハーバート・マクマスター国家安全保障問題担当大統領補佐官が、ディナ・パウエル次席大統領補佐官とともに作成したものと言われるが、実際はナディア・シャドローが執筆したものであった。シャドローは、マクマスター大統領補佐官やジェームズ・マディス国防長官から信頼が厚かった。彼女は、どちらかと言えば、軍事力を背景としながらも、ソフト・パワーや政治力を行使する、いわゆる軍事外交を展開すべきだという見解の持ち主であるという。

1●「現状変革国家」としての中国とロシア

トランプ大統領は、2017年12月18日に、外交と安全保障政策の戦略的な指針となるNSS2017を発表した。繰り返しになるが、比較的に早いタイミングである。同文書は、アメリカ議会への提出が義務づけられている。注目すべきことに、NSS2017は、中国とロシアをアメリカと第二次世界大戦後の国際秩序に挑む「現状変革国家（revisionist powers）」と位置づけ、軍事と経済の両面で力を背景にした強硬姿勢を見せた。「ロシアと中国は、アメリカの権力と影響力、利益に挑戦し、アメリカの安全保障と繁栄を損なおうとしている」と警告を鳴らしている。特に中国については、「アメリカの戦略的な競争国」とも定義した。

特に、「歴代政権は、中国を第二次世界大戦後の国際秩序に組み入れれば中国を自由主義化できると信じて政策を進めてきた」と指摘した上で、「期待とは逆に、中国は他国の主権を犠牲に勢力を膨張させた」と指摘し、中国を国際社会に"取り込む"努力を続けてきたこれまでの外交姿勢を大きく転換させる必要性を説いた。中国が「責任ある利害共有者（responsible stake-holder）」として大国らしい振る舞いをすることを期待するこれまでのアメリカの政策を批判したのである。たとえば、「中国がインド太平洋（Indo-Pacific）地域でアメリカにとっ

て代わることを目指している」と危機感を表明した。インド太平洋地域で今起きていることは、「国際秩序をめぐる『自由』の展望と『抑圧的な』展望を持つ勢力による地政学的せめぎ合いだ」、また「社会資本投資と貿易戦略で地政学的野心を達成しようとしている」との認識を示した。中国に関して、オバマ政権二期目の2015年2月6日の『国家安全保障政策（NSS2015）』では、「影響力の拡大を注視する」との表現にとどめられていた。

2●オバマ政権の『国家安全保障戦略（NSS2015）』からの変化

トランプ政権のNSS2017は、オバマ政権二期目のNSS2015で強調されていた四つの戦略の柱から、「価値観」と「世界秩序」を削除し、「力による平和（peace through strength）の堅持」と「アメリカの影響力拡大」を、「アメリカ国民と国土の防衛」と「アメリカの繁栄の促進」とともに四つの「死活的利益」に据えた。その上で、地域別の戦略を描いている。

また、「核兵器のない世界」という目標は消えた。代わりに、核兵器を「平和と安定を守るための戦略の基礎」と位置づけ、レーガン流の「力による平和」の堅持の章で、軍拡と近代化を謳った。「圧倒的な軍事力を持つことは、アメリカの外交官が優位な立場で外交活動を進めることができ、パートナーの協力の下で、暴力的な衝突なしに平和的に競争を切り抜ける確率を高める」という。

さらに、気候変動（climate change）の問題への言及も消えたことも気がかりであった。

3●NSS2017に見る地域別の戦略

地域別の戦略の章では、「中国は、経済的な勧誘と懲罰行為を使ったり、言外の軍事行動を起こしたりして、周囲の国々に潜在的な安全確保の必要性を想起させている。南シナ海での軍事施設の建設行為は貿易の自由な流れを危険に

さらし、他国の統治権を脅かし、地域の安定を損なわせている。アメリカは自由で開かれた航路の維持のための地域内の協力を支援する」とまず指摘された。「長期にわたる軍事関係を強化し、同盟国と強固な防衛網を構築していく。日本、韓国とミサイル防衛（MD）の能力を高めるため協力していく。『一つの中国』原則に基づき、台湾との強いつながりも維持していく」とも指摘された。

ヨーロッパ地域に関しては、ロシアが核戦力を含む軍備拡大や、サイバー空間での他国への干渉によって、ユーラシア大陸を不安定化させていると指摘し、「ロシアの判断ミスによる紛争の危険性が高まっている」と警告した。「アメリカにとって、強くて自由主義のヨーロッパは欠かせない存在である。アメリカは今後も、ヨーロッパの同盟国と深いかかわりを持ち続ける。北大西洋条約機構（NATO）はすべての加盟国が相応の負担を負えば、より強くなれるだろう」とも指摘された。

中東地域に関しては、「中東は今も過激派組織のイスラーム国（IS）やアルカイダなどテロ組織の生息地だ。イランは影響力を高めるため、不安定な地域を利用してきた。アメリカは、地域の繁栄のための触媒になれる。イランの核兵器開発を阻止し、有害な影響力を無効にすべく、同盟国と努力していく」と指摘された。

4●NSS2017に見る経済政策と結論

「アメリカ第一主義」の経済政策について、NSS2017では、「経済の成長と革新が最強の軍隊を維持し、国土を守る」と指摘された。規制緩和や税制改革、インフラ整備に加えて、公平で互恵的な二国間の通商協定の推進や不均衡な貿易の是正などの政策を列挙した。国内向けには、雇用を生み出すことを重視すると同時に、対外的には中国の経済的な台頭に対抗するという狙いが透けて見える。

結論では、「国家安全保障戦略は、アメリカ

に明確かつ戦略的な方向性をもたらすものであり、それによって世界におけるアメリカの優位性を再び主張し、わが国の偉大な力を構築するものだ。……アメリカの力により支えられた価値と影響力は、世界をより自由に、より安全に、かつより豊かにする」と指摘された。

こうして、軍人出身のマクマスター国家安全保障問題担当大統領補佐官やマティス国防長官らの現実主義（realism）の冷徹な安全保障観が反映された形である。トランプ大統領も、同じ12月18日に、NSS2017について演説し、「激しい軍事、経済、政治の争いが世界なかで行われている」と述べ、国家安全保障戦略が国益の最大化を目指す現実主義（realism）に基づいて策定された点を強調している。

5●NSS2017とトランプ大統領演説

トランプ大統領は18日の演説で、戦略の大きな方針の一つは、「力による平和の堅持である」と述べ、中国とロシアは「アメリカの価値や富に挑戦する『ライバル強国』である」と名指しして、警戒感を露わにした。「好むと好まざるとにかかわらず、われわれは新しい競争の時代に入っている。強大な軍事的、経済的、政治的な抗争が世界のなかで繰り広げられている」と強調した。

また、北朝鮮の金正恩体制を「アメリカや同盟諸国を脅かすような『ならず者国家（rogue state）』」と批判し、「金体制が世界を脅迫できぬよう、同盟諸国とともに非核化に向けてあらゆる措置を講じる」と強調した。北朝鮮の弾道ミサイルの脅威を念頭に、「重層的なミサイル防衛を構築していく」とも指摘した。「（北朝鮮へ）圧力の最大化を図り、今までで最も重い制裁につながったが、もっとやるべきことがある」、また「戦いに勝利する準備ができていない国家は戦争を防げない」とも主張された。

アメリカの繁栄に重きを置きつつ、知的所有権侵害の問題はともかく、貿易不均衡の是正に

まで言及しているのは、気がかりであった。トランプ大統領は、「経済安全保障は、国家安全保障である」と強調した。中国を名指ししていないものの、不当とみなす経済活動を「経済的侵略」と呼び、強く批判した。

6 ● さまざまな戦略的な報告書

繰り返しになるが、政権発足以来、トランプ政権は、「中露両国との危うい"取り引き"外交に走りかねない」と危惧されてきただけに、『国家安全保障戦略』が比較的に早くまとめられたことは、一定の評価ができる。ただし、問題がないわけではなかった。たとえば、「アメリカ第一主義」の堅持と国際連携が両立しうるとトランプ政権は捉えているが、はたしてどこまで可能であろうか——。

またこれから、ヨーロッパ地域やインド太平洋地域のリベラルな価値を共有する同盟国は、相応の軍事・安全保障の負担を求められることは間違いなかった。特に中国やロシア、北朝鮮やイランの脅威に対応するために、アメリカを中心に、「不可欠な同盟国」とされる日本とオーストラリア（とインド）の間で、戦略的な対話をより強化することが課題の一つとなった。

『国家安全保障戦略（NSS）』は、1986 年 10月に制定されたゴールドウォーター＝ニコルズ法で、国家安全保障戦略に関する年次報告書をアメリカ議会に報告すると定められたことに基づいて策定されてきた。クリントン政権では原則として毎年、策定された。W・ブッシュ政権以降は 4 年に 1 度、策定されている。ただし、アメリカの政権がまとめる戦略的な報告書は、ホワイトハウスが策定する『国家安全保障戦略』だけにとどまらない。

たとえば、1997 年 5 月と 2001 年 10 月、2006年 2 月、2010 年 2 月、2014 年 3 月に国防総省が策定した『4 年ごとの国防計画の見直し（QDR）』がある。2006 年と 2008 年にも国防長官が策定し、2019 年 1 月 19 日に最新版の要約が公表された『国家防衛戦略（NDS）』は、この『4 年後との国防計画の見直し』に代わるものとなる。1994 年 9 月と 2002 年 1 月、2010 年 4 月、2019 年 2 月に策定された『核態勢の見直し（NPR）』もあるし、統合参謀本部議長が策定する『国家軍事戦略（NMS）』もある。

オバマ政権期に策定された 2010 年 2 月と2013 年 3 月の『弾道ミサイル防衛の見直し（BMDR）』や 2009 年 5 月の『サイバー政策の見直し』、2010 年 9 月の『宇宙態勢の見直し』、2010 年 12 月の『4 年ごとの外交・開発政策の見直し（QDDR）』などもある。トランプ政権期には、BMDR ではなく、『ミサイル防衛の見直し（MDR）』が、2019 年 1 月 17 日にまとめられた。

これらは、それぞれに異なる法的根拠（たとえば、国防授権法など）や政治的動機があって策定されており、必ずしも全体が体系化されているわけではないが、ホワイトハウスが策定する『国家安全保障戦略』が、原則的には、最上位の戦略文書という位置づけとなっている。それぞれの政権の対外政策の戦略的指針を知るためには、『国家安全保障戦略』をまず読み解く必要があるのである。

● おわりに ── バイデン政権の国家安全保障戦略

繰り返しになるが、バイデン政権は 3 月 3 日、暫定版の『国家安全保障戦略』をまとめ、中国を「国際秩序に挑戦する唯一の競争相手」と位置づけた上で、「新しい国際規範や合意を形作るのはアメリカだ」と宣言した。ほぼ同時に、バイデン政権とアメリカ議会は、2022 会計年度から 273 億ドルの予算を投じ、沖縄からフィリピンを結ぶ第一列島線に沿って米軍の対中ミサイル網を築くことを検討し始めた。

第6章

オバマ政権の2期8年間の外交を
どう見るか

● はじめに ── ポイントと基礎知識

　はたして、オバマ政権に外交と安全保障政策のグランド・ストラテジーやドクトリンはあるのかをめぐって、2010年代に大きな論争となっていた。

　政権1期目のオバマ政権は、2010年5月の『国家安全保障戦略（NSS2010）』で、軍事力や経済力、外交力を包括的に活用しつつ、多国間主義（multilateralism）のアプローチをとることを強調した。国際政治学者のジョセフ・ナイによれば、"目に見える"軍事力や経済力は「ハード・パワー」であり、"目に見えない"他国を魅了する力は「ソフト・パワー」である。ハード・パワーとソフト・パワーを"賢く"使い分ける政策概念は、「スマート・パワー」と呼ばれる。

　政権2期目のオバマ政権は、2015年2月の『国家安全保障戦略（NSS2015）』では、軍事力や経済力、外交力を包括的に活用し、多国間主義のアプローチを強調する戦略指針を再確認しつつ、「戦略的忍耐」の政策姿勢を見せた。

　オバマ外交の最大の特徴は、一言で言うと、「馬鹿なことはしない」がモットーであった。しかし、「オバマ・ドクトリン」は、有権者に見えにくかったのではないか──。かつ専門家やマスメディアにとっても見えにくかったのではないか、と思われる。

1 ● オバマ政権1期目の『国家安全保障戦略（NSS2010）』

　バラク・オバマ大統領は、2010年5月27日に、オバマ政権としてはじめてとなる『国家安全保障戦略（NSS2010）』を発表し、アメリカの国際的な立場を強化するため、軍事力や経済力、外交力も組み合わせた安全保障政策を追求する姿勢を示した。W. ブッシュ政権とは異なり、軍事力ばかりに頼らない包括的なアプローチをとる姿勢を見せたのである。「スマート・パワー」戦略である。

　同盟国だけではなく、国際的な責務を分担するため、中国やインドなど新興諸国とのパートナーシップの拡大も志向して、W. ブッシュ政権との違いを打ち出している。

　低迷する景気や"緊縮（austerity）"、つまり記録的な財政赤字に直面するなか、経済成長の促進と財政建て直しが、国家安全保障にとっても優先課題であることを打ち出した形であった。国際秩序の再編に向け、軍事力よりも多国間の外交に重点を置いたのである。2009年7月15日のヒラリー・クリントン国務長官の「マルチ・パートナーの世界」演説での戦略方針に沿った形であった。

　オバマ政権は、「敵対国」とも対話を重視する姿勢を示す一方で、特にイランや北朝鮮に対しては、国際規範を無視すれば孤立を深めさせる「多様な手段」を有すると警告した。

　その後、2010年12月から2011年にかけて、中東地域で「アラブの春」が起こった。チュニジアやエジプト、リビア、イエメンでは、長期独裁体制が相次いで崩壊した。ただし、こうした急速な民主化の動きは、アメリカが期待するような安定した民主主義国を生み出さなかった。

　もう一つの問題は、リビアのムアンマル・ア

ル=カッザーフィー大佐の独裁政権を「体制転換（regime change）」させるための空爆を北大西洋条約機構（NATO）が行ったが、同盟国の英仏軍が中心となり、アメリカのオバマ政権は、「後方からの支援（leading from behind）」にとどまったことである。これに対して、アメリカ議会の共和党の保守派からは、こうした消極的な対外アプローチはアメリカがとるべきリーダーシップの発揮の仕方ではない、という批判が生じた。

2◉ オバマ政権2期目の『国家安全保障戦略（NSS2015）』

政権2期目の2015年2月6日に発表された『国家安全保障戦略（NSS2015）』は、政権1期目のNSS2010とほぼ同じ内容の戦略指針を確認したにとどまった。しかも、それまで、対北朝鮮政策の戦略的指針であった「戦略的忍耐（strategic patience）」が、オバマ政権2期目の国家安全保障戦略の要諦とされた。悪く捉えれば、「何もしない」ということになる。少なくとも、あまりキャッチーなフレーズではない。そのため、オバマ外交には「無気力外交」という批判も生じた。

もう一つの問題は、政権2期目であるにもかかわらず、NSS2015が2014年3月26日に発表された国防総省の『4年ごとの国防計画の見直し（QDR2014）』と調整されることはなかったということであった。はたして、ホワイトハウスと国防総省の連携はとれているのか、疑問が生じた。

また、シリアでは内戦がしばらく収束する気配はなく、2013年8月21日の攻撃で、アサド政権が市民に対して化学兵器（サリン）を使用して大量虐殺したことが明らかとなった。当初、オバマ大統領は、「レッドラインを超えた」として、武力行使の意向を見せたが、国内でアメリカ議会の支持を得られず、対外的にも同盟国のイギリスなどの消極姿勢に直面した。その

ため、オバマ政権は、ロシアのプーチン政権の調停案に飛びついた。こうして、結局、オバマ政権はシリアに武力介入することを差し控えた。

その直後、2013年11月23日には、中国の習近平政権が、尖閣諸島上空を含む東シナ海上空に「防空識別圏（ADIZ）」を設定した。ロシアのプーチン政権は、2014年3月18日に、隣国ウクライナのクリミア半島を併合した。これは、冷戦後ではじめての国境線の書き換えとなり、欧米諸国は激しく反発した。こうして、欧米諸国は、ロシアに対して、厳しい経済制裁を科すこととなった。

3◉ クリントン政権の『国家安全保障戦略（NSS1995）』

冷戦後のアメリカ外交を振り返れば、まず民主党のクリントン政権が、1期目の1995年2月1日に発表された『国家安全保障戦略（NSS1995）』で、「封じ込め（containment）」でも「宥和（appeasement）」でもなく、「関与と拡大（engagement and enlargement）」を図る『国家安全保障戦略』を打ち出した。21世紀に脅威になるであろう中国に対して関与し、アメリカ中心の世界経済に関与させ、"取り込む"ことを目指すこととなった。こうした過程を経て、中長期的に共産党一党独裁の中国でも民主主義の"拡大"、つまり民主化、ひいては「体制転換」が実現すると期待するものであった。

同じ1995年2月には、ジョセフ・ナイ国防次官補が中心にまとめた「東アジア戦略報告（EASR）」も発表され、冷戦後もアメリカは、アジア地域に10万人規模の米軍を前方展開しつつ、同盟国へのコミットメントを維持することを明らかにした。アジア地域の同盟国を安心させる内容であった。日米同盟を基軸とした「ハブ＆スポークス」と呼ばれる、主に二国間のバイの同盟網を引き続き、維持していくことになった。

その後、1996年4月17日には、訪日したビ

ル・クリントン大統領と橋本龍太郎首相が日米首脳会談で、「日米安全保障共同宣言」を発表し、日米安全保障条約の"再定義"を打ち出した。日米同盟は、単に日本防衛のための同盟ではなく、アジア太平洋地域の国際公共財として、地域全体の安全保障に貢献していくものと期待された。こうして、政権1期目のおわりに、日米同盟の強化に弾みをつけた上で、政権2期目に中国に対する関与政策を推進していくこととなった。

4 ● クリントン政権の『国家安全保障戦略（NSS1995）』

　次いで、政権2期目の1997年5月に発表された『国家安全保障戦略（NSS1997）』では、「形成し、対応し、準備する（Shape, Respond, Prepare）」戦略を打ち出した。21世紀に向けて、軍事革命（RMA）をさらに推し進めること、つまり米軍の「変革（transformation）」が隠れたテーマであった。ほぼ同じタイミングで発表された国防総省の『4年ごとの国防計画の見直し（QDR1997）』も、ほぼ同じ内容を踏襲していた。ホワイトハウスと国防総省がうまく連携していたと言える。

　クリントン政権2期目の外交と安全保障政策の優先課題は、すでに見たが、ヨーロッパ地域でのNATOの東方拡大とアジア地域での中国への関与（と拡大）であった。NATOの東方拡大は、1994年11月8日の中間選挙直前の共和党の選挙綱領『アメリカとの契約（Contract with America）』のなかで、政策提言されていた。このなかで同時に政策提言されていた外交・安全保障政策としては、国際連合（国連）の平和維持活動（PKO）の指揮下に米軍を置かないことと、本土ミサイル防衛（NMD）を積極的に開発・配備することであった。「強いアメリカ」を目指すことが謳われていたのである。

　1998年8月31日の北朝鮮による弾道弾ミサイルのテポドン発射実験の直前に、『ラムズフェ

ルド報告書』が、NMDの開発・配備の緊急の必要性を訴えていたことから、その開発・配備の動きは加速することとなった。ドナルド・ラムズフェルド元国防長官はその後、W・ブッシュ政権で再び国防長官となり、ミサイル防衛（MD）を積極的に推進し、米軍の「変革」と米軍基地の「再編（realignment）」を推し進めることとなる。

　クリントン政権に、議論を戻す。1999年3月24日から6月10日にかけてのコソヴォ空爆では、クリントン政権が「人道的な介入（humanitarian intervention）」を語り、NATOによる空爆に踏み切ったが、アメリカ議会の下院では、上院で可決されたコソヴォ空爆支持決議が可決されなかった。共和党の保守派と現実主義者たちは、アメリカの死活的な国益にかかわらない地域での武力行使に否定的であったのである。

　アメリカ議会の上院では、1999年10月13日に、包括的核実験禁止条約（CTBT）の批准が否決されてしまう。注目すべきは、上下議会で多数党を握る共和党がNMD推進派でCTBTなど軍備管理に消極的であったのに対して、民主党がNMD消極派でCTBTなど軍備管理に積極的であったことである。つまり、これらの政策課題は、党派対立と重なっていたのである。保守とリベラルのイデオロギーの分極化（左右の"分断"）は、外交と安全保障政策の分野でもすでに深刻であった。

5 ● W. ブッシュ政権の『国家安全保障戦略（NSS2002）』

　21世紀はじめの共和党のW.ブッシュ政権は、1期目の2002年9月20日に発表された『国家安全保障戦略（NSS2002）』で、「先制（pre-emption）」のドクトリンを打ち出した。特に「テロとの戦い」では、まだ直接アメリカが武力攻撃やテロ攻撃を仕掛けられていなくとも、差し迫った脅威が存在する時には、軍事力の行使を

含む予防的な先制行動をとることを明らかにしたのである。「ブッシュ・ドクトリン」と呼ばれる。

背景にはやはり、2001年の「9.11」同時多発テロ攻撃がある。その直後の10月7日には、W. ブッシュ政権はアフガニスタン戦争に踏み切っている。2003年3月20日には、先制のドクトリンに基づいて、イラク戦争に踏み切った。いずれの事例でも、「体制転換」が図られたが、戦争終結後の国家建設のヴィジョンは必ずしも具体的かつ明確ではなく、戦後の平和構築でアメリカは躓いていくこととなる。

また、W. ブッシュ政権は特に1期目のうちに、「グローバル・ポスチャー・レヴュー（GPR）」に基づいて、米軍のさらなる「変革」と海外の米軍基地の「再編」を推し進めた。在日米軍基地も、その例外ではなかった。21世紀の新しい安全保障戦略を模索する「ラムズフェルド・レビュー」をはじめとして、ラムズフェルド国防長官が強力な指導力を発揮した。

W. ブッシュ政権は、日本や韓国、イスラエルなど同盟国との間で、ミサイル防衛の開発・配備も推し進めた。

6◉W. ブッシュ政権の『国家安全保障戦略（NSS2006）』

W. ブッシュ政権2期目の2006年3月16日に発表された『国家安全保障戦略（NSS2006）』は、当時あまり注目されなかったため、より詳細を述べたい。オバマ外交につながる要素もすでに盛り込まれていたことがわかるからである。

NSS2006では、「民主主義」という言葉を50回近く使用し、「民主主義の共同体（community of democracy）」を構築することを打ち出した。積極的かつ効果的な（effective）外交努力を展開し、民主主義の促進（promotion of democracy）に力を投入するという。こうした民主化の政策は、政権1期目からの「テロとの戦い」と密接に関連づけられていた。イラクの民主化を契機

として、中東地域全体での民主化を目指すという構想である。

しかし、政権1期目のNSS2002で打ち出した「先制」のドクトリンに変更は見られなかった。むしろ、2002年から政権4年間の政策を肯定的に自己評価した形となっている。NSS2006は、「人間的尊厳の確保」、「国際テロ対処などのための同盟の強化」、「地域紛争打開のための協力」、「敵による大量破壊兵器（WMD）による威嚇の阻止」、「自由な市場と貿易による国際的経済発展の促進」、「社会の開放化と民主主義の基礎構築による発展の輪の拡大」、「他の国際的主要国家との協力の発展」、そして「21世紀へ対応するためのアメリカの国家安全保障機関の変革」という戦略目標を記述した2章から9章までの各章をNSS2002と表題を同じものにして、対応するように章を設けていた。

またNSS2006では、アメリカが世界をリードする必要が謳われつつ、国防総省が2月3日に発表した『4年ごとの国防計画の見直し（QDR2006）』ほどではないが、国際連合（国連）などの国際機関との協力や他の諸国とのパートナーシップの重要性が記述されている。しかし、W. ブッシュ大統領は、NSS2006の冒頭の序文の最後に、「効果的な多国間の努力が（問題の）解決に必要不可欠である」が、しかし、それはアメリカが自国の役割を果たし、他国もそうするときに当てはまるのであって、「アメリカは指導し続けなければならない」と主張していた。

NSS2006のもう一つの特徴は、政権が最重要課題として取り組んでいるイスラーム過激派に根ざす国際テロとの戦いと民主主義の促進がより鮮明かつ緊密に結びつけられていることである。ジョージ・W. ブッシュ大統領は、「自由な国家は平和を指向する傾向があり、自由の前進はアメリカを安全にする」という確信を述べるとともに（「民主主義による平和（democratic peace）」論の適応）、「われわれは、テロリス

トのネットワークに攻勢をかけ続け、敵は弱体化したが、まだ完全に打ち負かすまでには至っていない」と指摘した。テロとの戦いと民主主義の拡大を結ぶものは、「思想の戦い（a battle of ideas）」である。

NSS2006は、「テロとの戦い」は最初から武器の戦いとともに思想の戦い（宗教の戦いではない）であると述べ、テロとの戦いに最終的に勝利するには、テロリズム（特にイスラーム過激派）の思想を克服する必要があり、必然的にテロとの戦いは「長い戦争、長い闘争（a long war, a long struggle）」になるという。NSS2006は、なぜテロが出現したのかについて分析し、その思想的要素として、政治的阻害、他人のせいにする不満、陰謀と偽情報のサブカルチャー、殺人の正当化を挙げて、これらの要因を克服できるのは民主主義である、と指摘している。

従来、アメリカの人権外交は、民主主義の手続き的な面を重視し、そのメルクマールを選挙の実施に置く傾向が非常に強かった。その点をNSS2006は改め、「効果的な」民主主義実現のためには、一定の条件が必要で、そのための条件づくりには開発ないし経済発展が重要であるという認識を示した。民主主義の定着によって、はじめてテロリズムが克服できるのである。民主主義の条件が整っていなければ、アメリカが描く民主主義の勢力とはほど遠い勢力が選挙を通じて政権をとることが少なからず生じることになる。アメリカは、楽観的に臨んだイラク戦争から苦い教訓を学んだことになる。

NSS2006とほぼ同じタイミングで発表された国防総省のQDR2006では、中国とロシア、インドを「戦略的岐路にある国家群（states at the crossroad）」と位置づけていたことを最後に指摘しておきたい。

● おわりに —— オバマは、「歴史に名前を残す」ことができるのか？

オバマ政権の政策に最後、議論を戻そう。

歴代の大統領は、特に政権2期目に、内外の政策で遺産（レガシー）を残すことで、「歴史に名前を残す」ことを目指すものである。特に大統領の裁量が大きい外交の分野で、遺産を残そうと試みる。

まずオバマ政権1期目には、対外政策上、以下の成果を残した。第一に、2010年4月8日に米露間でSTART後継条約（新START）が署名された（2011年2月5日に発効）。第二に、2011年5月2日に、パキスタンに潜伏していたアルカイダの指導者であるビン・ラーディンを暗殺した。第三に、中国の脅威を念頭にして、中東地域から撤退し、アジア太平洋地域に重点を移すべく、「再均衡（rebalancing）」ないし「アジア旋回（pivot to Asia）」を打ち出した。たとえば、2011年11月17日には、オバマ大統領がオーストラリアの議会で演説して、海兵隊の2500名をダーウィンとオーストラリア北部地域へ駐留させることを表明した。

さらに政権2期目には、対外政策上、以下の成果を残した。第一に、2015年7月14日にイランとの核合意が実現した。ただし、これに対して、アメリカ議会の共和党の保守派は批判的であった。第二に、その直後の2015年7月20日に、キューバとの国交正常化を図った。第三に、2015年10月5日に環太平洋経済連携協定（TPP）の基本合意に至った。第四に、2015年11月30日から、フランス・パリで開催されていた第21回国際連合気候変動枠組条約締約国会議（COP21）で、12月12日、オバマ政権は、特に中国と協調して、2020年以降の気候変動（climate change）の国際的な枠組みである「パリ協定」を正式に採択した。

内政では、政権1期目に、第一に、特に1年目だが、リーマン・ショック後の金融機関と自動車産業を救済した。第二に、2010年3月23日に医療保険制度改革法（Patient Protection and Affordable Care Act: オバマケア）が成立した。ただし、こうした「大きな政府」路線の

強まりに対して、共和党の保守派は批判的であった。アメリカ国内では、特に「茶会（Tea Party）」運動が活発化していく。「茶会」運動は、繰り返しになるが、グラスルーツの動きで、リーダーが不在で、「小さな政府」を最優先する姿勢を見せていた。「放っておいてくれ（leave us alone）」というリバタリアンの思想がベースにあった。宗教右派も加わっていた。

政権2期目には、失業率を5％まで回復させた。ただし、オバマ大統領の支持率は低迷したままであった。オバマ大統領の支持率が回復したのは、2016年2月以降、つまりと「トラン

プ旋風」が本格化してからであった。トランプ大統領候補の自由奔放で、時に下品な選挙の戦い方を見て、有権者はオバマ大統領を再評価したと思われる。

オバマ外交の歴史的な評価は、先立つクリントン外交とW. ブッシュ外交、またその後のトランプ外交との比較のなかで左右もされるが、将来の歴史家によって、政権の1次資料の公開にともなって次第に定まっていくであろう。オバマ大統領の外交でのリーダーシップが再評価されるかもしれない。

第7章
米中貿易戦争とは何か

● はじめに ── ポイントと基礎知識

トランプ政権は、中国との不均衡な貿易を是正するため、2018年7月から、対中貿易に対して制裁関税をかけ始めた。これに対して、中国が報復関税で対抗し、米中貿易戦争は長期化の様相を呈している。

対米貿易で黒字を更新している中国に対して、トランプ政権は、経済的圧力で迫り、中国側の譲歩を引き出そうとしてきた。

2020年1月に、「第一段階」の米中合意がようやく実現したが、「第二段階」の米中合意への道筋はまったく描かれていない。中国が消極的なのである。したがって、予見しうる将来、米中関係は、予断を許さない状況が継続すると思われる。

バイデン政権になっても、交渉の梃（てこ）とするため、トランプ政権が科した制裁関税がすぐに解除されるわけではない、と思われる。

1 ● トランプ政権の『国家安全保障戦略（NSS）』、再び

2017年12月18日に、トランプ政権は、繰り返しになるが、『国家安全保障戦略（NSS）』を発表し、レーガン流の「力による平和（peace through strength）」のアプローチを打ち出した。

中国とロシアを既存の国際秩序に挑戦する「現状変革国家（revisionist powers）」と位置づけ、「大国間の権力競争の新時代に突入し」、特に「アメリカは中国に新たな姿勢で臨む」と宣言した。

背景には、2017年から2018年にかけて、ワシントン、すなわちホワイトハウスと官庁間、アメリカ議会、シンクタンクなどで、対中強硬路線で超党派のコンセンサスが形成されてきたことがある。

トランプ政権内の対中強硬派は、経済ナショナリストと安全保障重視派が手を組む形で形成

されており、少数派として敵対派と穏健派が存在した。

2◉トランプ政権による対中制裁関税の発動

トランプ大統領は、「アメリカの国益を促進する」戦略を打ち立て、対中貿易の均衡を図るために中国から輸入される製品について高額関税を科すことを決定した。

トランプ政権は、2018年7月6日に、制裁関税の「第一弾」として、対中貿易で340億ドル相当の製品に25％の制裁関税をかけることを発表した。中国は、即座に同等規模の報復関税で対抗した。

これ以降、アメリカが追加関税をかければ、中国も報復関税をかけるという経済的な争いが生じた。

3◉対中制裁関税の第二弾と第三弾と 2019会計年度国防授権法(NDAA2019)の成立

2018年8月23日に、トランプ政権は、アメリカの制裁関税の「第二弾」として、160億ドル相当の製品に25％の制裁関税をかけることを発表した。中国は再び、即座に同等規模の報復関税で対抗した。

トランプ政権は、さらに9月24日には、過去最大となる「第三弾」の制裁関税を発動し、対象は総額2000億ドルにも上る中国からの輸入品に、当面10％の関税を追加した。中国は再び、即座に同等規模の報復関税で対抗した。

こうして、アメリカが中国から輸入する製品の約半数に影響が及ぶことになった。

またこの間、8月13日には、2019会計年度国防授権法（NDAA2019）がアメリカ議会で可決された。華為技術（ファーウェイ）や中興通訊（ZTE）をはじめとした中国のハイテク企業に対して、厳しい姿勢で臨むことを行政府に強く要求した。

4◉米中貿易戦争から米中の「新しい冷戦」へ？

10月4日に、マイク・ペンス副大統領は、ハドソン研究所で包括的な対中国政策について演説した。軍事・安全保障から通商・貿易、人権問題まで幅広く中国を批判し、中国を「現状変革国家」と位置づけ、厳しい姿勢で臨むことを明らかにした。こうしたペンス演説を受けて、米中両国が「新しい冷戦」へ突入したのではないかという議論も生じた。

10月5日には、トランプ大統領が、国防総省の『防衛産業基盤とサプライチェーンの強靱性・復元力（resilience）を評価しそれを強化する』報告書を受理した。

さらに11月14日には、アメリカ議会の超党派諮問機関「米中経済安全保障再考委員会（USCC）の年次報告書が発表され、中国が国産空母や大型輸送機の製造など中国の人民解放軍の展開能力を強化し、「中国が2035年までにインド洋や太平洋の全域で米軍に対抗できる能力を備える」と強い懸念を示した。

5◉米中間での暫定合意へ

トランプ政権は、2018年12月1日に、主要20カ国・地域（G20）の首脳会議開催にともなう米中首脳会談で、米中間で制裁関税率引き上げを猶予する暫定合意が実現し、米中貿易戦争は小休止へ向かった。米中両国は、知的侵害やサイバー攻撃などについて新たな通商・貿易協議を開始し、アメリカ側が2019年1月に予定していた追加関税率引き上げを90日間（3月上旬まで）凍結することで合意した。

トランプ政権はその後、「2019年3月には25％に制裁関税を引き上げる」として、中国側に譲歩を迫った。しかし、中国外務省報道官は、「アメリカの現在の一国主義と保護貿易主義のやり方は受け容れられない」と反対意見を述べていた。

2019年2月1日に、トランプ政権は、中距

離核戦力（INF）全廃条約の破棄をロシアに正式に通告した。中国が中距離の弾道弾ミサイルを開発・配備しているため、中国要因も無視できない。

2月16日には、ペンス副大統領は、ミュンヘン安全保障会議での演説で、核戦力増強やハイテク分野での覇権争いで、ロシアや中国に譲歩しない姿勢を鮮明に打ち出した。

しかし、トランプ大統領は、2月24日に、中国との貿易交渉が進展したとして、3月2日に予定していた追加関税引き上げの延期を表明した。貿易交渉も延期し、米中両国の首脳会談で最終合意を目指すこととなった。

6◉再び、米中間での暫定合意へ

しかし、2019年5月に入ると、米中間の閣僚級貿易協議は、暗礁に乗り上げてしまう。習近平政権が、だんまりを決め込んだのである。トランプ政権は、5月13日に、中国からの輸入品すべてに制裁関税を科す「第四弾」の詳細を公表した。10日の関税引き上げに続く追加措置で圧力を強めたのである。中国は、これに対して、報復措置を打ち出す構えを見せた。

しかし、6月下旬に大阪で開かれたG20の首脳会議にともなう29日の米中首脳会談で、トランプ大統領と習近平国家主席は、5月から途絶えていた閣僚級の貿易協議の再開で合意した。注目すべきことに、トランプ大統領は、スマートフォンなど3000億ドル分の中国製品への「第四弾」の追加関税を先送りした。米企業によるファーウェイへの部品販売も認める方針に転じた。しかしその後、閣僚級貿易協議はほとんど進展しなかった。

こうして、米中両国は、貿易戦争の激化をひとまず回避したが、米中貿易協議の合意に向けた道筋が描けているわけではなかった。米中貿易協議は、再開後も依然として、難航が予測された。米中貿易協議の期限もあいまいで、一転して中国ペースの様相を呈しつつあった。再び

一時小休止となる米中貿易戦争が収束する道筋は見えず、2020年11月3日の大統領選挙を控えて、トランプ大統領が成果を急いで譲歩し、安易に"取り引き（deal）"をすれば、中国の構造改革が中途半端に終わるリスクもあった。

7◉「主権」をめぐる対立

米中貿易協議の交渉が動かないのは、米中両国の対立が、通商・貿易問題から「主権（sovereignty）」をめぐる争いになりつつあるからであった。巨額の資金を注ぎ、ハイテク産業の育成を目指す「中国製造2025」は、中央集権で経済を動かす「国家資本主義」の根幹である。アメリカは、「補助金で輸出攻勢する中国企業に比べて、アメリカ企業の競争が不利になる」と補助金の撤廃を要求するが、中国は見直しに応じない。

中国は、アメリカの虎の尾を踏んでしまったことを猛省しつつ、長期戦を覚悟したように見えた。

習近平政権が見据えるのは、2020年11月3日のアメリカ大統領選挙であった。民主党の大統領候補指名争いで首位を走るジョー・バイデン前副大統領が、5月1日に、「中国は悪い人たちではなく、競争相手でもない」と発言した。その直後、中国は、トランプ政権との妥協を拒否し、「90％までまとまっていた合意内容を大幅に後退させた」（スティーブン・ムニューチン財務長官）という。中国は明らかに、トランプ大統領の再選の可能性をにらみながら、外交のカードを切ろうとしているように見えた。

中国経済の減速が相対的により深刻だが、アメリカ経済も減速し始めた。10年もの長期景気拡大が続くアメリカ経済であったが、米中貿易戦争への警戒から製造業の景況感指数が2年7カ月ぶりの水準まで下がり、トランプ政権発足後で最低となった。トランプ大統領が、6月29日の米中首脳会談で、強硬姿勢から大きく後退したのも、2020年11月の大統領選挙で

の再選を見据えて、懸案事項を取り除いておく必要性を感じたからかもしれなかった。

ただし、米中貿易戦争は、一時的な小休止に留まる可能性が高かった。米中貿易協議を難しくしているのは、トランプ大統領が特にこだわる貿易不均衡と雇用だけではなく、公正な競争や知的財産権の問題、産業政策でも、米中両国が対立するからである。しかも、トランプ政権は、これら経済の問題を国家安全保障上の脅威として位置づけていた。

8●トランプ政権、追加関税の「第四弾」発動へ

2019年9月1日に、トランプ政権は、1100億ドル分の中国製品に追加関税の「第四弾」を発動した。家電や衣料品など消費財を中心に15％を上乗せした。中国も同時に、アメリカの原油や農産物、大豆などに報復関税を科した。米中貿易戦争が一段と激しくなり、世界経済にはさらなる重荷となった。アメリカの第四弾は、半導体メモリーやテレビ、衣服など計3243品目が対象で、生活に身近な消費財が半分を占める第四弾のうちスマートフォンやノートパソコンなど計1600億ドル分は年末商戦に配慮して見送った。12月に同じく15％を科す予定であった。

こうして、米中貿易摩擦は第四弾に突入したが、2018年3月22日の米中貿易戦争の勃発時と比較して、貿易赤字はむしろ拡大して、貿易赤字を縮小して製造業の雇用を取り戻すという公約の実現は遠のくばかりであった。しかし、「関税男（tariff man）」を自称し、「関税が大好き」と公言するトランプ大統領が考え直す兆しはなかった。

トランプ政権は、米中貿易協議の進展がなければ、10月15日に第一弾から第三弾の追加関税を現行の25％から30％に引き上げることとなっていた。また、12月に第四弾の残りを発動すれば、ほぼすべての中国からの輸入品に追加関税が適用されることになる。トランプ政権

の中国への高関税は、日韓経済に景気の下押し要因となり、アメリカ経済にもめぐりめぐって悪影響を及ぼす。二大貿易国がお互いに科す関税率は平均20％を超え、1930年代の保護貿易主義の時代に匹敵する貿易障壁が両国間に築かれることになってしまう。米中両政府は、9月上旬に米中貿易協議を開催する予定であったが、米中両国が近く何らかの合意に達する、との期待は急速にしぼんだ。

9●「第一段階」の部分的な枠組みで合意へ

トランプ政権と習近平政権は、10月11日に、ワシントンで開いた通商・貿易問題に関する閣僚級協議で、米中貿易戦争の休戦につながる「第一段階」と言える部分的な枠組みで合意に達した。トランプ大統領は、「合意文書の作成には3週間から5週間を要する見通しだが、中国の習近平国家主席と来月（12月）にも署名できる可能性がある」と述べた。

中国は合意の一環として、アメリカ産農産品の購入を大きく増やし、知的財産権をめぐる一定の措置、金融サービスと為替に関する譲歩に同意する、とトランプ大統領が同じ11日にホワイトハウスで明らかにした。これと引き換えにトランプ政権は、部分合意の成立にともない、10月15日に予定していた追加関税の引き上げを先送りすることとなった。しかし、中国から輸入する製品のほぼすべてに対象を拡大する制裁関税の「第四弾」の発動中止は決めていなかった。

ムニューチン財務長官は、「合意条件に基づく中国のアメリカ産農産品への支出は今後2年で現在の倍以上の年間400-500億ドルになる見込みだ」と説明した。政府統計によると、2017年の米農産品の対中輸出総額は195億ドルだった。ムニューチンはまた、「第一段階の合意には金融サービス企業への市場開放が含まれる」と語った。

この10月11日の部分合意は一部の短期的な

問題を解決する可能性があったが、最も厄介な紛争は、未解決のまま残ることとなった。知的財産権の侵害や技術移転の強制、中国の産業助成をめぐる不満が、トランプ政権が米中貿易戦争で解決を目指す問題の中心にあったからであった。

中国の習近平国家主席は、ホワイトハウスが11日に公開したトランプ大統領宛ての書簡で、「農産品に関するあなたの懸念を私は重視している」とした上で、中国企業がアメリカの農産品の購入ペースを最近加速させたと指摘した。「われわれが相互の懸念に適切に対処することが重要だ。あなたと私が合意した方向性と原則に双方がしたがって行動し、協調と協力、安定に基づき、米中関係を前進させるために努力することを期待する」とも指摘した。

一方で、中国国営の新華社は12日、「中国とアメリカの双方がフォローアップの取り決めについて話し合い、最終的な通商合意の成立に向け努力することで一致した」と報道し、「交渉チームが農業や知的財産権保護、為替レート、金融サービス、通商面での協力拡大、技術移転、紛争処理を含む分野で実質的な進展を達成した」と伝えた。

10 ● ペンス副大統領の中国演説

ペンス米副大統領は、2019年10月24日のワシントンのウィルソン・センターで、再び、軍事・安全保障から通商・貿易、人権まで幅広く、より包括的かつ体系的に中国を批判する演説を行った。たとえば、香港での民主化デモ参加者に対する中国の行動を批判した。同時に、米中両国が関わり合いを強めることが必要との認識も示した。

ペンス副大統領は、「中国当局は香港への介入を強め、香港の人々の権利と自由を抑圧する行動をとってきた。こうした権利や自由は、拘束力のある国際的な取り決めを通じて香港の人々に保証されたものだ」と指摘した。香港のデモ参加者らに向け、「われわれはあなた方を支持する」と表明した。

米中両国は、通商・貿易交渉の「第一段階」で原則合意するなど歩み寄りを模索しており、ペンス副大統領はこうした状況を踏まえ、演説でどの程度踏み込んで中国を批判するかについて慎重にバランスをとったものと推測される。

注目すべきことに、ペンス副大統領は、米中両国が「デカップリング」するのでなく、アメリカは「中国との関わり、および中国による世界との関わりを求めている」と指摘した。

ペンス副大統領の最も辛辣な中国批判は、間接的なものであった。それは、アメリカの企業ナイキとプロ・バスケットボールNBAに照準を合わせた発言だった。ペンス副大統領は、NBAのヒューストン・ロケッツのゼネラル・マネジャーによる香港関連のツイートに関し、中国政府の抗議に同調してナイキがロケッツ関連商品を店頭から撤去したと批判した。「ナイキはいわゆる『社会正義の擁護者』だと自社を宣伝してきたが、香港に関しては社会的良心を棚上げにすることを選んでいる」と指摘した。

NBAはこのゼネラル・マネジャーが香港のデモ参加者への支持を示すツイートを投稿して、中国当局者や同国の多くのファンの怒りを買ったことについて謝罪した。これについてペンス副大統領は、NBAが「中国共産党に味方し、言論の自由を黙らせている」と非難した。ナイキとNBAの担当者からコメントは得られていない。

中国外務省の華春瑩報道官は、北京で開いた25日の定例記者会見で、ペンス副大統領の演説は「嘘であり、傲慢だ」と反論した。人権批判を展開したペンス副大統領は、「人種差別と貧富の格差というアメリカの問題を無視している」と主張した。華報道官は、ペンス副大統領が「中国の統一と国内安定の破壊」を狙っていると批判し、香港と台湾、新疆ウイグル自治区は「内政問題」だと語った。

11 ● 香港人権・民主主義法の成立

　香港人権・民主主義法案が、11月15日に下院で、19日に上院で、全会一致で可決された。香港の「逃亡犯条例」改正案をめぐる大規模デモをめぐって、中国大陸への容疑者引き渡しに関する香港政府の動きを牽制するため、2019年6月13日に共和党のマルコ・ルビオ上院議員とクリス・スミス上院議員によって提出されていた。トランプ米大統領は、11月27日に、香港の人権と自治を擁護するための香港人権・民主主義法案に署名し、香港人権・民主主義法が成立した。香港で政府への抗議デモが続くなか、民主派の動きを後押しするものであった。

　トランプ大統領は27日に、「中国の習近平国家主席、中国、香港の人々に敬意を表して法案に署名した。中国と香港の指導者と代表者たちが友好的に意見の相違を解決できるという希望のもと、同法は制定された」という声明を発表した。これに対して、中国側は香港人権・民主主義法に激しく反発しており、トランプ大統領が年内を目指す米中通商協議の「第一段階」の合意の先行きに影響を与えるのは必至であると見られた。

　香港人権・民主主義法は、国務省に対して、香港の高度な自治を保障した「一国二制度」が機能しているかどうかを検証する年次報告書を作成するように義務づけた。機能していないと判断されれば、香港が受けている関税などの優遇措置が見直される可能性がある。香港で人権侵害を行った当局者に制裁を科すことも可能となる。

　香港人権・民主主義法案は、すでに見た通り、アメリカ議会で超党派の圧倒的な支持の下で上下両院を通過していた。法案提出者の一人、共和党の有力議員、ルビオ上院議員は27日に、「アメリカは今、中国政府による香港へのこれ以上の内政干渉を阻むための新しく意義のある手段を手に入れた」と発言し、香港人権・民主主義法の成立を歓迎した。

　これに対して、中国外務省は28日に声明を出し、「一国二制度は世界が認める成功を収めているが、アメリカは事実を無視し、社会秩序に危害を加える暴力犯罪分子を後押ししている。この法案は、香港の同胞を含む中国人民にアメリカのあくどい企みと覇権の本質を認識させるだけだ。こうした策謀は失敗する運命にある」と強く非難した。

12 ● 米中貿易戦争の一時休戦へ

　米中両国の貿易協議は、12月13日に「第一段階」の合意に達し、1年以上にわたって制裁関税をかけ合っている米中貿易戦争は一時休戦となった。アメリカ株が最高値を更新し、金融市場は歓迎ムードだが、正式署名は2020年1月以降であり、合意内容をめぐる認識のずれも生じていた。大統領選挙での再選を意識するトランプ政権と、景気失速を警戒する中国指導部が、互いに実利を優先した"薄氷の合意"で、先行き不安も残る合意であった。

　「驚異的な合意だ。とても多くの工業製品や農産品を網羅している」と、トランプ大統領は13日に、記者団に誇らしげに語った。中国が購入する米農産品は、過去の実績の2倍となる「年500億ドル」であった。2020年11月3日の大統領選挙での再選へ向けて、特に「激戦州（battle-ground states）」での農家にアピールする狙いが透けて見えた。

　トランプ政権は、巨額の対中貿易赤字を問題視し、中国に貿易不均衡の是正や、産業補助金の見直しなど構造改革を要求してきた。包括的な協定に持ち込む算段だったが、すでに見た通り、2019年5月に「95％まで決着」（トランプ大統領）した合意寸前で、中国が待ったをかけた。

　トランプ大統領は、制裁対象を中国からの全輸入品に拡大すると拳を振り上げたが、長引く交渉と制裁合戦で、大豆や豚肉の中国向け輸出

は激減した。スマートフォンなどを中国で生産するアメリカの大企業も反発し、製造業への悪影響も見過ごせなくなった。トランプ政権は、景気悪化を招けば2020年11月の大統領選挙に不利になると判断し、抜本的な改革を先送りする部分合意に軌道修正した。

部分合意を受けて、株価は上昇した。ニューヨーク市場のダウ工業株30種平均は、史上最高値を更新した。

しかし、中国は、「第一段階」の部分合意で米農産品の購入額を明示していない。トランプ政権が早期開始に意欲を示す「第二段階」の貿易交渉にも慎重である。アメリカ議会からは「期待を裏切った」と批判的な声が上がた。こうして、アメリカ議会の方がトランプ政権よりも反中国の姿勢を示してきた（ている）。通商・貿易問題以外にも、ハイテク覇権や安全保障をめぐる米中対立は続き、トランプ大統領が再び制裁強化に傾く可能性も完全に否定できなかった。

トランプ大統領は、12月31日に、米中が貿易協議で至った新たな部分的合意の署名が1月15日に行われると発表し、署名後に中国を訪問してこれまで繰り返し頓挫してきた通商・貿易協議を継続する意向を表明した。合意をめぐっては、数週間にわたって詳細が明らかにされず、見通しが不透明な状態が続いていたが、トランプ大統領の発表により日程が確定した。

トランプ大統領は、米株式市場で2019年の最終取引日が開始する直前にツイッターに投稿し、「私は1月15日、中国との非常に大規模で包括的な第一段階の貿易合意に署名する」と表明したのである。「署名式はホワイトハウスで行われ、中国の高官が出席する」とも指摘した。

13◉米中貿易戦争の一時休戦の意義

たとえトランプ大統領が、2020年11月の大統領選挙での再選のために、米中貿易摩擦で"取り引き"を実現したとしても、米中間では

ハイテク覇権争いが残ることになる。はたして、米中両国は、安全保障のディレンマを回避し、「トゥーキュディデスの罠」から抜け出せるのか――。2020年以降も、米中貿易戦争は、微妙な駆け引きが必要となると思われた。

2019年12月13日の「第一段階」の部分合意までの一連の流れのなかで、最も印象に残ったのは、アメリカ側が予想以上に譲歩したということである。追加関税の見送りについては、あらかじめ予想されていたが、これまでに賦課した関税の引き下げについては、トランプ政権内でも強烈な反対がある、と伝わっていた。また、中国側からかなりの譲歩を引き出せなければ、実現は難しいのではないか、とも見られていた。

結果としては、2019年9月に賦課したスマートウォッチなどの1200億ドル分に対する15%の関税を、7.5%に引き下げるという部分的なものにとどまったが、アメリカが要求していた農産物購入の数値目標の明記や四半期ごとの検証などに関して、中国側が頑として首を縦に振らないなかで、先に関税の引き下げを表明したことの意味は大きい。

14◉大統領選挙の要因

合意がまとまらず時間切れとなるなかで、スマートフォンやノートパソコンなどに対する15%の追加関税を発動することになれば、株価の大幅な調整は必至と見られていただけに、2020年11月3日に大統領選挙を控えて、株価の維持が最優先事項となっているトランプ大統領が、対中強硬派のロバート・ライトハイザーUSTR代表など側近たちの反対意見を抑えて決断したものと思われる。

もっともこの点について、特に日本国内では自国の景気の急激な落ち込みや、香港での大規模デモなどの政治問題を抱えて苦しんでいる習近平政権が、全面的に譲歩した結果という報道も目立った。アメリカに対して、大幅に譲歩し

たにもかかわらず、アメリカからはほんの一部分の関税の引き下げしか得ることもできなかったという論調もあったが、これはまったくの誤認である。

　実際に中国が大幅に譲歩したのであれば、アメリカはもっと関税を引き下げ、成果を大幅に強調させているはずである。その方が株価もさらに上がるからである。また、トランプ大統領の再選にも有利に働くのは明らかである。関税の引き下げが限定的なものにとどまったのは、中国側が大幅に譲歩したのではなく、最低のラインを守ってしたたかに交渉を続けていることの表れと受けとっておくべきであった。

　2020年以降は、交渉の進展を示唆するような当局者の発言やニュースが、これまでのように飛び出してくるのかは疑わしかった。2019年夏までの交渉の停滞ムードを一掃し、市場の期待を高めたのは、何よりも、難しい問題をすべて先送りし、できる部分だけで第一段階の部分合意をまとめ上げようという、当初方針の大幅な変更であったと言ってよい。

● おわりに —— 米中貿易戦争の一時休戦の後？

　以前は完全な合意でなければ行う意味はないと、自らの要求を頑固に押し通し、強硬な姿勢を緩めなかったトランプ大統領も、まずは「第一段階」の部分合意をまとめるという方向に転換して以降は、米中間で合意が近いとの楽観的な見通しを何度もツイッターなどで発信し、そのたびに市場が反応し株価を押し上げるというパターンが続いていた。

　その合意可能な部分だけをまとめるはずであった第一段階の交渉でも、ここまで難航したのである。その後は、いったん棚上げせざるを得なかった、より厳しい通商・貿易交渉が待ち受けていた。関係者もここから先は、交渉が進展しているとは簡単には言えなくなった。仮にそうした楽観的な見方を示したとしても、市場が以前ほどには反応しなくなるのではないかと

思われた。

　12月13日の「第一段階」の部分合意による関税引き下げは、これまでにアメリカが賦課した関税のごく一部に過ぎないことも、忘れるべきではない。2018年に3回に分けて発動した、2500億ドルにおよぶ25％の関税に関しては一切手をつけておらず、景気への悪影響を軽減できるのかという点で見れば、あまり効果がないと言わざるを得なかった。

　10月や11月の経済指標に関しては、たしかに予想を上回る内容のものも多かったが、どこから見ても強気の内容だったというわけではなかった。肝心の企業景況感指数については、低迷が続いた。小売売上高など、これまで景気を牽引していた個人消費に関連する指標に鈍化の兆しが出てきたことも懸念された。

　中国の景気については、アメリカの関税引き下げが限定的なものにとどまったことを考えても、さらなる悪化は免れないと見ておいた方がよかった。

　関税の賦課は中国の景気を落ち込ませ、それによって譲歩を引き出すという戦略の一環なのだから、ここまで有効に作用していると考えることもできた。しかしながら、中国の景気が落ち込めば、それがいずれは世界経済に波及することも忘れるべきではない。その後も世界的に景気減速に対する懸念は残るし、経済指標も改めて悪化傾向が強まるのではないか、と懸念も残った。

　産業への補助金をはじめとした難しい問題をすべて先送りした上での「第一段階」の合意だったのだから、成果が限定的なものにとどまったのはむしろ必然と言うことができた。

　そうしたなかで中国による米農産物の大量買いつけは、トランプ大統領が強調できるほぼ唯一の成果だったわけで、それだけに、中国も見返りとしての関税撤回を強く求めていたという背景があった。結果として、中国側はコーンや小麦などの輸入を増やすという、きわめてあい

まいな表現でしか約束を表明せず、アメリカ側もごく一部の関税引き下げしか行わなかった。

現実問題として年間に500億ドルという、中国が貿易戦争の開始以前の水準の2倍を超えるような量を買いつけることは不可能であった。中国側があくまでも、「実際の需要に見合った買いつけ」という一線を崩さなかったのは当然と言うことができるし、その後、実際にアメリカが満足するだけの買いつけを行うのかは、きわめて疑わしかった。トランプ大統領が中国の買いつけペースの鈍さに不満を募らせれば、改めて追加関税の話を持ち出すことも十分にありえた。

2020年には、1月半ばに中国の武漢で発生した新型コロナ・ウイルスの感染拡大で、グローバルなパンデミックとなった。感染者数と死者の数で、アメリカの被害は世界最大で、トランプ政権とアメリカ議会の震源地となった中国に対する不信感は根強かった。たとえば、トランプ大統領はしばらく、「武漢ウイルス」と呼んでいた。中国は、新型コロナ・ウイルスの感染拡大を強権で抑え込み、いち早く経済成長を取り戻しつつある。これに対して、アメリカは、新型コロナ・ウイルスの感染拡大による経済への深刻なダメージを避けられそうにない。

2020年以降、新型コロナ・ウイルス危機で、米中対立は深まるばかりである。米中貿易戦争による対立も、かすんでしまうほどである。香港や新疆ウイグル自治区などをめぐる人権問題でも、米中は激しく対立する。民主党のバイデン政権になれば、通商・貿易面での対中圧力は次第に緩和するかもしれないが、人権問題に関しては、民主党の方が共和党よりも厳しい姿勢を見せることを忘れてはならない。

2020年5月28日、中国の国会に相当する全国人民代表大会で、香港国家安全維持法が採択され、トランプ政権とアメリカ議会は、強く反発した。詳しくは、続く章で後述する。

6月17日には、アメリカでウイグル人権法が可決された。ウイグル族弾圧に関与した中国当局者に対して、資産凍結や入国禁止などの制裁を科することを定める内容である。新疆ウイグル自治区では、100万人以上のウイグル人が拘束されていると見られている。

中国にとっては、バイデン政権になっても、アメリカの対中国強硬路線に変化はない、と予測される。アメリカ議会や世論の反中国の姿勢を見れば、アメリカの対中政策が大きく展開されるという見通しは立たない。トランプ政権は、対中貿易赤字を減らすことを最優先に置いていた。しかし、同盟関係の再構築を掲げるバイデン政権の下では、日米欧の同盟国が結束して、対中圧力を強化する可能性が少なくない。中国にとって、より厄介になるかもしれない。

第8章

香港国家安全維持法とアメリカの反応

● はじめに

2020年5月28日、中国の国会に相当する中国の全国人民代表大会（全人代）で、香港に対する香港国家安全維持法の制定方針が採択された。

これに対しては、アメリカをはじめとした民主主義国が強く反発する事態となった。かつて香港を統治していたイギリスも、強く反発している。

中国、香港、アメリカの3者はそれぞれの思惑があり、事態は複雑化することが予想された。

1 ● 香港国家安全維持法とは何か

香港国家安全維持法とは、中国の治安部門が香港での反体制運動を取り締まれるようになる法制度のことである。取り締まりの対象は、国の分裂や政権の転覆、国家の安全を脅かす行為、そして外勢力による香港への干渉である。

わかりやすく言えば、香港国家安全維持法によって中国政府が香港を統制しやすくなり、香港の言論の自由は封殺され、香港の自治は中国政府の介入を許すことになるということである。

2 ● 「一国二制度」とは何か

香港は厳密には中国の一部だが、「一国二制度」によって高い自治を認められてきた。中国でありながら、実質的には独立した一つの国のような存在として扱われてきた。

香港は、1997年7月1日にイギリスから返還された際、その時にはイギリスの影響を受けて民主主義や自由主義が確立していた。そのよ

うな状態で、共産主義の中国に組み入れられることは難しかった。

この結果、中国政府は、1997年から先50年間は民主主義の香港政府を維持し、一国二制度を認めることになった。つまり、共産主義である中国のなかに民主主義の香港があるということである。別の言い方をするならば、一つの国のなかで共産主義と民主主義という真逆の思想が存在することとなる。この共存を承認する仕組みが一国二制度である。

共産主義や社会主義を徹底して嫌うアメリカは、一国二制度によって香港が民主主義を維持できていることを歓迎し、香港だけは特別扱いしてきた。

しかし、中国政府が香港国家安全維持法を導入したことで一国二制度が崩れてしまうため、アメリカは腹を立て介入しているわけである。

3 ● アメリカの反応

トランプ政権のアメリカは、全人代で香港国家安全維持法が採決される可能性があると判明した時点から、中国政府を強く牽制してきた。

ドナルド・トランプ大統領は、仮に香港国家安全維持法が採決された場合は、中国に対して何らかの制裁を科すことを表明していた。たとえば、ホワイトハウスは、5月20日時点で「外交が無益であると分かれば、中国への圧力を強化し、必要な行動をとる」と議会向け報告書にまとめていた。これに先立つ14日には、トランプ大統領がTwitter上で「すべての関係を断ち切ることもできる」とし、国交断絶をにおわせた。

こうして、アメリカは、全人代が始まる前から強硬な姿勢で中国の習近平政権を牽制しており、中国の動向に対して過敏になっている状態であった。

4◉米中貿易戦争の延長戦扱い

アメリカは2018年に深刻化した米中貿易戦争以降、中国との関係は良好ではない。さらに、新型コロナ・ウイルス感染拡大が中国発であることや、中国政府の初期の対応が悪かったことでアメリカが大きな被害を受けたと主張しており、中国への批判が止まらない。

事実、トランプ大統領は5月28日のツイートで「コロナ・ウイルスは中国からの非常に悪いギフトだ」と皮肉を言っており、中国を批判していた。特に2010年代後半以降のアメリカでは、繰り返しになるが、反中国のコンセンサスが超党派で形成されているため、反中国寄りの姿勢の方が支持されやすい。

加えて、アメリカにとって香港は最大の貿易黒字相手である。仮に、香港の貿易が中国政府によって統制されるような事態が起きた場合、中国相手に続いている貿易戦争が香港でも起きる可能性がある。

アメリカとしては、中国政府が国家利益や国家安全のためと称して、アメリカと香港の貿易に関税をかける事態になることは回避したいところであった。貿易に関しては、中国と「身の削り合い」をしているアメリカは、少しでも中国の影響力を阻止したいのである。

5◉アメリカでの法律の見直し

アメリカには香港の扱い方を規定した「アメリカ・香港政策法」と呼ばれる法律がある。また、2019年11月15日にはこの法律を一部改正した香港人権・民主主義法が成立している。

これらの法律は「香港が民主主義や人権を十分にして自立しているか」を確認し、中国本国とは違った待遇をすることや、2023年までの毎年、国務長官によって香港の民主制度の動向やアメリカへの利益条件などを報告書にまとめることを定めている。

つまり、この法律によってアメリカは、香港を実質的な民主主義国とみなしているのである。

5月27日、国務長官のマイク・ポンペオは記者会見で、香港国家安全維持法が導入されることを受けて、「もはや香港が高度な自治を維持できるとは誰も主張できない」とコメントし、これまで続けてきた香港への経済的特別優遇措置を継続するに値しないという考えを示した。

こうして、アメリカはこの法律を再び改正し、香港に対する態度を変える可能性があった。

6◉アメリカによる優遇措置の廃止

5月29日、トランプ大統領は、香港国家安全維持法を決定した中国に対する対抗措置として、香港に認めている多岐にわたる優遇措置の停止に向けた手続きを始める、と発表した。

「中国政府の決定により香港の高度な自治が失われた。中国は一国二制度を一国一制度に変えた」と批判した上で、犯罪人引き渡しから貿易面まで、香港との取り決め全般に関わることを見直すとした。

以下のことが検討の対象になると考えられた。
・香港との関税優遇措置の撤廃
・ビザ取得手続きの見直し（香港は中国よりもアメリカビザ取得が容易であった）
・香港自治の侵害に関与した中国および香港の関係者制裁（入国拒否、資産凍結など）
・安全保障に影響するとみなした学生の入国拒否およびビザ剥奪
・アメリカで活動する中国企業の締め出し

優遇措置や制裁内容についての詳細は、その後明らかにされることとなったが、ビザ取得条件の見直しなどは一般人にも影響が及ぶことから、厳しい対抗措置と言える。

トランプ大統領が記者会見で徹底して中国政府を批判しただけに、中国も何かしらの対抗措置をとる可能性があった。内容によっては関係悪化がさらに深刻化するかもしれなかった。

◉おわりに —— 米中両国のさらなる対立

こうして、アメリカは、香港をめぐって中国政府と厳しく対立した。米中貿易戦争にはじまり、世界保健機関（WHO）との関係、そして新型コロナ・ウイルスと、アメリカにとっては中国を批判する材料が豊富にある。

「中国は2030年にはアメリカを抜いて世界一の経済大国になる」と言われていることから、アメリカとしては、早い段階から中国を押さえつけておきたい魂胆であった。また、2020年11月3日の大統領選挙に向けて「強いアメリカ」を誇示したいトランプ政権の思いも見え隠れした。

香港をめぐる問題は、アメリカと中国という二大経済大国の対立を本格化させたと言ってよい。

第9章

政権移行期のトランプ政権の対中強硬策

◉はじめに —— ポイントと基礎知識

トランプ政権は、政権交代を目前に、中国への強硬措置を相次いで実行に移した。たとえば、人権侵害や南シナ海問題を理由に、半導体やドローン（小型無人飛行機）などの大手企業に一斉に制裁を科した。

政権交代直前の2021年1月19日には、マイク・ポンペオ国務長官が、新疆ウイグル自治区での中国政府の弾圧を「大量虐殺（genocide）」と認定した。

バイデン次期政権に中国への厳しい姿勢を続けるよう迫る狙いがあると思われる。

1◉SMICやDJIなどを禁輸対象に指定

ウィルバー・ロス商務長官は、2020年12月18日に、「中国の腐敗した脅迫的な振る舞いは、アメリカの安全保障と同盟国の主権を損なっている」と、厳しい口調で中国を批判した。

商務省は、同日、半導体受託生産の中国最大手の中芯国際集成電路製造（SMIC）やドローン世界最大大手のDJIなど約60の中国企業や中国人に対するアメリカ製品の輸出を事実上禁じた。

それぞれの制裁理由には、アメリカ技術の軍事転用や少数民族の弾圧、権威主義国家の支援、南シナ海の軍事拠点化、企業秘密の窃取など、トランプ政権が4年間で批判してきた中国の問題点がずらりと並ぶ。対中規制の継続案件をまとめて、片づけた格好であった。

ドナルド・トランプ大統領は、大統領選挙での敗北を認めていなかったが、任期終了までに成果を残そうとしていたのは明らかであった。トランプ大統領は11月に、商務省で輸出規制を担う部門に幹部ポストを新設した。熱心なトランプ支持者で知られる通商弁護士を任命し、残る2カ月での政策実行を託した。

2◉バイデン政権への圧力

政権交代前の矢継ぎ早の制裁発動は、バイデ

ン政権に対中強硬策を続けるよう促す狙いが透けて見えた。

商務省高官は、12月18日に、「バイデン次期政権は、われわれがとった措置が安全保障の観点から重要であることを必ず理解してくれるだろう」と述べ、対中制裁の継続を求めた。

また注目すべきことに、マイク・ポンペオ国務長官は2021年1月9日に、アメリカの外交官や他の政府当局者による台湾との接触を過去数十年間にわたって制限してきた国務省の内規を撤廃するとの声明を発表した。

こうして、バイデン大統領も、中国に対して弱腰の姿勢を見せられない環境が着々とでき上がっていた。

3●外国企業説明責任法とは何か

12月18日には、アメリカに上場する中国企業の監視を強化する外国企業説明責任法がトランプ大統領の署名で成立した。アメリカ当局による会計監査の検査を受け入れなければ、上場廃止となる。外国企業説明責任法案は、共和党が多数の上院で5月、民主党が多数の下院で12月2日にそれぞれ全会一致で可決した。民主党のクリス・バンホーレン上院議員と共和党のジョン・ケネディ上院議員が超党派で提出した。

「アメリカ人が中国企業からカネをかすめとられるのを防ぐ法律が成立した」とボンホーレン上院議員は、歓迎する。相次ぐ中国企業の会計不祥事で党派を問わず強硬論が広がっている政治状況であった。

こうして、アメリカ議会では、反中国で超党派のコンセンサスが形成されているのである。

4●中国軍関連企業の株式購入を禁じる大統領令に署名

しかも、議会と並行してトランプ政権も動いており、政権交代でも潮流は変わりそうにない。上場規制を担当する米証券取引委員会（SEC）は、具体的なルール作りに着手した。トランプ

大統領は11月12日に、中国人民解放軍の関連企業リストに入った企業の株式について、アメリカ投資家に購入を禁じる大統領令に署名した。

ただし、急ピッチで中国企業の締め出しが進むことに投資家からは戸惑いの声も聞こえた。主要な公的年金が所属する米機関投資家評議会（CII）は12月11日に、財務省の外国資産管理局に手紙を出し、実際に売買が禁じられる企業や法権の詳細な情報を出すよう求めた。

▼ 政権移行期のトランプ政権の対中強硬策

2020年
11月12日	トランプ大統領、中国軍関連企業の株式購入を禁じる大統領令に署名
20日	台湾と初の経済対話をアメリカで開催
12月2日	新疆ウイグル自治区の団体が生産した綿製品の輸入を禁止
3日	中国軍関連企業リストにSMICや国有石油大手を追加 中国共産党員のビザ有効期間を短縮
18日	SMICやDJIなどを禁輸対象に指定

2021年
1月9日	ポンペオ国務長官、アメリカの外交官や他の政府当局者による台湾との接触を制限してきた国務省の内規を撤廃
1月19日	ポンペオ国務長官、新疆ウイグル自治区での中国の政策対応を「大量虐殺」と認定

5●チベット自治区をめぐる問題を担当する特別調整官

2020年11月の大統領選挙前の話題になるが、ポンペオ国務長官は10月14日に、中国のチベット自治区をめぐる問題を担当する特別調整官にロバート・デストロ国務次官補（民主主義・人権・労働問題担当）を指名したと発表した。チベット仏教最高指導者ダライ・ラマ14世との対話や人権尊重を中国に促す役割を担う。

デストロは、国務次官補との兼務で、トランプ政権下で同調整官を置くのははじめてであっ

た。

　またポンペオ国務長官は、前日の10月13日には、アメリカの外交政策にかかわるシンクタンクなどの機関に対して、外国からの資金提供をウェブサイトに開示するよう求めた。資金提供を通じてアメリカの政策立案に影響を及ぼそうとする中国やロシアなどを牽制する狙いがある。

◉ おわりに ── 「大量虐殺」の認定

　冒頭でも見た通り、2021年1月19日に、ポンペオ国務長官は、中国の新疆ウイグル自治区での中国の弾圧を「大量虐殺」と認定した。バイデン政権で国務長官となるアントニー・ブリンケンも、アメリカ議会の公聴会でこの大量虐殺の認定の決定を追認した。

第10章

米朝首脳会談とは何か

◉ はじめに ── ポイントと基礎知識

　2018年6月中旬に、シンガポールで、ドナルド・トランプ大統領と金正恩委員長は、史上初となる米朝首脳会談が開催した。

　2017年には、北朝鮮が大陸間弾道ミサイル（ICBM）の発射実験に成功すると発表するなど、米朝関係は緊張していたが、2018年以降、6月の米朝首脳会談の実現で、両国間の緊張が緩和した。特に北朝鮮の非核化に向けての動向が注目された。

　しかし、2019年2月下旬に、二度目の米朝首脳会談が開催されたが、朝鮮半島の非核化のプロセスについて合意は実現しなかった。6月下旬の板門店での三度目の米朝首脳会談も、象徴的な成果のみにとどまった。

1 ◉ 2017年の米朝危機

　北朝鮮が2017年1月1日に、ICBM試射の準備が「最終段階」だと発表し、核兵器とミサイルの開発のペースを速めたことから、米朝首脳の非難の応酬が激化した。北朝鮮は、特に7月4日と28日に、アメリカ本土を射程に納める

と見られるICBMの発射に成功したと発表した。

　これに対して、トランプ大統領は、演説やツイッターで、威嚇や牽制ととれる発言を繰り返した。たとえば、金正恩を「ちびのロケットマン」と揶揄し、「激しい炎と怒りに直面するであろう」と脅した。

2 ◉ 北朝鮮の対話路線への転換

　2018年になると、北朝鮮は、アメリカに対して、対話路線へと転換した。

　北朝鮮はまず、2月9日から25日にかけては開催された韓国での平昌五輪に選手団を派遣した。

　4月27日に、金正恩委員長は、韓国の文在寅大統領と板門店で南北首脳会談を開催した。米朝首脳会談の開催に両国の首脳が合意し、その後、対話の方向へと大きく動き始めた。

3 ◉ 米朝首脳会談の実現

　アメリカのトランプ大統領と北朝鮮の金正恩委員長が、冒頭で見た通り、2018年6月12日に、シンガポールのサントーサ島で首脳会談を開いた。

米朝の首脳が直接会談するのは、史上初のことであった。

トランプ大統領は、たとえば、大統領選挙中の2016年5月18日に、ロイター通信のインタビューで、「金正恩氏と話がしてみたい」とコメントしていた。

4◉米朝首脳会談での合意

6月12日の米朝首脳会談で、両国首脳は、「共同声明文」に署名した。金正恩委員長は、朝鮮半島の完全非核化に向けて努力すると合意したのに対して、トランプ大統領は、北朝鮮に体制の保証を与えると約束した。

トランプ政権はその後、当面は北朝鮮への経済制裁を維持し、核兵器の脅威がなくなれば、経済制裁を解除する考えを示した。

5◉友好的な雰囲気の米朝首脳会談

米朝両国首脳は、共同声明実現のために、アメリカのマイク・ポンペオ国務長官と北朝鮮の担当高官が主導して、早急に協議を進めることでも合意していた。

米朝首脳会談後、トランプ大統領は記者団から、「金正恩委員長をホワイトハウスへ招待するか」と聞かれ、「必ずするだろう」と返答している。

こうして、友好的な雰囲気で、米朝首脳会談は終了した。

6◉米朝首脳会談後

9月には、平壌を訪れた韓国特使団に、金正恩委員長がトランプ大統領の1期目の任期が終わる2021年1月までに、「非核化を実現したい」と話し、トランプ政権へのメッセージを託した。

ただし、非核化の具体策や実現の期限が明確でないことに懸念の声もあった。

7◉二度目の米朝首脳会談

2019年2月27日と28日に、冒頭で見た通り、二度目の米朝首脳会談がヴェトナムのハノイで開催されたが、朝鮮半島の非核化をめぐって交渉は決裂し、合意には至らなかった。

北朝鮮は、寧辺の核施設などを廃棄する意思を示してきた。しかし、トランプ大統領は、それだけでは「制裁解除には不十分だ」と述べた。アメリカ側は前回の会談後、非核化に向けた工程表作成や核施設のリスト申告などに応じるよう求めてきた。

金正恩からすれば、内政に問題を抱えるトランプ大統領の足元を見て、強気の姿勢でも果実を得られるとの思惑があったのではないかと思われる。

合意なしで終わった会談結果は、安易な妥協よりはよかったと捉えるべきかもしれない。注目すべきことに、会談決裂の直後に、トランプ大統領の支持率も上昇した。そのため、米中貿易協議への影響が懸念された。

◉おわりに —— 板門店での米朝首脳会談とその後

2019年6月30日の板門店での三度目の米朝首脳会談も、象徴的な成果のみに終わり、その後、米朝間で朝鮮半島の非核化のプロセスで具体的な合意には至っていない。

バイデン前副大統領は、2020年のアメリカ大統領選挙の間、トランプ政権の対北朝鮮政策を批判していたため、バイデン政権になっても、米朝関係が急速に進展することはないかもしれない。実質的な合意の期待もなしに、米朝首脳会談を開催しても、共産党一党独裁の政権と金正恩委員長の正統性を高めてしまうだけだからである。

第**11**章

トランプ政権による 中東和平の仲介外交とは何か

● はじめに ── ポイントと基礎知識

　トランプ政権は、2020年までに、中東・アフリカ北部地域で積極的な仲介外交を展開し、イスラエルがアラブ首長国連邦（UAE）とバーレーン、スーダン、モロッコとの間で、相次いで和平合意を実現することを手助けして、中東和平を大いに進展させた。イスラエルとこれらイスラーム諸国は、国交正常化を実現した。

　こうして、トランプ政権の仲介外交は、「歴史的な躍進」を見せた。

　他方で、イスラエルとパレスチナの間の中東和平は、実現の道が厳しく、その実現はきわめて遠いと言わざるを得ない。

1 ● トランプ政権の中東和平案とは何か

　ドナルド・トランプ米大統領は、2020年1月28日、長きにわたり先延ばししてきたイスラエルとパレスチナの間の和平案を公表し、中東地域の「新たな夜明け」を約束した。ただし、パレスチナ側は、極端に偏った内容だとして和平案を拒絶した。結論から言って、イスラエルとパレスチナ間の中東和平は、実現していない。

　トランプ大統領は、ホワイトハウスでイスラエルのベンヤミン・ネタニヤフ首相とともに開いた記者会見で、中東和平案の概要を発表した。「今日、イスラエルは和平に向けた大きな一歩を踏み出す」と言明し、「私のヴィジョンは双方にとってウィン・ウィンの好機となる。現実的な2国家解決で、パレスチナ国家がイスラエルの国家安全保障にもたらすリスクを解決するものだ」と説明した。

　和平案では、パレスチナ側の国家樹立の条件として、国家の「非軍事化」などの一連の厳しい要求を提示した。約500億ドルの投資により現在のパレスチナが直面している窮状を解決できると同時に、イスラエル側の「安全保障が損なわれる」こともない未来像を描いた。トランプ大統領は、オバマ政権による中東和平に向けた外交努力は漠然とし過ぎていたと批判した。自身の和平案は80頁に上り、将来の2国家の領土案を示した地図も含まれている、と指摘した。

　しかし、パレスチナ側は、和平案はイスラエルによるパレスチナ地域占領を正式に承認するものだと主張し、トランプ大統領の発表を待たずに同案を全面的に拒絶する姿勢を見せていた。

　トランプ大統領は、将来のパレスチナ国家は「地続きの」領土を持つことになり、ガザ地区とヨルダン川西岸という2大人口密集地が広範なイスラエル支配地域を挟んで分離されている現状が解決されると約束した。和平案ではさらに、イスラエルが将来のパレスチナ国家領土となる地域の開発を4年間凍結することを提案していると説明した。

　しかし、公開された地図では、ヨルダン川西岸内には引き続きイスラエルに関連するユダヤ人入植地が散在し、ガザ地区とは道路トンネル1本のみでつながる状態になっていた。和平案では、国際社会の大部分から違法な占領行為とみなされている入植地が今後も存続し、イスラエルは入植地をいつでも併合可能であることが明記されていた。

　またトランプ大統領は、イスラエルが今後も

エルサレムを「分割されない首都」として保持し続けると表明した。同時に、イスラエルの占領下にある東エルサレム内にパレスチナの首都を宣言することも認めると説明した。

ガザ地区を支配するイスラーム原理主義組織ハマスは、和平案を直ちに拒否した。ハマス幹部は、「エルサレムをパレスチナ国家の首都として認める以外の案は受け入れない」と述べた。パレスチナ自治政府のマフムード・アッバース議長も、「この陰謀協定は認められないだろう。われわれの人民は、これを歴史のごみ箱に投げ入れることになる」と述べ、和平案は成立しないとの見方を示した。

2● イスラエルとUAEの和平合意

2020年8月13日のイスラエルとアラブ首長国連邦の間の「歴史的な和平合意」の発表は、アメリカが四半世紀かけて仲介してきたイスラエルとアラブ国家の間の最初の関係正常化への合意であった。この和平合意の下で、イスラエルとアラブ首長国連邦は、「完全な関係の正常化」を達成することとなり、それには大使館、貿易、観光旅行、直行便の開設などの合意も含まれる。それまで、アラブ国家でそれ以外にイスラエルと外交関係を持つのは、エジプトとヨルダンの2カ国のみであった。

トランプ大統領とネタニヤフ首相、アラブ首長国連邦指導者が出した共同声明によると、大幅な譲歩としてイスラエルは、同国のネタニヤフ首相が併合を計画していたヨルダン川西岸の一部に対する「統治権の宣言を停止」して、今後はアラブ・イスラーム世界の他の国々との関係を拡大する努力に集中するという。

外交的な躍進を宣言した共同声明は、それが「トランプ大統領の要求」で実現されたものだとしていた。これはまさに、トランプ政権がイスラエルと隣国との間の和平がうまく収まるように計画しているということを示す証左であった。

トランプ政権がオバマ政権から引き継いだ中東政策は、危険に満ちていた。たとえば、イランは、核合意後にさらに好戦的になり、その代理人はところかまわず行進していた。イスラーム国（IS）は、シリアとイラクの一部で残忍なカリフの支配権を握っていた。シリアは、内戦に陥っていた。イラクも、「破綻国家（failed state）」の様相を呈していた。イスラエルは、国際的な孤立が高まろうとしていた。

しかし、トランプ大統領は、即座にこうしたアメリカの政策による失敗からことごとく脱した。その後、トランプ政権は、アメリカの不可欠な利益を守っていた中東地域での持続可能な存在を発展させるためのキャンペーンを開始した。特にトランプ政権は、イスラエル・パレスチナ和平交渉の進展のためにイスラエルに対する支持を制限することを止めた。パレスチナが交渉を拒否していたために暗礁に乗り上げたためである。

またトランプ政権は、エジプト、トルコ、サウジアラビアといった戦略パートナーとの関係を維持した。彼らが悪戦苦闘し、つまずき、時には互いに衝突し、地域の他国とアメリカと衝突することがあったとしてもである。

さらに、トランプ政権は、「中東戦略的同盟」のヴィジョンを追加した。同盟は、最終的にイスラエルとアラブ国家を地域の安定と繁栄のための勢力となる共同体制へと団結させるよう意図されていた。同盟は、中東版の北大西洋条約機構（NATO）とはならない。それはアメリカの支持と関与を受けた集団となり、イランを追い詰め、イスラーム主義過激派の多国籍テロと戦い、地域紛争と人道上の危機を未然に食い止め、経済的統合を推進するものである。

トランプ政権は、こうしたきわめて野心的な目標をまったく達成していない。しかし、8月13日に発表されたイスラエルとアラブ首長国連邦の間の和平合意は、トランプ政権が持続可能な安全保障態勢のためのブロックの整備を進展させていることを裏づけていた。

イスラエルとアラブ首長国連邦の和平合意は、トランプ大統領が中東地域で必要とされることについて正しかったことを示していた。アラブの指導者たちは、パレスチナ政権が要求しているように関係改善のための外交努力をボイコットするのではなく、イスラエルに外交的に関与した方がより多くのことを達成できる。

またイスラエルとアラブ首長国連邦の和平合意は、トランプ政権の仲介外交の終わりではなかった。他のアラブ国家は先行するアラブ首長国連邦に倣い、イスラエルとの関係正常化合意を結ぶと考えられたからである。アメリカはすでに、ペルシャ湾岸の他の国の高官から個人的に肯定的な反応を受けていた。たとえば、バーレーンが次にイスラエルとの恒久的平和を結ぶ可能性がある、と見られていた。

トランプ政権は、この時点で、後戻りができないほどに、アメリカの未来の政策を計画する上での転換点を越えた可能性があった。11月3日の大統領選挙でトランプが再選を果たしても、ジョー・バイデン前副大統領が勝ったとしてもである。この証左として、バイデンはあらゆる点でトランプ政権の政策を即座に批判していたが、以下の通り、イスラエルとアラブ首長国連邦の和平合意を称賛する声明を出した。

「今日、イスラエルとアラブ首長国連邦は中東の大きな分断に橋渡しをする歴史的な一歩を踏み出した。アラブ首長国連邦がイスラエルの国を公式に認定すると申し出たことは、歓迎すべき、勇敢で、大いに必要とされる政治的手腕の行為だ。またイスラエルが中東の活気に満ちた欠くことのできない、生活に浸透した一部であるというのは重要な認識だ。イスラエルは、歓迎するすべてにとって貴重な戦略的・経済的パートナーとなる可能性があり、そうなっていくだろう」と、バイデンは声明のなかで述べた。

こうして、トランプ政権は、冷戦の終結以降で、最もすばらしい中東地域への肯定的な道を築くのに最高の可能性をもたらした。11月3日の大統領選挙でトランプ大統領が勝つにせよ、バイデン前副大統領が勝つにせよ、「次期政権がこの約4年の進展を最後までやり通す以外の道をとることは、自己破滅となるだろう」という意見もあった。またトランプ政権による仲介外交の政治的手腕の業績を認めないとすれば、それは間違いで、気難しく、党派心に偏ったことである、という指摘もある。

3 ● イスラエルとバーレーンの和平合意

アメリカのトランプ大統領は9月11日、イスラエルとバーレーンが国交正常化に合意したと発表した。トランプ大統領はツイッターに、「過去30日間でイスラエルと和平合意した2番目のアラブの国だ」と書いた。アラブ諸国は何十年もの間、パレスチナ問題が解決するまではイスラエルと国交を樹立しない姿勢を貫いてきた。

しかし、すでに見た通り、2020年8月13日には、アラブ首長国連邦がイスラエルとの国交正常化に合意した。これにともない、すでに見た通り、バーレーンも和平合意に動くとの観測があった。イスラエルは、1948年5月14日の建国後、アラブ諸国では隣国のエジプトとヨルダンとの間でのみ平和条約を結んでいた。バーレーンはアラブ首長国連邦に続き、イスラエルと外交関係を持つ4カ国目の国となった。

トランプ大統領は、すでに見た通り、2020年1月28日に、中東和平計画としてイスラエルとパレスチナの紛争解決を打ち出しており、仲介役を務めていた。ただし、イスラエルとパレスチナの間の中東和平は、実現がきわめて難しい。

イスラエルのネタニヤフ首相は、新たにバーレーンと和平合意に至ったことに、「興奮している」と述べた。「これは新しい平和の時代だ。平和のための平和であり、経済のための経済だ。われわれは何年も平和のために投資してきたが、今度は平和がわれわれに寄与する番だ」。

　トランプ大統領はツイッターで、「また一つ、歴史的な突破口が開けた！」、「我々の素晴らしい友好国、イスラエルとバーレーン王国が和平合意を結んだ」と報告した。また、自身とネタニヤフ首相、バーレーンのハマド・ビン・イーサ・アール・ハリーファ国王が署名した共同声明の画像も掲載した。声明には、この和平合意は「中東のいっそうの平和に向けた歴史的な突破口」であり、「中東地域の安定と安全、そして繁栄を促進するもの」だと記されていた。

　アラブ首長国連邦は、この発表を歓迎した。アラブ首長国連邦の外務省は、「中東の安定と繁栄に大きく寄与する、素晴らしい歴史的な功績だ」と称賛した。

　一方、パレスチナ自治政府は、この和平合意に反発した。パレスチナ外務省は駐バーレーン大使を呼び戻した。政府は「パレスチナの民が持つ不可侵の権利と、それに共鳴するアラブ諸国の活動を著しく損なうもの」だという声明を発表した。

　パレスチナは長年、イスラエルを入植地から撤退させ、パレスチナ国家を承認させようとする取り組みのなかで、アラブ諸国が連帯して自分たちを支援してくれるという前提に頼ってきた経緯があった。ガザ地区の軍事組織ハマスは、今回のバーレーンの動きは「パレスチナの目的に大きな打撃を与える」と非難した。

　イスラエルをめぐる和平の動きの背景には、中東地域の大国であるサウジアラビアとイランの外交問題がかかわっている。両国の数十年にわたるいさかいは、イスラーム教の教派の違いによるところが大きい。イランはシーア派なのに対し、サウジアラビアはスンニ派国の盟主を自認している。詳しくは、別の章で後述する。

　ともにスンニ派のアラブ首長国連邦とバーレーンは、イスラエルと同じようにイランの動きを警戒している。これが非公式の接触につながった。バーレーンは数日前に、イスラエルとアラブ首長国連邦間に新たに就航した航空便について、領空内の航行を認めると発表したばかりであった。

　イスラエルとバーレーンの和平合意後は、サウジアラビアの今後の動向に注目が集まった。しかし、2021年の時点で、サウジアラビアがアラブ首長国連邦やバーレーンに続く兆候は出ていない。

　イスラエルとバーレーンの和平合意は、トランプ大統領と、仲介役を務めていた娘婿のユダヤ系のジャレッド・クシュナー上級顧問の功績であった。直近の中東訪問からアメリカへ帰国する際、クシュナー上級顧問は記者団に対して、中東地域にある「かなり圧倒的に……前向きなエネルギーを解き放ったのだ」と述べた。

　ホワイトハウスが発表した概要からは、トランプ大統領が11月3日の大統領選挙に向け、国際的な合意形成者という印象を作ろうとしている様子がうかがえた。今後もイスラエルとの関係正常化に動くアラブ諸国やイスラーム国が増える可能性は高く、中東に平和と繁栄の兆しが見えているという印象であった。

　これにより、トランプ大統領は「世紀の合意」に失敗した事実から世間の目をそらすことができることとなった。イスラエルとパレスチナの和平合意である。この合意の草案は、イスラエル側に非常に有利な内容だと大きな批判を浴び、パレスチナは受け容れなかった。詳しくは、前述した。

　そのため、トランプ政権はイスラエルとパレスチナ以外の国に働きかける方法をとった。こうした中東和平の仲介外交を通じて、中東諸国の対イスラエル政策を決定するのはもはやパレスチナではないのだ、とトランプ政権はパレスチナに突きつけた形であった。

4 ● イスラエルとスーダンの和平合意

　ホワイトハウスは10月23日に、イスラエルとスーダンが国交正常化に合意したと発表した。トランプ大統領はホワイトハウスで、国交正常

化合意を「すばらしい取り引き（deal）だ」と強調し、仲介役を務めたトランプ政権の成果を訴えた。こうして、スーダンは、トランプ政権の仲介外交でイスラエルと和平合意した3カ国目のアラブ諸国となった。

トランプ大統領の支持基盤であるキリスト教福音派の多くがイスラエルの安全を重視する。トランプ大統領は、11月3日の大統領選挙での再選に向けて、中東和平の推進がキリスト教福音派の支持固めにつながると期待していた。

3カ国の共同声明によると、イスラエルとスーダンはまず農業を重点分野として経済関係の構築を目指す。声明は、「地域の安全保障の強化につながり、スーダンやイスラエル、中東、アフリカの人々に新たな可能性を開く」と強調した。イスラエルは2020年夏、繰り返しになるが、アメリカの仲介で、アラブ首長国連邦やバーレーンとも国交正常化に合意した。

トランプ政権は23日、スーダンの「テロ支援国家」の指定を解除するとアメリカ議会に通告した、と明らかにした。指定解除と引き換えにイスラエルとの和平合意をスーダンに促したと見られる。アメリカは1993年に、スーダンをテロ支援国家に指定していた。

共同声明は、アメリカが関係国と連携し、スーダンの債務免除に向けた議論を推進するとも説明した。

5 ● イスラエルとモロッコの和平合意

アメリカの大統領選挙の不正問題をめぐる戦いが続くなか、12月10日、イスラエルとモロッコが国交正常化に合意した。トランプ政権が推進する中東和平プロセスは、またもや「歴史的な躍進」を遂げた。

トランプ大統領は、ツイッターでこの日のビッグ・ニュースを最初に発表し、「またしても歴史的な大躍進だ！私たちの偉大な友人であるイスラエルとモロッコは、全面的な外交関係を確立することに合意した。中東の平和に向け

た巨大な成果だ」と述べた。

この歴史的な合意に達した一環として、トランプ大統領は同日、西サハラにおけるモロッコの主権を認める公布文に署名した。トランプ大統領はツイートのなかで、「モロッコは、（世界ではじめて）1777年にアメリカを認めた。アメリカも西サハラの主権を認めるべきである」と述べた。また、「モロッコの自治のための信頼できる現実的な提案は、永続的な平和と繁栄を促進する公正で長期的な解決のための唯一の基礎である」とも述べている。

ユダヤ教の祝日「ハヌカー」の最初の夜にこのニュースが伝わると、嘆きの壁広場での点灯式で、ネタニヤフ首相は再度、トランプ大統領に感謝の意を表した。

ネタニヤフ首相は、「この歴史的な1日の到来を私はずっと信じていて、そのために努力してきた。まずトランプ大統領に感謝したい。彼はイスラエルと中東の人々に平和をもたらすために並外れた努力を払った」と述べた。ネタニヤフ首相は、イスラエルはモロッコとの連絡事務所を速やかに再開し、できるだけ早く完全な外交関係を確立し、両国を結ぶ直行便を開設する、とも述べた。

● おわりに──「歴史的な躍進」としての仲介外交

2020年8月以降、トランプ政権の仲介外交で、イスラエルとの国交正常化で合意したのは、アラブ首長国連邦、バーレーン、スーダンに続き、モロッコが4カ国目であった。再度の「歴史的な躍進」と言ってよい。

これまであり得ないと思われていたこれらの歴史的な躍進によって、トランプ大統領は近年、中東和平プロセスに最も貢献した国際的リーダーとなり、2020年までに3回ノーベル平和賞にノミネートされることとなった。

こうして、「アメリカ第一主義」で国際社会の協調にマイナスの影響を与えたトランプ外交であったが、中東和平の仲介外交では、「歴史

54

的な躍進」とも呼ぶべき成果を残した。ただし、中東和平の推進でキリスト教福音派にアピールしたが、11月3日の大統領選挙でトランプ大統領の再選は実現しなかった。

イスラエルとパレスチナとの間の中東和平は難題だが、トランプ政権下での中東和平の動きがバイデン政権にいかに引き継がれるのか、注目される。

第12章
連邦最高裁判所の判事、保守派が圧倒へ

● はじめに —— ポイントと基礎知識

トランプ政権の4年間で、最高裁判所（最高裁）でドナルド・トランプ大統領の価値観に近い判事が安定多数となった。最高裁が人工妊娠中絶や移民の受け入れに否定的な立場へと傾くことを意味する。トランプ大統領は、3名の最高裁判事を指名したことになる。

トランプ大統領が再選を逃しても判事は変わらず、最高裁には長期にわたりトランプ大統領による人事の影響が残ることとなった。

1 ● 最高裁の判事にバレットを指名

トランプ大統領は、2020年9月26日に、「彼女の能力は他の追随を許さず、経歴に一点の曇りもない」と、ホワイトハウスで読み上げた声明で、最高裁判事に指名したエイミー・コニー・バレットを絶賛した。「アメリカの安全や自由、繁栄を守る」と強調し、「バレット氏ほどこの目的に最も見合う人はいない」と訴えた。

バレットは、「能力の限り、職務を全うすると誓う」と応じた。

2 ● 最高裁が持つアメリカ社会への影響力

最高裁の判事は、アメリカ社会に大きな影響を及ぼしてきた。

たとえば、1973年1月22日に妊娠中絶を合衆国憲法が認める女性の権利だとする歴史的決断を下した。ロー対ウェード裁判である。リチャード・ニクソン元大統領が不正行為の一部始終を収めたテープの開示を命じられ、辞任を決めたこともあった。その後、首都ワシントンの銃規制を違憲と判断し、全米での同性婚を認めた。

こうして、共和党の価値に近い保守派と、民主党に近いリベラル派が対立するテーマを決着させてきた。

日常生活に影響が直結するだけに、最高裁の動向に対するアメリカ国民の関心はきわめて高い。CNNテレビの8月中旬の世論調査では11月3日の大統領選挙の投票先を決める上で、最高裁人事が「きわめて重要」と「とても重要」との回答は合計で69％に達した。日本で生活していると、よくわからない政治感覚である。

▼ アメリカ社会に大きな影響力を及ぼしてきた最高裁の判決
1954年　人種差別
　公立学校での黒人隔離を違憲と判断。人種間の平等を認める画期的な判決。
1973年　人工妊娠中絶
　人工妊娠中絶を合衆国憲法が認める女性の権利とはじめて明示した。
1974年　大統領権限
　ニクソン大統領の不正行為を記録したテープの開示

を支持。ニクソン大統領が辞任。

2000年　大統領選挙
　フロリダ州での迅速な票の再集計は不可能と判断。
　大統領選挙の勝敗が決着。

2008年　銃規制
　短銃所持を禁じた首都ワシントン特別区の規制は違
　憲と判断。

2015年　医療保険制度改革
　保険加入を促す低所得者向けの政府補助金を合法と
　判断。

2015年　同性婚
　同性婚を合衆国憲法上の権利と判断。各州に容認を
　求めた。

2018年　イスラーム諸国からの入国制限
　トランプ大統領がテロ対策と主張する入国制限を容
　認。

2019年　メキシコとの故郷沿いの壁建設
　国防費の流用を容認。トランプ大統領の不法移民対
　策に追い風。

2020年　LGBTの権利
　LGBTであることを理由とした解雇を違法と判断。

3◉最高裁判事の保守とリベラルのバランス

　トランプ大統領は、バレット判事を承認できれば、政策実現に追い風と見た。判事9名のうち、保守派勢力が圧倒するからである。トランプ大統領はそれまで、最高裁判事として、ニール・ゴーサッチ（2017年1月31日指名、4月7日承認）とブレット・キャバノー（2018年7月10日指名、10月6日承認）を指名していた。

　特にトランプ大統領がアントニン・スカリア元最高裁判事の後任としてゴーサッチを指名したことは、「最初の100日間」でほぼ唯一の目立った成果であったと言ってよい。

　また、最高裁判事の保守とリベラルのバランスは、保守へ大きく傾斜することになった。「スカリアの死」前には、保守派4名とリベラル派4名、保守寄り1名というバランスであった。

　2020年夏には、保守派と見られてきたジョン・ロバーツ長官が人工妊娠中絶や性的マイノリティー（LGBT）の権利をめぐる訴訟でリベラル寄りの判断を示し、保守派が相次いで敗れ

た。政権内では、「ロバーツ長官に失望した」（マイク・ペンス副大統領）と不満が募っていた。

　バレットの最高裁判事の就任によって、保守とリベラルのバランスは、保守派6名、リベラル派3名となった。

4◉人工妊娠中絶をめぐる問題

　保守派のバレットは、信仰心の厚いカトリックとして知られ、トランプ政権の政策と考え方が重なる側面が多い。たとえば、妊娠中絶に関して、女性の権利を認めた1973年の判決を尊重しつつも、州政府による制限に理解を示している。

　2019年以降に保守色の強い州では胎児の心拍が確認されたり、妊娠から8週間が経過したりすれば、中絶を禁じる法律が相次いで成立した。中絶に厳しい条件をつけて事実上困難にする狙いであった。反対訴訟も相次ぎ、アメリカのメディアによると、最高裁に持ち込まれる可能性がある州の中絶制限が少なくとも17件あるという。

　バレットが最高裁判事に加わったことで、最高裁が州法を合憲と判断する可能性が高まった。

5◉オバマケアや移民政策をめぐる問題

　医療保険制度改革法（オバマケア）に盛られた個人の加入義務を最高裁が2012年に合憲と判断すると、バレットは、「法律を拡大解釈している」と一部の判事を批判した。トランプ政権は6月に、オバマケアの無効を最高裁に申請し、11月にも審理を控えていた。低所得者に恩恵の大きい同法の存続が危ういとの懸念が広がった。

　また移民政策では、バレットは、生活保護を受ける移民の永住権取得を制限するトランプ政権の方針を支持してきた。厳しい不法移民対策を認める、と見られる。

6●なぜバレットは起用されたのか

バレットは、筋金入りの超保守派と見られている。カトリック系の名門であるノートルダム大学法科大学院を経て、「人工妊娠中絶に合衆国憲法上の権利はない」と主張したスカリア元最高裁判事の調査官を務めた。トランプ政権と近い法曹界の保守派団体である「フェデラリスト・ソサエティー」にも所属した。

48歳という若さも、バレット起用の理由であった。仮に9月18日に他界したルース・ベイダー・ギンズバーグ判事と同じく87歳まで職にとどまれば、40年間近くにわたり影響力を持ち、判事の平均在職期間の16年間を大きく上回る。トランプ政権下で指名・承認されたゴーサッチとキャバノーも、49歳と53歳という若さであった。

最高裁判事の終身制をフル活用し、最高裁の保守傾斜を長期化させる思惑が透けて見える。

7●バイデン政権と最高裁

トランプ大統領が再選を逃し、民主党のバイデン政権が成立したが、最高裁が政策を阻止する可能性もある。

たとえば、バイデン大統領は、トランプ政権が導入したイスラーム諸国からの入国制限を廃止すると公約していた。最高裁が2018年に制限を認めた際は、当時の保守派5人が賛成した。ここにバレットが加われば、判断が覆る可能性はきわめて低くなる。

●おわりに――トランプ再選へ向けて

トランプ大統領は、11月3日の大統領選挙での再選に向け、判事指名を巻き返しの材料に使う考えであった。バレットの指名後、上院司法委員会が10月中旬に公聴会を開き、11月3日の投開票の大統領選挙の数日前となる10月27日に本会議でバレットは承認された。

大統領選挙の直前に成果を出し、保守派有権者の投票率向上につなげたい意向がうかがえた。最高裁の判事に女性を起用し、取り込みで後れを取る女性票の上積みも目指す狙いがあった。

しかし、すでに見た通り、共和党のトランプ大統領は再選されず、民主党のバイデン政権へと移行することとなった。

第13章
オバマ大統領の「核兵器のない世界」と広島訪問とは何か

●はじめに――ポイントと基礎知識

バラク・オバマ大統領は、2009年の就任直後から、「核兵器のない世界」を目指すべきことを訴え続けてきた。

2016年5月，オバマ大統領は、現職の大統領としてはじめて広島を訪問し、慰霊碑への献花と演説を行った。

1●「マンハッタン計画」と原爆投下

太平洋戦争が勃発した翌年の1942年10月に、アメリカのフランクリン・ローズヴェルト大統領は、原子力爆弾を開発するための「マンハッタン計画」を承認した。それからわずか3年弱の期間で、原子力爆弾（原爆）、つまり核兵器が実戦で使用されることになった。

1945年8月6日に、広島に投下された原子力爆弾は、たった1発で市街を壊滅させ、当日のみで、爆心地から1.2kmの人口の50％が亡くなった（市内の当時の推定人口は35万人）。

第二の原爆投下の目標は、福岡県小倉市（現・北九州市）であったが、天候不良で長崎市が標的となった。ウラン原爆より威力の大きいプルトニウム原爆であったが、山に囲まれた地形で被害は広島よりは小さかった。しかし、多数の民間人が犠牲になった。広島への原爆投下から3日後の9日の出来事であった。

こうして、核兵器の悲惨さを身をもって体験した広島と長崎は、ともに世界に向けて核廃絶を訴え続けてきた。

2● オバマ大統領の「核兵器のない世界」演説

オバマ大統領は、2009年4月5日にチェコのプラハで演説し、「核兵器を使用した唯一の核保有国として、アメリカには行動する道義的責任があります」と述べて、「核兵器のない世界」を目指すべきことを訴え続けてきた。

「核兵器のない世界を目指さなければなりません。……私の生きている間には実現できないかもしれないが、努力すれば破滅の可能性が減らせます」。

しかし、現実には、核廃絶にほとんど成果を上げられないまま、任期を終えようとしていた。

2● オバマ大統領の広島訪問

2016年5月27日の広島訪問には、核廃絶の国際的機運を再び掘り起こそうとする狙いがあったと思われる。

オバマ大統領は、伊勢志摩サミット出席後、広島市の広島平和記念公園を訪れた。広島平和記念資料館を視察後、原爆死没者慰霊碑に献花し、核兵器の廃絶を訴える演説を行った。オバマ大統領の広島演説は、15分を超える長いものとなった。

「71年前の明るく晴れわたった朝、空から死が降ってきて世界は一変しました」。

「空に立ち上るキノコ雲の映像のなかに、私たちは、人間が抱える根本的な矛盾を非常にはっきりと思い起こすことができます。人間を自然から引き離し、自分の思い通りに自然を変える能力が、比類ない破壊力を私たちに与えたのです」。

「原爆投下の瞬間に思いを馳せ、その苦しみを食い止めるためにしなければならないことを自問しなければなりません」。

「科学は暮らしの向上に用いるもので、命を奪うものではいけません」。

「いつの日か、証人として被爆者の声を聞くことがかなわなくなる日が来ます。けれども、1945年8月6日の朝の記憶が薄れることがあってはなりません。この記憶のおかげで、私たちは現状を変えなければならないという気持ちになり、私たちの倫理的想像力に火がつくのです。そして、私たちは変えることができるのです」。

● おわりに —— オバマの広島訪問の評価

オバマ大統領の広島演説は、原爆投下に対する謝罪はなかったが、被爆地で核兵器の廃絶を訴える演説を行うなど（感動的な内容であった）、歴史的な機会となった。アメリカ国内には、原爆投下を「戦争を早期に終結させるためにやむを得なかった」とする考え方が根強くある。大統領の広島訪問は、原爆投下への謝罪と受け止められかねないとして、反対意見も多かった。

オバマ大統領の広島訪問についてのアメリカでの報道は、謝罪がなかったことを評価するメディアが多く、「日本との同盟関係が強化された」とか、「核軍縮の決意を示した」など、2017年1月に任期を終えるオバマ大統領の外交的な仕上げに言及するコメントが目立った。

たとえば、ペリー元国防長官は、「オバマ外交は、プラハで始まり、広島で終わった」とNHKのインタビューで語った。

58

第14章
オサマ・ビン・ラーディン殺害とは何か

◉ はじめに —— ポイントと基礎知識

オサマ・ビン・ラーディンは、「9.11」アメリカ同時多発テロ攻撃の首謀者として目されるアルカイダの指導者である。

2011年5月に、潜伏中のパキスタンで、米軍により殺害された。

長期化する「テロとの戦い」に疲弊するアメリカにとって、一つの区切りとなる出来事であった。

1 ◉ ビン・ラーディン殺害とは何か

2011年5月2日に、オバマ大統領は、ホワイトハウスで会見し、パキスタンの首都イスラマバード近郊に潜伏していたビン・ラーディンが米軍の特殊部隊による作戦で死亡したと発表した。

遺体は、DNA鑑定の後、米軍によって水葬された。同時多発テロ攻撃から10年、アメリカが進めてきた「テロとの戦い」は、これによって一つの節目を迎えた。

2 ◉ 「9.11」同時多発テロ攻撃とは何か

2001年に発生した「9.11」同時多発テロ攻撃は、アメリカで4基の旅客機がほぼ同時にハイジャックされ、ニューヨークの貿易センタービルや国防総省に突入するという事件であった。

W.ブッシュ政権は、この事件を国際テロ組織のアルカイダの犯行と断定した。その指導者がビン・ラーディン容疑者であった。

「テロとの戦い」の始まりであった。

3 ◉ アフガニスタン戦争とは何か

当時、ビン・ラーディン容疑者は、アフガニスタンに潜伏していると見られていた。W.ブッシュ政権はアフガニスタンを支配していたイスラーム原理主義勢力のタリバン政権に、ビン・ラーディンの引き渡しを要求した。

しかし、タリバンが引き渡しに応じなかったため、2001年10月7日、アフガニスタンに軍隊を派遣して、タリバン政権を倒してしまった（アフガニスタン戦争）。

4 ◉ イラク戦争とは何か

続いてW.ブッシュ政権は、2003年3月20日にイラクを攻撃した。「イラクが大量破壊兵器（WMD）を隠し持っている」という疑惑が理由であったが、実際には大量破壊兵器はなかったことが後で明らかになっている。

イラクではこの戦争でフセイン政権が倒れたが、戦後の治安が極度に悪化し、米軍は、2010年代もイラクに駐留することになった。

◉ おわりに —— 混迷するアフガニスタン情勢

一方で、アフガニスタンでは、親米派のハミド・カルザイ大統領による新政権が誕生していたが、不安定な治安状態が続いた。米軍とともに北大西洋条約機構（NATO）軍を主力とする国際治安支援部隊（ISAF）が復興支援や治安維持にあたっていたが、ゲリラ化したタリバンとの戦闘が長期化し、内戦の終結の見通しはなかなか立たなかった。

米軍は、トランプ政権になっても、アフガニ

スタンとイラクに駐留し続けた。

　事態はすでに、ビン・ラーディン容疑者一人

の死によって収束する規模をはるかに超えてしまったと言ってよい。

第15章

アメリカとキューバの国交正常化とは何か

◉ はじめに ── ポイントと基礎知識

　アメリカとキューバが、2015年7月に、54年ぶりに国交を正常化した。アメリカとキューバは、1961年から国交を断絶していた。

　アメリカが継続してきた経済制裁はすぐには解除されず、その後の政治的課題となっていた。

　しかし、2017年6月にトランプ大統領は、オバマ政権によるキューバとの国交正常化を破棄すると宣言した。

1 ◉ キューバの地政学上の位置

　キューバはカリブ海の北、フロリダ半島のすぐ南に位置する島国である。日本の本州の半分ぐらいの面積である。

　かつてはスペインの植民地であったが、アメリカの支配下で独立を果たし、その後はアメリカの事実上の保護国となった。

2 ◉ キューバ革命とは何か

　1959年1月1日、フィデル・カストロらによるキューバ革命によって、アメリカの傀儡政権が倒され、キューバは社会主義国となった。

　カストロ政権の進める農地改革は、キューバで大農園を経営するアメリカ人に大きな打撃となったため、アメリカ政府は革命政権を敵視し、キューバとの国交を断絶した。

3 ◉ 「13日間」のキューバ・ミサイル危機

　追い詰められたキューバは、アメリカと冷戦状態にあったソ連と関係を強化した。

　1962年10月16日には、ソ連がキューバにミサイル基地を建設し、核ミサイルを待ち込もうとしていることが発覚した。

　これに対して、アメリカはこれを「隔離（海上封鎖）」で阻止しようとし、核戦争が始まる瀬戸際まで危機が高まった（「13日間」のキューバ・ミサイル危機）。

4 ◉ キューバのグァンタナモ基地

　国交が断絶しているにもかかわらず、キューバには米軍のグァンタナモ基地があり、アフガニスタンやイラクで拘束された捕虜の収容所として使われた。

5 ◉ アメリカとキューバの国交正常化交渉

　アメリカとキューバとの国交正常化交渉は、2014年暮れから始まった。

　背景には、任期終了前に何らかの「遺産（レガシー）」を残したいバラク・オバマ大統領の思惑があった。歴代のアメリカ大統領は、「歴史に名前を残したい」と考えるものである。

　2015年4月11日には、オバマ大統領とキューバのラウル・カストロ国家評議会議長（フィデル・カストロの弟）による首脳会談が行われた。翌月、アメリカは、キューバに対する「テロ支

援国家」の指定を解除した。

7月20日には、ワシントンにキューバ大使館が、キューバの首都ハバナにアメリカ大使館が再開され、両国の国交が正式に回復した。

● おわりに──トランプ大統領によるキューバとの国交正常化の破棄

アメリカは、1962年以降、キューバとの貿易を制限する経済制裁をその後も続けており、その解除が大きな焦点となっていた。

経済制裁の解除には、アメリカ議会の承認が必要だが、議席で多数を占める共和党が、キューバとの国交正常化に批判的であったため、一部の制裁緩和にとどまった。

冒頭で見た通り、2016年大統領選挙後の2017年6月16日にトランプ大統領は、オバマ政権によるキューバとの国交正常化を破棄すると宣言した。

こうして、オバマ外交の遺産が、また一つ、取り除かれた。

第**16**章

2016年の大統領選挙とトランプ大統領の勝因とは何か

● はじめに──ポイントと基礎知識

2016年は、4年に一度の大統領選挙がアメリカで実施された。繰り返しになるが、アメリカは、民主党と共和党の二大政党があり、歴代の大統領はそのどちらかから選ばれてきた。

現職の民主党のオバマ大統領が2期8年間を務めることになるため（3期目はできない）、民主党から他の候補が出馬することになった。ただし、現職の副大統領のジョー・バイデンは、長男の他界からの心の傷が癒えず、大統領選挙への立候補を見送った。

2016年11月8日のアメリカ大統領選挙ほど、マスメディアと専門家たちの予測が大きく外れた選挙も珍しい。全米規模の世論調査の結果も、まったく当てにならなかった。多くのマスメディアと専門家たちは、ヒラリー・クリントンの勝利を当然視していた。結果は、ドナルド・トランプが僅差で勝利した。

1 ● 2016年アメリカ大統領選挙の有力候補たち

アメリカの大統領選挙では、特に州知事や上院議員が、有力な大統領候補となりうる。

共和党では、不動産王のトランプをはじめとして、ジェブ・ブッシュ元フロリダ州知事、クリス・クリスティー・ニュージャージー州知事、マルコ・ルビオ上院議員、テッド・クルーズ上院議員、ベン・カーソン元精神外科医などが立候補した。

注目すべきことに、予備選挙（primary）の序盤から、トランプがトップを独走した（「トランプ旋風」）。

民主党は、オバマ政権1期目に国務長官を務めたクリントンが最有力であった。クリントンは、国務長官の前は上院議員を8年間、務めていた。クリントンは、ビル・クリントン元大統領の妻で、当時、「ファースト・レディ」として、女性問題などで政策決定でも影響力を行使した。

民主党の予備選挙で、そのクリントンをバーニー・サンダース上院議員が追った（「サンダー

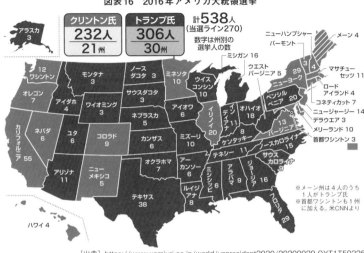

図表16　2016年アメリカ大統領選挙

[出典] https://www.yomiuri.co.jp/world/uspresident2020/20200929-OYT1T50226/

ス旋風」)。サンダースは、ユダヤ系で、自称、社会主義者である。サンダース旋風の背景には、貧富の格差の拡大(上下の"分断")があった。

2◉2016年11月のアメリカ大統領選挙と議会選挙の結果

　大統領選挙の結果は、大統領選挙人の獲得数でトランプが306名、クリントンが232名を獲得し、トランプがクリントンに勝利を収めた。繰り返しになるが、マスメディアや専門家の予測は、大きく外れた。世論調査の結果も、まったく当てにならなかった。

　ただし、得票率は、トランプが47.2%、クリントンが47.9%でねじれたことから、意外と大接戦であったことがわかる。

　議会選挙の結果は、上院が共和党54議席、民主党44議席、無所属2議席で、共和党多数党議会が維持された。下院でも共和党が239議席、民主党が193議席、無所属0議席で、共和党が多数党の座を維持した。

　こうして、上下両院の「ねじれ議会」は解消され、大統領とアメリカ議会(上下両院)を統治する政党が同じとなる「統一政府(unified government)」の政治状況が成立した。

　州知事選挙の結果は、民主党が16名で、共和党が33名となった。共和党が圧倒的に優勢であった。

▼ 2016年11月の大統領選挙と議会選挙の結果
・大統領選挙の結果:
　選挙人獲得数:トランプ　290 クリントン　232
　得票率:　　　　トランプ　47.2% クリントン 47.9%
・議会選挙の結果:
　上院:　共和党　54　民主党　44　無所属　2
　下院:　共和党　239　民主党　193　無所属　0

3◉トランプ勝利の要因(クリントン敗北の要因)

　2016年の大統領選挙は、トランプが勝利したというよりも、クリントン元国務長官が敗北した選挙であったと言ってよい。

(1)白人層(特に中高年男性の労働者、家計は中間層の下)からの支持:

　拡大する貧富の格差による白人労働者の怒りと絶望がある。特に白人の中高年男性は、先進国で唯一、死亡率が上昇している。

　トランプの(political correctness: PC)を無

視した大方言は、白人労働者の心に響いた。トランプは、白人労働者の支持を大きく獲得した。

(2) 「ラストベルト」と「激戦州」での勝利:

オハイオやミシガン、ウィスコンシン、インディアナ、ベンシルベニアなどの「ラストベルト（錆びついた工業地帯）」、またそれらとほぼ重なる「激戦州（battle-ground states）」、つまりオハイオやミシガン、ウィスコンシンなど中西部での勝利と、南部の大票田のフロリダでの勝利が大きかった。

(3) 予想以上の「隠れトランプ支持者」?:

高収入で高学歴の「隠れトランプ支持者」、ウォール街での隠れトランプ支持者が少なからずいた、という指摘もある。インフラ投資の拡大（大規模な財政政策）と大幅減税への期待から、少なくとも4年間はバブルが予測されたからである。

ただし、CNNなどリベラルなマスメディアが隠れトランプ支持者を探したが、ほとんどみつからなかった。

(4) 「10月のサプライズ」:

トランプの女性蔑視発言のスキャンダルが浮上したにもかかわらず、トランプの支持率はさほど下がらず、クリントンの支持も上昇しなかった。

逆に、連邦捜査局（FBI）が、クリントンの私用メールの再調査を発表したことで、クリントンのイメージ・ダウンへとつながった。

(5) 女性票とヒスパニック票でも意外と健闘したトランプ:

クリントンは、特に若い女性の支持を獲得できなかった。黒人初の大統領の後では、「女性初」に新鮮味がなかった。

ヒスパニック票などでも、トランプは予想以上に健闘した。メキシコからの不法移民を問題視していたにもかかわらずである。

(6) 予想以上に弱かったクリントン:

2008年と2012年の大統領選挙での「オバマ票」を、クリントンは取りこぼした。

「冷たい」「嘘つき」「功利的」「傲慢」「スキャンダル塗れ」というクリントンのイメージは、払拭されなかった。

(7) 「継続」よりも「変化」を望んだ有権者の心理:

オバマ路線を継承するクリントンよりも、〈変化〉を象徴するトランプに期待が集まった。

アウトサイダーとしてのトランプは、特に利益集団からの献金を受け取っていなかった。そのため、「自分ならば、ワシントン政治を変革できる」と主張することができた。

エリートやエスタブリッシュメント、ワシントン政治、既成政治を象徴するインサイダーのクリントンにはマイナスに働いた。

(8) リバタリアン党と緑の党からの大統領候補の出馬

大激戦であったがために、リバタリアン党と緑の党が大統領選挙に候補者を送り込んでいたことが民主党のクリントンにマイナスに働いた。

(9) 「スカリアの死」: 新しい最高裁判所の判事を誰が決めるのか?

アントニン・スカリアの死によって、新しい最高裁判所（最高裁）の判事を、共和党と民主党のどちらの大統領が決めるのかが隠れた焦点となっていた。最高裁の判事9名のバランスは、スカリアの死までは、保守派4名＋保守寄り1名＋リベラル派4名であった。

クリントンにリベラルな判事を任命されるのであれば、トランプの方がましであるという形で、共和党保守派はトランプの支持に回った。

たとえば、アメリカの保守思想の系譜を解き明かした歴史家のジョージ・ナッシュは、「『スカリアがもしまだ生きていたら、トランプ氏は当選しなかっただろう』という見方がアメリカにはある。自分もその通りだと思う」と指摘する。「多くの保守層は、『トランプに投票しなければならない。彼は完全ではないだろうが、彼が選ぶ判事は、別の人（クリントン）が選ぶよりはましだろう』と考えたのだ」。だからこそ、トランプ大統領の誕生という「『完全な嵐』が起こった」というわけである。

またナッシュは、トランプ支持をめぐって起きた保守派内部の対立は、長年の保守思想史の観察でも目にしたことがないほど激しいと見て、トランプ支持派のオルタナ右翼（Alt-Right）は公然と、「白人民族主義（white nationalism）」を掲げて、「アメリカの保守主義を根底から組み替えようとしている」という見方を示している。また、「トランプが引き起こしたポピュリズム（Trunpist populism）は、第二次世界大戦後に形成された保守連合のすべての構成グループの基本教義や見解を大胆に否定しようとしている」とも指摘する。

● **おわりに ── はたしてトランプは再選されるのか？**

2020年の最大の国際リスクとして、イアン・ブレマーのシンクタンクのユーラシアン・グループは、アメリカ大統領選挙という国内問題を指摘した。共和党の現職のトランプ大統領と民主党の大統領候補との間で、大接戦が予想されたからである。

大統領選挙では、現職の大統領が圧倒的に有利である。しかし、トランプ大統領は、下院で弾劾訴追にかけられた。トランプ大統領が再選した場合に、民主党の大統領候補は納得できないのではないか、と思われた。他方で、僅差で民主党の大統領候補が勝利した場合に、トランプ大統領も納得しないのではないか、と推測された。

たとえば、2000年の大統領選挙の時のように、法廷闘争となり、最高裁の判決まで持ち越される可能性が早くから指摘されていた。さらに、年明けの下院での投票まで持ち越されるシナリオも指摘されていた。

結果は、すでに見た通りだが、本選挙での一般投票から4日後の11月7日に、ジョー・バイデン前副大統領が、「ラストベルト」で「激戦州」でもあるペンシルベニア州での勝利を収めて、大統領選挙人の279名を獲得し、過半数の270名を超えた（最終的には306名対232名となった）。しかし、トランプ大統領は、その後も敗北を認めず、法廷闘争で争う姿勢を見せ続けた。詳しくは、別の章で前述した。

第17章

2018年アメリカ中間選挙とは何か

● **はじめに ── ポイントと基礎知識**

2018年11月の中間選挙で、下院では民主党が多数党となったが、上院では共和党が多数党の地位を守った。

こうして、民主党と共和党で、引き分けの選挙結果となった。

アメリカでは、トランプ支持者と反トランプとの間の"分断"がさらに広がっていることが明らかとなった。

1● 中間選挙とは何か

大統領選挙と大統領選挙の間に行われる議会選挙を「中間選挙」と呼ぶ。議会選挙は、2年ごとに実施されるため、4年に一度は大統領選挙と同時に実施されることになる。

下院議員の任期は2年で、2年ごとに全議席が改選される。これに対して、上院議員の任期は6年で、2年ごとに3分の1の議席が改選される。

2●2018年中間選挙の意義

　アメリカの選挙は、繰り返しになるが、共和党と民主党の二大政党の争いである。

　2018年中間選挙の前は、上院と下院ともに共和党が多数党の地位を占めていた（共和党多数議会）。下院は、共和党が235議席、民主党が193議席であった。上院は、共和党が51議席、民主党が49議席であった。

　こうして、大統領とアメリカ議会（上下両院）を統治する政党が同じ「統一政府（unified government）」の政治状況にあった。

　2018年11月6日の中間選挙は、2020年11月3日の大統領選挙を控えて、トランプ政権の信任投票の性格が強かった。

3●2018年11月の中間選挙の結果

　11月の中間選挙では、下院で民主党が232議席、共和党が201議席で、民主党が多数党となった。上院では、共和党が52議席、民主党が47議席で、共和党が多数党の地位を維持した。

　こうして、上下両院で、民主党が目指した「青い波（blue wave）」は起こらず、共和党と民主党で引き分けの結果となった。

　上院と下院の関係は、「ねじれ議会」となり、大統領とアメリカ議会（下院）を統治する政党が異なる「分割政府（divide government）」の政治状況となった。

▼ 2018年11月の中間選挙の結果
・議会選挙の結果：
　上院： 民主党　　47　　共和党　　52
　下院： 民主党　233　　共和党　201

4●予想通りの選挙結果

　こうした選挙結果は、専門家やマスメディアの想定内で、予想通りであった。

　下院では、ポール・ライアン下院議長をはじめとした43名の議員が引退を表明したことで、民主党が多数党となる勢いが早くから存在していた。

　他方で、上院では、改選議席は民主党が圧倒的多数であったため（24名対10名）、それ以上の圧勝をしなければ、上院の勢力逆転はできない政治状況にあった。

　共和党とトランプ政権は、比較的に早い段階から、下院での多数党の維持はあきらめ、上院での多数党の維持に、選挙戦略の焦点を絞った。

　2018年中間選挙では、民主党内でも、特にリベラルな主張の進歩派（progressive）が躍進した。また、女性の強い支持を受けて、民主党の女性候補が躍進したことも注目された。

5●中間選挙後

　民主党が下院で多数党を獲得し、「分割政府」の政治状況となった結果、トランプ政権が望む政策実現は（たとえば、メキシコとの間の「壁」建設など）、これまでよりもより難しくなった。

　また、大統領選挙で、ロシアがトランプ勝利のために暗躍したとされる「ロシア疑惑」の追及も、その後ますます厳しくなることが予想された（現実には、2019年12月から2020年1月にかけて「ウクライナ疑惑」が政治問題となった。詳しくは、別の章で後述する）。

　そのため、トランプ政権は、内政よりも裁量がより大きい対外政策の分野での成果を目指すのではないか、と推測された。

●おわりに —— 深まるアメリカ政治社会の"分断"

　トランプ政権の発足後、共和党と民主党の支持層はくっきりと分かれる傾向がさらに増しており、アメリカ政治社会の"分断"に拍車がかかっていた。

　共和党は、2018年11月の中間選挙までに「トランプ化」した側面が強い。ほとんど「トランプ党」となってしまった。

　注目すべきことに、民主党は、中道派とリベ

ラル左派で分裂している。

　こうした政治状況の下で、2020年11月の大統領選挙と議会選挙がいかに戦われていくのか、が注目された。

第18章

サブプライム金融危機とは何か

●はじめに──ポイント基礎知識

　サブプライム・ローンとは、アメリカの低所得者向けの住宅ローンのことである。「証券化」されて、世界市場に出回った。

　そのサブプライム・ローンが焦げつき、その損失が世界的な株安を招いた。2007年7月からのサブプライム金融危機である。

　アラン・グリーンスパン元連邦準備制度理事会（FRB）議長は、「100年に一度の金融危機」と位置づけた。

1●サブプライム金融危機とは何か

　2007年7月から、サブプライム・ローンが焦げつき、サブプライム金融危機となった。影響は、世界経済全体に及んだ。

　サブプライム・ローンとは、繰り返しになるが、低所得者向けの住宅ローンであり、たとえば、年収が少なかったり、過去にクレジット・カードの未払いがあったりした人たち向けの住宅ローンである。普通の住宅ローンではお金を借りれない人たちでもローンが組める代わりに、金利は割高となっている。

　典型的なサブプライム・ローンの場合、月々の返済額は、最初の数年は低く抑えられていて、後になると急に倍近く跳ね上がる形であった。

2●住宅価格の高騰と下落

　低所得者に高い金利で大金を貸せば、返せなくなるのは目に見えている。にもかかわらず、アメリカでサブプライム・ローンが横行したのは、1990年代後半から、住宅の価格が値上がり続けていたからである。

　たとえ返済が滞っても、担保の住宅を処分すれば、貸したお金は回収できる。そのため、少しぐらい返済能力に疑問があったとしても、どんどんお金を借りることができたのである。

　ところが、2006年秋頃から、アメリカの住宅価格が下落に転じると、サブプライム・ローンの焦げつきが大きな経済社会問題となっていった。

3●債権の証券化

　しかし、こうしたアメリカの事態が、なぜ世界金融危機へと移行したのであろうか──。それは、サブプライム・ローンの債権（返済金を受け取る権利）が、証券として世界中に売られていたからであった。

　お金を貸した金融機関は、その債権をまとめて証券会社に売却する。証券会社は、サブプライム・ローン以外にもいろいろな債権をミックスして、「買っておくと利子がついて戻ってくる証券」を作成した。こうして、いろいろな債権をミックスすれば、どれかが焦げついても安心だろう、という発想であった。

●おわりに── サブプライム金融危機から
リーマン・ショックへ

ところが、現実にサブプライム・ローンの焦げつきが増大すると、証券の価値がどのくらい下がったのか判断がつかず、証券全体が紙くず同然になってしまった。こうした証券を買っていた世界各国の金融機関やヘッジファンドは多額の損失を被り、金融不安が世界的に広がった。

このサブプライム金融危機は、世界経済を混迷に陥れたが、2008年9月15日のリーマン・ショックの前触れでもあった。詳しくは、続く章で後述する。

第19章

リーマン・ショックとは何か

●はじめに── ポイントと基礎知識

2008年9月にリーマン・ブラザーズの経営破綻が世界経済全体に波及した。それは、2007年7月からのサブプライム金融危機から始まった。

世界金融危機は、大規模な財政出動により、いち早く経済成長を取り戻した中国経済に下支えされて、収束に向かった。

1●リーマン・ブラザーズの経営破綻

2008年9月15日に、アメリカで4番目に大きい証券会社のリーマン・ブラザーズが経営破綻した。「リーマン・ショック」である

リーマン・ブラザーズは、1850年創業の由緒ある証券会社であった。経営破綻の原因となったのは、すでに見た「サブプライム・ローン」と呼ばれた低所得者向けの住宅ローンであった。このローンの債権（返済金を受け取る権利）は、すでに見た通り、「証券化」という手法によって、高利回りの証券として販売されていた。

2●世界金融危機の近因としての
サブプライム金融危機

ところが、繰り返しになるが、2006年秋頃から始まったアメリカの住宅価格の下落により、サブプライム・ローンを返済できない人が急増し、証券の価格が暴落した。その結果、これらの証券を多く抱えていた金融機関の多くが、巨額の損失を抱えてしまった。

リーマン・ブラザーズもその一つで、損失から立ち直ることができず、経営破綻してしまったのである。負債総額は、6130億ドルにおよび、アメリカ史上最大の倒産劇となった。

リーマン・ブラザーズの経営破綻のニュースは、世界の投資家たちにショックを与え、株価は世界で大きく下落した。

3●「金融安定化法」の成立

アメリカのW・ブッシュ政権は、対策として、金融機関が抱えている不良債権を政府が買い取る「金融安定化法」をアメリカ議会に提出した。この法律は、「国民の税金を使って、銀行を救済するのはおかしい」という理由で一度は否決された。

しかし、その結果を受けて、株価がさらに暴落したため、アメリカ議会の上下両院ですぐに再可決された。

4●リーマン・ショックの日本経済への影響

日本では、世界金融危機の影響で株価が下落したほか、円高が進んで輸出産業に打撃を与えた。特に自動車は、景気の低迷で販売台数も大きく落ち込んだ。

これに対して、日本銀行（日銀）は、金利を0.1％に引き下げたほか、CP買い取りを行って企業の資金繰りを支援した。

また、日本政府も、定額給付金や高速道路料金の値下げ、エコポイント制の導入といった景気刺激策を打ち出した。

●おわりに──「グリーン・ニューディール」政策

アメリカでは、2009年1月20日に就任したバラク・オバマ大統領が、「グリーン・ニューディール」政策として、環境関連事業への公共投資を行い、減税策も実施するなど、大規模な景気刺激策を発表した。

世界経済は、数年間を要して、リーマン・ショックから立ち直った。

大規模な財政出動でいち早く経済を立て直した中国経済の存在が大きかった。そのため、中国は自国のアプローチへの自信を深めていくこととなる。詳しくは、別の章で後述する。

第20章

2008年アメリカ大統領選挙とは何か

●はじめに──ポイントと基礎知識

2008年11月のアメリカ大統領選挙で、民主党のバラク・オバマ大統領が誕生した。アメリカ史上初の黒人大統領となった。

オバマ政権が取り組むべき課題は、世界金融危機やイラク問題、アフガニスタン問題、気候変動（climate change）の問題など、深刻なものばかりであった。

1●2008年アメリカ大統領選挙

アメリカの大統領選挙は4年に一度、実施される。2008年11月4日に行われた大統領選挙で、民主党のオバマ上院議員が、共和党のジョン・マケイン上院議員に勝利した。

オバマ大統領の母親は白人だが、父親はケニア出身の黒人であり、アメリカ史上初の黒人大統領が誕生した。

2●予備選挙と党員集会とは何か、再び

大統領選挙の仕組みだが、アメリカは民主党と共和党の二大政党の力が圧倒的なので、大統領選挙はこの二大政党が指名する大統領候補の一騎打ちとなる。

大統領になりたい人物は、まず同じ党内の候補者同士で、予備選挙（primary）もしくは党員集会（coucus）で自分に投票してくれる代議員をめぐって熾烈な争いをしなければならない。

3●オバマとクリントンの熾烈な争い

2008年の大統領選挙では、民主党の指名をめぐって、オバマ大統領候補とヒラリー・クリントン大統領候補（上院議員）がぎりぎりまで接戦を繰り広げた。もしクリントンが指名され

ていたら、アメリカ史上初の女性大統領が生まれていたかもしれなかった。

オバマとクリントンとの熾烈な争いによって、民主党が分裂し、本選挙で民主党が不利になることが懸念されたが、最終的には、逆に盛り上がりを見せる形でプラスに働いた。

両政党の大統領候補（と副大統領候補）は、8月前後に行われる全国党大会での投票によって正式に指名される。投票を行うのは、全米各地から選出された党の代議員たちである。

4◉本選挙での一般投票、再び

大統領を決める本選挙での一般投票では、全米の有権者が自分が支持する大統領候補に投票する。ただし、単純に得票率が高い方が当選するとは限らない。この投票は形式的には州代表の大統領選挙人を選ぶ選挙だからである。大統領選挙人は人口に応じて州ごとに人数が決められていて、人口が多い州ほど選挙人も多い。

しかも、48の州が「勝者独占方式（take-winner all）」をとっている。

5◉2008年11月のアメリカ大統領選挙と議会選挙の結果

2008年11月4日の大統領選挙では、オバマ大統領候補が過半数を超える365名を獲得し、大統領選挙に勝利した。敗北したマケイン大統領候補は、173名にとどまった。

議会選挙の結果は、上院は民主党が58議席、共和党が40議席で、民主党多数議会が維持された。下院でも、民主党が257議席、共和党が178議席で、民主党多数議会が維持された。

こうして、大統領とアメリカ議会（上下両院）を統治する政党が同じ「統一政府（unified government）」の政治状況となった。

▼ 2008年11月の大統領選挙と議会選挙の結果
・大統領選挙の結果：
　選挙人獲得数：オバマ　365　　マケイン　173
　得票率：　　　オバマ　52.9%　マケイン　45.7%
・議会選挙の結果：
　上院：　民主党　58　共和党　40　無所属　2
　下院：　民主党　257　共和党　178

図表20　2008年アメリカ大統領選挙

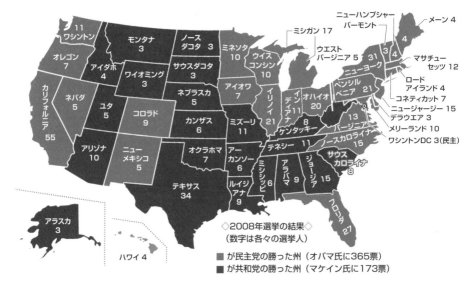

[出典] https://news.goo.ne.jp/article/gooeditor/world/gooeditor-20121107-03.html

6●なぜオバマが勝利したのか ── 勝因を考察する

(1)サブプライム金融危機と 「リーマン・ショック」のインパクト

リーマン・ショック直後ということもあって、出口調査の結果によれば、60％前後の有権者が「経済問題」を最優先し、投票した。結果として、外交問題、地球の裏側の「イラク問題」は吹き飛んだ形となった。

また、オバマ大統領候補は、TVディベートで、たとえば、「医療保険を負担する企業に50％の税額控除を実施する」という形で、具体的な数字を示していたことが無党派層の支持をとりつける原因になった。

(2)オバマの「南部・西部戦略」

オバマは、たとえ7つの激戦州で1つ、2つ取りこぼしても、大統領選挙人538名の過半数「270名」以上を確保できる勢いを終盤戦で保持していた。

オバマ陣営は、激戦州に加えて、南部と西部の共和党がやや優位の州にも働きかけた。

(3)膨大な資金力

インターネットを通じて、「小口で」幅広く選挙資金が集められた。アメリカ選挙史上で最大規模となり、本選挙のみで2億ドル以上となった。

しかも、50州で黒人や若者が立ち上がり、ボランティアとして動員された。また彼らが、事前の有権者登録を有権者に促し、期日前投票も30％まで上昇した。

11月4日（火）の本選挙での投票率も上昇し、はじめて選挙で投票した有権者の多くが民主党のオバマに投票した。

(4)オバマが訴えた＜変革（change）＞が 人種を超えて、有権者の心を掴んだ。

イラク問題とサブプライム金融危機とリーマン・ショックを抱え、アメリカ国内の有権者の間で、＜変革＞を求める機運が高まっていた。

選挙のプロが驚く、"理想"を掲げ続けた異例の選挙戦術が功を奏した形となった。

「民主党の大統領、共和党の大統領ではなく、アメリカ合衆国の人統領を選ぼう」と繰り返し演説し、保守とリベラルで"分断"されたアメリカの"融和"と"結束"を訴え続けた。

他方で、同時に、6月に民主党の大統領候補の指名をようやく確実にした時点から、「保守化」「中道化」を巧みに図ってきた。副大統領候補にジョー・バイデン上院議員を指名し、自身の弱点の外交の分野での経験不足を相殺し、8月党大会の演説では"感動"も封印した。

7●なぜマケインが敗北したのか ── 敗因を考察する

(1)リーマン・ショックで金融混乱となり、 経済問題が決定的な争点となった

リーマン・ショック後の金融混乱は、W.ブッシュ政権の政策対応が遅れたため、金融危機が増幅され、共和党の大統領候補のマケインの「連帯責任」と認識された。

大統領選挙の争点は、マケインが得意の安全保障から経済問題へとシフトしてしまった。

さらに、「リーマン・ショック」の9月15日に、マケイン自身が「アメリカ経済の基盤は強い」と発言し、この失言を契機に、彼の支持率がにわかに低下した。予備選挙の段階からマケイン自身、「経済政策は苦手だ」と自認してきたことも裏目に出た形となった。

(2)オバマ勝利はほぼ確定していた？ （「ブラッドリー効果」はどこまで働くのか？）

マケインは終盤戦で、7つの激戦州で1つも取りこぼせない情勢に追い込まれていた。たとえ7つの激戦州ですべて勝利しても、大統領選挙人の過半数270名に届かず、ペンシルベニア州ともう1つの州で逆転勝利しなければ、奇跡の逆転は実現できなかった。

直前の世論調査の結果で、5-10ポイントの差でオバマが支持を広げていた。

ただし、特に保守的な白人男性がどれだけ

11月4日（火）の本選挙で別の投票行動をとるのか、正確に測定できず、主要なメディアもオバマ勝利で「確定」の記事を書けなかった。「ブラッドリー効果」がどこまで働くのか、よくわからなかったのである。

実際、7つの激戦州では「52対47」「51対48」「50対49」など意外と接戦であった。

(3)資金不足で、余力がなかった。

マケインは終盤戦で、オバマがやったように、7つの激戦州に加えて、相手の民主党がやや優位な州で逆転勝利を期待して、働きかけるような余力が特に資金面でなかった。

また、なぜマケインは6月までに民主党の予備選挙が異例の長期戦となっている段階で、7つの激戦州で「オバマ包囲網」を形成し、共和党支持を強化できなかったのか——。やはり、資金面での余力が足りなかったのではないかと推測できる。

たとえば、マケイン陣営は、資金不足を理由に、スタッフの削減に追い込まれている。

結果として、6月まで民主党の予備選挙が異例の長期戦となったことが、民主党に不利に働かずに、オバマの支持を広げる形で、むしろ逆に有利に働くこととなった。

(4)なぜマケインの「変革」は、アメリカ有権者の心の琴線に触れなかったのか？

マケインも（ヒラリーも）、オバマと同様に、"変革"をキャッチフレーズに大統領選挙を戦ったが、アメリカの有権者は、オバマの＜変革＞に勝利を与えた結果となった。

「われわれが歴史を作るのだ」とマケインも、前日の11月3日、7つの州を駆けめぐって、有権者に訴え続けた。

マケインが、イラク問題などでW.ブッシュ政権の政策を支持し続けたため、支持率が20％前後で低迷するW.ブッシュ大統領から距離を置くことが難しくなっていた。

「私はW.ブッシュ大統領ではない」と、マケインはテレビ討論会で主張した。この発言を受けて、世論調査でマケインの支持率が若干上昇したが、W.ブッシュ大統領から距離を置くのが「あまりに遅過ぎた」。こうして、「中道化」にも失敗した。

また、副大統領候補に女性で保守派の若いサラ・ペイリン・アラスカ州知事を指名したが、オバマに対して「経験不足」を批判するマケインにとって、矛盾を抱える形となっていた。

● おわりに ——「グリーン・ニューディール」政策

世界金融危機やイラク問題、アフガニスタン問題、気候変動の問題など、冒頭で見た通り、W.ブッシュ前政権から引き継いだ課題は深刻なものばかりであった。新しいオバマ政権が、いかなる政策を打ち出していくのかが、注目された。

オバマ次期大統領は、歴史的な課題を同時に2つ以上、抱えていたことになる。

第一に、サブプライム金融危機とリーマン・ショックで、アメリカ経済と世界経済が1929年の世界大恐慌以降で最大の歴史的な金融危機に直面していた。この21世紀型のアメリカ発の世界金融危機に対して、次期オバマ政権は、どれだけ迅速に、いかなる政策対応をとることができるのか——。オバマ政権の経済チーム、特に財務長官の人事が注目された（ティモシー・ガートナーが財務長官となった）。

オバマ次期大統領は、未曾有の世界金融危機に対応すると同時に、気候変動の問題にも取り組む姿勢を見せたため、その経済・金融政策は「グリーン・ニューディール」政策と呼ばれることとなった。「スマート・グリット」構想も、「グリーン・ジョブ」も注目されたが、太陽光発電など再生可能エネルギーの開発が本格化する前に、「シェール革命」が進むこととなった。

第二に、イラク問題である。選挙の公約通り、「16カ月以内にイラクから撤退する」ことができるのか——。オバマは、選挙戦でイラクからの「名誉のある撤退」のための「出口戦略（exit strategy)」を必ずしも明確にしていなかった。また、情勢が急激に悪化するアフガニスタンにはむしろ増派する必要がある、と大統領候補であったオバマは訴えていた。政策対応を誤れば、「第二のイラク」になりかねなかった。

　最後に、オバマ次期大統領が、首席補佐官と

してラーム・エマニュエル下院議員を第一に指名したことが特に注目される。大統領とアメリカ議会を同じ政党が統治する「統一政府」の政治状況になったにもかかわらず、オバマ次期大統領が議会対策を重視している証左であった。

第21章

2010年アメリカ中間選挙とは何か

● はじめに ── ポイントと基礎知識

　すでに見た通り、大統領の4年間の任期半ばに行う議会選挙が、中間選挙である。

　2010年11月の中間選挙では、草の根の「茶会」運動で、共和党の保守派が巻き返した。長引く不況や雇用の低迷で、オバマ政権に逆風が吹いていたからである。

1 ● 中間選挙とは何か、再び

　アメリカ合衆国の連邦議会は、上院と下院に分かれている。二院制である。繰り返しになるが、上院議員の任期は6年、下院議員の任期は2年である。2年に一度行われる議会選挙で、上院の3分の1の議員と下院のすべての議員が入れ替わる仕組みである。

　大統領は4年に一度なので、大統領選挙の間の議会選挙を「中間選挙」と言う。

　2010年11月2日に、オバマ大統領の就任から2年後の中間選挙が行われ、下院でオバマ大統領が率いる民主党が大敗してしまった。

2 ● 2010年11月の中間選挙の結果

　2010年11月の中間選挙の結果、上院は、民主党が59議席と共和党が41議席から、民主党

が53議席と共和党が47議席となった。民主党は議席を減らしたが、多数党の座は維持した。

　これに対して、下院では、民主党が257議席と共和党が178議席から、民主党が193議席と共和党が242議席となった。民主党は大幅に議席を減らし、共和党多数議会となった。

　こうして、大統領とアメリカ議会（下院）を統治する政党が異なる「分割政府（divided government）」の政治状況となった。

　州知事選挙では、民主党が20名で、共和党が29名となった。「0」で終わる年の選挙では、州知事選挙の結果が10年に一度、国税調査（センサス）に基づく選挙区割りに影響する。

▼ 2010年11月の中間選挙の結果
・議会選挙の結果：
　上院：　民主党　　53　　共和党　　47
　下院：　民主党　193　　共和党　242
・州知事選挙の結果：
　　　　　民主党　　20　　共和党　　29

3 ● 「大きな政府」か「小さな政府」か

　アメリカには、民主党と共和党の二大政党がある。両者の政策の違いは、大雑把に言えば、「大きな政府」か「小さな政府」かの違いである。

「大きな政府」路線は、社会保障などの行政サービスを充実させる代わりに、規制強化や増税になりやすい。これに対して、「小さな政府」路線は、個人の自由を尊重して、国家（政治）の市場（経済）や個人への干渉を少なくする代わりに、社会保障などは最低限にする。

共和党のW. ブッシュ政権は、「小さな政府」路線であったが、規制を極端に少なくしたことが金融業界の暴走を招き、リーマン・ショックにつながった。W. ブッシュ政権は、「テロとの戦い」と金融機関の救済のために、最終的には「大きな政府」になってしまった。

これに対して、オバマ政権は、金融規制を強化する金融改革や、国民全員が医療保険に加入できるようにする医療保険制度改革、いわゆる「オバマケア」を推し進めた。オバマ政権は、「テロとの戦い」には一定の距離を置いたが（「テロとの戦い」と呼ばないなど）、国内政策で「大きな政府」路線を積極的に推し進めたのである。

4●「茶会」運動とは何か

ところが、アメリカにはこうした政策に反対する人々も多数いて、「茶会（tea party）」という草の根の運動を始めた。「茶会」とは、アメリカ独立戦争のきっかけになったボストン茶会事件に由来している。「茶会」運動は、医療保険制度改革をはじめとするオバマ政権の政策は、自主独立を重んじるアメリカの建国の精神に反すると主張した。

こうした茶会運動のおかげで、共和党は勢いを盛り返した。

一方で、リーマン・ショック以降、景気や雇用がなかなか回復しないことに対して、オバマ大統領に対する批判の声も強くなっていた。

これらの要因が、2010年の中間選挙の結果につながったのである。

●おわりに ── 政治の"渋滞"

こうして、2010年11月の中間選挙の結果、大統領とアメリカ議会（下院）で、「分割政府」の政治状況となってしまい、2001年以降、オバマ政権の下で、特に内政や経済政策などの法案が通らなくなり、政策は動かず、政治は"渋滞"してしまうこととなった。

政権2期目の2014年11月の中間選挙では、上院も共和党多数議会となり、法案はますます通らなくなり、政策もますます動かなくなった。詳しくは、別の章で後述する。

第22章

2012年アメリカ大統領選挙とは何か

●はじめに ── ポイントと基礎知識

2012年11月に、4年に一度のアメリカの大統領選挙が行われ、民主党のバラク・オバマ大統領と共和党のミット・ロムニー大統領候補の間で争われた。

その結果、「大きな政府」路線の政策を進める現職のオバマ大統領が、大統領選挙人の過半数を獲得して再選を果たした。

1●オバマとロムニーの争い

アメリカの4年に一度、夏のオリンピックと同じ年に行われる。2012年11月6日の大統領選挙は、繰り返しになるが、再選を目指す民主

党のオバマ大統領と共和党のロムニー大統領候補の間で争われ、オバマ大統領が接戦を制して、再選を果たした。

2◉オバマ大統領の「大きな政府」路線

オバマかロムニーかの選択は、大雑把に言えば、「大きな政府」か「小さな政府」かをめぐる選択であった。

経済や社会に生じる問題を正していくために、国家（政治）が積極的に力を振るうのが「大きな政府」路線である。その最大の成果が、オバマ政権下で実現した医療保険制度改革、いわゆる「オバマケア」である。アメリカには、国民皆保険制度が存在しないため、収入の低い人が保険に加入できず、まともな医療を受けることができなかった。オバマケアは、無保険者に保険加入を強制的に義務づけるものである。

3◉ロムニー大統領候補の「小さな政府」路線

これに対して、国家（政治）が市場（経済）や個人になるべく干渉すべきでないとするのが、「小さな政府」路線である。この立場からすると、政府が保険加入を強制するのは、「個人の自由の侵害」ということになる。ロムニー大統領候補は、オバマケア撤廃を公約に掲げた。

こうした主張の違いは、財政政策にも現れていた。景気回復のために財政政策が必要とするオバマ大統領に対し、ロムニー大統領候補は公務員削減などの緊縮財政を主張した。また、富裕層への増税を訴えるオバマ大統領に対して、ロムニー大統領候補は減税を主張した。

4◉本選挙での一般投票と大統領選挙人

オバマ大統領かロムニー大統領候補かを選択する全米の有権者による本選挙での一般投票は、11月6日に行われた。

繰り返しになるが、一般投票は州ごとに行われ、48の州では1票でも多くの票を獲得した大統領候補が、その州のすべての大統領選挙人

を獲得する。「勝者独占方式（take-winner all）」と言う。選挙人は各州の人口に応じて配分されており、合計538名である。過半数の270名を獲得した候補が次期大統領となる。

5◉2012年11月のアメリカ大統領選挙と議会選挙の結果

2012年大統領選挙の結果は、オバマが332名、ロムニーが206名の大統領選挙人を獲得して、オバマが勝利した。

2012年議会選挙の結果は、上院は民主党が51議席、共和党が47議席を獲得して（無所属2議席）、民主党多数議会が維持された。これに対して、下院では民主党が192議席、共和党が242議席を獲得して（欠員1）、共和党多数議会が維持された。

こうして、大統領とアメリカ議会（下院）を統治する政党が異なる「分割政府（divided government）」の政治状況が継続することとなった。

▼ 2012年11月の大統領選挙と議会選挙の結果

・大統領選挙の結果：
　選挙人獲得数：オバマ　　332　ロムニー　　206
　得票率：　　　オバマ 51.06%　ロムニー 47.2%
・議会選挙の結果：
　上院：　民主党　51　共和党　47　無所属　2
　下院：　民主党　192　共和党　242　欠員　　1

6◉「激戦州」をめぐる戦い

州によっては、投票前から勝敗がほぼわかる。特に沿岸部の大票田のカリフォルニア州やニューヨーク州では、リベラルな有権者が比較的多く住んでおり、民主党がほぼ勝利する。一方で、テキサス州など南部の大票田では、共和党がほぼ勝利する。

そのため、両陣営の力が拮抗するオハイオ州やミシガン州、ウィスコンシン州など中西部と南部の大票田のフロリダ州の「激戦州（battle-

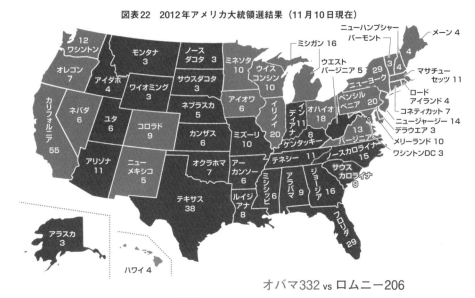

図表22 2012年アメリカ大統領選結果（11月10日現在）

オバマ332 vs ロムニー206

[出典] https://news.goo.ne.jp/article/gooeditor/world/gooeditor-20121107-03.html

ground states)」での結果が、勝敗を左右することになる。

2012年大統領選挙では、すでに見た通り、オバマ大統領が過半数を超える332名の大統領選挙人を獲得し、勝利した。ロムニー大統領候補は、206名を獲得したにとどまった。激戦州でのオバマ大統領の勝利が大きかった。

● おわりに —— 共和党と民主党の再生

ロムニーの敗北を受けて、共和党主流派は、「エアーズ・レポート」というプレー・ブックを作成した。マイノリティーの増加による人口動態の変化によって、将来の大統領選挙では、共和党が不利になるため、マイノリティーからの支持を獲得するために、共和党の再生を図る動きを見せたのである。

しかし、2016年11月8日の大統領選挙では、ドナルド・トランプ大統領候補が、共和党の主流派が想定していた選挙の戦い方とは違ったアプローチで、共和党の大統領候補となり、大統領選挙に勝利することとなった。詳しくは、別の章で前述した。

2012年11月の大統領選挙に勝利した民主党も、議会選挙では苦戦し、課題を抱えていた。特に主流派・穏健派とリベラル左派との路線対立をいかに調和させるのかが大きな課題であった。特に2011年9月からの「ウォール・ストリートを占拠せよ！（Occupy Wall Street!)」運動は早くも、アメリカ経済社会が抱える貧富の格差の拡大（上下の"分断"）を浮き彫りにしていた。

第23章

2014年アメリカ中間選挙とは何か

◉はじめに ── ポイントと基礎知識

2014年11月の中間選挙で、下院では共和党が多数党を維持し、上院でも共和党が多数党となった。

こうして、民主党のオバマ政権にとっては、厳しい選挙結果となった。

支持率が低下するオバマ政権にとっては、議会対策がより一層難航することが予測された。

1◉中間選挙とは何か、再び

繰り返しになるが、大統領選挙と大統領選挙の間に行われる議会選挙を「中間選挙」と呼ぶ。議会選挙は、2年ごとに実施されるため、4年に一度は大統領選挙と同時に実施されることになる。

下院議員の任期は2年で、2年ごとに全議席が改選される。これに対して、上院議員の任期は6年で、2年ごとに3分の1の議席が改選される。

2◉2014年中間選挙の意義

アメリカの選挙は、共和党と民主党の二大政党の争いである。

2014年11月4日の中間選挙の前は、上院では民主党が多数党であったが、下院では共和党が多数党の地位を占めていた。上院は、民主党が55議席、共和党が45議席であった。下院は、共和党が233議席、民主党が199議席であった（空席3議席）。

こうして、大統領とアメリカ議会（下院）を統治する政党が異なる「分割政府（divided

government）」の政治状況にあった。

2014年11月の中間選挙は、2016年11月の大統領選挙を控えて、6年間のオバマ路線の信任投票の性格が強かった。

3◉2014年11月の中間選挙の結果

11月4日の中間選挙では、上院で、共和党が52議席、民主党が45議席で（残り3議席）、共和党が多数党となった。下院でも、共和党が243議席、民主党が181議席で（残り11議席）、共和党が多数党の地位を維持した。

こうして、民主党のオバマ政権には、厳しい審判が下った形となった。

上院と下院の関係は、「ねじれ議会」が解消される一方で、大統領とアメリカ議会（上下両院）を統治する政党が異なる「分割政府」の政治状況となった。

▼ 2014年11月の中間選挙の結果
・議会選挙の結果：

上院：	民主党	45議席	共和党	52議席
下院：	民主党	181議席	共和党	243議席

4◉中間選挙後

アメリカ議会の主導権を共和党が握ったことで、支持率が低迷するオバマ大統領は、2年あまりとなった残りの任期で、レームダック（死に体）となり、より一層苦しい政権運営を迫られることとなった。

共和党が上下両院で多数党を獲得し、「分割政府」の政治状況となった結果、オバマ政権が望む政策実現は、これまでよりもより難しく

なった。実際に、オバマ政権の残りの2年間は、アメリカ議会が強い権限を持つ内政や経済政策で大きな変化は望めなかった。

そのため、オバマ政権は、内政よりも裁量がより大きい対外政策の分野での成果を目指すのではないか、と推測された。実際に、オバマ政権は、2015年に外交でいくつかの遺産（レガシー）を残す動きを見せた。詳しくは、別の章で前述した。

● おわりに —— 共和党と民主党の再生、再び

共和党の主流派となった保守派は、穏健派を「名ばかりの共和党員（RINO）」と呼び、批判するようになっていた。「茶会（tea party）」運動の高まりは、こうした傾向を加速させていた。

民主党も、主流派・穏健派とリベラル左派との路線対立を抱えていた。ハイパー・グローバリゼーションにともなう貧富の格差の拡大（上下の"分断"）は、民主党にとって無視できない問題となっていた。

こうして、共和党も民主党も、党の再生という大きな課題を抱えていたのである。

第24章

アメリカの金融政策と 連邦準備制度理事会（FRB）とは何か

● はじめに —— ポイントと基礎知識

アメリカの金融政策を決定する組織が連邦準備制度理事会（FRB）である。

2008年9月のリーマン・ショック後、量的緩和と金利引き下げで対応してきた。特に2010年代半ばまで、利上げの時期をめぐって、その行動が世界中から注目された。

1 ● 連邦準備制度理事会（FRB）とは何か

日本でいう日本銀行、中央銀行としての働きを担っているアメリカの機関をFRBと言う。議長と理事合わせて7名で構成される。

FRBは、年に8回（6週間に一度）、米連邦公開市場委員会（FORC）を開き、金融政策を決定している。FORCは、FRBの7名＋連邦準備銀行の5名で構成される。

トランプ政権は、2017年11月2日に、FRBの議長にジェローム・パウエルFRB理事を正式に指名した。それまで、FRBの議長は、2014年2月3日から、ジャネット・イエレンが務めていた。その前任は、ベン・バーナンキが2006年2月1日からFRB議長であった。サブプライム金融危機や「リーマン・ショック」に対応した。

世界一の経済大国であるアメリカの経済・金融の動向は、世界経済全体に大きな影響を与える。アメリカの通貨ドルは、基軸通貨として世界のなかで使われている。そのドルの今後がどうなっていくのかは、世界中の関心事となる。そのため、特に金融関係者はFRBの動向や要人の発言に注目している。

2 ● 基軸通貨ドル

基軸通貨とは、各国間の貿易や金融取り引きなどで広く使われる通貨である。

かつてはイギリスのポンドが基軸通貨であったが、第二次世界大戦後は、アメリカのドルに

とって代った。

また、「世界三大通貨」は、ドルとユーロ、円である。ただし、「一帯一路（One Belt, One Road）」経済圏構想やアジア・インフラ投資銀行（AIIB）の設立、BRICS銀行の設立などを受けて、中国の人民元の存在感が急速に高まりつつある。

3◉雇用統計とは何か

雇用統計とは、アメリカの労働省が原則毎月第一金曜日に発表する、雇用状況をまとめた統計資料である。失業率や非農業部門就業者数など、10種類程度の統計が発表される。

雇用情勢がいいと、経済が上向くと考えられ、注目される。選挙の年には、特に注目される。

2◉ゼロ金利と量的緩和政策

2008年9月に起きたリーマン・ショックの影響を受けて、FRBは、金利を事実上のゼロまで引き下げ、量的緩和政策も実施した。

その結果、アメリカ経済は順調に回復し、2014年10月に量的緩和政策を終了した。

3◉ゼロ金利の引き上げ（利上げ）

市場が次に注目したのが、事実上のゼロの金利の引き上げ（利上げ）であった。

景気の回復は歓迎すべきだが、バブルや過度なインフレーション（インフレ）が巻き起こっては再び景気が悪化してしまう恐れがある。FRBは、こうした事態を避けるために、金利を正常な状態に戻そうとしていた。

4◉利上げのタイミング

イエレン議長はかねてより、2015年中の利上げを掲げていた。

9月の雇用統計の結果はいまひとつで、ドル高によって輸出も伸び悩んでいた。さらに、中国の景気減速なども相まって、利上げがしにくい状況になっていた。しかし、10月の雇用統計の結果は大幅に改善した。

そのため、2015年12月17日に、FORCは9年半ぶりの利上げを決定した。政策金利を0.25％引き上げ、ゼロ金利政策を解除した。

2016年にも、数回利上げされる予測もあったが、中国経済の鈍化やイギリスの欧州連合（EU）からの離脱（Brexit）などの影響もあり、なかなか利上げは行われなかった。

とは言うものの、雇用統計の結果によっては、年内の利上げもありうる展開であった。実際に、12月13日と14日に開催されたFOMCは、市場の予想通り、政策金利（FFレート）の誘導レンジを0.25％引き上げ、0.50％～0.75％とすることを、全会一致で決定した。利上げは、2015年12月以来1年ぶりであった。

◉おわりに —— FRBが利上げをするとどうなるのか？

FRBが利上げをすると、まず株価が下がる。金利が上がると、資金を借りている会社の返済額も増えてしまい、業績の悪化につながる恐れがある。さらには、アメリカの会社と取り引きがあるすべての会社に影響を及ぼすことになる。

また、円安（通貨安）になる。アメリカが利上げをすると、ドルの価値が上がるので、相対的に他の通貨がより安くなる。

そして、貿易に影響が出る。通貨安ということは、輸出が盛んになる可能性がある。一方で、輸入は苦しくなる。

こうして、FRBによる利上げの影響は、アメリカだけではなく、世界中に波及する。

第25章

アメリカ政府機関の閉鎖とは何か

◉ はじめに —— ポイントと基礎知識

2013年10月に、アメリカ連邦議会では、医療保険制度改革、いわゆる「オバマケア」の実施をめぐって民主党と共和党が激しく対立し、暫定予算が成立しないまま、期限切れを迎えた。

これにより政府機関が一時閉鎖され、アメリカは債務不履行（デフォルト）の危機に陥った。

1 ◉ アメリカ政府機関の閉鎖とは何か

2013年10月1日に、アメリカの政府機関が閉鎖されるという異常事態が起こった。全米に約200万人いる政府職員のうち、約80万人が自宅待機となり、国立公園や博物館は閉鎖された。国境や刑務所の職員、航空管制官など、どうしても必要な職員は働いたが、給与が支払われるかどうかは不透明であった。

2 ◉ 「オバマケア」とは何か、再び

そもそもの原因は、2013年10月から実施される予定であったアメリカ版国民皆保険の医療保険制度改革であった。アメリカには、日本のように国民全員が加入する保険制度がない。そのため所得の低い人や持病のある人は民間の保険に加入できず、病気や怪我をしても治療を受けられなかったり、高額な治療費がかかってしまうという問題があった。

この長年の課題を解決するため、2010年3月23日に民主党のオバマ政権は、アメリカ議会で医療保険改革法を成立させた。国民全員に保険加入を義務づけ、低所得者には保険料を税金で援助するという内容であった。オバマ大統領の名前をとって「オバマケア」と呼ばれる。

3 ◉ 「オバマケア」をめぐる論争

しかし、共和党はこの制度に激しく反対した。そもそもアメリカでは、保険加入は個人の責任という考え方が根強く、加入を強制されたり、増税など負担が増えることへの強い抵抗がある。また、保険業界も規制が厳しくなることに反発した。「小さな政府」路線である。

これに対して、民主党は、保険料が払えなかったり、持病があるために保険に加入できない人を救済すべきであるという姿勢で、補助金は増税でまかなうべきであるという立場であった。「大きな政府」路線である。

◉ おわりに —— 政府閉鎖と債務不履行（デフォルト）の危機

2013年9月29日に、共和党が多数を占める下院は、オバマケアの実施を延期する予算案を可決した。これに対して、民主党が多数を占める上院は、オバマケアを予定通り、実施する予算案を可決した。両者とも、一歩も引かない状態が続いた。

2013年10月までは、期限付きの暫定予算で問題を先送りしてきたが、2013年10月には対立を回避できず、政府閉鎖に至った。政府は国債を追加発行するために債務上限を引き上げる必要があり、その期限が迫っていた。期限までに議会の承認を得られなければ、債務不履行（デフォルト）に陥る。

最終的に、期限ぎりぎりの10月16日になって、両党は暫定予算で妥協した。政府機能は再

開し、債務不履行はとりあえず回避された。た
だし、オバマケアをめぐる民主党と共和党の対

立は、その後も残った。

第26章

トランプ大統領の弾劾訴追とは何か

◉はじめに ── ポイントと基礎知識

　ドナルド・トランプ大統領が、自分の政敵に
関する情報提供をウクライナ大統領に電話で依
頼していたことが内部告発によって発覚した。

　この「ウクライナ疑惑」をめぐって、アメリ
カ議会の下院は弾劾調査を開始した。

　上院で行われる弾劾裁判で有罪となれば、ト
ランプ大統領は失職することになるところで
あったが、共和党議員が多数離反しなければ、
トランプ大統領が弾劾裁判で有罪になることは
ない見通しであった。

1◉トランプ大統領の「ウクライナ疑惑」とは何か

　2019年7月25日に、トランプ大統領は、ウ
クライナのウィロディミル・ゼレンスキー大統
領に電話で自分の政敵に関する情報提供を依頼
していたことが発覚した。

　「バイデン前副大統領とその息子に関する情
報を提供してほしい」という内容であった。

2◉バイデン元副大統領の「ウクライナ疑惑」とは何か

　ウクライナ当局は、ジョー・バイデンの息子
が役員を務めていたガス会社の汚職疑惑につい
て捜査を進めていた。

　当時、オバマ政権下の副大統領であったバイ
デンは、息子を守るために、ウクライナに圧力
をかけた疑いがあるという。

3◉大統領の権限乱用か？

　バイデンは、2020年11月の大統領選挙での
民主党の最有力候補の一人で、再選を目指すト
ランプ大統領のライバルであった。

　そのため、トランプ大統領は、政敵の弱みを
握るために大統領の権限を乱用し、外国政府に
介入を依頼した疑いがある。

4◉弾劾訴追から弾劾裁判へ

　アメリカ議会の下院は、民主党のナンシー・
ペロシ下院議長は9月24日、トランプ大統領
の弾劾に関する正式な調査を開始すると表明し
た。

　12月18日には、下院がトランプ大統領を弾
劾訴追する決議案を可決した。

　上院で弾劾裁判が行われ、3分の2以上の賛
成で、トランプ大統領は罷免されることになる。

　ただし、上院は共和党多数議会のため、トラ
ンプ大統領が罷免される可能性は低かった。つ
まり、大統領に在留する可能性が高かったので
ある。

◉おわりに ── 2020年大統領選挙への影響？

　しかし、弾劾裁判の結果が、2020年11月
の大統領選挙に与える影響については、よくわ
からなかった。共和党は、下院民主党が弾劾訴
追にまで踏み込んだことに腹を立てているが、
民主党は、上院での弾劾裁判の結果にまったく

納得がいっていないからである。

そのため、特に僅差の場合、共和党のトランプが再選されても、民主党の大統領候補が勝利しても、敗北した側は、選挙結果に不満を抱くことになるであろうことは、早い段階から明らかであった。

2021年1月6日には、トランプ支持者たちがアメリカ議会を一時占拠する事件が起きた。警察に銃撃された女性1名を含む4名が死亡した。議会民主党は11日、トランプ大統領の罷免をマイク・ペンス副大統領に求める決議案を下院に提出した。これにペンス副大統領が応じなかったため、同日に提出したトランプ大統領の弾劾決議案を採択した。トランプ大統領がこのアメリカ議会占拠事件を扇動したと断じ、責任を追求する動きであった。

こうして、トランプ大統領は、政権を去る直前に、再び弾劾訴追にかけられることとなった。2月9日、上院でトランプ大統領の弾劾裁判が始まったが、13日に無罪評決となった。

第27章

「黒人の命も重要だ（BLM）」運動とは何か

◉はじめに —— ポイントと基礎知識

「黒人の命も重要だ」運動は、言葉通りの運動であるが、"Black Lives Matter" を略して "BLM" と呼ばれることがある。

アメリカでは、21世紀に入っても、黒人が白人警官に理不尽な暴力を受ける事件が頻発している。

2020年5月のジョージ・フロイドの死亡をきっかけに、全米で激しい講義デモが起こった。

1◉ジョージ・フロイド事件とは何か

2020年5月25日に、ミネソタ州ミネアポリス近郊で、黒人男性のフロイドが偽札を使った容疑で警官に組み伏せられ、8分45秒にわたって首を膝で圧迫されて死亡する事件が起こった。目撃者が携帯電話で撮影した動画がソーシャル・ネットワーキング・サービス（SNS）で広まると、全米で警官の理不尽な暴力に反対する激しい抗議デモが起こった。

この時に、人々が訴えた言葉が、「黒人の命も重要だ（BLM）」であった。

2◉＃BlackLivesMatter

そもそものきっかけは、2012年2月26日に、黒人の高校生トレイボン・マーティンが自宅へ帰宅途中に、自警団の男性に射殺された事件であった。マーティンは武器を持っていなかったが、自警団の男性は正当防衛が認められて無罪となった。

この時に、SNSに投稿された文章から＃BlackLivesMatterというハッシュタグ（投稿を分類するためのキーワード）が生まれ、拡散していった。

その後も、アメリカでは、黒人が白人警官によって殺害される事件が相次いだ。その度に抗議の声が上がり、「黒人の命は重要だ」がスローガンとして定着した。

3◉「黒人の命も重要だ」の背景

背景には、黒人は乱暴で犯罪者が多いという人種的偏見や、一部の白人に根強く残る人種差

別がある。黒人だというだけで頻繁に職務質問をされたり、些細なことで逮捕されたり、銃を突きつけられるのでは、安心して日常生活を送ることができない。「黒人の命も重要だ」はこうした状況に対する抗議運動である。

4◉広がる抗議運動

2016年9月1日に、NFLのコリン・キャパニック選手が、国歌斉唱で起立せず、片膝をついて人種差別に抗議した。

2020年8月には、テニスの大坂なおみ選手が、ウィスコンシン州ケノーシャでのジェイコブ・ブレーク銃撃事件に抗議し、ツアー大会のボイコットを表明した。その後、ツアーには参加し、優勝した。勝利のたびに、大坂選手は、抗議の黒いマスクをつけて、インタビューに答えた。

◉ おわりに ──アメリカ社会の"分断"へ

2020年には、白人警官による黒人射殺事件が相次いだ。新型コロナ・ウイルスの影響で失業者が増え、その多くが黒人であったことなどに、ジョージ・フロイドの事件が重なって不満が爆発し、各地で抗議活動や暴動が発生した。

これに対して、トランプ大統領は、米軍の投入を表明するなど強硬な姿勢を見せた。白人有権者は、一部の暴動沙汰に対して、「法と秩序」を重んじる。

こうして、「黒人の命も重要だ」運動をめぐり、アメリカ社会の"分断"が加速した。もし「黒人の命も重要だ」運動がなければ、2020年11月3日の大統領選挙の結果も変わっていたかもしれない。

第2部

安倍政権と
菅政権の
内政と外交

武士道は知識を重んじるものではない。重んずるものは行動である。

——日本の教育者・思想家の新渡戸稲造

　国家のレベルで見ても、新しい自分を造り出そうとする人が少なくなれば、その国は老境に入ったことになる。つまり現状に満足することは、進歩を止めるということなのだ。現状に不満を抱き、そうした不満を改善しようとし、未来に希望をもって新しい自分を造り出していこうとする、そんな強烈な意志こそが、人間が生きている意味なのだ。

　人間の行動は、多くのものに分類することができる。そうしたなかでも、努力というものは人間の最も高貴な行動である。

　努力に似た言葉として、「奮闘」という言葉があるが、これは仮想の敵を想定した場合などに用いる言葉である。それに対して、努力というのは敵がいるかどうかにはかかわらず、自分の最善を尽くして事に当たるという意味を持つ。その点では、奮闘という言葉が持っている感情や意味よりも崇高・公正だと言えるだろう。

　もともと世界のすべての文明は、この努力という二文字に根ざしたものであり、そこから芽を出し、枝をつけ、葉を伸ばし、そして花を咲かせた結果なのである。

——日本の文豪の幸田露伴

第28章

安倍長期政権から菅政権へ

● はじめに —— ポイントと基礎知識

　日本では、繰り返しになるが、安倍晋三首相が2020年8月28日に突然、辞意を表明し、歴代最長の長期政権となった安倍政権が7年8カ月で幕を閉じることとなった。「安倍一強」と「自民党一強」という形で安倍政権が長期政権となったのは、自民党内で安倍首相に代わる有力な首相候補がいなかったことと、野党が自公政権にうまく対峙できなかったからである。2009年8月30日の衆議院選挙で民主党が300議席を超える圧勝を果たして、政権交代を実現した後の鳩山・菅・野田と続いた民主党政権への有権者の不信と失望が背景にあった（ある）、と考えてよい。

　2020年9月16日には、菅政権へと移行した。菅義偉首相は、繰り返しになるが、安倍政権を官房長官として支え続けたことから、内外の政策は大幅な見直しはないという見方もあるが、本格的に始動してみないとよくわからない。官僚機構や党など既存組織の古いしきたりを打ち壊し、大きく改革する姿勢を見せていることが注目される。

　行政改革・国家公務員制度担当大臣、内閣府特命担当大臣（沖縄および北方対策、規制改革）の河野太郎大臣は、菅首相との相性も抜群のようである。菅首相は、長期政権を目指すが、河野は、「ポスト菅」の有力候補として躍り出た形である。指導層の世代交代が期待できる。

　もし菅政権が「ピンチ・ヒッター」の短期政権で終われば、石破茂と岸田文雄が再び総裁選挙に挑戦するであろう。持病次第だが、安倍晋三前首相が3度目の再選を図るかもしれない。逆に言えば、菅政権が長期政権となれば、石破や岸田が首相になる可能性がほとんどなくなるということを意味する。

1 ● 菅政権の政策の優先順位

　菅首相は、2020年10月26日の所信表明演説では、たとえば、気候変動（climate change）の問題に関して、2050年までに温室効果ガスの排出量を実質的にゼロにすること（カーボン・ゼロ）を目標に掲げた。2021年11月1日に開催予定（コロナ禍で1年延期された）の第26回国際連合気候変動枠組み条約締約国会議（COP26）までに計画の詳細を詰めるという。

　また菅政権は、「デジタル庁」を新たに設置し、日本の政治経済社会のデジタル化を大幅に推進する意向である。菅首相は、9月23日の初の閣議で、デジタル庁設置の指針を年内にまとめるよう指示した。また菅政権は、まず手始めに、官庁間での各種書類への認印を廃止することを目指している。業務のペーパーレス化も進むはずである。こうした動きは、政官が主導することで、民間でも広がると期待できる。

　また菅首相は、官房長官の時代から、スマートフォンの料金値下げを携帯業者に働きかけてきた。

　コロナ禍では、日本の政治経済、社会、企業のあり方、働き方、ライフ・スタイル、地域のあり方などが、根本から問われる。リモート業務やオンライン会議も急速に普及し、無駄な会議は減った。こうした変化は、「ウィズ・コロナ」から「ポスト・コロナ」の時代になっても

逆行することはないと思われる。

　さらに注目されるのは、菅政権の経済政策、「スガノミクス」がいかに描かれるかである。「ウィズ・コロナ」の時代には、新型コロナ・ウイルスの感染拡大防止と経済成長とのバランスをとっていく必要がある。しかし、「命か経済か」の問いに解はない。安倍政権のアベノミクスは、こうした課題に直面して、有効な手立てをとれなかった。将来的には、「ポスト・コロナ」の時代の新しい経済政策を構想する必要もある。こうして、需要喚起型のアベノミクスから、企業刺激型のスガノミクスへの転換が期待される。

　安倍政権から残された政策課題も多い。たとえば、東日本大震災からのさらなる復興、少子高齢化対策、年金問題、待機児童ゼロの達成、女性のさらなる社会進出、在日米軍基地駐留経費負担（思いやり予算）に関する特別協定の見直し、北朝鮮の拉致問題、中国やロシア、韓国との領土問題などである。災い転じて福となすではないが、「働き方」改革は、一部の業種では、コロナ禍でかなり進んだと言ってよい。しかし、飲食業や観光業などでは経営難となり、リモート業務ができない対面の仕事に従事する人々は、働き方が変わるわけではない。

　菅政権下の日本外交にとって、最大の課題は、貿易戦争やハイテク覇権争い、人権問題で激しく対立するアメリカと中国との間で、いかなる政策の立ち位置をとるかである。中国の台頭の脅威がある以上、日米同盟の強化が最優先課題である点は、決してブレてはいけない。バイデン政権になれば、気候変動や新型コロナ・ウイルス対策、核不拡散などの分野で、日米両国は緊密に協力していく必要がある。

　しかし同時に、中国は、日本経済にとって、最大の貿易相手国である。日中関係を過度に悪化させてもいけない。日米関係と同じく、中国とも、気候変動や新型コロナ・ウイルス対策、核不拡散などの分野で、協力の余地があるかも

しれない。バイデン政権下の米中関係でも、協力可能な分野では協力が進むかもしれない。

2●「日米豪印戦略対話（Quad）」とは何か

　菅政権の下でも、安倍政権が提唱した「自由で開かれたインド太平洋（Free and Open Indo-Pacific: FOIP）」戦略は、「日米豪印戦略対話（Quadrilateral Security Dialogue: Quad）」とともに継承されていくものと思われる。2007年8月22日に、第一次安倍内閣の時の安倍首相がインド国会で行った演説「二つの海の交わり」が、その起点となっている。これ以降、安倍首相は、「自由で繁栄するインド太平洋」の構想を説いてきた。たとえば、2012年12月27日には、安倍首相は、*Project Syndicate* に論文「アジアの民主主義の安全保障ダイヤモンド（Asia's Democratic Security Diamond）」を寄せ、自身の価値観外交を明らかにしていた。

　日米豪印戦略対話（Quad）とは、インド洋とアジア太平洋にまたがる地域での平和と安定を目指す、日米とオーストラリア、インドの民主主義国4カ国による外交・安全保障の協力体制である。繰り返しになるが、2007年8月の第一次安倍政権が提唱した「自由で繁栄するインド太平洋」構想から出発し、次官級協議などを重ねて、2019年9月20日に初の4カ国外相会談を開催した。2019年9月26日には、「マラバール（Malabar）2019」と呼ばれる海上共同訓練を日米印3カ国で実施し、2020年11月17日から20日には、「マラバール2020」と呼ばれるインド洋の海上共同訓練を日米豪印4カ国で実施した。

　2018年12月31日には、ドナルド・トランプ大統領がアジア再保証イニシアティブ法案（Asia Reassurance Initiative Act of 2018）に署名し、正式に法律となった。この法案は、上下両院で全会一致で可決されていた（上院が12月4日、下院が12月12日）。

　こうした4つの民主主義国による国際協力の

背景には、インド太平洋地域で存在感を強める中国の存在がある。たとえば、中国は、南シナ海で人工島を建設し、軍事拠点化を図り、ヴェトナムやフィリピン、台湾など周辺国と領有権を争っている。また、「一帯一路（One Belt, One Road）」経済圏構想を掲げ、インフラ建設を梃に地域における影響力を高めている。民主主義の４カ国連携の狙いを、中国の動きに対抗するためと見る識者は少なくない。

民主主義国の４カ国は、外交や安全保障協力以外の分野でも連携を深める。2020年10月6日に対面方式で開いた第２回外相談では、質の高いインフラ整備やテロ対策、サイバー・セキュリティーの面での協力深化についても一致した。こうした幅広い分野での多国間連携を盛り込んだ「自由で開かれたインド太平洋」構想についても日米両国は主導してきた。

マイク・ポンペオ国務長官がアジア歴訪を短縮し、訪問先を日本のみに絞った意味は、菅総理への表敬訪問的意味合いとアメリカの政権交代を前提にしたQuadの下地固めがあったと思われる。そのため、菅首相とポンペオ国務長官は二度合会する形となり、トランプ大統領の名代として強力な日米関係の継続を確認したものと言ってよい。

アメリカと中国の対立は、これから十分長く続く可能性がある。そのため、アメリカは、地政学上の敵国を抑止するための同盟国選びを入念に行ってきた。「自由で開かれたインド太平洋」戦略の実現を日本、オーストラリア、インドと図る上で、アメリカが急がず、慎重な姿勢を見せているのは、これらの諸国が中国と経済の上で緊密な関係を有していることにも理由があると思われる。

Quadに対しては、中国が「北大西洋条約機構（NATO）のアジア版」として警戒している。中国が主導する上海協力機構（SCO）に対抗するものともみなされる。Quadは、表向きは中国を意識したものではないとされるが、その言葉通りに受け止めている政治家や外交官はいない。将来的には、Quadは参加国が増える可能性もあり（名称も変化しよう）、中長期的には防衛戦略という点で目が離せない集まりであると言ってよい。

▼ 日米豪印戦略対話（Quad）の歩み

2019年 9月	日米豪印、初の４カ国外相会談	
	11月	日印、初の外務・防衛担当閣僚会議
2020年 7月	米印、インド洋で共同訓練	
	9月	日印、物品薬務相互提供協定に署名
	10月	二度目の４カ国外相談
	10月	米印、三度目の外務・防衛担当閣僚協議（２プラス２）
	10-11月	日米豪印、インド洋で共同訓練

Quadと同時進行で、「民主主義サミット」や民主主義国から形成される「D10」構想も現実化するかもしれない。D10とは、主要先進７カ国（G7）の日米英仏独加伊の７カ国に、オーストラリアとインド、韓国を加えた枠組みである。もし韓国がD10へ参加するのであれば、冷却化した日韓関係の改善が日韓両国の（特に韓国にとっての）外交政策の重要かつ緊急の課題となるであろう。

また同時に、民主主義国の先進技術国で構成される「T-12」構想も、ワシントンで注目されている。T-12とは、G7からイタリアを除いた６カ国に、オーストラリアとインド、韓国、スウェーデン、フィンランド、イスラエルを加えた枠組みである。

注目すべきことに、これらQuad、G7、D10、T-12といった民主主義国から構成される国際的な枠組みは、相互に排他的ではない。また、これらの民主主義国の枠組みのいずれにも参加してくるのは、日米両国だけである。「自由で開かれたインド太平洋」戦略を軸とした日米同盟による外交のイニシアティブが期待されるところである。そのためには、何よりも日米両国の国内の民主主義が健全で活力がなければなら

ない。

3●菅首相のヴェトナムとインドネシア訪問

　10月18日から21日にかけて、菅首相は、就任後の初外遊として、ヴェトナムとインドネシア両国を訪問し、ヴェトナムのグエン・スアン・フック首相、インドネシアのジョコ・ウィドド大統領との首脳会談にそれぞれ臨んだ。日本の新しい首相の訪問先は、アメリカであることが多いが、なぜ菅首相は、ヴェトナムとインドネシアを選んだのか──。

　ヴェトナムは、東南アジア諸国連合（ASEAN）の2020年の議長国で、11月に開催されたASEAN関連の一連の国際会議を仕切ることになっていた。また、南シナ海で中国との間で領有権問題を抱えており、日本が関係強化を図ることで中国を牽制することもできる。こうした事情から、初の外遊先となった。

　一方で、インドネシアは、菅政権が政策継承を公言している安倍政権が、「戦略的パートナー」として、ASEAN加盟国のなかでも特に関係を重視してきた経緯がある。インドネシアは、中国とは直接的に領土問題は抱えていないが、インドネシアの排他的経済水域（EEZ）の一部が中国の一方的に主張する海洋権益の及ぶ範囲である「九段線」と「重複する」と中国が主張し、インドネシア側がこれを否定する、という微妙な関係がある。そのため、インドネシアと関係を深めることも、中国を牽制することにつながる。

　さらに、ASEAN域内で最悪のコロナ禍に見舞われているインドネシアは、国際社会の支援を切望している。

　これらの要因を重ね合わせると、日本から見ると、ヴェトナムとインドネシアは菅首相の初の外遊先として悪くない選択に映る。

　ヴェトナムでは、菅首相の「自由で開かれたインド太平洋」構想にフック首相が積極的協力を約束したほか、防衛施設や防衛技術移転といった防衛分野での関係強化でも合意した。菅首相は、ヴェトナム中部の水害被害への支援を表明したほか、日本商社の工業団地開発に関する覚書やイオンモールとホーチミン市の都市開発に関する合意など官民で12件の文書に調印して、経済関係の強化を内外に示して成果があったとしている。

　インドネシアでは、ジョコ・ウィドド大統領との首脳会談で、菅首相は、コロナ禍で深刻な影響を受けているインドネシア経済や災害対応などのための財政支援として500億円の円借款を供与することを表明した。

　さらに、コロナ対策に関する取り組みとして医療分野での機材整備、ジョコ・ウィドド大統領が強力に進めるインフラ整備の分野でジャカルタ市内の都市高速鉄道（MRT）の延伸、ジャワ島北部幹線鉄道（ジャカルタ－スラバヤ）の高速化改良、港湾整備などでの協力を着実に実施することでも合意した。人的交流では、コロナで滞っているインドネシア人看護師候補、研修生などビジネス関係者の日本入国後14日間隔離の緩和を含めた往来促進策を早急に両国関係者で協議することも決まった。

　このように菅首相の訪問で、インドネシア側は経済分野ではほぼ満足できる成果を得た。それをもって、日本外務省関係者や同行した日本メディアも「初外遊での成果」として評価している。

　しかし、ヴェトナムではかなり踏み込んだ防衛装備品供与や安全保障面での積極的な協力、関係緊密化といった合意がなされたが、インドネシアではこの分野に関しては控え目だった。というより、安全保障にかかわる分野では、インドネシアの歩み寄りを引き出すことは、ほとんどできなかった。

　これはインドネシアが対中関係を重視する姿勢を崩していないためである。インドネシアには、地域安全保障の枠組みに引き込まれることに対する警戒感が強い。インドネシア外交の基

本戦略は、中国やアメリカといった超大国とは等距離を保持し、国際社会のパワー・ポリティクスの渦に巻き込まれることを避けてきた。特に軍事、安全保障の面でそれは顕著で、フィリピンやシンガポールなどのように外国軍の駐留や常設港湾施設の受け入れは、一貫して拒否してきたという歴史的経緯がある。

20日の首脳会談で菅首相は、「日本とインドネシアの関係はASEAN、そしてインド太平洋での要であり、ともに平和を主導したい」と強調し、11月のASEANの一連の国際会議などを通じて、ともに同じ海洋国家として戦略パートナーの関係を深化させたい、という意向を伝えた。これに対して、ジョコ・ウィドド大統領は、「南シナ海を安全で安定した水域としたい」と応えたが、それが精一杯のラインであった。インドネシアが主張する南シナ海南端のナツナ諸島北部海域のEEZに近年、中国の漁船や中国海警局の公船が頻繁に侵入して「九段線に基づく海洋権益」を一方的に主張している。これに頭を悩ますインドネシアにしてみれば、「南シナ海問題」は他人事でないだけに、当該海域の安定化に向けた取り組みに反対する動機はない。

しかし、10月6日に日米豪印の4カ国外相が協議した「インド太平洋」における「対中共同戦線」に組み込まれることには、大きな警戒感がインドネシア側にあるのである。

こうして、インドネシアが米中のパワー・バランスの上で、どちらか一方に与したくないという方針を貫いていることは、アメリカ側がインドネシアに打診していた米軍哨戒機のインドネシアでの給油をジョコ・ウィドド大統領が拒否したことでも明らかであった。ルトノ・マルスディ外相は、ロイター通信に対して、「インドネシアは一方の側につきたくない」と述べたという。元駐米インドネシア大使の「インドネシアは騙されて反中キャンペーンに乗せられたくない」という発言も紹介されている。

こうして見ると、インドネシアは中国との経済的な紐帯を大事にする一方で、日本などの経済大国からの支援に関して、「もらえるところからはもらう」という方針をとっているのがわかる。これも一つの外交戦略であり、世界第4位の人口を擁する大国でありながら、中所得国に止まり、2020年3月の貧困率が9.78%、さらにASEAN最悪のコロナ被害(感染者、感染死者ともに域内最悪)に見舞われている現状を考えれば止むを得ない。

こうしたインドネシアの経済状況を鑑みれば、日本からの円借款供与や各種経済協力の推進についての合意は、インドネシアにしてみれば大歓迎以外の何ものでもない。しかし、だからと言って、経済関係では日本を最優先に考えるというわけでもない。かつて、ほぼ日本が受注することが決まっていた高速鉄道建設事業を中国に横からかっさらわれたようなことがまた起きないとは限らない。

ただし、菅首相が働きかけた「インド太平洋での安全保障」に関する枠組みへの参加は、国防、軍事、対中外交に関わるテーマだけに、今後も「笑顔で応じながらも、断固拒否」というゼロ回答しか得られないという懸念が残る。インドネシア側が日本に対して、「一方の側につきたくない」とか、「反中キャンペーンに乗せられたくない」などときちんと伝えていれば、戦略の練り直しが必要になる。しかし、日本が色よい返事の外交辞令を真に受けてしまうと、対中戦略の実効性も揺らぐことになりかねない。

菅首相が初外遊で手にしたかった「インド太平洋での安全保障」についての関係強化という確実な果実は、残念ながらインドネシアとの首脳会談では得られなかった。政府やマスメディアは、菅首相の初外遊に讃辞を送っているが、したたかなASEANの大国インドネシアを目の当たりにした菅首相の胸の内には、苦い思いが残っているにちがいない。

4 ◉日豪首脳会談 ——「特別な戦略的パートナー」とは何か

菅首相は、11月17日から2日間の日程で訪日したオーストラリアのスコット・モリソン首相と会談した。自衛隊とオーストラリア軍が共同訓練を行う際などの対応をあらかじめ取り決めておく協定について、大枠で合意した。9月16日の就任以来、菅首相が外国の首脳と国内で会談するのはこれがはじめてであった。

日豪首脳会談で、菅首相は、「日本とオーストラリアは、基本的価値と戦略的利益を共有する特別な戦略的パートナーであり、その重要性は高まる一方だ。両国が、自由で開かれたインド太平洋の実現のために連携を強化していくことを確認したい」と述べた。

これに対し、モリソン首相は、「両国は、自由と民主主義を享受する志を同じくする国々で、特別な責任を有していると感じている。自由を追求し、市場中心の経済を築き、長年にわたって良好な関係を保っていることを大変嬉しく思う」と応じた。

この後、両首脳は、そろって記者発表に臨み、菅首相は、自衛隊とオーストラリア軍が共同訓練を行う際などの対応をあらかじめ取り決めておく協定について、大枠で合意したことを明らかにした。協定について、菅首相は、「インド太平洋地域の平和と安定に貢献していくという日豪両国の意思を強固に支えるものだ」と述べた。

一方、モリソン首相は、「一里塚ともなる大枠合意に達することができた。このような重要な協定を結べたことは、信頼を寄せていただいている証しと受け止めている」と述べた。またモリソン首相は、「菅首相を『ヨシ』と呼ばせていただき、私の方も『スコモ』と呼んでいただければと思う」と提案した。

日豪首脳会談では、自衛隊とオーストラリア軍が共同訓練を行う際などの対応をあらかじめ取り決めておく協定や、新型コロナ・ウイルス対策、それに、気候変動の問題などをめぐって意見が交わされたものと見られる。

さらに、日豪首脳は共同声明を発表した。このなかでは、安全保障関連法に基づいて、自衛隊が他国の艦艇などを守る「武器等防護」の対象に、オーストラリア軍を加えることについて、実施に向けた態勢構築の重要性を強調し、必要な調整を進めるとしたほか、両国の外務・防衛の閣僚協議、いわゆる「2プラス2」を、2021年の早い時期に実施するよう、担当閣僚に指示したという。

そして、経済分野での協力をめぐっては11月15日に、インドを除く15か国で合意した東アジア地域包括的経済連携（RCEP）について、署名を歓迎し、貿易や投資を促進するため、インド太平洋地域でのサプライチェーンの強化を進める重要性を確認したことなどが盛り込まれた。

こうした日豪首脳会談の背景には、東シナ海や南シナ海で海洋進出を強める中国への強い懸念がある。日豪両国は、互いに「特別な戦略的パートナー」と位置づけており、アメリカやインドなどとも連携し、「自由で開かれたインド太平洋」の実現を目指している。両国としては、中国の動向も見据えながら、安全保障や経済などでの協力関係をより一層強化し、地域の平和と安定につなげたい考えである。

5 ◉中国の王毅外相の訪日 ——「新時代」の日中関係とは何か

他国に対して狼のように噛みついていく中国の「戦狼外交」の親玉だった王毅・国務委員兼外相が、訪日した2020年11月24日と25日の日本では、一転して、笑顔を全面に押し出した「スマイル外交」ないし「パンダ外交」に徹した。24日は、王毅外相一行が午後に東京に降り立ち、夕方5時半から7時頃まで、日中外相会談を行った。続いて、茂木外相と王外相が、互いの通訳だけを入れた「テタテ」会談（1対

１＋通訳のみの会談）を、約30分行っている。

初日の24日夜に行った茂木敏充外相との共同記者会見は、約25分に及んだが、はじめに茂木外相が、その直前の約１時間半に及んだ外相会談の概要を述べた。続いて王毅外相が、茂木発言をなぞるかのように、自分の口で説明した。その後、最後の３分ほどで、王外相は、以下の通り、尖閣諸島問題をめぐって発言した。

「私はみなさんに、一つの事実をお伝えしたいと思います。このところの一時期、日本の正体不明の漁船が、ひっきりなしに釣魚島（尖閣諸島）の敏感な海域に、入って行きました。そのようなことが続けば、中国側としては、必要な反応を取らざるを得ないのです。これが、基本的な状況です。この件に関して、中国の立場は明確です。

もちろん、今後ともわれわれは、わが国の主権を維持し、保護していきます。そして以下の３点を希望します。

第一に、双方が『４つの共通認識』（2014年11月の北京でのアジア太平洋経済協力会議〔APEC〕の日中首脳会談で合意した）を、継続して順守していくことです。第二に、およそ敏感な海域では、事態を複雑化させる行動をとらないことです。第三に、いったん問題が起こった際には、双方が迅速に意思疎通を図って、問題をうまく処理していくことです。

中国側は東シナ海を、平和の家、友好の家、協力の家にしていきたいのです」。

以上の発言に対して、「王毅外交、尖閣諸島問題で戦狼発言」と一部の日本のメディアが報じたが、「日本に嚙みついた」にしては、物言いが婉曲的かつ丁寧で、日本への配慮が込められている、と言ってよい。

中国では、空白の２カ月半を狙う外交戦略がとられている。11月３日のアメリカ大統領選挙から、2021年１月20日のジョー・バイデン大統領の就任まで、政権交代によってアメリカの外交が一時停止する外交停滞期の間隙を突い

て、外交攻勢をかけようという狙いである。そのため、「戦狼内交、パンダ外交」、すなわち、中国国内は強く引き締め、海外にはスマイルの外交を行って、友達の輪を増やそうとしているのである。王毅外相の来日も、その一環である。だから日本に対して、強硬に出るはずもないのである（他方で、空白の２か月半で、たとえば、台湾問題で中国が強硬な姿勢を見せるのではないか、という懸念も強く見られた）。

冒頭の記者会見で、王毅外相は「５つの重要な共通認識」を強調していた。第一に、「新時代」が要求する中日関係の推進、第二に、コロナ対策の協力、第三に、経済復興の協力、第四に、RCEPの早期発効と中日韓自由貿易協定（FTA）交渉の推進、第五に、2021年の東京の五輪開催と2022年の北京の五輪開催の協力、である。

問題は、第一の『『新時代』が要求する中日関係の推進」である。中国で「新時代」という言葉が出てきたら、それは「習近平新時代の中国の特色ある社会主義思想」を意味する。王毅外相の発言を日本側が問題視するなら、尖閣諸島よりも、むしろこちらの方であったかもしれない。

翌日の25日、菅首相は、王毅外相との会談で、「日中間の安定した関係が重要である」と述べた。菅首相はこの日の夕方、首相官邸で王毅外相と20分間会談した。

菅首相は、「訪日を心から歓迎する。新型コロナ・ウイルスによって制限されていた日中ビジネス関係者の往来が再開され、喜んでいる」と話を切り出した。また菅首相は、「習近平中国国家主席との電話会談でも伝えたように、両国間の安定した関係は日中だけでなく、周辺国家と国際社会にも非常に重要であり、いっしょに責任を果たしたい」と強調した。

これに対して王毅外相は、「高レベルのコミュニケーションと双方の努力によって日中関係が良い方向に向かっている。さまざまな分野でいっしょに協力していく」と答えた。また、

「習主席は菅首相と良好な関係を結び、新型コロナ対策と経済の回復に関連して、日本との協力を強化すると発表した」と伝えた。

注目すべきことに、菅首相は、王毅外相に対して、尖閣諸島周辺海域など東シナ海の海洋安全保障問題を含め、日本産食品の輸入規制の早期撤廃と牛肉輸出再開、米輸出拡大など前向きな対応を強く要求した。それとともに、香港情勢に対する日本側の懸念を伝え、拉致問題を含む北朝鮮の対応に協力も求めた。

こうした11月下旬の来日は、王毅外相にとって、汚名返上の場であった。

本来は、2020年の「桜の咲く頃」（4月6日）に、習近平主席が国賓として来日する予定であった。しかし、コロナ禍が急速に広がったことや、それにともなって日本で反中感情が広がったことなどで、当時の安倍晋三首相は、来日延期を希望した。ところが、「絶対に4月の訪日を実現させる」と強硬であった筆頭が、王毅外相であった。それは、王外相に「成功体験」があったからである。

1989年6月4日に、北京で天安門事件が起こり、西側諸国が一斉に、中国から引き上げた。中国は経済危機に陥り、翌年の予算も立てられない状況に陥った。その時、日本処長（課長）だった王毅が、同年9月に、伊東正義元副総理の訪中団を招聘することに成功する。そこから中国は、孤立化の道を回避し、経済発展が実現した。王毅処長は、「救国の外交官」として、その後、異例の出世を遂げてきた。

こうした王毅外相は、1989年の再現を目論み、「何としても訪日を実現させるべきです」と、習近平主席に説いた。だが周囲には、反対意見もあったにちがいない。それで2月末に、習主席は、中国の外交トップで、王外相のライバルとして知られる楊潔篪・党中央政治局委員兼党中央外事活動委員会弁公室主任（前外相）に訪日させて、様子を探ることにした。楊主任は、2月28日の安倍首相との会談で、来日延期を

要請されたのである。安倍首相は、「もしも中国側が発表しないのであれば、日本側から来週、延期を発表する」とまで言い放った。まさに最後通牒だった。

こうして、習近平主席の国賓来日は延期となった。同時に、訪日強硬派であった王毅外相の面目は丸潰れとなった。王外相としては、2020年11月の訪日を、失敗させるわけにはいかなかったのである。

● おわりに —— Quadと中国と台湾

「Quad」の日本、アメリカ、オーストラリア、インドの4カ国が、「自由で開かれたインド太平洋」戦略の実現を誓い合い、安全保障協力を進めている。この協力の輪を広げていかねばならない。まずは南シナ海で中国からの圧力にさらされているヴェトナムやフィリピンをはじめとしたASEAN諸国だが、ヨーロッパの英仏両国も巻き込んでいく必要がある。イギリスがQuadに参加する可能がすでに浮上している。ドイツも、Quadの枠組みに関心があるようである。最終的には、地域の安定の鍵を握る台湾との安全保障上の協力に進むべきである。

Quadは、繰り返しになるが、2020年10月6日に、東京で二度目の外相会談を開き、「自由で開かれたインド太平洋」実現へ連携していくことで一致した。菅義偉政権が発足してから、はじめて東京で開かれた閣僚級の国際会議であった。

進展したのは、外交上の協力にとどまらなかった。日本の海上自衛隊と米豪印の海軍は3日から6日にかけて、インド東方のベンガル湾で国際共同演習「マラバール2020」を実施し、11月中旬にはアラビア海に舞台を移してさらに訓練を続けた。

マラバールは、もともと米印海軍の2国間の演習として始まったものである。2007年に、米印のほかに日本の海上自衛隊とオーストラリア、シンガポールの両海軍が参加したところ、

中国が猛反発した経緯がある。そのため、インドが中国に配慮し、米印2国間の演習に戻ったが、日本の海自が2015年から定例参加するようになり、日米印の3カ国演習となっていた。2020年の「マラバール2020」では、インドが13年ぶりにオーストラリア海軍を招き、Quad構成国による演習となった。

その意義は、オーストラリアのリンダ・レイノルズ国防相が、「インド太平洋の4つの民主主義国間の深い信頼と、安全保障上の共通利益のために協力する意思を示している」と語った点にある。

アメリカとインドは10月27日、3度目となる外務・防衛担当閣僚協議（2プラス2）をニューデリーで開き、軍事衛星が集めたデータや地理などの機密情報を共有することで合意した。これは、インドと中国の国境紛争で、アメリカがインドに肩入れすることを意味している。インドと中国は2020年5月9日に、インド北東部シッキム州の国境付近で衝突し、インド側に死傷者が20名出ている。国境地帯の中国軍の配置や移動に関するインド軍の情報量が格段に増大する。

日豪関係の協力も、一歩進んだ。10月19日、岸信夫防衛相は来日したレイノルズ国防相と会談し、自衛隊がオーストラリア軍の艦船や航空機を守る「武器等防護」の実施へ調整に入ることで合意した。武器等防護の適用は、米軍以外の外国軍でははじめてとなる。

オーストラリア軍は、日本との関係を深めている。朝鮮半島の平和のために存続している「国連軍（朝鮮国連軍）」の補給、支援のため、日本にも国連軍が存在しているが、オーストラリア軍もその国連軍の一員だ。日豪などが結んでいる国連軍地位協定に基づいて、オーストラリア軍機は、沖縄・嘉手納基地（国連軍指定基地）を根拠地として、洋上における北朝鮮の密輸行為（瀬取り）の監視行動に何度も参加してくれている。日本とオーストラリアは、国連軍

の枠組みによって北朝鮮の核・ミサイル問題に対処する有志連合の一員となっている。東日本大震災の際には、オーストラリア軍の輸送機が日本国内を飛んで救援物資を届けたが、これも国連軍地位協定に基づいていた。自衛隊とオーストラリア軍の共同訓練も重ねられている。

自衛隊やオーストラリア軍の艦船や航空機が危うい時に、お互いに守り合うのは当然のことである。日本とオーストラリアは近く、自衛隊とオーストラリア軍が訓練などで相手国を訪問し、滞在する際の法的地位などを定める協定を結ぶ見通しである。

日本とインドは9月9日に、自衛隊とインド軍が燃料・弾薬などの物資や役務を互いに融通する物品役務相互提供協定（ACSA）を締結した。日本はACSAをすでに米英仏豪、カナダとも結んでいる。

これら安全保障協力の進展は、繰り返しになるが、覇権主義的な行動を続ける中国を念頭に置いたものである。中国は、日米豪印が外相会談を行った際、軍事同盟である「NATOのアジア版だ」として非難していた。4カ国の協力は、NATOのような軍事同盟ではなく、批判は当たらないが、中国のこのような態度こそ、Quadの協力が牽制になっていることの証左である。

アメリカの大統領選挙の結果、2021年以降、バイデン政権になってもQuadの協力は続けられるべきであるし、続くものと思われる。今後は、南シナ海の沿岸国として中国の圧力にさらされているヴェトナムとフィリピン、ASEANの大国であるインドネシア（対中牽制には消極的だが）、同国とともにマラッカ海峡を扼するシンガポールとの協力も深めていくべきである。繰り返しになるが、英仏独のヨーロッパ諸国も巻き込んでいく必要がある。中長期的には、台湾との連携も視野に入れる必要がある。

経済力でロシアと並ぶ韓国が、Quadに招かれない意味を韓国政府は真剣に考えるべきである。文在寅政権は、中国や北朝鮮に傾斜してお

り、Quadは韓国をインド太平洋における主要な民主主義国とみなしていない、ということだからである。「レッド・チーム」入りの疑いが消えないようでは、韓国は、責任ある行動を求められないのである。

むしろQuadが連携を深めるべきは、台湾である。中国が冒険主義によって台湾を制圧しようとすれば、大きな国際紛争になりかねない。台湾は、南シナ海を「自由で開かれた海」とする上でも欠くべからざる地政学的な位置にある。

まずは、アメリカが主催して毎年ハワイ沖で開かれる多国間の「環太平洋合同演習（リムパック）」に台湾海軍を招くべきだろう。

南シナ海は台湾とつながり、台湾は日本の南西諸島と隣り合っている。台湾の自由と民主主義が守られることは、「自由で開かれたインド太平洋」戦略にとっても、日本の平和と繁栄にとっても不可欠と言ってよい。台湾の地政学的な位置が無視できない。

第29章
民主党政権への政権交代劇

● はじめに ── ポイントと基礎知識

2009年8月の衆議院選挙で、自民党と公明党の連立政権から、民主党政権へと政権交代が実現した。

それまでの自民党と公明党の連立政権は、2000年代に、長期政権となった小泉政権後、安倍政権から福田政権、麻生政権へと約1年ごとに政権が代わり、「政治の劣化」と「政治家の劣化」が指摘されていた。

こうした背景もあり、自公連立政権への有権者の支持は離れ、鳩山由紀夫民主党幹事長率いる民主党が、マニフェストを掲げて選挙を戦い、政権交代を実現させたのである。

1 ● 鳩山政権へ

繰り返しになるが、2009年8月30日の衆議院選挙で、民主党が勝利し、民主党の鳩山政権への政権交代が実現した。民主党が政権を担うのは、これがはじめてであった。内政では、事業仕分けが注目されたが、有権者の関心が高かった年金問題では大した進展はなかった。

鳩山由紀夫首相は、マニュフェストで、沖縄県の普天間基地の移転先を「少なくとも県外へ」実現させることを公約していた。しかし、日米交渉の結果、普天間基地の移転先として日米両国が合意したのは、沖縄県の辺野古であった。

こうして、国民（特に沖縄県民）の信頼を大きく失った鳩山首相は、辞任することとなった。

また鳩山首相は、中国を含めた「東アジア共同体」構想を掲げるだけでなく、反グローバリゼーションの内容の新聞記事をアメリカで掲載するなど、アメリカのオバマ政権との外交関係を大きく傷づけ、日米同盟を少なからず"漂流"させた。

2 ● 菅政権へ

鳩山内閣の総辞職にともない、2010年9月17日に、民主党の菅直人が内閣総理大臣に任命された。

菅政権が直面した課題は、2011年の「3.11」東日本大震災からの復興と福島原子力発電所で

の事故への対応であった。

　これらの深刻な課題への対応のまずさから、菅政権の支持率は大幅に低下した。

　一方で、東日本大震災では、米軍が「トモダチ作戦」で強力に被災地を支援するなど、鳩山政権で"漂流"していた日米関係は、少なからず改善された。

　しかし、すでに見た通り、東日本大震災と福島原子力発電所での事故への対応で、有権者の支持を失った菅政権は、鳩山政権と同じく、短期政権で終わることとなった。

3●野田政権へ

　菅内閣の総辞職にともない、2011年9月2日に、民主党の野田佳彦が内閣総理大臣に任命された。

　野田政権は、党を挙げて課題に取り組む挙党態勢をとった。小沢一郎前幹事長と距離を置く野田政権では、野田と菅、前原の各グループが主流派となり、小沢と鳩山のグループは非主流派となった。

　これに対して、野田首相は、両院議員総会での就任のあいさつで、「もうノーサイドにしよう」と挙党態勢の必要性を訴えた。非主流派のグループからも閣僚を選び、党内融和を図ったのである。

　野田首相は、就任早々、所得税と法人税を柱とする民主党の復興増税の具体案を難航しながらも取りまとめた。

　しかし、野田政権が直面する課題としては、東日本大震災からのさらなる復興、原子力発電所事故の速やかな収束、消費税増税など税制改革、円高対策、年金問題、普天間基地問題など難題が山積していた。

　外交では、2012年9月11日の尖閣諸島の国有化で、日中関係はにわかに悪化した。この動きに反発した中国では、大規模な反日デモが発生した。

●おわりに —— 自民党の安倍政権への政権交代

　2012年11月16日の衆議院選挙の結果、自民党と公明党による連立政権へと政権交代が実現した。第二次安倍政権が、12月26日に発足したのである。

　安倍政権は、「アベノミクス」と呼ばれた経済政策で、脱デフレを目指して、日本経済の景気回復に努めた。

　外交では、「積極的平和主義（proactive contribution to peace）」と「地球儀を俯瞰する外交（bird-view globe diplomacy）」、「自由で開かれたインド太平洋（Free and Open Indo-Pacific: FOIP）」戦略を掲げて、積極的な外交政策を展開した。特にオバマ政権とトランプ政権のアメリカとの関係改善に尽力し、日米同盟の強化を図った。

　中国との間では、「戦略的互恵関係」の深化ないし「日中新時代」の外交関係を模索したが、隣国の韓国との外交関係は、大きく冷え込んだままであった。詳しくは、別の章で後述する。

第30章

概説・安倍政権の内政と外交とは何か

●はじめに──ポイントと基礎知識

　2012年12月に成立した第二次安倍政権は、「アベノミクス」の3本の矢で、国内経済の立て直しを目指してきた。

　安倍外交は、「積極的平和主義」と「地球儀を俯瞰する外交」を掲げて、積極的な外交を展開してきた。

　第一次安倍政権の当時、安倍晋三首相は、日米豪印による「自由で繁栄するインド太平洋」の構想を掲げていた。その後の安倍政権では、「自由で開かれたインド太平洋」戦略が描かれた。

1●安倍政権の内政

　第二次安倍政権以降、安倍政権は、冒頭で見た通り、「アベノミクス」の3本の矢で、国内経済の立て直しを目指した。目的は、脱デフレと円安・株高で、「失われた10年」「失われた20年」から脱却することであった。詳しくは、別の章で後述する。

　「アベノミクス」の他には、地方創生に力を入れ、女性の力をより活用するためにも「働き方」改革を推し進めた。21世紀半ばまでも人口1億人を維持するための「一億総活躍社会」の実現を掲げ、2020年までに「待機児童ゼロ」を目指すなど少子高齢化対策にも積極的に取り組んでいたが、この問題の解決は難しかった。

　内政はしばらく、「自民党1強」と「安倍1強」の政治状況にあった。安倍首相は、任期を延長して、3選目を務めた。加計学園問題や森友学園問題、「桜を見る会の接待客リスト」問題など、スキャンダルを抱えてきたが、内閣支持率は特に急落しなかった。支持率が大幅に低下したのは、新型コロナ・ウイルスをめぐる危機への対応が後手に回ってからである。

　「ポスト安倍」としては、岸田文雄、石破茂、河野太郎、菅義偉、小泉進次郎、野田聖子などが取り沙汰されていた。

2●「積極的平和主義」とは何か

　「積極的平和主義（proactive contribution to peace）」とは、自国のみならず、国際社会の平和の実現のために、能動的かつ積極的に行動を起こすことを重視する考え方である。

　安倍首相は、2012年12月26日の就任以来、このスローガンを頻繁に用いた。国際連合（国連）の総会での演説や2015年8月14日の安倍談話でもこの言葉を使って、国際貢献を協調した。

3●「地球儀を俯瞰する外交」とは何か

　「地球儀を俯瞰する外交（bird-view globe diplomacy）」とは、東アジア地域やアジア太平洋地域に限定せず、グローバルな地球規模で展開する外交である。

　安倍首相の外国訪問は、就任後数年で50カ国を軽く超えていた。最終的には、80カ国を訪問した。これは単に、安倍政権が長期政権になっていたからだけではない。

4●国家安全保障会議（日本版NSC）とは何か

　国家安全保障会議とは、第二次安倍政権下の2013年12月4日に創設が国会で承認された日本の外交や安全保障に関する政策や国家戦略の

司令塔となる組織である。国家安全保障会議は、アメリカの国家安全保障会議（National Security Council: NSC）をモデルとしていることから、「日本版NSC」とも呼ばれる。

日本版NSCの国家安全保障会議は、1954年に国防会議として設立され、1986年に改組された安全保障会議を前身としている。

国家安全保障会議の目的は、国家安全保障会議設置法に基づき、国家安全保障に関する重要事項や重大緊急事態への対処を審議することである。主任となるのは内閣総理大臣であり、状況に応じて開催される3つの形態の会合を設置している。

国家安全保障会議の中核をなす1つ目の会合は、4大臣会合であり、通常2週間に1度、首相・官房長官・外相・防衛相により開催される。第2の形態は、自衛隊派遣が必要な時などには4大臣に加え、総務相・財務相・経済産業相・国土交通相・国家公安委員相を含む9大臣会合が開催される。3つ目の形態は、「緊急大臣会合」と呼ばれ、非常時に開催され、首相と官房長官、さらに首相が事前に指名した官僚の間で行われる。

国家安全保障会議では主に国防、武力攻撃などへの対処方針、自衛隊の活動方針、そしてその他国家の安全保障に関わる基本方針が話し合われている。

5◉『国家安全保障戦略』とは何か

『国家安全保障戦略（National Security Strategy）』とは、第二次安倍政権下の2013年12月17日に戦後はじめて作成された国家安全保障戦略に関する外交政策および防衛政策についての基本方針を定める文書であり、「積極的平和主義」の具体的内容を内外に示すものである。具体的には、軍事・安全保障をはじめ、海洋安全保障、宇宙の領域、サイバー・セキュリティー、政府開発援助（ODA）、エネルギーなど、さまざまな分野を取り上げている。

日本の『国家安全保障戦略』は、アメリカが政権ごとにまとめる『国家安全保障戦略（National Security Strategy : NSS）』に相当するものである。

まず日本の国益として、『国家安全保障戦略』は、以下の内容を指摘した。
①日本の平和と安全を維持し、その存立を全うすること。
②日本と国民のさらなる繁栄を実現し、我が国の平和と安全をより強固なものとすること。
③普遍的価値やルールに基づく国際秩序を維持・擁護すること。

また日本の国家安全保障上の目標として、以下の内容を指摘した。
①抑止力を強化し、我が国に脅威が及ぶことを防止する。
②日米同盟の強化、パートナーとの信頼・協力関係の強化などにより、地域の安全保障環境を改善し、脅威の発生を予防・削減する。
③グローバルな安全保障環境を改善し、平和で安定し、繁栄する国際社会を構築する。

日本がとるべき国家安全保障上の戦略的アプローチとして、以下の内容を指摘した。
①日本の能力・役割の強化・拡大
②日米同盟の強化
③国際社会の平和と安定のためのパートナーとの外交・安全保障協力の強化
④国際社会の平和と安定のための国際的努力への積極的寄与
⑤地球規模課題（global issues）解決のための普遍的価値を通じた協力の強化
⑥国家安全保障を支える国内基盤の強化と内外における理解促進

『国家安全保障戦略』は、「おおむね10年程度の期間」を想定しており、同じ2013年12

月に設置された外交・安全保障の司令塔となる国家安全保障会議で定期的に修正する。

『防衛大綱』は、以前は安全保障政策の最重要方針だったが、『国家安全保障戦略』ができたことで、この期間中の防衛力整備を示す文書に変わった。「中期防衛力整備計画」は、5年間の詳細な整備計画との位置づけである。

5 ◉ 集団的自衛権の行使容認と安全保障関連法

集団的自衛権はこれまで憲法第9条に反するとしてその行使が認められていなかったが、2014年7月1日に、安倍政権は、「現行憲法でも集団的自衛権を行使できる」という憲法解釈の変更を閣議決定した。

2015年9月19日には、集団的自衛権の行使を容認する内容の安全保障関連法が、参議院で可決された（30日に公布）。詳しくは、別の章で後述する。

6 ◉ 「自由で開かれたインド太平洋」戦略とは何か

安倍政権は、「自由で開かれたインド太平洋（Free and Open Indo-Pacific: FOIP）」戦略を展開した。

「自由で開かれたインド太平洋」とは、2016年8月27日から28日にかけてケニアで開かれたアフリカ開発会議（TICAD）で、安倍首相が打ち出した外交戦略である。成長著しいアジアと潜在力の高いアフリカを重要地域と位置づけ、2つをインド洋と太平洋でつないだ地域全体の経済成長を目指すものである。

自由貿易やインフラ投資を推進し、経済圏の拡大を進める。中国の「一帯一路（One Belt, One Road）」経済圏構想や「陸と海のシルクロード」構想、アジア・インフラ投資銀行（AIIB）の設立などに対抗するものである。

安全保障面での協力も狙いの一つである。「法の支配」に基づく海洋の自由を訴え、南シナ海で軍事拠点化を進める中国を牽制する狙いがあった。「航行の自由」原則やシーレーン（海上交通路）防衛が注目される。

「インド太平洋（Indo-Pacific）」という地域概念は、オバマ政権期の報告書や演説ですでに使用されていた。ヒラリー・クリントン国務長官が、2010年10月28日の演説ではじめて「インド太平洋」の地域概念が使われた。

安倍政権の「自由で開かれたインド太平洋」戦略に対して、トランプ政権も賛同した。たとえば、2018年11月13日に、訪日したマイク・ペンス副大統領が安倍首相との会談で、日米両国が「自由で開かれたインド太平洋」戦略を展開していくことで合意している。

7 ◉ 安倍政権と日米関係

安倍首相は、トランプ政権発足直後の2017年2月11日に訪米し、ドナルド・トランプ大統領との間で、緊密な信頼関係を構築した（安倍首相は、大統領就任を待たずして、ニューヨークのトランプを訪ね、信頼関係の構築に努めていた）。

1月27日に訪米したイギリスのテリーザ・メイ首相に次ぐ、電撃的な首脳会談となった。

ドイツのアンゲラ・メルケル首相などは、トランプ政権の保護貿易主義的な政策姿勢に批判的であり、トランプ政権もヨーロッパの同盟国に対しては、比較的に厳しい姿勢で臨んだ。

これに対して、日米関係は、トランプ大統領と安倍首相との信頼関係のために、比較的に良好であった。

環太平洋経済連携協定（TPP）から早々と離脱したトランプ政権は、日本との間で二国間のバイでの自由貿易協定（FTA）を要求した。これに応じなければ、日本車に追加関税をかけると脅した。2018年4月17-18日の日米首脳会談で、日米両国は、日米間での新しい通商・貿易協議の枠組みとして、「FFR」に合意した。「FFR」とは、「自由で公正かつ相互的な貿易取引（Free、Fair and Reciprocal Trade Deals）のための協議」の頭文字からとった通称である。

こうして、始まった日米貿易交渉は、日本での世論向けに「物品貿易協定（TAG）」と呼ばれた。

その結果、2019年9月25日に、安倍晋三首相とトランプ米大統領は、ニューヨークで開いた日米首脳会談で日米貿易協定の締結で最終合意し、合意確認文書に署名した。その後、2019年10月7日に、日米両国は、日米貿易協定に署名した。日本とアメリカとの間で締結された事実上のFTAである。

デジタル貿易については、別途、日米デジタル貿易協定が締結された。両協定とも両国の国内手続が完了した旨の通報が完了し、2020年1月1日付の発効について両国が合意したため、2020年1月1日に発効した。

8 ◉ 安倍政権と日中関係

安倍政権は、米中貿易戦争を背景として、微妙な対中政策を展開してきた。

中国の習近平政権は、米中貿易戦争の激化を受けて、積極的な対日政策を展開してきた。こうして、日中両国は、「戦略的互恵関係」の深化ないし「日中新時代」の関係のあり方を模索してきた。

安倍政権としては、米中貿易戦争が激化しているからこそ、最大の貿易相手である中国との戦略的対話を維持することに戦略的な意義を見い出していた。

しかし、2020年内の習近平国家主席の国賓での訪日は、すでに見た通り、新型コロナ・ウイルスの危機で延期となった。習近平訪日には、国内で批判的な声もある。

9 ◉ 安倍政権と日韓関係

隣国の韓国との外交は、特に朴槿恵政権と文在寅政権との間で、関係が冷却化してきた。

背景には、根深い歴史認識問題が横たわっている。特に朴槿恵政権は、いわゆる従軍慰安婦の問題を取り上げ続け、日韓首脳会談も長い間、拒否していた。

2016年12月28日に、日韓首脳会談はようやく開催され、歴史認識問題について、日韓合意が成立した。背景には、アメリカのオバマ政権からの圧力があった。

2017年5月10日に、文在寅政権になったが、日韓関係はさらに冷え込んでいる。詳しくは、別の章で後述する。

◉ おわりに —— 戦略的対話の数々

安倍首相は、2014年7月6日から12日にかけて、オセアニア諸国を訪問し、オーストラリアのトニー・アボット首相との共同声明として、「21世紀のための特別な戦略的パートナーシップ」を打ち出した。

インドのモディ首相との間では、2014年9月19日に、「日印特別戦略的グローバル・パートナーシップのための東京宣言」と題する共同声明に署名した。

欧州連合（EU）との間では、2017年7月17日に、「日EU戦略的パートナーシップ協定」を締結した。

これらの外交のイニシアティブは、「自由で開かれたインド太平洋」戦略に沿ったものである。

すでに見た通り、菅政権の下でも、「自由で開かれたインド太平洋」戦略は、「日米豪印戦略対話（Quadrilateral Security Dialogue: Quad）」とともに注目される。

第31章

『国家安全保障戦略』とは何か

● はじめに —— ポイントと基礎知識

　安倍政権は、2013年12月17日に、国家安全保障会議（日本版NSC）および閣議において、国家安全保障に関する基本方針である『国家安全保障戦略』などを決定した。

　アメリカでも、『国家安全保障戦略（National Security Strategy: NSS）』が政権ごとに描かれる。

　同盟国である日米両国がそれぞれ、『国家安全保障戦略』をまとめ、お互いに国家安全保障戦略の調整や政策交流を図ることが期待される。

I　策定の趣旨

　『国家安全保障戦略』の策定の趣旨だが、「我が国の安全保障をめぐる環境が一層厳しさを増しているなか、豊かで平和な社会を引き続き発展させていくためには、我が国の国益を長期的視点から見定めた上で、国際社会のなかで我が国の進むべき針路を定め、国家安全保障のための方策に政府全体として取り組むことが必要である」とした上で、「グローバル化が進む世界において、国際社会における主要なプレーヤーとしてこれまで以上により積極的な役割を果たしていくべきである」と指摘された。

　また、「本戦略は、国家安全保障に関する基本方針として、国家安全保障に関連する分野の政策に指針を与えるものである」とした上で、「国家安全保障会議（NSC）の司令塔機能の下、政治の強力なリーダーシップにより、政府全体として、国家安全保障政策を一層戦略的かつ体系的なものとして実施していく」という。

　さらに、「国の他の諸施策の実施にあたって

は、本戦略を踏まえ、外交力、防衛力などが全体としてその機能を円滑かつ十全に発揮できるよう、国家安全保障上の観点を十分に考慮する」とした上で、「本戦略の内容は、おおむね10年程度の期間を念頭に置いたものであり、政策の実施過程を通じてNSCにおいて定期的に体系的な評価を行い、適時適切にこれを発展させていく」とも指摘された。

II　国家安全保障の基本理念

1 ● 我が国が掲げる理念

　我が国が掲げる理念としては、「我が国は、豊かな文化と伝統を有し、自由、民主主義、基本的人権の尊重、法の支配といった普遍的価値を掲げ、高い教育水準を持つ豊富な人的資源と高い文化水準を擁し、開かれた国際経済システムの恩恵を受けつつ発展を遂げた、強い経済力および高い技術力を有する経済大国である。また『開かれ安定した海洋』を追求してきた海洋国家としての顔も併せ持つ」とした上で、「戦後一貫して平和国家としての道を歩み、専守防衛に徹し、他国に脅威を与えるような軍事大国とはならず、非核三原則を守るとの基本方針を堅持してきた」と指摘された。

　「日米の同盟関係を進展させるとともに、各国との協力関係を深め、我が国の安全およびアジア太平洋地域の平和と安定を実現してきている。『人間の安全保障』の理念に立脚した途上国の経済開発や地球規模問題（global issues）解決への取り組み、他国との貿易・投資関係を通じて、国際社会の安定と繁栄の実現にも寄与

している」とも指摘された。

また、「国連憲章を遵守しながら、国連を始めとする国際機関と連携し、それらの活動に積極的に寄与している。国際平和協力活動にも継続的に参加している。また唯一の戦争被爆国として、軍縮・不拡散に積極的に取り組み、『核兵器のない世界』を実現させるため、国際社会の取り組みを主導している」という。

さらに、「我が国は、平和国家としての歩みを引き続き堅持し、国際政治経済の主要プレーヤーとして、国際協調主義に基づく積極的平和主義の立場から、我が国の安全およびアジア太平洋地域の平和と安定を実現しつつ、国際社会の平和と安定および繁栄の確保に、これまで以上に積極的に寄与していく。これこそが、我が国が掲げるべき国家安全保障の基本理念である」とも指摘された。

2●我が国の国益と国家安全保障の目標

(1)国益

『国家安全保障戦略』は、日本の国益を「我が国自身の主権・独立を維持し領域を保全し国民の生命・身体・財産の安全を確保し、豊かな文化と伝統を継承しつつ、我が国の平和と安全を維持し、その存立を全うすること」と定義した。

また、「経済発展を通じて我が国と国民の更なる繁栄を実現し、我が国の平和と安全をより強固なものとすること（そのためには、自由貿易体制を強化し、安定性および透明性が高く、見通しがつきやすい国際環境の実現が不可欠）」であるという。

さらに、「自由、民主主義、基本的人権の尊重、法の支配といった普遍的価値やルールに基づく国際秩序を維持・擁護すること」であるとも指摘された。

(2)国家安全保障の目標

国家安全保障の目標としては、「我が国の平和と安全を維持し、その存立を全うするために、

必要な抑止力を強化し、我が国に直接脅威が及ぶことを防止するとともに、万が一脅威が及ぶ場合には、これを排除し、かつ被害を最小化すること」であると説明された。

また、「日米同盟の強化、域内外のパートナーとの信頼・協力関係の強化、実際的な安全保障協力の推進により、アジア太平洋地域の安全保障環境を改善し、我が国に対する直接的な脅威の発生を予防し、削減すること」であるという。

さらに、「不断の外交努力や更なる人的貢献により、普遍的価値やルールに基づく国際秩序の強化や紛争の解決に主導的な役割を果たし、グローバルな安全保障環境を改善し、平和で安定し、繁栄する国際社会を構築すること」であるとも指摘された。

Ⅲ　我が国を取り巻く安全保障環境と国家安全保障上の課題

1●グローバルな安全保障環境と課題

(1)パワー・バランスの変化および技術革新の急速な進展

「新興国（中国やインドなど）の台頭により国家間のパワー・バランスが変化している。特に中国は国際社会における存在感を高めている。世界最大の総合的な国力を有するアメリカは、安全保障政策および経済政策上の重点をアジア太平洋地域にシフトさせる方針を明らかにしている」とした上で、「グローバル化の進展や技術革新の急速な進展により、非国家主体の相対的影響力の増大、非国家主体によるテロや犯罪の脅威が拡大しつつある」と指摘された。

(2)大量破壊兵器などの拡散の脅威

「大量破壊兵器（WMD）・弾道ミサイルなどの移転・拡散・性能向上にかかわる問題、北朝鮮による核・ミサイル開発問題やイランの核問題は、我が国や国際社会にとっての大きな脅威である」と説明された。

(3) 国際テロの脅威

「グローバル化の進展により、国際テロの拡散・多様化が進んでいる」とした上で、「現に海外において法人や我が国権益が被害を受けるテロが発生しており、我が国・国民は、国内外において、国際テロの脅威に直面している」と指摘された。

(4) 国際公共財（グローバル・コモンズ）に関するリスク

「近年、海洋、宇宙空間、サイバー空間といったグローバル・コモンズに対する自由なアクセスおよびその活用を妨げるリスクが拡散し、深刻化している」とした上で、「海洋においては、近年、資源の確保や自国の安全保障の観点から、力を背景とした一方的な現状変更を図る動きが増加しつつある」と指摘された。

「このような動きや海賊問題などにより、シーレーンの安定や航行の自由が脅かされる危険性も高まっている」という。

また、「人工衛星同士の衝突などによる宇宙ゴミの増加を始め、持続的かつ安定的な宇宙空間の利用を妨げるリスクが存在している」という。

「基幹的な社会インフラシステムの破壊、軍事システムの妨害を意図したサイバー攻撃などによるリスクが深刻化しつつある」とも指摘された。

(5)「人間の安全保障」に関する課題

「貧困、格差の拡大、感染症を含む国際保健課題、気候変動その他の環境問題、食料安全保障、さらには内戦、災害などによる人道上の危機といった一国のみでは対処できない地球規模の問題が、個人の生存と尊厳を脅かす『人間の安全保障』上の重要かつ緊急な課題となっている」とした上で、「こうした問題は、国際社会の平和と安定に影響をもたらす可能性がある」と指摘された。

(6) リスクを抱えるグローバル経済

「一国の経済危機が世界経済全体に伝播するリスクが高まっている」、また「保護貿易主義的な動きや新たな貿易ルール作りに消極的な姿勢なども顕在化している」とした上で、「資源国による資源ナショナリズムの高揚や新興国によるエネルギー・鉱物資源などの獲得競争の激化などが見られる」と指摘された。

2●アジア太平洋地域における安全保障環境と課題

(1) アジア太平洋地域の戦略環境の特性

「さまざまな政治体制が存在し、核兵器国を含む大規模な軍事力を有する国が集中する一方、安全保障面の地域協力枠組みは十分に制度化されていない」と指摘された。

(2) 北朝鮮の軍事力の増強と挑発行為

「北朝鮮は、核兵器をはじめとする大量破壊兵器や弾道ミサイルの能力を増強するとともに、軍事的な挑発行為や我が国などに対するさまざまな挑発的言動を繰り返し、地域の緊張を高めている。我が国などの安全保障に対する脅威が質的に深刻化している」とした上で、「金正恩体制の確立が進められるなか、北朝鮮内の情勢を引き続き注視する必要がある」と指摘された。

また、「北朝鮮による拉致問題は、我が国の主権と国民の生命・安全に関わる重大な問題であり、国の責任において解決すべき喫緊の課題である」とも指摘された。

(3) 中国の急速な台頭とさまざまな領域への積極的進出

中国の台頭については、「国際的な規範を共有・遵守するとともに、地域やグローバルな課題に対して、より積極的かつ協調的な役割を果たすことが期待されている」とした上で、「十分な透明性を欠いたなかで軍事力を広範かつ急速に強化している」と指摘された。

また、「東シナ海、南シナ海などの海空域において、既存の国際秩序とは相容れない独自の主張に基づき、力による現状の変更の試みとみられる対応（尖閣諸島付近の領海侵入・領空侵

犯、独自の「防空識別区」の設定など）を示している」という。

さらに、「両岸関係は、経済的関係を深める一方、軍事バランスは変化しており、安定化の動きと潜在的な不安定性が併存している」とも指摘された。

IV 我が国がとるべき国家安全保障上の戦略的アプローチ

1 ● 我が国の能力・役割の強化・拡大

「国家安全保障の確保のためには、まず我が国自身の能力とそれを発揮し得る基盤を強化するとともに、自らが果たすべき役割を果たしつつ、状況の変化に応じ、自身の能力を適応させていくことが必要である」とした上で、「経済力および技術力の強化に加え、外交力、防衛力などを強化し、国家安全保障上の我が国の強靱性（resilience）を高めることは、アジア太平洋地域をはじめとする国際社会の平和と安定につながる」と指摘された。

また、「国家安全保障上の課題を克服し、目標を達成するためには、国際協調主義に基づく積極的平和主義の立場から、日米同盟を基軸としつつ、各国との協力関係を拡大・深化させるとともに、我が国が有する多様な資源を有効に活用し、総合的な施策を推進する必要がある」とも指摘された。

(1) 安定した国際環境創出のための外交の強化

「国家安全保障の要諦は、安定しかつ見通しがつきやすい国際環境を創出し、脅威の出現を未然に防ぐことにある」とした上で、「国際協調主義に基づく積極的平和主義の下、国際社会の平和と安定の実現に一層積極的な役割を果たし、我が国にとって望ましい国際秩序や安全保障環境を実現していく必要がある」と指摘された。

また、「我が国の主張を国際社会に浸透させ、我が国の立場への支持を集める外交的な創造力

および交渉力が必要である」という。

さらに、「我が国の魅力を活かし、国際社会に利益をもたらすソフト・パワーの強化や我が国企業や国民のニーズを感度高く把握し、これらのグローバルな展開をサポートする力の充実が重要である」とした上で、「国連をはじめとする国際機関に対し、邦人職員の増強を含め、より積極的に貢献を行っていく」とも指摘された。

(2) 我が国を守り抜く総合的な防衛体制の構築

「厳しい安全保障環境のなか、戦略環境の変化や国力国情に応じ、実効性の高い統合的な防衛力を効率的に整備し、統合運用を基本とする柔軟かつ即応性の高い運用に努める」とした上で、「政府機関・地方公共団体・民間部門との間の連携を深め、武力攻撃事態などから大規模自然災害に至るあらゆる事態にシームレスに対応するための総合的な体制を平素から構築していく」と指摘された。

また、「その中核を担う自衛隊の体制整備にあたっては、統合的・総合的視点から重要となる機能を優先しつつ、各種事態の抑止・対処のための体制を強化する」という。

さらに、「核兵器の脅威に対しては、核抑止力を中心とするアメリカの拡大抑止が不可欠であり、その信頼性の維持・強化のためにアメリカと緊密に連携していくとともに、弾道ミサイル防衛や国民保護を含む我が国自身の取り組みにより適切に対応する」とも指摘された。

(3) 領域保全に関する取り組みの強化

「領域警備に当たる法執行機関の能力強化や海洋監視能力の強化を進める」とした上で、「さまざまな不測の事態にシームレスに対応できるよう、関係省庁間の連携を強化する」と指摘された。

また、「国境離島の保全・管理・振興に積極的に取り組むとともに、国家安全保障の観点から国境離島、防衛施設周辺などにおける土地利用などの在り方について検討する」とも指摘さ

れた。

(4)海洋安全保障の確保

「海洋国家として、力ではなく、法の支配、航行・飛行の自由や安全の確保、国際法にのっとった紛争の平和的解決を含む法の支配といった基本ルールに基づく秩序に支えられた『開かれ安定した海洋』の維持・発展に向け、主導的な役割を発揮する」とした上で、「海洋監視能力について、国際的ネットワークの構築に留意しつつ、宇宙の活用を含めて総合的に強化する」と指摘された。

また、「シーレーン沿岸国などの海上保安能力の向上を支援するとともに、戦略的利害を共有するパートナーとの協力関係を強化する」とも指摘された。

(5)サイバー・セキュリティーの強化

「不正行為からサイバー空間を守り、その自由かつ安全な利用を確保するとともに、国家の関与が疑われる場合を含むサイバー攻撃から我が国の重要な社会システムを防護するため、国全体として防護・対応能力を強化し、サイバー空間の防護およびサイバー攻撃への対応能力の一層の強化を図る」とした上で、「平素から官民の連携を強化するとともに、セキュリティー人材層の強化などについても総合的に検討を行い、必要な措置を講ずる」と指摘された。

また、「技術・運用両面における国際協力の強化のための施策を講ずるとともに、サイバー防衛協力を推進する」とも指摘された。

(6)国際テロ対策の強化

「原子力関連施設の安全確保などの国内における国際テロ対策の徹底はもとより、世界各地で活動する在留邦人などの安全を確保するため、国際テロ情勢に関する情報収集・分析を含め、国際テロ対策を強化する」と指摘された。

(7)情報機能の強化

「人的情報、公開情報など、多様な情報源に関する情報収集能力を抜本的に強化する」とした上で、「情報専門家の育成などにより、情報の分析・集約・共有機能を強化し、政府が保有するあらゆる情報手段を活用した総合的な分析（オール・ソース・アナリシス）を推進する」と指摘された。

「資料・情報をNSCに提供し、政策に適切に反映していく」という。

(8)防衛装備・技術協力

「国際協調主義に基づく積極的平和主義の観点から、防衛装備品の活用などによる平和貢献・国際協力に一層積極的に関与するとともに、防衛装備品などの共同開発・生産などに参画することが求められている」と指摘された。

また、「武器輸出三原則などがこれまで果たしてきた役割にも十分配意した上で、移転を禁止する場合の明確化、移転を認め得る場合の限定および厳格審査、目的外使用および第三国移転にかかわる適正管理の確保などに留意しつつ、武器などの海外移転に関し、新たな安全保障環境に適合する明確な原則を定めることとする」とも指摘された。

(9)宇宙空間の安定的利用の確保
　　および安全保障分野での活用の推進

「情報収集衛星の機能の拡充・強化を図るほか、各種衛星の有効活用を図るとともに、宇宙空間の状況監視体制の確立を図る」とした上で、「宇宙開発利用を支える技術を含め、宇宙開発利用の推進にあたっては、中長期的な観点から、国家安全保障に資するように配意する」と指摘された。

(10)技術力の強化

「デュアル・ユース技術を含め、一層の技術の振興を促し、我が国の技術力の強化を図る必要がある」とした上で、「科学技術に関する動向を平素から把握し、産学官の力を結集させ、安全保障分野においても有効活用に努める」と指摘された。

また、「我が国が国際的に優位にある技術などを積極的に外交に活用していく」という。

2●日米同盟の強化

「日米両国は、二国間のみならず、アジア太平洋地域を始めとする国際社会全体の平和と安定および繁栄のために、多岐にわたる分野で協力関係を不断に強化・拡大させてきた」とした上で、「アメリカは、アジア太平洋地域を重視する国防戦略指針の下、同地域におけるプレゼンスの充実や我が国を始めとする同盟国などとの連携・協力の強化を志向している」と指摘された。

また、「今後、我が国の安全に加え、アジア太平洋地域をはじめとする国際社会の平和と安定および繁栄の維持・増進を図るためには、日米安全保障体制の実効性を一層高め、より強い日米同盟を実現していく必要がある」とも指摘された。

(1)幅広い分野における日米間の安全保障・防衛協力のさらなる強化

「アメリカとの間で、具体的な防衛協力の在り方や、日米の役割・任務・能力の考え方などについての議論を通じ、本戦略を踏まえた各種政策との整合性を図りつつ、『日米防衛協力のための指針（ガイドライン）』の見直しを行う」と指摘された。

また、「事態対処や中長期的な戦略を含め、運用協力および政策調整を緊密に行うとともに、弾道ミサイル防衛、海洋、宇宙空間、サイバー空間、大規模災害対応などの幅広い協力を強化し、日米同盟の抑止力および対処力を向上させていく」とも指摘された。

(2)安定的な米軍プレゼンスの確保

「在日米軍駐留経費負担などの施策のほか、抑止力を向上しつつ、沖縄をはじめとする地元の負担を軽減するため、在日米軍再編を日米合意に従って着実に実施する」と指摘された。

3●国際社会の平和と安定のための パートナーとの外交・安全保障協力の強化

「我が国を取り巻く安全保障環境の改善のため、域内外のパートナーとの信頼・協力関係を以下のように強化する」とした上で、「我が国と普遍的価値や戦略的利益を共有する、アジア太平洋地域の国々との協力関係を強化する」と指摘された。

具体的には、以下の通りである。

「韓国：安全保障協力の基盤を強化するとともに、日米韓で北朝鮮の核・ミサイル問題に緊密に対応する」。

「オーストラリア：戦略認識の共有、安全保障協力を着実に進めていくとともに、戦略的パートナーシップを一層強化する」。

「東南アジア諸国連合（ASEAN諸国）：40年以上にわたる伝統的なパートナーシップに基づき、あらゆる分野における協力を深化・発展させるとともに、一体性の維持・強化に向けたASEANの努力を一層支援する」。

「インド：二国間で構築された戦略的グローバル・パートナーシップに基づいて、海洋安全保障を含む幅広い分野で関係を強化していく」。

「中国には、大局的かつ中長期的見地から、『戦略的互恵関係』の構築に向けて取り組み、地域の平和と安定および繁栄のために責任ある建設的な役割を果たすよう促すとともに、力による現状変更の試みとみられる対応については冷静かつ毅然として対応していく」。

「北朝鮮問題には、日朝平壌宣言、六者会合共同声明および安保理決議に基づき、拉致・核・ミサイルといった諸懸案の包括的な解決に向けて、取り組んでいく」。

「ロシアとの間では安全保障およびエネルギー分野を始めとするあらゆる分野で協力を進め、日露関係を全体として高める」。

「これらの取り組みに当たっては、多国間・三か国間の協力枠組みを積極的に活用する」。

「アジア太平洋地域の友好諸国とも地域の安定の確保に向けて協力する」。

「欧州諸国は、国際社会の平和と安定および繁栄に向けて共に主導的な役割を果たすパートナーであり、欧州連合（EU）、北大西洋（NATO）、全欧州安全保障協力機構（OSCE）との協力を含め、関係を更に強化していく」。

「新興国との間で、二国間関係のみならず、グローバルな課題での協力を推進する」。

「湾岸諸国との間で、資源・エネルギーを中心とする関係を超えた政治・安全保障協力も含めた重層的な協力関係を構築する。また、中東の安定に重要な問題の解決に向けて、我が国として積極的な役割を果たす」。

「アフリカ開発会議（TICAD）プロセスなどを通じ、アフリカの発展と平和の定着に引き続き貢献する」。

4◉国際社会の平和と安定のための国際的努力への積極的寄与

「国際協調主義に基づく積極的平和主義から、国際社会の平和と安定のため、積極的な役割を果たしていく」と説明された。

(1)国連外交の強化

「国連における国際の平和と安全の維持・回復に向けた取り組みにさらに積極的に寄与していく」とした上で、「常任・非常任双方の議席拡大および我が国の常任理事国入りを含む安保理改革の実現を追求する」と指摘された。

(2)法の支配の強化

「国際社会における法の支配の強化に向けて、さまざまな国際ルール作りに構想段階から積極的に参加し、我が国の理念や主張を反映させていく」とした上で、「海洋、宇宙空間およびサイバー空間における法の支配の実現や法制度整備支援などに積極的に取り組む」と指摘された。

(3)軍縮・不拡散に係る国際努力の主導

「『核兵器のない世界』に向けて積極的に取り組む」とした上で、「日米同盟の下での拡大抑止への信頼性維持と整合性をとりつつ、北朝鮮による核・ミサイル開発問題やイランの核問題の解決を含む軍縮・不拡散に向け国際的取り組みを主導する」と指摘された。

(4)国際平和協力の推進

「国連平和維持活動（PKO）などに一層積極的に協力する」とした上で、「PKOと政府開発援助（ODA）事業との連携の推進、ODAと能力構築支援を更に戦略的に活用を図る」と指摘された。

「平和構築人材や各国PKO要員の育成を、関係国などとの緊密な連携の下、積極的に行う」とも指摘された。

(5)国際テロ対策における国際協力の推進

「国際テロ情勢や国際テロ対策協力に関する各国との協議や意見交換、国際的な法的枠組みを強化する」とした上で、開発途上国などに対する支援などに積極的に取り組む」と指摘された。

5◉地球規模課題解決のための普遍的価値を通じた協力の強化

「国際社会の平和と安定および繁栄の基盤を強化するため、普遍的価値の共有、開かれた国際経済システムの強化、国際社会の平和と安定の阻害要因となりかねない開発問題や地球規模課題の解決に向け、以下の取り組みを進める」とされた。

(1)普遍的価値の共有

「自由、民主主義、人権、法の支配といった普遍的価値を共有する国々との連帯を通じグローバルな課題に貢献する外交を展開する」とした上で、民主化支援、法制度整備支援、人権分野のODAなどを積極的に活用する」と指摘された。

また、「女性に関する外交課題に積極的に取

り組む」とも指摘された。

(2) 開発問題および地球規模課題への対応と「人間の安全保障」の実現

「開発問題への対応は、国際協調主義に基づく積極的平和主義の一つの要素として、今後とも一層強化する必要がある」とした上で、「ミレニアム開発目標（MDGs）の達成に向けた取り組みを強化し、次期国際開発目標の策定にも主導的な役割を果たす」と指摘された。

また、「国際社会における『人間の安全保障』の理念の主流化を一層促す」とも指摘された。

(3) 開発途上国の人材育成に対する協力

「開発途上国から、学生や行政官を含む幅広い人材を我が国に招致し、教育訓練を提供し、出身国の発展に役立てるための人材育成を一層推進する」と指摘された。

(4) 自由貿易体制の維持・強化

環太平洋経済連携協定（TPP）、日EU経済連携協定（EPA）、日中韓自由貿易協定（FTA）、東アジア地域包括的経済連携（RCEP）などの経済連携の取り組みを推進する。こうした取り組みを通じ、アジア太平洋地域の活力と繁栄を強化する。

(5) エネルギー・環境問題への対応

「エネルギーを含む資源の安定供給に向けた各種取り組みに外交的手段を積極的に活用する」とした上で、「気候変動（climate change）分野に関しては、攻めの地球温暖化外交戦略を展開する」と指摘された。

(6) 人と人との交流の強化

「双方向の青少年交流を拡大する」とした上で、「スポーツや文化を媒体とした交流を促進する」と指摘された。

6 ● 国家安全保障を支える国内基盤の強化と内外における理解促進

「国家安全保障を十全に確保するためには、外交力、防衛力などが効果的に発揮されることを支える国内基盤を整備することが不可欠である」とした上で、「国家安全保障を達成するためには、国家安全保障政策に対する国際社会や国民の広範な理解を得ることが極めて重要である」と指摘された。

(1) 防衛生産・技術基盤の維持・強化

「防衛装備品の効果的・効率的な取得に努めるとともに、国際競争力の強化含め、防衛生産・技術基盤を維持・強化していく」と指摘された。

(2) 情報発信の強化

「国家安全保障政策の考え方について、国内外に積極的かつ効果的に発信し、国民の理解を深め、諸外国との協力関係の強化などを図ることが必要である」とした上で、「官邸を司令塔として、政府一体となった統一的かつ戦略的な情報発信を行うこととし、各種情報技術を最大限に活用しつつ、多様なメディアを通じ、外国語による発信の強化などを強化する」と指摘された。

また、「教育機関や有識者、シンクタンクなどとの連携を図りつつ、世界における日本語の普及、戦略的広報に資する人材の育成などを図る」という。

さらに、「客観的な事実を中心とする関連情報を正確かつ効果的に発信することにより、国際世論の正確な理解を深める」とも指摘された。

(3) 社会的基盤の強化

「国民一人一人が、地域と世界の平和と安定および人類の福祉の向上に寄与することを願いつつ、国家安全保障を身近な問題として捉え、その重要性や複雑性を深く認識することが不可欠である」とした上で、「諸外国やその国民に対する敬意を表し、我が国と郷土を愛する心を養う」と指摘された。

また、「領土・主権に関する問題などの安全保障分野に関する啓発や自衛隊、在日米軍などの活動の現状への理解を広げる取り組みなどを推進する」とも指摘された。

(4) 知的基盤の強化

「高等教育機関における安全保障教育の拡充

などを図る」とした上で、「高等教育機関、シンクタンクなどと政府の交流を深める」と指摘された。

また、「民間の専門家・行政官の育成を促進する」とも指摘された。

◉ **おわりに —— 菅政権の『国家安全保障戦略』？**

2020年秋には、安倍政権の下での『国家安全保障戦略』の改定が目指されてきた。しかし、8月28日の安倍晋三首相の突然の辞任表明で、9月16日に菅政権へと移行した。

菅政権の下での『国家安全保障戦略』がいかに描かれるのか、が注目される。

第32章
『アーミテージ=ナイ・レポート』とは何か

◉ **はじめに —— ポイントと基礎知識**

共和党のリチャード・アーミテージ元国務副長官と民主党のジョセフ・ナイ元国防次官補ら超党派の有識者グループは2020年12月に、日米同盟の強化に向けた報告書をまとめた。

中国への包囲網を強化する一環で、日米両国に台湾への支援や機密情報の共有といった協力を促した。かつて目立った対日圧力の色彩は薄まり、中国への懸念をより鮮明にした。

1◉ 第5次報告書の取りまとめ

報告書は、共和党のアーミテージ元国務副長官と民主党のナイ元国防次官補ら超党派の有識者グループが2000年10月11日にはじめて作成し、2020年12月7日の報告書は、5回目となる。

アメリカの大統領選挙での勝利を確実にした民主党のジョー・バイデンの2021年1月20日の大統領就任をにらみ、取りまとめられた。

2◉ 「ファイブ・アイズ」から「シックス・アイズ」へ

2020年の第5次報告書は、アメリカやイギリスなど英語圏の5カ国の枠組みである「ファイブ・アイズ」に日本を加えて、機密情報の共有を広げるよう提言した。日米双方に対して、「シックス・アイズ」の実現への努力を呼びかけた形である。

強硬姿勢に傾斜する中国への対処策の位置づけとなる。

3◉ 台湾への関与強化へ

前回の第4次報告書にはなかった台湾有事への警戒感について、「中国の台湾への軍事的・政治的圧力へのアメリカの懸念を日本は共有している」と明記し、日米両国が協力して関与を強める必要性を唱えたことも注目される。

今回の第5次報告書での対日要求の要諦であると言ってよい。

4◉ 日米韓の3カ国の協力強化へ

第5次報告書が日米韓の3カ国の協力の重要性を指摘したのは、バイデン政権になれば、日韓関係の改善を求める可能性があるからである。歴史認識問題などをめぐり、日韓関係が冷却化している状況にあり、日本にとって難題となる。

しかし、「問題は、韓国側の政策対応である」という意見は日本側で根強い。

5◉日本の安全保障政策への影響

過去のこの超党派報告書は、日本への政策実現の要求の色合いが強く、日本の安全保障政策へ一定の影響を与えてきた。

たとえば、2000年10月の第1次報告書は、典型と言える。当時、集団的自衛権の行使を認めていなかったのを「日米協力の制約だ」と指摘し、最後は日本が決める事柄としながらも、日本側に集団的自衛権の行使の容認を求めた。

日本側は、小泉政権下の2003年6月13日にまず有事法制として武力攻撃・存立危機事態法を定め、第二次安倍政権発足後の2015年9月20日に集団的自衛権の行使を認める安全保障関連法を成立させた。

「日米協力の障害はなくなり、違憲の恐れなく連携できる」と、アーミテージ元国務副長官は12月7日の第5次報告書の公表に際し、集団的自衛権の行使容認についてこう述べた。第5次報告書は、「歴史上はじめて、日本は対等な役割を同盟のなかで果たしている」とも記した。

▼『アーミテージ＝ナイ・レポート』の日本の政策決定への影響
・第1次報告書
集団的自衛権の行使容認○、有事法制整備○
（2000年10月、森政権）
・第2次報告書
武器輸出三原則の緩和○、ミサイル防衛（MD）の充実○
（2007年2月、安倍政権）
・第3次報告書
日米で原子力の研究開発強化、TPP交渉参加○
（2012年8月、野田政権）
・第4次報告書
日米合同の統合任務部隊、自衛隊の統合司令部創設
（2018年10月、安倍政権）
・第5次報告書

「ファイブ・アイズ」への日本参加、台湾への関与強化
（2020年12月、菅政権）
＊○は、実現した政策項目である。

6◉「自由で開かれたインド太平洋」戦略への肯定的な評価

第5次報告書は、安倍晋三前首相が主導した日米にオーストラリアとインドを加えた4カ国協力を軸とする「自由で開かれたインド太平洋（Free and Open Indo-Pacific: FOIP）」戦略の推進などを高く評価し、菅義偉首相にも同路線の継承を要望した。

茂木敏充外相は、8日の記者会見で、「日本が果たしている役割にきわめて肯定的な評価がなされている」と述べた。

7◉中国の台頭と同盟の強化

2012年8月15日にまとめられた第3次報告書以降、「中国」という表現が増えてきたという経緯がある。今回の第5次報告書でも、中国への言及がさらに目立つ。現実の中国の台頭を踏まえて、日米同盟を強化する必要性が強調された形である。

また、「アメリカ第一主義（America First）」を掲げるトランプ政権は、同盟国との連携を軽視する傾向があった。そのため、知日派の間で、日米同盟を基軸に掲げる日本の評価が相対的により高まった側面がある。

アーミテージ元国務副長官は、共和党の重鎮だが、大統領選挙では共和党のドナルド・トランプ大統領ではなく、民主党のバイデン前副大統領を支持した。

◉ おわりに ── 問われる実現可能性

アメリカではむしろ、アメリカ側の努力を説く声も目立つ。第5次報告書でも、バイデン次期大統領に環太平洋経済連携協定（TPP）への参加に向けた検討を訴え、「経済ルール作りで

日本とともに指導力を発揮すべきである」と盛り込んだ。

また、アメリカ側の状況を「不安定な（unstable）」と表現したのは、トランプ政権が国際社会の協調を乱したのを元に戻さなければならないとの危機感を映したものと考えられる。

直ちに実現するのが難しい要素もある。たとえば、「ファイブ・アイズ」への日本の参加は、日本側の情報収集や秘密保持の体制強化が欠かせない。通信傍受を前提とする枠組みでもあり、日本政府内にも「実現のハードルは高い」という意見もある。21世紀の日本の安全保障政策にとって大きな課題となる。

第33章

集団的自衛権の行使容認とは何か

● はじめに —— ポイントと基礎知識

集団的自衛権はかつては憲法第9条に反するとしてその行使が認められていなかったが、すでに見た通り、2014年7月に、安倍政権は憲法解釈を変更して集団的自衛権の行使を認める閣議決定をした。

これをもとに、2015年9月には、安全保障関連法が制定された。

1 ● 個別的自衛権と集団的自衛権とは何か

外国の軍隊が攻めてきた時に、自国を守るために武力で反撃することはどの国にも認められている。このような権利を「個別的自衛権」と言う。

これに対して、自国が直接攻撃されていなくても、親密な関係にある国（同盟国など）を守るために相手を攻撃する場合もある。こうした権利を「集団的自衛権」と言う。

集団的自衛権は、国連軍が編成されるまでの間の緊急措置として、やはりすべての国に認められている。

国連憲章第51条は、国連加盟国の個別的自衛権と集団的自衛権を認める条項である。前者は、同憲章成立（1945年6月26日署名、10月24日発効）以前から国際法上、承認された国家の権利である。後者は、国連憲章第51条ではじめて明文化された。

2 ● 憲法第9条による制約

しかし、日本は憲法第9条で「国際紛争を武力で解決すること」を禁止している。

集団的自衛権を発動し、自国が攻撃されていないのに他国を攻撃するのは、憲法違反なのではないか、という声が根強かった。

この問題に対する日本政府の見解はこれまで、「日本は集団的自衛権を持っているが、憲法上行使できない」（内閣法制局の解釈）というものであった。

3 ● 安倍政権のスタンス

こうした現状に対して、安倍晋三首相はかねてから、「日本も集団的自衛権を行使できるようになるべきである」という主張を持っていた。

しかし、従来の解釈にしたがうなら、憲法第9条を改正しない限り、日本が集団的自衛権を行使することはできない。

憲法改正となると、相当の時間と努力が必要

となる。

4● 集団的自衛権の行使容認

そのため、安倍政権は、今の憲法は変更せずに、憲法の解釈の方を変えてしまうことにした。「日本を守るためには、他の国を助けなければならないこともある」という論理である。

こうして、2014年7月1日に、安倍政権は、「現行憲法でも集団的自衛権を行使できる」という憲法解釈の変更を閣議決定した。

この閣議決定に基づき、自衛隊出動などのルールを新たに定めたのが、2015年9月19日に国会で可決した安全保障関連法である（30日に公布）。詳しくは、続く章で後述する。

武力行使の三要件として、第一に、日本と密接な関係がある他国に対する武力攻撃が発生し、これにより日本の存立にかかわる明白な危険がある、第二に、他に適当な手段がない、第三に、必要最低限の実力行使に限る、という点が指摘

できる。

● おわりに ── 憲法違反か？

新しい憲法解釈でも、集団的自衛権が認められるのは、そうしないと日本が危ない時に限られている。

それでも憲法学者の大多数は、「集団的自衛権の行使容認は憲法違反である」という見解であった。

また、憲法解釈が時の政権の一存によって大きく変更されてしまうのは、立憲主義（政府の権力は憲法によって制限されるという原則）に反するという批判もあった。

集団的自衛権の行使でまず焦点となるのは、後方支援である。同盟国のアメリカとともに、必ずしもすぐに前線で戦うわけではない。アメリカ側も、日本にそこまで期待しているわけでもない。

第34章

安全保障関連法とは何か

● はじめに ── ポイントと基礎知識

日本のこれまでの安全保障政策を大きく転換する新しい安全保障法案が2015年9月に国会で可決成立した。集団的自衛権の行使を容認する内容で、自衛隊が海外で活動する範囲が大きく広がることなった。

しかし、「戦争立法」と呼ばれ、法案に反対する声も根強かった。

1● 安全保障関連法と集団的自衛権の行使容認

繰り返しになるが、2015年9月19日に、安

全保障関連法が、参議院で可決された（30日に公布）。

成立した安全保障関連法は、新しくできる「国際平和支援法」と、すでにある10個の法律をまとめて改正する「平和安全法制整備法」から成っている。

これらの法律の最大のポイントは、これまで認められていなかった集団的自衛権の行使が新たに認められたことである。

2● 集団的自衛権とは何か、再び

集団的自衛権とは、繰り返しになるが、「他

国が攻撃を受けた時に、その国を守るために相手を攻撃する権利」のことである。

国際法上、どの国も持っている権利である。

ただし、日本は憲法第9条があるため、「日本は集団的自衛権を持っているが、憲法上行使できない」（内閣法制局の解釈）というのが、従来の政府の判断であった。

ところが、安倍政権は2014年7月1日に、憲法の解釈を変更して、「現行憲法でも集団的自衛権を行使できる」という閣議決定をした。

この解釈変更に基づいて、安全保障に関する新しいルールを定めたのが、安全保障関連法である。

3◉「存立危機事態」とは何か

新しいルールでは、日本が直接武力攻撃を受けていなくとも、「日本と密接な関係にある他国に武力攻撃が発生し、日本の存立が脅かされ、国民の生命、自由、幸福追求権が根底から覆される明白な危険がある事態」が生じた場合は、集団的自衛権によって自衛隊を出動させることができる。

このような事態を「存立危機事態」と言う。

4◉自衛隊の活動範囲の拡大

集団的自衛権の行使容認によって、自衛隊の海外での活動範囲も大きく広がることになった。

他国軍の海外での戦争に際して、武器輸送などの後方支援を行ったり、平和維持活動（PKO）で活動中に武装集団に襲われた国連職員などを助けにいく「駆けつけ警護」ができるようになった。

5◉日本による武力行使の事例

細かい議論となるが、日本が武力行使する事例としては、以下の四つがある。

第一に、武力攻撃発生事態の場合（日本が直接攻撃された場合）、個別的自衛権に基づいて武力行使が認められる。

第二に、存立危機事態の場合（繰り返しになるが、日本と密接な関係にある他国に武力攻撃が発生し、日本の存立が脅かされ、国民の生命、自由、幸福追求権が根底から覆される明白な危険がある時）、集団的自衛権に基づいて武力行使が可能となる。

第三に、国際平和共同対処事態の場合（国際連合の平和維持活動などに自衛隊を派遣した場合）、正当防衛などの武器使用も可能となる（駆けつけ警護）。

第四に、重要影響事態の場合（他国軍による戦争で、日本にも重要な影響がありそうな時）、（世界中どこでも）他国軍を後方支援できるようになる。

6◉日米同盟の論理と同盟のディレンマ

安倍晋三首相は、「これで日本はより安全になる」と主張する。日米同盟の抑止力を高めるからである。

しかし、集団的自衛権の行使容認は、憲法学者もほとんどが「違憲」と主張している。日本が他国の戦争に巻き込まれる恐れも増すであろう。

それでも安倍政権が新しい安全保障関連法を強引に推し進めたのは、日本と同盟を結んでいるアメリカの要請によるところが大きかった。

たとえば、2000年11月7日のアメリカでの大統領選挙直前に発表された超党派の『アーミテージ＝ナイ・レポート』で、同盟国の日本に対して、集団的自衛権の行使を容認することが政策提言されていた。

同盟には、「巻き込まれ」と「見捨てられ」のディレンマが存在する。同盟関係を強化し過ぎれば、戦争に巻き込まれる可能性は高まる。これに対して、同盟関係があまりに希薄化してしまえば、いざ戦争という時に、同盟国がともに戦ってくれないということが懸念される。

こうして、同盟国との関係は、微妙なバランスを保ち続ける必要があるのである。

● おわりに ――「戦争立法」という批判

野党が「戦争立法」と呼んで批判して以降、一般でも使われるようになった。「戦争法案」という表現も用いられた。これらの名称に安倍首相は、「根拠のない不安を煽ろうとするもので、まったく無責任」と反論した。

安全保障関連法の可決前後には、国会前で、若い有権者が抗議デモを繰り広げた。いざ戦争となれば、兵士として派遣されるのは若い世代だからである。

安倍政権はむしろ、2018年も、2019年も、年内の憲法改正を目指してきた。2020年以降も、自民党は、憲法改正をあきらめていない。詳しくは、続く章で後述する。

第35章
憲法改正をめぐる議論とは何か

● はじめに ―― ポイントと基礎知識

自衛隊や集団的自衛権の可否を明確にするため、憲法第9条を改正しようという議論が活発になっている。

改憲賛成派のなかには、憲法96条をまず改正して、憲法改正をしやすくしようという意見もある。

1 ● そもそも憲法とは何か

憲法とは、簡単に言えば、「国家の基本的なあり方」を定めたものである。

法律は国民がしたがうべきルールを定めたものだが、憲法は国家がしたがうべきルールを定めている。たとえば、「政府を批判してはならない」という法律を作れないのは、国民の「表現の自由」が憲法で保障されているからである。

2 ● 自民党の憲法改正草案

こうした憲法を改正しようという議論が、近年、活発になっている。2012年4月27日には、自民党は現行の憲法を全面的に改正する憲法改正草案を公表した。

自民党の安倍晋三首相は、かねてから憲法改正に意欲的であった。

自民党の憲法改正草案のポイントは、以下の通りである。
- 天皇を日本国の「元首」と規定
- 国旗・国歌の尊重を国民に義務づけ
- 自衛権、国防軍の設置を明記
- 領土保全に国民の協力を義務づけ
- 国民の自由および権利は「公共および公の秩序」に反してはならない。
  国家は、「公共および公の秩序」を理由に、表現の自由も制限できる。
- 家族の助け合いを国民に義務づけ
  個人や多様なライフ・スタイルの否定につながるという批判がある。
- 「緊急事態宣言」の新設
  災害や戦争、内乱の際に内閣が全権を握る。
- 憲法改正に必要な票数を、国会議員の過半数の賛成に緩和する。

3◉そもそも自衛隊は違憲か？

憲法改正の最大のターゲットは、憲法第9条である。この条文で、日本は戦争の放棄と戦力の不保持、交戦権の否認を宣言している。そのため、今の日本に自衛隊があるのは、そもそも憲法違反なのでないか、という議論が成り立つ。

これに対して、政府の解釈は、「憲法は自国を守るための最低限の戦力まで否定していない」というものである。

この解釈が正しいとしても、自衛隊をイラクなどの海外に派遣するのは違憲ではないか、という問題がある。また、集団的自衛権の行使は認められるのであろうか、という問題も残る。

4◉安倍晋三首相の憲法改正への意欲

こうした議論は、元の憲法を改正すればすべて決着がつく。

安倍首相が率いる自民党は、「日本がもっと国際貢献するには、自衛隊が海外でも武力行使できるように憲法を改正すべきである」という立場であった。

もっとも憲法を改正するとなると、憲法第96条に定められているように、まず衆議院と参議院の両方で3分の2以上の議員の賛成を得てから、改正案を国民投票にかける必要がある。このうち国民投票の具体的な手続きについては、「国民投票法」で定められている。

5◉憲法第96条の改正？

しかし、憲法第9条の改正には反対意見も根強くあり、議員の3分の2以上の賛成を得るのはなかなか難しい。

そのため、繰り返しになるが、まずは憲法第96条を改正し、「議員の過半数の賛成」で改正案を発議できるようにしようという意見もある。

安倍政権は、任期中での憲法改正への意欲を示してきたが、与党内にも早期の改正に慎重な声もあり、「ポスト安倍」の菅政権まで議論は続くこととなった。

集団的自衛権の行使容認と安全保障関連法の成立に対して、あれだけの反対で起こったため、安倍政権の間に憲法改正を行うことは不可能になった、という意見があった。しかし逆に、あれだけの批判がありながらも、一度成立してしまえば、何とかなる、という見方もできるのであった。

◉おわりに ── 衆議院選挙と参議院選挙の結果

2017年10月22日に実施された衆議院総選挙の結果、自民党は圧勝し、連立を組む公明党と含めて、3分の2を超える議席を獲得した。

小池百合子都知事が立ち上げた政党「希望の党」は、惨敗した。小池都知事が「差別」の論理を早々立ち上げたことが、民主党議員や有権者の反発を買った。

「希望の党」と合流しようとした野党の民主党は、分裂した。リベラルな民主党議員たちは、「立憲民主党」を立ち上げた。

安倍政権は、2018年に、年内の憲法改正を目指していた。ただし、安倍政権は、加計学園問題や森友学園問題のスキャンダルを抱えていた。3月25日に、自民党は4項目からなる憲法改正案をまとめた。第9条については条文を変更せず、自衛隊を明記した「第9条の2」を新たに追加する案である。改憲案では、緊急事態条項の創設も大きな議論となっている。

その後もスキャンダルは続くが、安倍首相は憲法改正をあきらめていなかった。たとえば、2019年12月以降には、安倍首相は、「桜を見る会の接待客リスト」をめぐるスキャンダルに見舞われている。

その間、2019年7月21日の参議院選挙では、与党が141議席、野党が104議席となった。選挙前は、与党が147議席、野党が89議席であったが、与党は過半数の議席を維持することとなった。しかし、参議院の改憲勢力は、3分の2に届いていない。

第36章

南スーダンPKOと駆けつけ警護とは何か

◉ はじめに —— ポイントと基礎知識

独立まもない南スーダンでは、2013年12月から政府軍と反政府勢力との間で事実上の内戦状態が続いている。

治安が回復しないなか、日本政府は2016年11月に、南スーダンに派遣中の自衛隊に「駆けつけ警護」の任務を与えた。

1 ◉ 南スーダンの内戦とは何か

南スーダン共和国は、2011年7月9日に、スーダン共和国から独立したばかりの新しい国家である。

20年以上にわたる内戦の末、ようやく独立を果たしたが、その後も国内では混乱が続いている。2013年12月14日に勃発したサルバ・キール・マヤルディ大統領派とリエック・マシャール副大統領派の武力衝突は、それぞれが属する部族間の対立を含んで長期化した。

2015年10月3日にいったんは和平協定が成立するが、衝突はその後も断続的に続き、2016年7月7日から5日間、首都ジュバで大規模な戦闘が発生した。

これ以降、事実上の内戦状態が2021年まで続いている。詳しくは、別の章で後述する。

2 ◉ 南スーダンへのPKO派遣

国際連合（国連）は、南スーダンの独立当時から平和維持活動（PKO）部隊を現地に派遣してきた。

PKOとは、紛争地域に国連の軍隊を派遣して、紛争の平和的解決を図る活動である。

日本も2012年1月11日から、自衛隊を南スーダンに派遣した。南スーダンに派遣された自衛隊は、主に道路整備などの仕事を受け持った。

3 ◉ 「駆けつけ警護」とは何か、再び

2016年11月15日に、日本政府は、南スーダンに派遣された自衛隊に、「駆けつけ警護」の任務を新たに与えることを閣議で決めた。

駆けつけ警護とは、たとえば、国連職員や他国のPKO部隊などが武装集団に襲撃された時に、自衛隊が助けに行くことである。

こうした任務は、集団的自衛権の行使とみなされ、これまでは認められていなかった。

4 ◉ 集団的自衛権の行使容認とは何か、再び

集団的自衛権とは、繰り返しになるが、親密な関係にある他国（同盟国など）が攻撃された時に、他国を守るためにいっしょに戦う権利のことである。

日本政府は従来、「集団的自衛権の行使は、憲法で認められていない」（内閣法制局の解釈）という立場をとってきた。

安倍政権は2014年7月1日、この憲法解釈を変更し、「現行憲法でも集団的自衛権を行使できる」と、閣議決定で政府判断を変えた。

これを受けて、2015年9月19日に国会で安全保障関連法が成立し（30日に公布）、その結果、駆けつけ警護ができることになった。

▼ PKO参加の5原則

①紛争当事者間で停戦合意が成立している。
②紛争当事者の受け入れ同意がある。

③中立的立場が厳守されている。

④原則に反する場合は、撤収できる。

⑤武器使用は必要最小限が基本である。

＊ただし、安全保障関連法により、受け入れ同意
の下で、安全確保や駆けつけ警護も可能となった。

◉おわりに ── 悪化し続ける南スーダン情勢

しかし、南スーダンの治安は、かなり悪化している。2021年の時点でも、危機が収束する目途は立っていない。

本来、戦闘が続いている地域には自衛隊を派遣できない決まりがあるのだが、政府は、「戦闘ではなく衝突である」など、苦しい弁解をして、結局、2017年5月末まで派遣を継続していた。

幸い、この間、駆けつけ警護にあたる事態には直面しなかった。

第37章

イージス・アショアとは何か

◉はじめに ── ポイントと基礎知識

北朝鮮は、弾道ミサイルの発射実験を頻繁に行ってきた。

日本に向かってくる弾道ミサイルを防ぐため、安倍政権は、新たにイージス・アショアを配備する計画であったが、計画は突如停止された。

1◉弾道ミサイルと迎撃ミサイルとは何か

弾頭ミサイルとは、大気圏外に打ち上げられ、目標に向けて落下するミサイルである。北朝鮮が日本に向けて弾道ミサイルを発射した場合に備えて、日本政府は、防衛策として、高性能レーダーと迎撃ミサイル「SM3」を搭載したイージス艦と呼ばれる艦船を日本海に配備している（日本は8隻を保有）。弾道ミサイルが発射されたら、高性能レーダーで素早く捕捉し、迎撃ミサイルを発射して大気圏外で撃ち落とす作戦である。

さらに、迎撃ミサイルで撃墜できなかった場合に備えて、地対空誘導弾「PA3」を地上に配備している。

2◉イージス・アショアとは何か

2017年12月19日に、安倍政権は、これらの防衛システムに加えて、新たにイージス・アショアを導入することを閣議で決定した。「アショア」とは、「陸上の」という意味である。

こうして、イージス・アショアとは、イージス艦が搭載する高性能レーダーや迎撃ミサイルを陸上に移したものである。ミサイル防衛（MD）の多層化が期待された。

イージス・アショアは、2基あれば、日本列島をほぼカバーできるという。安倍政権は、秋田県の新屋演習場と山口県のむつみ演習場を候補地に選定し、早ければ2025年度にも配備する計画を立てた。

3◉「適地調査」報告書のミス発覚

ところが、その後、防衛省が作成した「適地調査」の報告書で無視できないミスが発覚した。報告書では数カ所の候補地が「レーダー波が山にさえぎられる」という理由で不適とされていたが、山の傾斜角度を実際より過大に報告して

いたのである。ずさんな調査に候補地の地元住民は反発を強めた。

4●イージス・アショアの配備停止

2020年6月15日に、河野太郎防衛大臣は、イージス・アショア配備の停止を表明した。イージス・アショアで発射した迎撃ミサイルは、空中でブースター（推進補助装置）を切り離す仕組みである。防衛省は当初、「ブースターは、演習場内に落下する」と地元住民に説明していたが、確実に落下させるための改修に多額の費用と期間が必要なことがわかったからだと説明

された。

●おわりに ── 日米同盟の文脈

イージス・アショアは、アメリカが日本政府に武器購入を強く迫った結果、導入が決まった経緯がある。したがって、イージス・アショアは、本当に導入が必要であったのかを疑問視する声もある。

しかし、アメリカとしては、アメリカに向けた大陸間弾道ミサイル（ICBM）を迎撃するためにも、同盟国の日本とミサイル防衛で緊密に協力する必要があるのである。

第38章
防衛装備移転三原則とは何か

●はじめに ── ポイントと基礎知識

安倍政権は、武器輸出を原則禁止するこれまでの方針を変更し、日本が外国へ武器を輸出する場合の条件を定めた防衛装備移転三原則を新たに決定した。

2016年には、新原則下で初の武器輸出が承認された。

1●防衛装備移転三原則の閣議決定

日本政府は従来、武器輸出三原則を方針として、外国への武器輸出を原則禁止する方針をとってきた。

1967年以降の武器輸出三原則は、第一に、共産圏、第二に、国際連合（国連）決議による禁輸対象国、第三に、紛争当事国への武器輸出を禁止する内容であった。

2014年4月1日に、安倍政権はこの方針を見直し、新たに防衛装備移転三原則を閣議決定

した。

2●防衛装備移転三原則とは何か

新しい原則では、第一に、国際条約の違反国や紛争当事国、国連の安全保障理事会（安保理）の決議による禁輸対象国などへの武器輸出は禁止する。

その上で、第二に、平和貢献や国際協力の積極的な推進に資する場合、日本の安全保障に資する場合には、国家安全保障会議（日本版NSC）による審査後、武器輸出を認める。同盟国などに限定して武器輸出を認め、輸出する場合は厳格な審査や情報公開を行うとされた。

さらに、第三に、目的外使用や第三国へ移転については、事前に日本の同意を得るよう相手国に義務づける。条件が整えば、武器輸出を可能とするという内容である。

3●武器輸出の事例

輸出審査は、首相をトップとする国家安全保障会議が行う。

たとえば、2014年7月に、国家安全保障会議は、新原則のもとで初となる地対空ミサイルPAC2の部品の対米輸出と、F35戦闘機に搭載するミサイル技術をめぐる日英共同研究を承認した。

2016年5月には、海上自衛隊の航行練習機TC-90をフィリピン海軍に譲渡した。これは、自衛隊装備の他国供与第一号となった。

また2018年には、海洋救難用の飛行艇US-2（新昭和工業）をインドとインドネシア、ギリシャが導入を検討した。US-2自体は、民間機仕様だが、敵味方識別装置を装備している。

2020年11月9日には、中国中央テレビ（CCTV）は、日本がインドネシアに護衛艦を輸出する動きを見せていることについて「武器の輸出制限がさらに打破される可能性がある」と警戒感を示した。

●おわりに ── 台湾への武器供与の可能性

近い将来、中国との戦略的な対話を維持しつつ、台湾に日本の優れた潜水艦技術を第三国（アメリカ）経由で供与することを決定すべきであろう。台湾海峡の軍事バランスを維持するため、中国の海洋進出を牽制するため、シーレーン（海上交通路）防衛のため、「航行の自由」原則を守るためである。

第39章
「安倍談話」とは何か

●はじめに ── ポイントと基礎知識

2015年8月、戦後70年の節目として安倍内閣は新たな首相談話を閣議決定した。

この安倍談話は、村山談話と小泉談話の内容を全体として引き継ぎながら、過去に対する謝罪については、一定の区切りをつけたいという考えを示している。

1●総理大臣談話とは何か

日中戦争と太平洋戦争の終結から70年の節目にあたる2015年の8月14日（終戦記念日の前日）に、安倍内閣は戦後70年にあたる総理大臣談話（安倍談話）を閣議決定した。

総理大臣談話とは、ある問題についての政府の考えを表明したものである。総理大臣談話には、閣議決定の手続きをとらない「総理大臣の談話」と、閣議決定させる「総理大臣談話」の2種類がある。前者は、総理個人の政治的信条や見解を表明するものである。これに対して、後者は、日本政府の公式見解である。

特に先の戦争については、戦後50年の村山談話、戦後60年の小泉談話と、10年ごとに談話が発表されてきた。

これらの談話は、いずれも日本がかつて行った「侵略」や「植民地支配」を「痛切に反省」し、「心からのお詫び」を表明したものである。

2●安倍談話の内容

安倍談話は、こうした反省や謝罪を直接表明する代わりに、「歴代内閣の立場は今後も揺るぎない」と述べて、これまでの政権の考えを全

118

体として引き継ぐことを表明した。

　同時に、「先の世代の子供たちに謝罪を続ける宿命を背負わせてはならない」とも述べ、過去の歴史を胸に刻みながらも、謝罪に一定の区切りをつけたい考えを示した。

3◉村山談話・小泉談話・安倍談話の比較

(1)村山談話（1995年）
「植民地支配と侵略によって、多くの国々、とりわけアジア諸国の人々に対して多大な損害と苦痛を与えました。

　疑うべくもないこの歴史の事実を謙虚に受け止め、ここに改めて痛切な反省の意を表し、心からのお詫びの気持ちを表明いたします」。

(2)小泉談話（2005年）
「我が国は、かつて植民地支配と侵略によって、多くの国々、とりわけアジア諸国の人々に対して多大な損害と苦痛を与えました。

　こうした歴史の事実を謙虚に受け止め、改めて痛切な反省と心からのお詫びの気持ちを表明するとともに、先の大戦における内外のすべての犠牲者に謹んで哀悼の意を表します」。

(3)安倍談話（2015年）
「事変、侵略、戦争。いかなる武力の威嚇や行使も、国際紛争を解決する手段としては、もう二度と用いてはならない。

　植民地支配から永遠に訣別し、すべての民族の自決の権利が尊重される世界にしなければならない。

　先の大戦への深い悔悟の念とともに、我が国は、そう誓いました。

　我が国は、先の大戦における行いについて、繰り返し、痛切な反省と心からのお詫びの気持ちを表明してきました。…

　こうした歴代内閣の立場は、今後も、揺るぎないものであります。

　私たちの子や孫、そしてその先の世代の子供たちに、謝罪を続ける宿命を負わせてはなりません。

　我が国は、自由、民主主義、人権といった基本的価値を揺るぎないものとして堅持し、その価値を共有する国々と手を携えて、『積極的平和主義』の旗を高く掲げ、世界の平和と繁栄にこれまで以上に貢献してまいります」。

4◉中国と韓国の反応

　中国外務省は、「日本の軍国主義による侵略戦争の性質と戦争責任を明確に引き継ぎ、被害国民に真摯なお詫びをすべきであり、この重大な原則を覆い隠すべきではない」と表明した。

　韓国の朴槿恵大統領は、「残念な部分が少なくない」として、「日本政府は、日本軍従軍慰安婦の被害者の問題を、早急に合理的に解決することを望む」と表明した。

　2016年12月28日に、繰り返しになるが、「歴史認識」問題をめぐり、日韓合意が実現した。2017年5月10日、朴槿恵の辞任を受けて、文在寅が大統領に就任した。しかしながら、日本大使館前の従軍慰安婦像の撤去の目途は、立っていない。詳しくは、続く章で後述する。

　こうして、中国と韓国は、日本との間で、「歴史認識」問題を抱えているため、安倍談話にきわめて批判的である。

◉おわりに──「積極的平和主義」とは何か、再び

「積極的平和主義（proactive contribution to peace）」とは、すでに見た通り、自国のみならず、国際社会の平和の実現のために、能動的かつ積極的に行動を起こすことを重視する考え方である。

　安倍首相は、2012年12月26日の就任以来、このスローガンを頻繁に用いた。国際連合（国連）の総会での演説でもこの言葉を使って、国際貢献を協調した。

第40章

日韓の歴史認識問題とは何か

● はじめに —— ポイントと基礎知識

　いわゆる従軍慰安婦の問題で関係が悪化していた日本と韓国は、2015年12月にようやく合意に達し、日本が資金を拠出して元従軍慰安婦を支援する「和解・癒し財団」を設立し、問題を「最終的かつ不可逆的」に解決することになった。

　朴槿恵政権は、従軍慰安婦問題で、日本を批判し続けていた。

　その後、2017年5月に、文在寅政権へ移行するが、韓国政府は、日韓合意は破棄しないものの、世論に配慮して、日本大使館前に設置された従軍慰安婦像を撤去せず、「和解・癒し財団」を一方的に解体した。

1 ● 従軍慰安婦問題とは何か

　第二次世界大戦中、戦地で日本軍の将兵を相手に売春をさせられた女性を「従軍慰安婦」と言う。

　1990年代に、元従軍慰安婦だった韓国人女性が名乗り出たのをきっかけに、「日本軍が韓国の女性を強制連行して従軍慰安婦にした」問題としてクローズアップされた。

2 ● 「河野談話」とアジア女性基金とは何か

　日本軍が強制連行した証拠は出なかったものの、1993年8月4日に、日本は河野洋平官房長官による「河野談話」で、日本軍による関与と強制を事実上認め、「心からのお詫びと反省」を表明した。

　その後、この問題を解決するために、「アジア女性基金（アジア平和国民基金）」が1995年7月15日に設立され、希望する元従軍慰安婦に「償い金」と総理大臣のお詫びの手紙を届ける事業が始まった。

　しかし、韓国側は、基金が国家賠償ではなく、民間の募金であることに激しく反発した。

3 ● 日韓歴史認識問題に対する日本政府の立場

　そもそも、日本と韓国は、1965年6月22日に日韓請求権協定を結んでいる。日本が韓国に多額の経済支援を行い、戦時の賠償問題をすべて解決するという内容であった。

　従軍慰安婦の問題についても法的には、この時に解決済みというのが、日本政府の基本的な立場である。

　これに対して、韓国側は、「従軍慰安婦のような反人道的な問題は、請求権協定の対象外である」として、日本政府に対応を迫った。

　朴槿恵大統領は、従軍慰安婦問題が解決しないのを理由に、日韓首脳会談を拒否し続け、日韓関係は大きく悪化した。

4 ● 歴史認識問題での日韓合意へ

　しかし、このまま険悪な関係が続いていくわけにもいかず、アメリカからの圧力もあり、2015年12月28日に、日本と韓国はこの歴史認識問題でようやく合意に達した。

　日本は、改めてお詫びと反省を表明し、元従軍慰安婦を支援するための措置を政府予算によって講じることとなった。

　この問題は「最終的かつ不可逆的に解決される」という内容であった。

2016年7月28日に、合意に基づいて日本が10億円を拠出し、韓国に「和解・癒し財団」が設立された。存命する元従軍慰安婦には財団から現金が支給される。

韓国政府は、日本大使館前の従軍慰安婦の少女像の撤去について、関連団体と協議を行い、解決に努力することになった。

しかし、韓国国内にはこの合意に対する反発も根強くある。日韓合意が破られれば、日韓関係は再び悪化する恐れがある。

ただし、高度なネット社会である韓国では、反日の世論の動向を無視できないのである。

● おわりに ── 日韓の歴史認識問題の展望

朴槿恵大統領は、2017年3月10日、弾劾裁判により罷免となった。

2017年5月9日に行われた韓国大統領選挙で、中道左派の最大野党「共に民主党」の文在寅が、得票率41.1％、2位以下に大差をつけて勝利した。文在寅政権は、日韓合意は破棄しないものの、世論に配慮して、「和解・癒し財団」を一方的に解体した。

残念ながら、日韓の歴史認識問題は、2021年以降も残っている。

元徴用工問題や戦略的物資の統制、GSOMIA（軍事情報包括保護協定）の破棄をめぐる日韓対立の詳細については、続く章で後述する。

第41章

日韓関係のさらなる冷却化とは何か

● はじめに ── ポイントと基礎知識

2012年8月の韓国の李明博大統領が政権末期に、竹島に上陸したことを契機に日韓関係は、急速に冷却化した。

続く朴槿恵政権では、韓国側がいわゆる従軍慰安婦の問題を取り上げ続け、日韓間で歴史認識問題が過熱した。2017年3月に、朴槿恵大統領は、弾劾裁判により罷免となった。5月の大統領選挙で、文在寅政権へと移行する。

2018年10月の元徴用工訴訟判決をきっかけに、日韓関係はさらに悪化した。

日本が韓国への輸出規制を強化すると、韓国は報復としてGSOMIA破棄を通告した。

日韓関係のさらなる冷却化の影響は、外交や通商・貿易、安全保障などさまざまな側面に及んでいる。

1 ● 日韓関係の冷却化

2012年8月10日、繰り返しになるが、韓国の李明博大統領が政権末期に、竹島に上陸したことを契機に、日韓関係は、急速に冷却化した。

続く朴槿恵政権では、すでに見た通り、韓国側がいわゆる従軍慰安婦の問題を取り上げ続け、日韓間で歴史認識問題が過熱した。

こうした日韓関係の冷却化を背景にして、安倍政権と朴槿恵政権の間では、しばらく日韓首脳会談が開催されなかった。

しかし、2015年12月28日に、日韓両国は、歴史認識問題で一定の合意に至った。この日韓合意によって、日本が資金を拠出して元従軍慰安婦を支援する「和解・癒し財団」を設立し、

従軍慰安婦問題を含む歴史認識問題を「最終的かつ不可逆的」に解決することになった。背景には、アメリカのオバマ政権から韓国の朴槿恵政権への圧力があった。

ところが、朴槿恵大統領は、繰り返しになるが、2017年3月10日、弾劾裁判により罷免となった。5月9日に行われた韓国大統領選挙で、中道左派の最大野党「共に民主党」の文在寅が勝利した。文在寅政権は、日韓合意は破棄しないものの、世論に配慮して、「和解・癒し財団」を一方的に解体した。

2 ● 元徴用工訴訟問題とは何か

2010年代後半にかけて、日韓関係はさらに冷却化してきた。きっかけの一つは、冒頭でも見た通り、元徴用工訴訟問題である。徴用工とは、第二次世界大戦中に朝鮮半島から動員され、炭坑や軍需産業などで働かされた人たちのことである。

2018年の10月と11月に、日本の最高裁判所にあたる韓国大法院は、新日鐵住金（現日本製鉄）と三菱重工業に対して、戦時中に働かされていた元徴用工への損害賠償を命じる判決を言い渡した。

韓国側の主張では、そもそも日本の植民地支配が不法であり、植民地支配によって個人が受けた人権侵害に対する慰謝料の請求は、日韓請求権協定の対象外である。日本企業には、賠償責任があるという。

3 ● 日韓請求権協定とは何か、再び

この元徴用工判決に、日本の安倍政権は、激しく反発した。

なぜなら、日本と韓国は、繰り返しになるが、1965年6月22日に、日韓請求権協定という取り決めを交わしているからである。日本が韓国に合計5億ドルの経済支援を行う代わりに、戦時の保障問題については、「完全かつ最終的に」解決済みとする、という内容である。

歴代の韓国政府も、「解決済み」と追認していた。

また日韓請求権協定では、日韓両国間で紛争が生じた場合には、第一に、まず外交を通じて協議し、第二に、それでも解決しない場合には、両国と第三国の3名から成る仲裁委員会を設置する。第三に、仲裁委員が決まらない場合は、第三国の委員による仲裁委員会を設置して、その決定に従う、と定められている。

4 ● 韓国の駆逐艦による海上自衛隊の哨戒機への火器管制レーダー照射事件

2018年12月20日には、韓国の駆逐艦が海上自衛隊の哨戒機に攻撃の前に狙いを定めるためのレーダーである火器管制レーダーを照射する事件が発生した。

日本の抗議に対して、韓国の文在寅政権は、「日本の哨戒機が遭難船救助中に威嚇飛行をしてきた」とか、「レーダー照射はしていない」と反論した。その後も、議論は、日韓間で平行線のままであった。

5 ● 安倍政権による韓国への輸出規制

2019年7月と8月には、日韓関係は、通商・貿易面で衝突した。

安倍政権は、7月4日に、日本が輸出している半導体材料3品目について、これまで韓国へは企業ごとにまとめて輸出許可をとればよかったのを、出荷ごとに許可を取る方式に変更したのである。

かねてより、韓国の輸出は、戦略的物資の審査が甘いことが問題視されていた。

さらに、参議院選挙直前の8月2日、安倍政権は、韓国を輸出規制上の優遇措置の対象国である「ホワイト国（グループA）」から除外し、半導体材料以外の品目についても、個別に許可が必要な「グループB」とする閣議決定を行った。

兵器開発などに使われる可能性のある貨物の輸出には、原則として国の許可が必要である。

122

しかし、ホワイト国ならば、手続きが簡略化される。

6●韓国のGSOMIAの破棄

日本のこうした措置を、韓国側は元徴用工訴訟問題に対する報復である、と批判している。

韓国は、2019年8月22日に、冒頭で見た通り、対抗措置として、軍事情報に関する日韓の協定であるGSOMIA（軍事情報包括保護協定）の破棄を通告してきた。

これに対しては、アメリカのトランプ政権も批判的であった。

そのため、韓国側は結局、アメリカからの圧力もあって、2019年11月23日に、GSOMIAの破棄を取り消した。

●おわりに──「第三次韓流ブーム」

民間のレベルでも、訪日旅行者が激減するなど、さまざまな影響が生じている。

他方で、日本の10代と20代の若年層では、「第三次韓流ブーム」になっている。

隣国同士の日韓両国がいつまでも険悪なままでいいわけはないが、和解の糸口は、2021年以降も、みつかっていない。

第42章
アベノミクスとは何か

●はじめに──ポイントと基礎知識

アベノミクスとは、安倍政権が進めた経済政策である。

日本経済をデフレから脱却させるために、第一に、「大規模な金融緩和」、第二に、「拡張的な財政政策」、第三に、「民間投資を呼び起こす成長戦略」の三つの政策を「三本の矢」として実行し、景気を立て直そうという政策であった。

1●アベノミクスと「三本の矢」とは何か

アベノミクスとは、安倍晋三首相の「安倍」と「経済学（economics）」を組み合わせた造語で、安倍政権の経済政策のことである。同じような造語として、「レーガノミクス」や「クリントノミクス」、「ブッシュノミクス」、「オバマノミクス」、「トランポノミクス」、「バイデノミクス」、「コイズミノミクス」、「スガノミクス」、「リコノミクス」などが知られる

アベノミクスの内容は、繰り返しになるが、第一に、大規模な金融緩和、第二に、拡張的な財政政策（公共事業）、第三に、民間投資を呼び起こす成長戦略の三つを「三本の矢」として次々に実行し、円安・株高の好循環により、日本経済を長いデフレから救い出そう、という政策であった。

2●デフレとは何か

デフレとは、モノの値段が下がり続けることである。モノの値段が下がると企業は儲けが減るので、社員の給料を下げたり、人員を減らしたりする。そうすると、買い物を控える人が増えるのでモノが売れなくなり、企業はますます儲けが減る、という悪循環である。

日本経済は、もう10年以上デフレの状態が続いていて、景気がなかなか良くならない原因になってきた。

こうしたデフレから脱却しようというのが、

アベノミクスの目的であった。

3◉「三本の矢」の内容

(1)「第一の矢」── 大規模な金融政策

「第一の矢」である大規模な金融政策とは、世の中に出回るお金の量を増やすことである。そのためには、お金をどんどん印刷して銀行から債権を買い取る。そうすると、銀行は手元のお金を企業に貸すようになるので、使われるお金が増え、景気が良くなっていく。多くの人が「もうすぐ物価が上がる」と予測して、今のうちに買い物をすれば、本当に物価が上がる。最悪の場合は、国民の所得は増えずに、物価だけが上昇する。

安倍政権と日本銀行は、物価目標を2%に設定した。デフレ脱却のために物価目標を設定するのは世界初であった。

(2)「第二の矢」── 拡張的な財政政策

「第二の矢」である拡張的な財政政策とは、経済政策予算を使って、政府自ら率先してインフラ整備など公共事業を行い、需要を作る政策である。具体的には、道路建設やトンネル工事などの公共事業を、国が大量に発注することである。そうすると、建設会社は仕事が増えるので、人を雇う。雇われた人たちはもらった給料で買い物をするので、モノが売れ、景気が良くなっていく。

景気が良くなれば、税収が増えるので、国の借金は返済できる。最悪の場合は、国の借金だけがますます膨らむ。

たとえば、地震や津波、ゲリラ豪雨などの災害に備えて、老朽化した道路や橋の改修、スーパー堤防など堤防建設などの公共事業を全国的に行う構想である。

(3)「第三の矢」── 民間投資を呼び起こす成長戦略

「第三の矢」である民間投資を呼び起こす成長戦略とは、将来有望な新しい産業を育てたり、法人税を下げたりして、企業が利益を上げやすい環境を整えていくことである。

金融緩和や公共事業はずっと続けていけないので、景気回復を軌道に乗せるには成長戦略が必要なのである。企業が競争力をつければ、回り回って国民にも利益がある。最悪の場合は、企業だけが得をして、国民の生活が改善されない。

「第三の矢」である民間投資を呼び起こす成長政策は、内容があいまいであるという批判が根強くあった。

(4) その他の取り組み

「産業競争力会議」とは、将来有望な産業は何かを議論するために政府が主催する経営者などで構成される会議である。

また、「国家戦略特区」とは、指定した区域内の企業に、さまざまな規制緩和や税制優遇措置を認める特区である。

◉ おわりに──「新しい三本の矢」とは何か

安倍政権成立後の株価上昇や円安は、アベノミクスの効果と言われた。しかし、消費税増税により消費は落ち込み、原油安の影響もあって物価は計画通りに上昇していない。

また安倍政権は、アベノミクスとともに、「地方創生」や「働き方」改革も掲げたが、これらはすぐに実現しなかった。「働き方」改革が進むのは、2020年のコロナ禍であった。

2015年9月24日に、安倍首相は、「アベノミクスは第二ステージに移る」として、「強い経済」と「夢を紡ぐ子育て支援」、「安心につながる社会保障」という「新しい三本の矢」の政策を推し進めていくこととなった。「新しい三本の矢」の内容は、さらにあいまいである。そもそもの「三本の矢」に立ち戻るべきである、という意見もあった。

続く25日に、安倍首相は、「一億総活躍社会」というスローガンを打ち出した。しかし、「2020年に待機児童ゼロ」の目標を目指していたが、これは実現していない。これでは、女性の力をうまく経済社会が吸収できない。

2020年には、新型コロナ・ウイルスの感染拡大で、日本経済は急速に冷え込んだ。

こうして、アベノミクスは、道半ばで終わったと言えよう。これから菅政権の下で、「スガノミクス」がいかに描かれるか、が注目される。需要喚起型のアベノミクスから、企業刺激型のスガノミクスへの移行が期待される。

第43章

日本のFTAとEPAとは何か

● はじめに ── ポイント

関税を撤廃することで自由貿易を拡大する「自由貿易協定（FTA）」と、関税など通商・貿易以外にさまざまな経済連携を強化する「経済連携協定（EPA）」を締結する動きが加速している。

国際的な貿易競争が有利になる反面、国内の産業は不利になるため、賛否が分かれる。

外国との貿易では、モノを輸入する側が関税を科したり、数量制限を行ったりして、特定の輸入品が自国に入り過ぎないようにしている。外国から安い商品が大量に入ると、国内で同じ商品を作っている産業がダメージを受けてしまうからである。

1 ● 自由貿易協定（FTA）とは何か

外国との貿易が盛んになることは、さまざまなメリットをもたらす。自由貿易の拡大やグローバリゼーションの進展は、経済全体には経済成長を生むのである。

外国のすべての国ではなく、特定の国や地域との間でだけ、お互いに関税を撤廃して多くの取り引きをしよう、という取り決めをするようになった。このような取り組みを「自由貿易協定（FTA）」と呼ぶ。また、自由貿易圏として、北米自由貿易協定（NAFTA）があった。NAFTA

は、トランプ政権の下で再交渉され、USMCA（米国・メキシコ・カナダ協定）へ移行した（2018年9月30日）。

2015年10月5日に、「環太平洋経済連携協定（TPP）」の国際交渉が大筋合意に至った。TPPは、「メガFTA」と呼ばれる。

TPPの大筋合意を受けて、たとえば、日中韓のFTA交渉も大きく進展することが期待された。

2 ● 経済連携協定（EPA）とは何か

また、関税だけでなく、人の移動や投資といった幅広い分野で規制を緩和し、経済的な結びつきを強化する取り決めを「経済連携協定（EPA）」と呼ぶ。

日本のように、どうしても関税を撤廃したくない商品（コメ、麦、砂糖、牛・豚、乳製品など）がある国は、FTAよりもEPAの方が都合が良い。

3 ● 日本のFTAとEPA

日本は、20のFTAないしEPAの協定を結んだ。

具体的には、シンガポールをはじめとして、メキシコ、マレーシア、フィリピン、インドネシア、タイ、ブルネイ、チリ、スイス、ヴェトナム、インド、ペルー、東南アジア諸国連合（ASEAN）、オーストラリア、モンゴル、欧州連合（EU）、環太平洋経済連携協定（TPP）11、

アメリカ、イギリス、東アジア地域包括的経済連携（RCEP）などである。

2019年10月7日には、日米貿易協定が結ばれた。詳しくは、別の章で前述した。

また2020年10月23日には、欧州連合（EU）を離脱したイギリスとの間で、新たに日英EPAが結ばれた（2021年1月発効）。交渉期間3カ月のスピード合意であった。

ASEANとの間では、日本ASEAN包括的経済連携協定（AJCEP）が締結されている。これは、日本や中国、韓国などアジア15カ国が2020年11月15に署名した東アジア地域包括的経済連携（RCEP）の土台となった。詳しくは、別の章で後述する。

4 ● 販売競争としてのFTAとEPA

一方で、隣国の韓国は、比較的に早い時期からEUやアメリカとFTAを締結していた。これにより、韓国は、EUやアメリカに自動車や電気製品を安く売ることができるので、日本企業が不利になる、という意見があった。

こうして、FTAとEPAは、ライバル国との販売競争でもある。国家の通商・貿易政策にかかわる問題である。

5 ● FTAとEPAのメリットとデメリット

とは言うものの、FTAやEPAを結べば、外国から安い製品が輸入されてくる。特に農産物が安く輸入されてくると、国内の農業にとって大きな脅威となる。

その反面、外国との競争にさらされることで、より良い製品が生まれる例もある。何を保護し、何を安く輸入できるようにするかは、慎重かつ戦略的に決める必要がある。

6 ● ドーハ・ラウンドの停滞と「TPP11」

世界貿易機関（WTO）とは、1995年1月1日に設立された国際機関である。通商・貿易に関するルールを定めている。2017年12月の時点で、164の国と地域が加盟している。

しかし、WTOの意思決定には全加盟国の合意が必要なので、WTOの「ドーハ・ラウンド」は停滞している。そのため、より機動的なFTAとEPAが盛んとなってきた。

こうして、TPPで「メガFTA」の時代に入るかと予測されていたが、アメリカのトランプ政権がTPPからの離脱を決定し、日本をはじめとした残された国家は、「TPP11」で合意した。TPP11の枠組みを残して、アメリカが再び参加することを待つ政策である。

● おわりに ── 日米貿易協定の締結

トランプ政権は、繰り返しになるが、新たに日米の二国間のバイで貿易協定を結ぶことを日本に要求した。これに応じなければ、日本車に追加関税をかけると脅した。こうして、物品貿易協定（TAG）をめぐる日米交渉が始まった。

その結果、2019年9月25日に、安倍晋三首相とトランプ米大統領は、ニューヨークで開いた日米首脳会談で日米貿易協定の締結で最終合意し、合意確認文書に署名した。10月7日に、ワシントンD.C.で、日米貿易協定と日米デジタル貿易協定の署名が、杉山晋輔駐米大使とアメリカのロバート・ライトハイザー通商代表との間で行われた。

日米貿易協定により、日本はアメリカから輸入する牛肉や豚肉にかける関税を段階的に引き下げることになった。日米間の事実上のFTAである。

その一方で、日本からアメリカに輸出する自動車や部品の関税引き下げについては、今後協議するとして見送られた。

日米貿易協定と同時に、日米デジタル貿易協定も結ばれたことが注目される。ネットを介した日米間のソフトウェアやデータの流通の自由化に関する協定で、アメリカのIT企業に有利な内容である。

第44章
円高と円安とは何か

●はじめに —— ポイントと基礎知識

「1ドル＝何円」と言う時に、円の数字が高くなるのが「円安」、低くなるのが「円高」である。

円安は、輸出産業には有利だが、輸入業者には不利に働く。急速な円安による物価の上昇は、日本経済にもマイナスである。

円高は、輸出産業には不利だが、輸入業者や消費者には有利に働くことになる。

1●円安と円高とは何か

たとえば、日本からアメリカに旅行する時には、手持ちのお金をアメリカの通貨と交換する。これは、アメリカのドルを日本の円で買うということである。

1ドルを何円で買えるかは、その時の需要と供給によって変動する。

これまで1ドル＝100円であったが、1ドル＝120円になったとすれば、ドルは20円の値上がりである。

ドルの値上がりは、逆に考えると円の値下がりだから、この変化を「円安」と言う。

逆に、1ドル＝100円が80円になった場合は、「円高」になる。

2●一長一短の円安と円高

たとえば、日本からアメリカに製品を輸出して、1個100ドルで100個販売したとしよう。1ドル＝100円ならば、1万円の売り上げだが、1ドル＝120円になれば、1万2000円の売り上げになる。

このように、円安は輸出産業に有利に働く。

逆に、アメリカから製品を輸出する時には、100ドルの製品が1万円から1万2000円に値上がりしてしまう。そのため、円安は輸入業者には不利に働く。

こうして、円安や円高にはそれぞれ一長一短がある。

3●アベノミクスと量的緩和政策

2008年9月15日のリーマン・ショックと呼ばれるアメリカ発の世界金融危機以降、外国為替相場では1ドル＝80円台の円高が続いていた。

しかし、安倍政権が成立した2012年末ごろから、円は値下がりを始めた。原因の一つは、アベノミクスや日本銀行の量的緩和政策の影響である。

量的緩和は、世のなかに出回る円の供給量を増やすため、相対的に円の価値が下がるのである。

4●円安と株高、円高と株安

日本では円安が進むと株価が上昇して、円高になると株価が下がる傾向がある。円安は輸出に有利なので、輸出関連企業の株価が上がるのが、原因の一つである。

●おわりに —— 海外投資家にとっての円安と円高

また、海外の投資家にとって、円安は日本の株式を割安に購入するチャンスである。

そのため、海外投資家は、円安になると手持ちの資金を円に両替し、その円で日本の株を買う。

逆に円高は、日本の株式を高く売るチャンスなので、円高になると一斉に日本の株を売却する。

円安と株高、円高と株安は、こうしたメカニズムで連動している。

第45章

政府開発援助（ODA）大綱の見直しとは何か

● はじめに —— ポイントと基礎知識

発展途上国の開発のために政府が行う援助が、政府開発援助（ODA）である。

ODAの基本方針を定めた「ODA大綱」が、2015年2月に、12年ぶりに改定された。新しいODA大綱では、「国益」を重視した援助を推進する。

また、民間企業や非政府組織（NGO）などとの連携も進める。

1 ● 政府開発援助（ODA）と「開発協力大綱」とは何か

繰り返しになるが、先進国が行う発展途上国の支援の一つに、政府開発援助がある。これに対して、世界銀行や国連開発計画（UNDP）など国際機関に資金を提供して行う多国間（マルチ）で間接的な援助もある。

日本のODAは、インフラ整備などを目的とした円借款の形をとることが多い。

安倍政権は、このODAを行う方針をまとめた「ODA大綱」を12年ぶりに改訂し、2015年2月10日に、新たに「開発協力大綱」と名づけて、閣議決定した。

2 ● 「国益の確保に貢献」

開発協力大綱では、日本の厳しい財政事情を考慮し、援助すべき対象にメリハリをつけて

「戦略的にODAを実施する」と定められている。

注目すべきことに、開発協力の目的に、「国益（national interest）の確保に貢献」という文言をはじめて明記し、日本の平和維持や繁栄のための手段として開発協力を推進することを掲げた。

軍事目的のODAはこれまで通り行わないが、災害救助や復興などの分野で他国軍を支援することも盛り込んだ。

3 ● 「中所得国の罠」への対応

その実現のために、これまで支援の対象外であった一定以上の国内総生産（GDP）の国にも「中所得国の罠」に陥らないよう協力することを明記した。

「中所得国の罠」とは、発展途上国の一人当たりGDPが中水準（中所得）に達した後、成長率が低下したり、長期間低迷したりすることである。高成長に向けて、発展の戦略を転換できないことがその理由だ、と考えられている。

タイやチリ、アルゼンチン、インドネシアなどが知られる。

近い将来、中国が「中所得国の罠」に陥るのではないか、という議論もある。

● おわりに —— 日本のODAの特徴

すでに見た通り、先進国が直接に、発展途上国に有償・無償の援助を行う二国間（バイ）の

援助と、世界銀行や国連開発計画など国際機関に資金を提供して行う多国間の間接的な援助がある。

日本の二国間援助先（拠出先）のうちもっとも大きいのがヴェトナムである。次いで、インド、トルコ、アフガニスタンの順となっている。経済的な利益や戦略的な利益を鑑みて、ODAは、発展途上国へ供与される。

こうして、地域別に見ると、日本のODAは、アジアと中東地域への援助が多い。

また、1978年の鄧小平による「改革・開放」路線が開始した後、日本は、2000年代まで、多額の対中ODAを供与してきた。日本が、隣国の中国が経済発展し、世界経済に関与することが国益にかなうと判断したからであった。

第46章
日本の領土問題とは何か

● はじめに —— ポイントと基礎知識

日本は、隣国のロシアと北方領土、中国と尖閣諸島、韓国と竹島をめぐって、領有権問題を抱えている。

海の安全を守ることは、漁業権や海底資源の採掘権を守ることにつながる。

しかし、日中関係と日韓関係では、領土問題は「歴史認識」問題とリンクして、解決がきわめて困難である。

1 ● 政府開発援助（ODA）と
　「開発協力大綱」とは何か

北方領土とは、根室半島の沖合にある択捉島、国後島、色丹島、歯舞群島の4島のことである。第二次世界大戦前には、日本人1万人以上が住んでいたが、日本の敗戦直後にソ連に占領され、現在もロシアが実効支配している。

1956年10月19日に署名された日ソ共同宣言（12月12日に発効）で、平和条約の締結後に色丹島、歯舞群島の2島を返還することが明記された。

しかし、日本は4島すべての返還を求めており、交渉は行き詰まっている。

解決策として、日本が択捉島の一部を放棄して、面積でロシアと2等分するなどの妥協案もある。

安倍首相は、ウラジーミル・プーチン大統領との間で、北方領土の解決を目指した。しかし、北方領土は、ロシアにとっても、海洋安全保障上のメリットが大きい。そのため、問題の解決は楽観視できない。

2 ● 尖閣諸島問題とは何か

尖閣諸島は、沖縄県石垣島の北西方にある島々の総称である。1895年1月15日に沖縄県に編入されて以来、アメリカの沖縄占領期間を除き、日本が実効支配を続けている。

中国と台湾が領有権を主張し始めたのは、1960年代後半に行われた海洋調査で、周辺の海域に石油資源が埋蔵されている可能性が報告されてからである。

近年、中国側の領海侵犯が後を絶たない。たとえば、古い事例になるが、2010年9月7日には、中国漁船が尖閣諸島付近で海上保安庁の巡視船に衝突する事件が起こった。

　2012年9月11日には、日本政府は3島を20億5000万円で購入し、「国有化」した。民主党の野田政権の時である。中国側はこれに激しく反発し、日中関係は大幅に悪化した。大規模な反日デモが、中国各地で起こった。

　その後も、尖閣諸島周辺には中国巡視船などによる領海侵犯が続いている。

　2013年11月23日には、中国が尖閣諸島を含む東シナ海上空を「防空識別圏（ADIZ）」に設定した。また、中国軍戦闘機が自衛隊の航空機に異常接近する事態も起きてきた。

　2020年以降、コロナ禍で世界が混迷するなかで、中国は、東シナ海や南シナ海への海洋進出を活発化させている。日本としては、毅然とした態度で対応する必要がある。

3 ● 竹島問題とは何か

　竹島は、日本海に浮かぶ総面積0.21平方キロの小さな島である。韓国名は、「独島（トクト）」である。

　日本は、1905年1月28日に竹島を島根県に編入した。その後、日本は韓国を併合したが、第二次世界大戦後に独立した韓国は竹島の領有権を主張した。

　1952年1月18日に、韓国は「李承晩ライン」を設定して、竹島を韓国領に取り込み、その後、武装した兵士を送り込んで竹島を占拠した。以降、現在に至るまで、実効支配を続けている。

　2012年8月10日には、李明博大統領が竹島に上陸し、日韓関係が急速に悪化した。

　日本政府は、竹島問題を国際司法裁判所に提訴することを提案しているが、韓国側は拒否している。

● おわりに ── ロシアと中国、韓国の指導者たち

（1）ウラジーミル・プーチン大統領

　2000年3月26日のロシア大統領選挙で勝利し、5月7日に大統領に就任した。その後、2008年5月7日以降に首相を務めた後、2012年5月7日に再度、大統領に就任した。長期間にわたり政権のトップの座にある。2020年に入り、憲法を改正し、院政を敷く動きを見せている。

　親日派として知られる。

　しかし、欧米諸国の反対を押し切り、2014年3月18日にクリミア半島を併合するなど、領土問題では強硬姿勢を見せる。

（2）習近平国家主席

　2012年11月15日に中国共産党総書記、2013年3月14日に中国国家主席に就任した。習近平政権は、2018年3月11日には、国家主席の任期制限撤廃（終身化）を図った。

　南シナ海の南沙諸島と西沙諸島で、ヴェトナムやフィリピン、台湾とも領土問題で対立している。東シナ海の尖閣諸島をめぐっては、日本と対立している。

（3）韓国大統領、朴槿恵から文在寅へ

　2013年2月25日に、朴槿恵は、韓国初の女性大統領に就任した。朴正煕元大統領の長女である。就任時から、いわゆる従軍慰安婦の問題など「日本側の歴史認識」を批判し、反日姿勢を強めていた。

　朴槿恵大統領は、繰り返しになるが、2017年3月10日、弾劾裁判により罷免となった。5月9日に行われた韓国大統領選挙で、中道左派の最大野党「共に民主党」の文在寅が、得票率41.1％、2位以下に大差をつけて勝利した。

第47章

排他的経済水域（EEZ）とは何か

● はじめに —— ポイントと基礎知識

自国沿岸から200カイリ（海里）の海域を「排他的経済水域（EEZ）」と言い、漁業や天然資源の採掘が優先的に認められる。

日本は、四方を海に囲まれた島国だが、領海と合わせると世界第6位の広大な海域の資源を利用できる。

1● 領海とは何か

自国領土の沿岸から12カイリ（約22キロ）の海を「領海」と呼ぶ。領海内は自国の主権が認められ、外国船が許可なく侵入することはできない。

2● 排他的経済水域（EEZ）とは何か

また、自国領土から200カイリ（約370キロ）の海域を「排他的経済水域（EEZ：Exclusive Economic Zone）」と呼ぶ。外国船がこの海域を航行するのは基本的に自由だが、漁業や天然資源の採掘は、沿岸国だけに認められている。

尖閣諸島や沖ノ鳥島のような無人島が重要なのは、これが自国の領土かどうかで、排他的経済水域の広さが大きく変わってしまうからである。

3● 日本のEEZ

日本の排他的経済水域の面積は、約405万平方キロである。領海を含めると、国土面積の約12倍で、繰り返しになるが、世界で第6位の広さとなる。

この海域は豊かな漁場で、日本の漁業の基礎となっている。

また、海底にはメタンハイドレートや天然ガスなどの資源が眠っている可能性もあり、調査が進められている。

● おわりに —— 日本の海洋戦略

中国が東シナ海（尖閣諸島）と南シナ海（南沙諸島と西沙諸島）で、海洋進出を図っている。

日本としては、広いEEZを維持するためにも、中国側の要求に屈してはならない。中国による海底油田開発などの動きには、毅然とした態度で臨むべきである。

東シナ海と南シナ海での中国の海洋進出の動きは、それぞれ密接に連動している。

南シナ海では、ヴェトナムやフィリピンなど、東南アジア諸国連合（ASEAN）諸国との連携を強化すべきである。米軍も、オバマ政権下の2015年10月26日以降、「航行の自由」作戦で中国の動きを牽制している。

中国の海洋進出に対抗するためには、台湾の地政学的な位置が重要である。海洋安全保障の観点から、日台関係を強化する必要がある。

図表47　日本の排他的経済水域

［出典］https://www1.kaiho.mlit.go.jp/JODC/ryokai/ryokai_setsuzoku.html
※国連海洋法条約では、沿岸国の200カイリまでの海底とその下をその国の「大陸棚」と定めている。
　さらに、国連の大陸棚限界委員会の審査で、地形・地質的につながっていると認められた場合には、
　200カイリを超えて大陸棚を設定することができる。これを「延長大陸棚」という。

第48章

普天間基地の移設問題とは何か

● はじめに —— ポイントと基礎知識

　日本政府は、沖縄県宜野湾市にある米軍の普天間基地を、同じ沖縄県の名護市辺野古へ移設する計画である。

　すでに移設に向けた工事が始まっているが、沖縄県に米軍基地が集中している現状に、県内では反発も大きい。

1 ● 普天間基地の移設問題とは何か

　普天間基地は、沖縄県宜野湾市にある米軍の海兵隊の基地である。住宅地の真ん中にあって危険なため、以前から移転を求める声が強かった。

　1995年9月4日のアメリカ兵による少女暴行事件をきっかけに、沖縄では米軍基地への反対運動が激しくなった。

132

これを受けて日米間で協議が行われ、1996年4月15日に、「普天間飛行場の5〜7年以内の全面返還」が決まった。

2 ● 名護市辺野古への移設計画

とは言うものの、移転先はなかなか決まらなかった。そもそも、日本にある米軍基地は、70.3%が沖縄に集中している。沖縄県は、県の面積の約10%が米軍施設なのである。

にもかかわらず、移転先として決まったのは、やはり沖縄県内であった。

名護市辺野古に米軍基地キャンプ・シュワブの沿岸を埋め立て、新たに飛行場を作るというのが、2006年5月1日に日米政府の合意した内容であった。小泉政権下であった。辺野古沿岸にV字形滑走路を造る計画である。日本政府は30日、県や名護市と十分に調整せず、1999年の閣議決定を廃止し、V字形案に基づく新たな方針を閣議決定した。

3 ● 「最低でも県外」の公約

ところが、2009年9月16日に政権交代により、民主党の鳩山政権が成立すると、移転先をめぐる議論が再燃した。鳩山由紀夫首相は、選挙で「最低でも県外に（移転する）」と主張して、移転先の見直しを公約していたからである。

沖縄では県外移転への期待が高まったが、アメリカとの交渉の結果、鳩山政権が出した結論は、結局、「名護市辺野古への移設」であった。鳩山首相は、「学べば学ぶほど、抑止力の重要性がわかった」と発言している。この問題で信頼を失い、鳩山首相は、辞任した。

約束を反故にされた沖縄では、移設反対論が再び優勢となった。

4 ● 普天間基地の移転への動き

しかし、2012年12月26日に成立した安倍政権は、仲井眞弘多沖縄県知事と交渉を進め、第一に、普天間基地の5年以内の運用停止、第二に、日米地位協定の見直し、第三に、新型輸送機オスプレイの県外分散配備、第四に、沖縄復興予算の確保などの沖縄の負担軽減策で合意した。

2013年12月27日に、仲井真知事は政府が申請していた辺野古の埋め立て工事を承認し、普天間基地問題は移設へ向けて動き出した。

● おわりに —— 国と県とのせめぎ合い

しかし、県内移設に対する県民の反発は根強く、2014年11月16日の知事選挙で、移設反対派の翁長雄志が当選した。2015年10月13日には、辺野古の埋め立て工事の承認を取り消した。

安倍政権は、2016年12月12日に最高裁判所（最高裁）に提訴し、取り消し処分の効力を停止させ、工事を再開した。日本政府は、ついに辺野古での土砂投入を開始したのである。しかし、問題は、埋め立て区域内の改定に軟弱基盤があり、大規模な地盤改良工事が必要なことがわかったことである。軟弱基盤は、海底90メートルに及ぶが、70メートルより深い部分での工事は、世界で例がない。完成まで12年、費用は最大で9300億ドルに及ぶという。

しかし、沖縄県民の県内移設に対する反発は根強い。

2018年9月30日の選挙で当選した移設反対派の玉城デニー知事は、2019年2月24日に辺野古埋め立ての賛否を問う県民投票を実施し、結果は反対が賛成を大きく上回った。

良心に照らして少しもやましいところがなければ、何を悩むことがあろうか。何を恐れることがあろうか。

孔子は、意・必・固・我という四つのことを拒絶していた。
意とは、事前にどうこうしてやろうという意図。
必とは、必ずこうしたいというこだわり。
固とは、思い込んでしまったことを変えられない頑固さ。
我とは、「私が私が」という自己中心主義。

学べばすなわち固ならず。

知恵を学ぶ方法は、三つある。一つは最も高貴な内省。二つ目は、最も苦い経験。三つ目は、最も安易な模倣。　　　　　　──古代中国の思想家の孔子

君の手に与えられたものがたとえどんなにわずかでも、君がそこに幸せをみつけるなら、「足るを知る」充足感で心はきれいに澄んでいく。そのきれいな心の波は、目に見えない高次の生きものたちを喜ばせて惹きつけるだろう。
　　　　　　──インドのゴータマ・シッダールタ（ブッタ）

第49章

なぜ中国はアメリカの虎の尾を
踏んでしまったのか？

● はじめに ── ワシントンでの反中国の
コンセンサス形成

　2017年12月18日にホワイトハウスがアメリカ議会に提出した『国家安全保障戦略（NSS2017）』で、トランプ政権は、中国とロシアを「現状変革国家（revisionst powers）」と位置づけ、レーガン流の「力による平和（peace through strength）」のアプローチをとることを明らかにした。背景には、オバマ政権からトランプ政権にかけて、ワシントン、すなわちホワイトハウスや官庁間、アメリカ議会、シンクタンクなどで反中国のコンセンサスが超党派で形成されてきたことがあった。

　このNSS2017の内容に沿った形で、2018年1月19日には、国防総省が『国家防衛戦略（NDS）』を発表した。2018年2月2日には、『核態勢の見直し（NPR）』も発表し、NSS2017と同じく、核兵器の使用の可能性も明らかにした。

　2018年8月13日には、2019会計年度国防授権法（NDAA2019）がアメリカ議会で可決された。華為技術（ファーウェイ）や中興通訊（ZTE）をはじめとしたハイテク企業に対して、取引停止など、厳しい姿勢で臨むことを行政府に強く要求した。反中国の政策姿勢は、トランプ政権よりもアメリカ議会の方がより強いと感じるほどである。

　2018年10月に、マイク・ペンス副大統領がワシントンのハドソン研究所で演説し、中国を包括的に強く批判した。このペンス副大統領の中国演説を契機に、米中両国が「新しい冷戦」に突入したと指摘されたほどである。この間、

2018年7月からは、米中貿易戦争が戦われてきた。ペンス副大統領は、2019年10月にも、再びワシントンで、中国に対する演説を行い、より包括的かつ体系的に批判した。詳しくは、別の章で前述した。

　なぜ中国は、アメリカの虎の尾を踏んでしまったのか──。さまざまな要因を指摘することができる。

1 ● 中国の対外政策での自己主張

　たとえば、2010年前後から、中国が対外政策で自己主張を強めたことが背景にある。

　2008年9月15日のリーマン・ショックの後、中国は、大規模な財政出動を行い、国内経済の再生にいち早く成功し、世界経済を下支えした。中国は、内心あこがれてきたアメリカやヨーロッパの経済モデルの破綻を目の当たりにして、「国家資本主義」のアプローチに自信を強めたと見られる。

　2013年3月14日に国家主席に就任した習近平はその後、「中華民族の復興」という「中国の夢」を語りつつ、国際会議では「新しいアジア主義」を提唱し、西太平洋からアメリカを排除しようとするかのような行動をとってきた。

　鄧小平以降の中国は、上海閥が継承した「韜光養晦・有所作為」という対外基本路線をとってきた。韜光養晦・有所作為とは、「自分の能力を隠す一方で力を蓄えつつ、とるべきものを最低限とっていく」という意味である。習近平政権は、この「韜光養晦・有所作為」の抑制された路線を完全に放棄した。

2◉中国の海洋進出

習近平政権は、南シナ海（南沙諸島と西沙諸島）と東シナ海（尖閣諸島）で、海洋進出を活発化してきた（いる）。習近平政権は、台湾問題だけでなく、海洋進出の文脈でも、「核心的利益」を主張するようになっていく。

習近平国家主席は、南シナ海で人工島の埋め立てを行い、軍事目的で利用することを隠さなくなった。

2018年3月22日の人民日報が、習近平政権は、国家組織を改編し、日本の海上保安庁にあたる「海警」を人民解放軍の武装警察の「武警」の指揮下に編入する、と伝えた。こうして、行政府と軍が海洋警備をめぐり指揮統制を一本化することとなった。2021年2月1日には、中国周辺海域で活動する海警局の権限などを定めた海警法が施行された。

習近平政権は、日本列島から沖縄、台湾、フィリピン、インドネシアの諸島群へと至る第一列島線だけではなく、小笠原諸島からグアム・サイパン、パプアニューギニアに至る第二列島線まで、勢力を拡大させる動きを見せてきた（いる）。

習近平政権は、アメリカや日本の艦船や戦闘機に異常接近するなど、挑発行為を繰り返してきた（いる）。2013年11月23日には、習近平政権は、尖閣諸島の上空を含む東シナ海地域に「防空識別圏（ADIZ）」を設定した。シリアのアサド政権が化学兵器を市民に使用し、レッドラインを超えたが、オバマ政権が介入しなかった直後というタイミングであった。

習近平国家主席は、オバマ大統領との米中首脳会談で、「アジア太平洋地域は、米中が共存できる十分なスペースがある」という発言をアメリカ側に伝えていた。アジア太平洋の西側から、米軍を撤退させ、中国の勢力圏とする狙いがあるのではないかと危惧された。

3◉「一帯一路」経済圏構想と 「21世紀の陸と海のシルクロード」構想

習近平政権は、「一帯一路（One Belt, One Road）」経済圏構想を掲げ、「21世紀の陸と海のシルクロード」構想を描いてきた（いる）。

習近平政権は、アジア・インフラ投資銀行（AIIB）を立ち上げ、2015年6月29日に、創設メンバー57カ国のうち50カ国が設立協定に署名した。フィリピンとデンマーク、クウェート、マレーシア、ポーランド、南アフリカ、タイの7カ国は、国内手続きが遅れているなどの理由で署名を見送った。

習近平政権はその後、アジアやアフリカの国々に「債務の罠外交」を展開してきた。

習近平政権は、「中国製造2025」を掲げつつ、製造業革新策を推し進め、特にハイテク技術の向上を目指してきた。政府からの補助金は、中国の「国家資本主義」の根幹にかかわる。これに対して、トランプ政権は、「中国製造2025」の撤回を中国に求めた。米中貿易戦争の最大の争点となってきた（いる）。

4◉中国の不透明な軍拡

習近平政権は、軍事・安全保障面では、「接近阻止・領域拒否（A2AD）」戦略を推進してきた（いる）。たとえば、アメリカの空母群が中国の近海に接近できないように、「空母キラー」と呼ばれる対艦弾道ミサイル（ASBM）の「東風21D」を開発してきた。

何よりも習近平政権は、アメリカから見ると、不透明な軍拡を推し進めてきた。その結果、台湾海峡をめぐる軍事バランスも変化してきた。

また、習近平政権は、サイバー攻撃能力の向上や知的財産権の窃盗、スパイ活動などを国家ぐるみでやっている、とアメリカは不満を募らせてきた。

5 ● 国家主席の終身化

　習近平国家主席は、国家主席の任期撤廃（終身化）を図った。2018年3月14日に、全国人民代表大会（全人代）で、憲法改正も審議され、修正案にあった「国家主席・副主席の任期は2年を超えない」という規定が撤廃されたのである。

　以上のような習近平政権の一連の政策は、アメリカを大きく刺激するものであった。オバマ政権期から、ワシントンは、対中警戒を次第に強め、やがて超党派で反中国のコンセンサスが形成されるに至った。

6 ● オバマ政権の中国に対する政策対応

　オバマ政権の中国に対する政策対応は、「アラブの春」とその後の中東情勢に足をすくわれて、不徹底に終わってしまったところが少なくないが、決して何もしなかったわけでも、まったく宥和的であったわけでもなかった。

　特に2011年11月には、1期目のオバマ政権は、「再均衡（rebalancing）」ないし「アジア旋回（pivot to Asia）」の政策方針を打ち出した。過剰拡大（over stretch）に陥ってしまっている中東地域から米軍を撤退し、中国が台頭するアジア太平洋地域へ米軍のプレゼンスを戦略的に移転することが目指されたのである。こうして、再均衡ないしアジア旋回は、米軍態勢の再編成を含むものであった。

　たとえば、11月16日に、バラク・オバマ大統領が就任後はじめてオーストラリアを訪問し、オーストラリアとの軍事協力関係を拡大するとともに、アジア太平洋地域においてアメリカのプレゼンスを高める方針を発表した。オバマのオーストラリア訪問によって、米海兵隊をダーウィンとオーストラリア北部地域に駐留させ、軍事演習や訓練を実施することが決まった。海兵隊の規模は当初最大250人程度を予定し、その後数年間で2500人の駐留を目指すことに

なった。最前線で戦闘任務を受け持つ海兵隊を置くことで、南シナ海で海洋権益拡大を狙う中国を牽制する狙いがあった。

　また同時に、ヒラリー・クリントン国務長官は、『フォーリン・ポリシー』誌の11月号の論文「アジア太平洋の世紀」で、アジア太平洋の米軍が今後、第一に、地理的に配置を分散する、第二に、作戦面での弾力性を高める、第三に、駐留国などの「政治的な持続可能性」に配慮する、という3原則に基づいて再編されるとの見通しを示した。

　こうした背景には、中国軍が弾道ミサイルの精度を高め、海軍力、空軍力を増強しているという事情があった。たとえば、沖縄やグアムに海兵隊の一大拠点を設けて一極集中すれば、弾道ミサイルの格好の標的となってしまう。海兵隊の司令部や拠点を分散すれば、攻撃される危険性を減じ、万が一、攻撃された場合にも反撃能力を温存できると想定されたのである。こうして、沖縄とグアム、ダーウィンで、二重三重に海兵隊による抑止態勢を整える動きであったとも言える。

　環太平洋経済連携協定（TPP）も、経済的に自由貿易を拡大するためのメガ自由貿易協定（FTA）を構築することを目指すと同時に、戦略的に中国を牽制するための枠組みを構築するという狙いがあった。つまり、TPPは、再均衡ないしアジア旋回の一手段なのであった。「アジア太平洋の経済秩序を形成するのはアメリカである」ということを、中国をはじめとした国際社会に示す必要もあったかもしれない。

　TPPは、トランプ政権が成立と同時に離脱することを表明したため、残された11カ国は、日本が中心となり、「TPP11」の枠組みを残した。

　通商・貿易面では、こうしたTPPに対抗して、中国は、東アジア地域包括的経済連携（RCEP）を構築するための国際交渉を推進してきたが、インドの消極姿勢などもあり、交渉は難航してきた。しかし、2020年11月15日、RCEPは、

中国や日本、東南アジア諸国連合（ASEAN）の主導の下、首脳レベルで合意に達した。詳しくは、別の章で後述する。

金融面では、中国は、2015年12月25日に、アジア・インフラ投資銀行（AIIB）を立ち上げ、アジア開発銀行（ADB）や世界銀行、国際通貨基金（IMF）に対抗する動きを見せた。「一帯一路」経済圏構想と「21世紀の陸と海のシルクロード」構想に沿ったものであった。

AIIBには、キャメロン政権のイギリスをはじめとしたアメリカのヨーロッパの同盟国も参加することになった。アメリカのオバマ政権は、こうしたヨーロッパの同盟国のAIIBへの参加に苛立だった。これに対して、アメリカと日本は、AIIBへの参加を見送った。理由は、「ガヴァナンスが不透明であるためである」と説明された。

中国の習近平政権は、オバマ政権に対して、米中間で「新型の大国関係」を結ぶことを提案し続けた。軍事・安全保障面と経済面で、アメリカに対抗する政策を推し進めた中国の習近平政権であったが、米中対立がより深刻になることを回避したかったと思われる。これに対して、2期目のオバマ政権は、スーザン・ライス国家安全保障戦略問題担当大統領補佐官が、「経済面のみならば、検討してもよい」という発言を繰り返していたが、オバマ政権としては消極的な姿勢に終始した。

軍事・安全保障面では、すでに見た通り、中国は、「接近阻止・領域拒否（A2AD）」戦略を推し進めてきたが、これに対して、アメリカのオバマ政権は、「エア・シー・バトル（ASB）」戦略を推進してきた。沖縄とグアム、ダーウィンで海兵隊を二重三重で分散配備するだけではなく、空母群を中心とした海軍と空軍をより統合させ、中国の接近阻止・領域拒否の能力を突破することが目指された。

ただし、これに対しては、エア・シー・バトル戦略は、技術的な困難ばかりでなく、国家財政赤字が膨らむ "緊縮（austerity）" も背景にあり、予算面でも実現がきわめて困難である、と指摘された。戦略家のクリスファー・レインや国際政治学者のスティーヴン・ウォルトなどによって、エア・シー・バトル戦略に代わり、「オフショア・バランシング」戦略（や「オフショア・コントロール」戦略）が政策提言された。

2010年代にさらに活発化してきた中国の海洋進出（特に南シナ海）に対しては、すでに見た通り、アメリカのオバマ政権は2015年10月26日以降、艦艇を派遣し、「航行の自由」作戦で中国を牽制して、国際法を遵守すべきことを主張し続けた。中国が海洋進出を図ってきた南シナ海は、特に「再均衡」ないし「アジア旋回」の主戦場として様相を呈していた。そのため、「アジア旋回」というよりも、むしろ「東南アジア旋回」ではないか、という指摘もされた。

たとえば、2016年6月7日のシンガポールでのアジア安全保障会議（シャングリラ・ダイアローグ）で、米中対立が繰り広げられた。オバマ政権のアシュトン・カーター国防長官は、中国の南シナ海や東シナ海での海洋進出を厳しく批判し、「原則（principle）」という言葉を繰り返して、原則に基づく「安全保障ネットワーク」構想を提案した。アメリカが言う「原則」とは、何よりも「航行の自由」やシーレーン（海上交通路）防衛であろう。

「一帯一路」経済圏構想や「21世紀の陸と海のシルクロード」構想を掲げて、南シナ海や東シナ海で海洋進出を推し進める中国の動きは、アメリカにとって、看過できない深刻な事態である。中国の習近平政権は、日本から沖縄、台湾、フィリピン、インドネシアの諸島群へと至る第一列島線から、小笠原諸島からグアム・サイパン、パプアニューギニアに至る第二列島線まで海洋進出を推し進めるばかりでなく、インド洋を経て、中東地域やアフリカ大陸までのシーレーン防衛を想定する「真珠の首飾り」戦略も描いていると推測されている。

7●トランプ政権の通商・貿易政策のポイント

トランプ政権は、軍事・安全保障面では、オバマ政権からの中国の脅威に対する懸念を引き継ぎつつ、経済面では、米中貿易戦争を仕掛けるなど、より強硬な政策を推し進めてきた。繰り返しになるが、2018年10月4日のペンス副大統領の中国演説以降は、米中間での「新しい冷戦」まで指摘される状況となっている。

背景には、冒頭で見た通り、ワシントン、すなわちホワイトハウスや官庁間、アメリカ議会、シンクタンクなどで、反中国のコンセンサスが超党派で形成されてきたことがある。これまでの中国に対する「関与（engagement）」ないし「取り込み」の戦略が失敗してきた、と指摘されるようになった。「牽制と抱擁（hedge and embrace）」ないし「統合と牽制（integrate, but hedge）」の両面政策から逸脱するのか、が注目される。

たとえば、特に2001年12月11日に実現した中国の世界貿易機関（WTO）の加盟を後押ししたことは間違いであった、と指摘される。中国は、経済的にはグローバリゼーションの進展で最も恩恵を受け、高度な経済成長を遂げてきたが、政治的には共産党一党独裁の政治体制は変わらず、まったく民主化してこなかった。外交的にも、「責任ある利害共有者（responsible stake-holder）」になっていない、とも指摘される。

トランプ政権内では、ペンス副大統領をはじめとして、ロバート・ライトハイザー・アメリカ通商代表部（USTR）代表やウィルバー・ロス商務長官、ギルバード・カプラン商務次官（2019年9月19日に辞任）、ピーター・ナヴァロ国際通商問題担当大統領補佐官、ジョン・ボルトン国家安全保障問題担当大統領補佐官（2019年9月26日に辞任）、デニス・マクドノー国家安全保障問題担当大統領補佐官など対中強硬派の存在感が圧倒していた。他方で、親中派

は、スティーブン・ムミューチン財務長官とラリー・クドロー国家経済委員会（NEC）委員長など、少数派であった。

米中貿易戦争の交渉の窓口が、親中派のムミューチン財務長官から対中強硬派のライトハイザーUSTR代表へ交代したことも注目された。

もう一つ注目すべきは、トランプ大統領をはじめとしてトランプ政権が、通商・貿易と国家安全保障の問題は、表裏一体の関係にある、と捉えていることであった。たとえば、ボルトン大統領補佐官やスティーブン・バノン元大統領首席戦略官兼上級顧問らが、マスメディアとのインタビューで明らかにしている。

さらに、通商・貿易政策と国家安全保障戦略、特にハイテク技術をめぐる産業政策とは、密接に連関・連結（linkage）する。2020年11月3日のアメリカ大統領選挙での再選を目指して、通商・貿易面で"取り引き（deal）"があったとしても、ハイテク覇権争いは長期化するのではないか、と考えられた。

●おわりに──「中国の終わり」？

習近平国家主席は2013年3月14日の就任当初、「1割皇帝」で終わるのではないかと予測されていた。こうした議論によれば、毛沢東と周恩来の第一世代の指導部は、「10割皇帝」であったという。自分たちだけで物事を100%決定できたという意味である。これに対して、鄧小平らの第二世代は、「8割皇帝」であると位置づけられた。江沢民と朱鎔基の第三世代は、「5割皇帝」であると指摘される。胡錦濤と温家宝の第四世代は、「3割皇帝」であったという。

習近平と李克強の第五世代は、指導部の二人が異なる派閥から出てきたこともあり、「1割皇帝」に終わるのではないかと議論されたのである。

ところが、習近平国家主席は、こうした予測に反して、「腐敗撲滅」という権力闘争で、政敵を失脚させていくことで、権力基盤の強化を

図ってきた。胡錦濤政権と違って、人民解放軍もうまく掌握できているように見える。また習近平は、「中国の夢」や「新しいアジア主義」を語り、ナショナリズムを煽ってきた。「愛国教育」と反日キャンペーンの熾烈化は、これまでと変わらない。さらに習近平政権は、繰り返しになるが、2018年3月14日に、国家主席の終身化を図った。鄧小平以降の2期10年間という任期制限を撤廃したのである。こうして、習近平は、「1割皇帝」ではなく、「8割皇帝」もしくは「10割皇帝」を目指してきた。

しかし、このことは、中国が直面する課題が予想以上に大きいことの証左かもしれない。中国は、指導部を交代させる余裕がないのではないか、という議論も成り立つ。経済的に、中国の成長が鈍化する「中所得層の罠」にはまるのではないか、という議論もある。さらには、「中国の終わり」を予測する議論もある。

まず習近平政権の経済政策である「リコノミクス」だが、中国経済のバブルをソフト・ランディングさせることを目指している。バブル崩壊後の日本経済の「失われた20年」を反面教師にしているところが多々ある。日本経済の失敗の教訓を熱心に学んでいるのである。

習近平政権は、「新常態（new normal）」を打ち出し、国内総生産（GDP）成長率の6-7%程度を目指す新しい政策方針をとってきた。特に「ゾンビ企業」と呼ばれる不良債権を抱える国有企業を撲滅することを目指す必要がある。中国政府は、こうしたゾンビ企業に対して、不当な補助金を与えており、地方の共産党は腐敗や汚職がはびこっているという。構造改革が必要である。ただし、中国経済が抱える問題はこれだけではない。

中国台頭の終わりを予測するハード・ランディングのシナリオでは、以下の要因が中国の避けられない課題として指摘される。

第一に、少子高齢化の急速な進展である。2010年代には入り、「一人っ子政策」を撤廃したが、対応が遅過ぎたのではないか――。若年層を増加させるためには、20年から30年はかかる（これに対して、インドの人口分布は、働き手となる若年層が分厚い）。

第二に、貧富の格差の拡大である。上海などの大都市では、「アリ族」と呼ばれる地方からの出稼ぎ労働者たちがビルの地下の部屋に多数で生活しているという。

第三に、すでに見たが、地方共産党の腐敗や汚職と「ゾンビ企業」の跋扈である。

第四に、中国の「チープ・レーバー・ギフト」の終わりである。これまでの中国経済は、安い労働力で安い工業製品などを生産し、「世界の工場」となり、アメリカなどの海外市場に輸出して、外貨を稼いできた。中国からそうした安い工業製品などを輸入し、アメリカやヨーロッパ、日本など先進国の儲けた多国籍企業が中国に投資し、工場が誘致されるという好循環が見られた。特に2001年12月11日のWTO加盟後の中国は、13億人の規模で高度成長を遂げてきた。しかし、2010年代、中国の労働者の賃金が上昇してきた。チープ・レーバー・ギフトによる経済成長の時代は終わりつつある。

第五に、すでに見たが、中国が「中所得層の罠」にはまるのではないか、という議論もある。ある一定の経済成長を遂げた後に、新しい産業構造へと移行する必要があるが、これがなかなか容易ではない。「中所得層の罠」に陥らないために、主要産業の転換が焦眉の課題である。

さらに、2015年6月以降の上海株の暴落劇である。人民元も一定程度、切り下げられた。このことは、中国経済が世界経済のなかに"統合"され、つながり過ぎてきたことを意味するのである。詳しくは、別の章で後述する。

第50章
中国の習近平体制とは何か

◉はじめに──ポイントと基礎知識

2013年3月に開かれた中国の全国人民代表大会（全人代）で、中国共産党の習近平総書記が国家主席に、李克強副首相が首相に選出され、名実ともに「習＝李体制」がスタートした。

2010年代、中国経済はやや失速気味で、バブルの崩壊が懸念されてきた。

1◉「習＝李体制」の始動

2013年3月14日に、繰り返しになるが、中国で全人代が開かれ、習近平共産党総書記が国家主席に、李克強副首相が首相に選出された。

全人代というのは、中国の各省や軍の代表（議員）が集まって年1回3月上旬に開かれる議会で、日本の国会に相当する。

国家主席は、アメリカで言えば大統領に相当する国家の代表（国家元首）である。首相は、正式には「国務院総理」と言うが、日本の総理大臣に相当する役職で、中国の事実上のナンバー2である。いずれも、任期は5年、2期まで務めることができた。習近平は、2018年3月に、国家主席の終身化を図った。詳しくは、続く章で後述する。

2◉内定していた人事

この二人の就任は、前の年からすでに決定していたと言ってよい。なぜなら、前年の2012年に開かれた中国共産党全国大会で、二人はすでに中国共産党のナンバー1とナンバー2の座に就いていたからである。

3◉7人の常務委員

中国では、中国共産党という政党が国家を指導する一党独裁の政治体制である。共産党の決定は中国という国家にとっては憲法より上なのである。共産党の中枢には、約200人の委員から成る中央委員会があり、そのなかに25人から成る中央政治局がある。

そのなかからさらに選ばれた7人の常務委員が、共産党のエリート中のエリートであり、中国という国家を指導する人たちである。

この常務委員のトップを総書記と言う。2012年11月15日に、5年に一度開かれる共産党大会で、常務委員のメンバーが入れ替わり、新たに習近平が総書記となった。この時点で、習近平総書記が次期国家主席になることも確定していた。

4◉減速する中国経済

高成長を続けてきた中国経済は、2010年代半ばには失速気味となってきた。中国の国内では不動産投資が過熱していたが、バブルの崩壊によって巨額の不良債権が生まれることが懸念された。特に中国では、「影の銀行」と呼ばれる正規ではない金融機関が数多くあり、不良債権の温床になる可能性が指摘されてきた。

5◉日中新時代へ

日本と中国の関係は、尖閣諸島の問題で冷え込んできた。たとえば、2013年10月7日に、安倍首相と習国家主席はアジア太平洋経済協力会議（APEC）首脳会談で顔を合わせたが、挨

挨程度で対話は行われなかった。

　ところが、その後の2018年7月以降、アメリカのトランプ政権が米中貿易戦争を仕かけ、中国は日本への接近を急速に試みてきた。こうして、日中両国は、「戦略的互恵関係」の深化ないし「日中新時代」の関係を模索してきた。2020年には、習近平国家主席の国賓としての来日が予定されていた。ただし、国賓としての習訪日は、新型コロナ・ウイルスの危機で延期となった。

　日本にとっても、アメリカと対立を深める中国と話し合いができる立場を堅持しておくことは重要であるが、微妙な舵取りが求められる。たしかに中国は、日本にとって最大の貿易相手国である。しかし、短期的に北朝鮮の脅威、中

長期的に中国の脅威がある限り、日米同盟の強化が最優先課題である。

● おわりに —— 台湾問題

　習政権は、「一つの中国」原則の堅持を目指しており、大陸と台湾の平和的な発展を推進し、経済・文化交流を重ね、平和的な統一を推進することを目的としてきた。

　ただし、アメリカなど国際社会は、軍事的な手段による台湾併合を懸念してきた。特に2020年11月のアメリカ大統領選挙直後の混迷を契機に、中国が台湾海峡をめぐって、何らかの軍事行動に出るのではないか、と専門家たちは懸念した。

第51章

中国国家主席の任期制限撤廃（終身化）とは何か

● はじめに —— ポイントと基礎知識

　2018年3月に、北京で開催された全国人民代表大会（全人代）は、国家主席の任期制限を撤廃する憲法改正を承認した。

　その結果、習近平国家主席の任期は、無期限となった。共産党の一党独裁が強化された形である。かつての最高指導者の毛沢東と肩を並べる権威を手に入れたことで、「文化大革命の再来」を懸念する声も上がっている。

1● 国家主席の任期制限撤廃（終身化）の改憲

　中国では、毎年3月頃に、日本の国会に相当する全人代が開催される。

　共産党中央委員会は、2018年2月25日に、「国家主席の任期上限を憲法から削除する改憲案」

を全人代に提出した。3月11日に全人代で投票が、実施され、形式的なものであったが、結果は2964票のうち2958票が賛成、反対は2票、棄権が3票、無効が1票となり、採択に必要な3分の2以上を大きく上回った。

　中国の改憲は、2004年以来、14年ぶりであった。

2● 終身国家主席の誕生

　習近平は、2013年3月14日に国家主席に就任し、2023年に任期を終える予定であったが、今回の改憲によって3期目、あるいは終身国家主席となる可能性が浮上した。

　現行の憲法が草案・公布・施行された1982年以前は、最高指導者の任期を明記する規定はなかったが、毛沢東の死後、国家の再建に取り

組んだ鄧小平が、「国家主席の任期は2期を超えてはいけない」と制定した（任期制限の設定）、という経緯があった。文化大革命の反省と教訓を受けて、集団領導制（集団的指導体制）の改革に着手したのである。

3●集団的指導体制の崩壊

こうして、2018年3月の改憲可決で、鄧小平が構築した集団的指導体制は崩壊した。習近平国家主席は、共産党創成期の最高指導者の毛沢東に匹敵する権威を手に入れたことになる。

全人代ではその他、習近平国家主席の政治思想である「新時代の中国の特色ある社会主義思想」を憲法に明記する改正案や、「国家監察委員会」に強力な調査権を付与する法案が審議された。

以下、中国の最高指導者と任期の移り変わりを図式化したものである。

年代	最高指導者	国家主席の任期
1949-1976年 （1966-1976年	毛沢東 文化大革命）	指定なし
1976-1978年	華国鋒	指定なし
1978-1989年	鄧小平	1期5年で2期 まで（10年間）
1989-2002年	江沢民	1期5年で2期 まで（10年間）
2002-2012年	胡錦濤	1期5年で2期 まで（10年間）
2012年〜	習近平	2018年から、 任期撤廃により 終身制へ

4●国家監察委員会による監視強化

新たに設立される国家監察委員会は、非党員も含むすべての公職者の汚職を取り締まることが容認された独立機関で、習近平政権の反腐敗運動を推進する役割を担う。

摘発対象は従来の数倍に拡大される見込みで、2期目以降の習近平政権を支える強力な基盤となる。

「党」「国家」「政府」「軍」の四大権力が一人の指導者に集中することで、さらなる独裁体制への懸念や、「文化大革命の再来」を危ぶむ声が上がっている。

5●習近平体制をひも解くキーワード

習近平体制では、繰り返しになるが、習近平国家主席に、党・国家・政府・軍の四大権力が集中する。

習近平政権は、「中国の夢」を語りつつ、軍事力の増強を目指しており、党による軍の絶対的な指導を堅持し、改革や科学技術を生かして、21世紀半ばまでに世界一流の軍事力を形成することを目的としている。

習近平政権は、「新時代の中国の特色ある社会主義思想」を堅持することを目指しており、習政権による経済発展を重視しつつ、腐敗を一掃する体制を盤石にすることを目的としている。

●おわりに —— 香港での大規模デモと 香港国家安全維持法

習政権は、「一国二制度」を保つことを目指し、香港とマカオの高度な自治を貫徹し、長期的な繁栄と安定を保つことを目的としてきた。

しかし、2019年6月9日から、香港での「逃亡犯条例」改正案をめぐって、100万人を越える市民による大規模なデモが展開された。これに対して、習近平政権は、2020年に入り、香港での自由を抑圧する動きを加速させた。2020年6月30日に、香港国家安全維持法が施行され、香港の「一国二制度」は骨抜きにされた。トランプ政権やアメリカ議会、かつての統治国イギリスは、こうした動きに強く反発した（している）。

第52章

「一帯一路」とは何か

● はじめに ── ポイントと基礎知識

「一帯一路」は、中国が提唱するアジアからヨーロッパに至る巨大な経済圏構想である。

「一帯一路」経済圏構想実現に向けて、中国資本による沿線国のインフラ整備が進んでいるが、「債務の罠外交だ」という批判や、中国の影響力拡大を警戒する声もある。

1 ● 「一帯一路」とは何か

「一帯一路（One Belt, One Road）」とは、繰り返しになるが、アジアとヨーロッパをつなぐ陸と海の貿易ルートを整備し、巨大経済圏を構築しようという構想である。

陸のルートが「一帯（シルクロード経済ベルト）」、海のルートが「一路（21世紀海上シルクロード）」で、あわせて「一帯一路」という。

2013年9月7日に、中国の習近平国家主席がカザフスタンではじめて、「一帯一路」経済圏構想を提唱した。

2 ● 21世紀の陸と海のシルクロードとは何か

陸のルートを代表するのが、中国とヨーロッパを鉄道で結ぶ定期貨物路線「中欧班列」である。「一帯一路」経済圏構想の提唱以降に大幅に本数を伸ばし、運航路線も増えた。海運よりも早く、航空便よりも安いのが特徴である。

海のルートとしては、中国の国有企業である「中国遠洋海運集団（コスコ）」や「招商局集団」が中心となって、物流の拠点となる世界各地の港や埠頭の買収・出資を進めている。投資額は、膨大な規模に達している。

3 ● 中国と沿線国の思惑

中国側としては、急速な経済成長で生じた国内の過剰生産を海外に向けて、物流インフラを整備する。それによって、さらに貿易を活性化するという狙いがある。同時に、貿易ルートの沿線国に中国の影響力を強めることもできる。

貿易ルートの沿線国にとっても、中国の豊富な資金によって、自国のインフラ整備を進め、経済圏に加わることができるというメリットがある。「一帯一路」経済圏構想は、アジアやアフリカ、ヨーロッパから広く支持を集め、参加国・地域は150カ国に上る。特に2019年3月には、G7（主要7か国）のなかではじめてイタリアが参加した。

4 ● 「債務の罠外交」という批判

これに対して、発展途上国が中国から莫大な融資を受けて、借金漬けとなって返済できずに、中国に逆らえなくなってしまうことを警戒する声もある。たとえば、スリランカは、返済不能に陥り、港の運営権を中国に引き渡してしまった（99年間貸与）。

こうした中国のやり方は、「債務の罠外交」と呼ばれ、欧米諸国から批判されている。

● おわりに ── 深まる米中対立

特にアメリカでは、インド洋に拠点配備された中国海軍や、「一帯一路」経済圏構想とともに進められている第五世代移動通信システム（5G）網などの情報ネットワーク構築を安全保障上の脅威とみなしている。

こうして、米中対立の一つの原因となってい　　る。詳しくは、別の章で後述する。

第53章

中国経済の減速とは何か

◉はじめに —— ポイントと基礎知識

2015年に発生した中国の株式市場の急落や人民元の切り下げは、世界の株式市場や為替相場にも大きな影響を与えた。

これ以降は、それまでの急激な経済成長のスピードを減速させ、「新常態」を軌道に乗せることが求められた。

欧州経済の混迷や米中貿易戦争のため、2018年以降、中国経済がさらに減速してきた。

しかし、新型コロナ・ウイルスの危機を強権で抑え込んだ中国は、いち早く経済成長を取り戻しつつある。

1◉中国での株式投資のブーム

中国の株取引の中心は、上海にある上海証券取引所である。株価の状況は、上海総合指数（東京証券取引所のTOPIXにあたる）で示される。この数値が、2014年明け頃から、急速に上昇を始めた。

中国では、急激な経済発展によって財を成した富裕層が、お金を増やすために投資先を探している。

ここ数年は、不動産を裏づけとする理財商品（「影の銀行」が発効する高利回りの金融商品）がブームであった。ところが、供給過剰によって不動産価格が下がってきた。

そこで彼らが次に目をつけたのが株式であった。メディアも、「株は儲かる」と煽ったため、個人投資家がますます株を買い、株価が上昇し

てきた。

2◉中国での株暴落

しかし、上がり過ぎた株価は、いつか必ず下がる。株価は、2015年6月12日に急落した。

中国政府が矢継ぎ早に打ち出した対策により、下落はいったん収まったかに見えたが、7月に再び下落した。

この影響は、欧米諸国や日本にも及び、世界同時株安となった。

3◉人民元の切り下げとさらなる株暴落

8月11日に入ると、中国の中央銀行は人民元の切り下げを行い、世界を驚かせた。

中国は、自国通貨の人民元の為替レートが、基準値の上下2%以内になるように常にコントロールしてきた（管理変動相場）。この基準値を、1ドル＝約6.1元から1ドル＝約6.4元へと大幅に引き下げたのである。

世界の投資家は、この事態を「中国の景気後退が深刻化している」と受け止め、中国の株価はさらに下落した。

この影響は、世界の株式市場にも及び、日本も株安、円高傾向になった。

4◉「新常態」へ

中国は、急速な経済成長を続け、2010年の国内総生産（GDP）は日本を抜いて世界2位となったが、2010年代に成長のスピードはやや減速してきた。

習近平政権は、成長が鈍化した現在の局面を「新常態（new normal）」と呼び、今後は高い成長ではなく、6％から7％程度の成長率で、経済構造の質的な向上を目指す方針である。

5◉「一人っ子政策」の廃止

2015年10月29日に、中国政府は、これまで人口抑制策として続けてきた「一人っ子政策」の廃止を決定した。労働力人口の減少が経済に与える影響を抑えるためである。

中国では、発展途上国でありながら、一人っ子政策のため、すでに少子高齢化が進展してきた。将来の経済成長に深くかかわる事態である。

他方で、同じ新興国のインドは、若年層が比較的に多い人口構成となっている。

6◉米中貿易戦争から米中での「新しい冷戦」へ？

繰り返しになるが、2018年に入り、トランプ政権は、7月と8月と9月と3段階にわたり、中国に対する制裁関税を実施した。これに対して、中国もアメリカに対する報復関税を科した。

10月4日には、ペンス副大統領が演説で、軍事・安全保障から経済、人権問題まで取り上げ、包括的かつ体系的に中国を批判した。米中貿易摩擦は、米中間の「新しい冷戦」へ突入したという議論が少なからず出た。

トランプ政権は、12月1日に、主要20カ国・地域（G20）の首脳会議開催にともなう米中首脳会談で、米中間で制裁関税率引き上げを猶予する暫定合意が実現し、米中貿易戦争は小休止へ向かった。米中両国は、知的侵害やサイバー攻撃などについて新たな通商・貿易協議を開始し、アメリカ側が2019年1月に予定していた追加関税率引き上げを90日間凍結することで合意した。

トランプ政権は、その後も、「2019年3月には25％に制裁関税を引き上げる」として、中国側に譲歩を迫った。しかし、中国外務省報道官は、「アメリカの現在の一国主義と保護貿易主義のやり方は受け容れられない」と反対意見を述べていた。

トランプ大統領は、2019年2月24日に、中国との貿易交渉が進展したとして、3月2日に予定していた追加関税引き上げの延期を表明した。貿易交渉も延期し、米中両国の首脳会談で最終合意を目指すとした。しかし、その後、5月に米中間の通商・貿易協議は暗礁に乗り上げた。

6月下旬に大阪で開かれた20カ国・地域（G20）の首脳会議にともなう29日の米中首脳会談で、トランプ大統領と習近平国家主席は、5月から途絶えていた閣僚級の通商・貿易協議の再開で合意した。注目すべきことに、トランプ大統領は、スマートフォンなど3000億ドル分の中国製品への「第四弾」の追加関税を先送りした。米企業による華為技術（ファーウェイ）への部品販売も認める方針に転じた。しかしその後、閣僚級貿易協議はほとんど進展しなかった。

9月1日には、中国に対する制裁関税の第四弾に踏み切った。その後、12月13日には、「第一段階」の部分合意に至ったが、先送りされた国内産業への補助金の問題などをめぐっては、2020年以降、米中間の通商・貿易協議の難航が予測された。

たとえトランプ大統領が、2020年11月の大統領選挙での再選のために、米中貿易摩擦で"取り引き（deal）"を実現したとしても、米中間ではハイテク覇権争いが残ることになる、と推測された。

◉おわりに──懸念される世界経済への影響

中国の発表によると、2017年度の対米貿易の黒字額は、2758億ドルで過去最高を更新した。

対米貿易なしには成立しない中国の経済状況を把握した上で、トランプ政権は、すでに見た通り、2018年以降、強気の通商・貿易交渉を

146

展開してきた。アメリカでは、トランプ大統領の強硬路線に支持が集まった。背景には、アメリカ議会でも、反中国のコンセンサスが超党派で形成されてきたことがある。

他方で、中国では対米貿易の報復関税などで成長が鈍化してきた。

国民総生産（GDP）で世界第1位と第2位の経済大国である米中両国の貿易戦争が長期化な

いし泥沼化すれば、日本経済や世界経済への影響は避けられない。

しかし、繰り返しになるが、新型コロナ・ウイルスの危機を強権で抑え込んだ中国は、いち早く経済成長を取り戻しつつある。バイデン政権がいかなる対中政策を描くのか、が注目される。

第54章

南シナ海の領有権問題とは何か

◉はじめに —— ポイントと基礎知識

南沙諸島（スプラトリー諸島）と西沙諸島（パラセル諸島）は、南シナ海に浮かぶ小さな島々の集まりである。

1970年代以降、南シナ海に石油資源が眠っていることがわかり、中国とヴェトナムやフィリピンなど東南アジア諸国連合（ASEAN）諸国が領有権を主張して、対立している。

1◉南シナ海とは何か

南シナ海は、中国、台湾、フィリピン、マレーシア、ブルネイ、ヴェトナム、インドネシアなどに囲まれた海域である。

石油の通り道となるシーレーン（海上交通路）として多数の船舶に利用されている。

大きな島は海南島ぐらいしかないが、小さな島々が数多く点在している。

2◉南シナ海の領有権問題の発生

冒頭で見た通り、1970年代にこの海域に石油油田の存在が確認されてから、この海域の権益をめぐって各国が激しく対立するようになった。

そのため、人が住むことはできない南沙諸島や西沙諸島をめぐって、中国をはじめ各国が領有権を主張している。

3◉「九段線」と中国による暗礁埋め立て（人工島の建設）

特に中国は、南沙諸島と西沙諸島をまるまる含む領海境界線として、いわゆる「九段線」を一方的に主張している。

中国は、実効支配した南沙諸島や西沙諸島の暗礁を埋め立てて人工島を建造している。

こうした中国側の動きに対して、米軍は、すでに見た通り、中国が領海と主張する人工島周辺にイージス駆逐艦や爆撃機を派遣し、「航行の自由」作戦で、中国の海洋進出の動きを牽制している。

4◉中国の海洋戦略

中国の海洋進出の動きは、南シナ海にとどまらない。

第一列島線（九州、沖縄、台湾、フィリピン、インドネシア諸島群）から、第二列島線（小笠

図表54-1　南シナ海と周辺諸国

原諸島、マリアナ諸島、グアム・サイパン、パプアニューギニア）まで、海洋進出することを企図している。

中国の海洋進出の狙いは、西大西洋からアメリカを追い出し、アジア太平洋をアメリカと二分することである。習近平国家主席は、バラク・オバマ大統領との首脳会談で、「アジア太平洋地域は、米中が共存できる十分なスペースがある」と発言していたという。同時に習近平は、米中間で「新型の大国関係」を結ぶことを提案していた。オバマ政権の対応は、終止消極的であった。

中国はすでに、アフリカ大陸と中東地域から、インド洋を経由して、東南アジアに抜けるシーレーンの防衛にも、関心を示している（「真珠の首飾り」戦略）。

しかし、観光目的で富山県が作成した逆さ地図を見ると、中国は、地政学上、日本と台湾、フィリピンに海で囲まれ、海洋進出が難しいことがわかる。

◉おわりに ── 米軍の対中ミサイル網

バイデン政権とアメリカ議会は、すでに見た通り、2021年3月上旬、2020会計年度から273億ドルを投じ、沖縄からフィリピンを結ぶ第一列島線に沿って米軍の対中ミサイル網を築くことを検討し始めた。台湾や南シナ海での有事を想定しており、日本など同盟国との協力も課題となる。バイデン政権は、3月3日には、暫定版の『国家安全保障戦略（NSS）』をまとめ、中国を「国際秩序に挑戦する唯一の競争相手」と位置づけた上で、「新しい国際規範や合意を形作るのはアメリカだ」と宣言した。

図表54-2　環日本海・東アジア諸国図

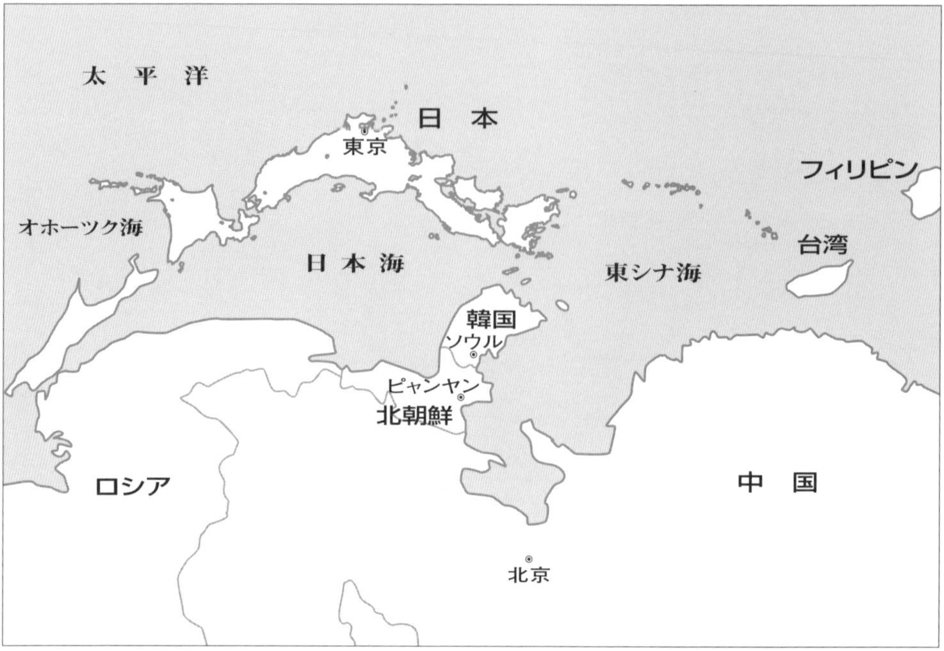

太　平　洋

日　本

東京

オホーツク海

日　本　海

東シナ海

フィリピン

台湾

韓国
ソウル

ピャンヤン
北朝鮮

ロシア

中　国

北京

第55章

香港の民主化デモとは何か

●はじめに──ポイントと基礎知識

　2014年9月に、香港の学生を中心とするデモ隊が香港市街の道路を占拠した。新しい行政長官の選挙制度に抗議するものであった。

　しかし、香港・中国当局は抗議を受け容れず、デモ隊による占拠は長期化した。

1●香港の民主化デモとは何か

　2014年9月に、繰り返しになるが、香港では学生を中心とする多数のデモ隊が、中国当局に抗議して香港中心部の道路を占拠した。「雨

傘革命」と呼ばれる。

　香港政府のトップである行政長官の新しい選出方法が、民主派の候補を実質的に排除する仕組みになっていたためである。

2●香港の歴史

　中国の南岸に位置する香港は、香港島と九龍半島、神界、その他大小さまざまな島々からなっている。

　香港島と九龍半島は、19世紀半ばのアヘン戦争の結果、イギリスの植民地となり、その後神界地域が99年間の期限でイギリスの租借地

となった。

香港は、第二次世界大戦中に日本軍に占領されたが、戦後はイギリスの植民地に戻り、イギリスの統治下で金融と商業と観光の都市として独自の発展を遂げてきた。

3● 「一国二制度」とは何か

香港は、租借期限が切れる1997年7月1日に、イギリスから中国に返還され、中国の特別行政区となった。中国は、香港から企業や市民が逃げ出すことを避けるために、返還後も50年は香港に社会主義政策を実施しないことを約束した。

▼ 「一国二制度」の仕組み

	中国本土	香港
社会体制	社会主義	資本主義
通貨	人民元	香港ドル
言論の自由	制限	保障
司法の独立	制限	保障

そのため、香港の行政や法律は、中国本土のそれと異なってきた。本土では制限のある言論の自由も、香港では保障されてきた。このように、一つの国に社会主義と資本主義の二つの制度が併存してきた。「一国二制度」と言う。

しかし、返還から22年が経過し、香港当局にじわじわと中国共産党の支配が浸透してきた。

4● 香港の行政長官の選挙

香港の行政長官は、これまで産業界や専門職、社会団体などの代表1200名で構成される選挙委員会によって選出されていた。これでは、民主的な選挙とは言えない。2017年の次期行政長官選挙からは、香港住民が直接投票する普通選挙が実施されることになった。

ところが、新しい選挙制度で行政長官に立候補するには、指名委員会という組織から事前に指名を受けなければならない。中国当局の意向に反する人物は立候補できない仕組みである。

● おわりに ── デモ隊による占拠の長期化

これでは、本当の意味での普通選挙とは言えない。2014年のデモは、この新しい選挙制度に反対していたのである。

しかし、香港・中国当局は抗議を受け容れず、デモ隊による占拠は長期化した。問題の解決は非常に難しい状況が続いた。

第56章

香港の大規模デモとは何か

● はじめに ── ポイントと基礎知識

2019年6月には、「逃亡犯条例」改正案を契機に、香港で100万人を超える大規模デモが起こった。

抗議運動は中国化に対する香港市民の不安を背景に長期化し、香港は返還以降で最大の危機を迎えた。経済的なダメージも大きい。

アメリカなど国際社会は、1989年6月4日の天安門事件のような市民弾圧につながることを懸念した。

1● 香港の大規模デモとは何か

繰り返しになるが、2019年6月9日に発生

した大規模デモは、香港当局が議会に提出した「逃亡犯条例」改正案が契機であった。逃亡犯条例改正案は、香港で逮捕した刑事事件の容疑者を、中国本土に送還できるようにする内容であった。

逃亡犯条例改正案が成立すると、中国政府に逆らう人間が当局によって逮捕され、身柄を中国本土に送られる恐れが生じる。

2◉エスカレートする抗議活動

香港市民は、逃亡犯条例改正案に強く反発し、100万人規模の大規模なデモが起こった。

当局は、逃亡犯条例改正案をひとまず取り下げたが、抗議は収まらず、逃亡犯条例改正案の完全撤回や行政長官の辞任、普通選挙の実施を求めるデモが続いた。

抗議運動はやがてエスカレートし、警察との衝突が激しくなった。

3◉抗議活動の背景

抗議が続いている背景には、返還当時、中国が約束していた高度な自治が、このままではなし崩し的に奪われてしまうという不安があった。

しかし、香港市民の要求が通れば、中国本土にも運動が波及する恐れがあり、習近平政権と香港当局は対応に苦慮した。

◉おわりに ── 抗議活動の五大要求

抗議活動の五大要求は、第一に、逃亡犯条例改正案の完全撤回、第二に、デモの「暴動」認定の取り消し、第三に、警察の暴力に対する調査委員会の設置、第四に、拘束されたデモ参加者の釈放、第五に、行政長官の辞任と普通選挙の実現であった。

10月4日には、香港当局が、覆面禁止法制定で、デモ参加者が顔を隠すことを禁止すると発表した。

冒頭で見た通り、アメリカなど国際社会は、1989年6月4日の天安門事件のように、習近平政権が大規模デモを武力で鎮圧する事態を懸念した。たとえば、アメリカ議会では、11月15日に下院で、19日には上院で、香港人権・民主主義法案が全会一致で可決され、28日にトランプ大統領の署名で香港人権・民主主義法が成立した。詳しくは、別の章で前述した。

しかし、2020年に入っても、香港の大規模デモが収束する兆しは見えなかった。

第57章

香港国家安全維持法とは何か

◉はじめに ── ポイントと基礎知識

2020年5月28日、新型コロナ・ウイルス感染拡大の影響で2カ月延期されていた中国の全国人民代表大会、いわゆる全人代（中国の国会に相当）が閉幕した。全人代では、香港に対する国家安全維持法の制定方針が採択された。

そのため、アメリカをはじめとする民主主義国が強く反発する事態となった。かつて香港を統治していたイギリスも、強く反発している。

1◉香港国家安全維持法とは何か

香港国家安全維持法は、中国の治安部門が香港での反体制運動を取り締まれるようになる法

制度のことである。取り締まりの対象は、国の分裂や政権の転覆、国家の安全を脅かす行為、そして外国勢力による香港への干渉である。

こうして、香港国家安全維持法によって中国政府が香港を統制しやすくなり、香港の自由と自治が制限されるようになる。

2◉香港国家安全維持法の問題点

この制度の問題点は、「中国政府によって香港の自由が制限される」ことである。

中国と香港は、すでに見た通り、「一国二制度」という構想で成り立ってきたが、香港国家安全維持法によって、共産主義の中国が民主主義の香港を統制できるようになるため、香港の自由が奪われてしまうという懸念が強い。

事実、この法制度の可否をめぐっては、香港の議会を通していない。中国政府は中国本土の法律を適用する香港基本法の例外規定を使用しており、香港市民からしてみれば一方的な決定であった。ちなみに、全人代での採決結果は、賛成2878票、反対1票、棄権6票であった。

そのため、民主主義を支持するアメリカは、中国の強硬な手法に反発し、中国に対して制裁を科すと牽制している。香港国家安全維持法の制定がきっかけになり、中国と香港の問題にアメリカが介入する事態になっている。

「香港の自由が奪われる」ということは「民主主義がなくなってしまう」ことから、アメリカをはじめとする民主主義国が問題視している。アメリカの素早い反応については、別の章ですでに詳述した。

3◉香港国家安全維持法が制定された背景

香港国家安全維持法が制定された背景には、「香港が反体制活動を禁止する法律を作れなかった」ことがある。

1997年7月1日の返還時に制定された香港の憲法に該当する香港基本法23条では、「香港は自ら反体制活動を禁止する法律を制定するこ

と」とある。

これに基づいて香港政府は2003年に条例の制定に動いたが、民主主義支持者による50万人規模の抗議デモが発生したため中断し、現在でも保留状態にある。

このような状況下にあった香港で、再び抗議デモが起こった。2019年3月29日に起草された、容疑者の身柄を中国本土にも引き渡せるようにする「逃亡犯条例」の改正案などをめぐって、大規模デモが起きた。6月9日には、100万人規模の大規模デモとなり、香港市民の4人に一人が参加する大規模デモとなった。

これを受けた中国の習近平指導部は党の重要会議で、香港に対する新たな法制度を制定する必要があると方針づけた。この新たな法制度が香港国家安全維持法である。

反体制活動を禁止する法律を作ることに苦慮していた香港政府に対し、中国政府が痺れを切らした形であった。そして、中国政府は半ば強制的に香港国家安全維持法の採決を実施したというわけである。

4◉中国政府の主張

中国の李克強首相は、香港国家安全維持法の制定にともない、「一国二制度を確保して香港の長期繁栄を守るもの」と説明している。

また、栗戦書委員長は、全人代閉幕の演説において、「一国二制度の堅持と改善に向けた重要な措置で、香港の同胞を含む中国人全体の利益になる」と法制度の意義を強調した。

中国政府は、6月には全人代の常設機関である全人代常務委員会によって法律の具体的な条文を制定させ、9月に控えている香港立法会（議会）までに成立させることとなった。

5◉香港政府の反応

香港国家安全維持法が導入される方針が決まったことに対して、香港政府の邱騰華・商務経済発展局長は、日本経済新聞への取材で、「香

港が安全な場所であることをアピールできる」と指摘している。

また、「草案で出された4つの禁止行為は非常に明確で、影響を受けるのはごく少数の人たちだけ」と述べており、懸念されている香港の自由が奪われることや、独立した司法制度に影響はないとしている。

香港政府と香港市民の間には、温度差があることは否めない。再び抗議デモが起きることを防ぎたい香港政府の思惑と、自由が奪われかねない香港市民との軋轢は条文の内容によっては表面化する恐れがあった。

● おわりに —— 日系企業と日中友好関係への影響

香港立法会の民主派議員の郭栄鏗は、日本経済新聞の取材に対して、「日中関係が悪化すれば、中国は香港の日系企業や関係ある人を制裁対象にできる」と答えている。

郭議員は香港国家安全維持法の「外国の干渉の非合法化」を最も懸念すべき点としており、広義な意味で解釈すると、外国人や外国籍の企業が香港で活動できなくなる可能性もあり得るとしている。

6月以降、全人代常務委員会がどのような立法案を作るかによっては、日系企業は大きな影響を受ける可能性があった。

2021年以降に延期された習近平国家主席の国賓来日の予定にも影響が出るかもしれない。

日本は、中国政府に正式な抗議をしなかったが、アメリカやイギリスからの圧力次第では反中国寄りの姿勢をとらざるを得ない。アメリカ、イギリス、オーストラリア、カナダは、深い懸念を示す共同声明を発表済みである。

その場合、日中関係の冷え込みにつながるため、習近平国家主席の国賓来日は遠のくこととなる。中長期的な目で捉えると、日中間の「戦略的互恵関係」に対する影響が大きいと言える。

第58章
北朝鮮の金正恩体制とは何か

● はじめに —— ポイントと基礎知識

北朝鮮では、死亡した金正日の後を継いで三男の金正恩が最高指導者の地位に就いたが、核放棄に向けた六カ国協議は頓挫したままである。

北朝鮮は、国民の窮乏をよそに、核実験やミサイル発射実験を繰り返してきた。

1 ● 金正恩体制の始動

2012年4月11日に、北朝鮮では金正恩が朝鮮労働党第一書記と国防院会第一委員長に就任し、2011年12月17日に死去した父・金正日の権力を引き継いだ新体制を発足させた。

「第一書記」も、「第一委員長」も、これまでになかった新設のポストである。従来の総書記と国防委員長を、故金正日だけの称号としたためである。

2 ● 世襲国家としての北朝鮮

北朝鮮を建国したのは、金日成である。その後、金日成から金正日、金正恩へと、最高権力者の世襲が3代続くこととなった。

とは言うものの、金正恩はまだ30歳と若く、実績もなかった。思い通りに国家を動かせるの

はまだ先の話である、と考えられた。そのため、これまでと同じ体制が続くと見られた。

3●外交カードとしての核兵器とミサイル

こうした北朝鮮の最大の切り札は、核兵器とミサイルである。北朝鮮は核兵器を持っていることを公式に宣言している。

「いざとなったら、核兵器を使う」と脅かして、外国と対等に交渉を進めようとする一方で、「核開発を止めてもいい」と言って、見返りに食糧援助や経済援助を引き出そうとするのである。そのため、地下核実験やミサイル発射実験を行って、国際社会にアピールしてきた。

4●決裂する六カ国協議

北朝鮮の核開発・核保有を止めさせるための話し合いは、これまで北朝鮮とアメリカ、中国、ロシア、日本、韓国による六カ国協議によって行われてきたが、北朝鮮は核放棄を約束しては反故にすることを繰り返し、話し合いは決裂している。

5●ミサイル発射実験

2012年12月12日にも、北朝鮮はミサイルの発射実験を行った。北朝鮮側はこの実験を「人工衛星を打ち上げるためのロケットである」と発表したが、ミサイルとロケットは技術的にほぼ同じである。先端に核弾頭をつければ、日本も射程距離に入る核ミサイルになる。

打ち上げは成功し、人工衛星と称する飛翔体が地球周回軌道に到着するのが確認された。この実験は、北朝鮮の弾道ミサイル技術の向上を見せつけることになった。

その後も、北朝鮮は、核実験とミサイル発射実験を繰り返してきた。特に2017年には、アメリカのトランプ政権との間で、緊張が高まった。詳しくは、続く章で後述する。

●おわりに──オバマ政権の「戦略的忍耐」

六カ国協議の再開に向けて、非公式の会談が続けられてきたが、アメリカのオバマ政権は、北朝鮮の「非核化」が実現されない限り、協議の再開に応じない構えを見せてきた。

民主党のオバマ政権は、北朝鮮に対して、「戦略的忍耐（strategic patience）」の政策を取り続けた。

北朝鮮政策に大きな変化が訪れるのは、共和党のトランプ政権になってからである。詳しくは、続く章で後述する。

第59章

北朝鮮の脅威とは何か
── 核兵器とミサイルの脅威

●はじめに ── ポイントと基礎知識

北朝鮮は、2000年代から、核開発を本格的に推し進め、かつミサイル発射実験を繰り返して、東アジア諸国をはじめとした国際社会にとって脅威となってきた。

北朝鮮の大陸間弾道ミサイル（ICBM）は、2010年代後半、ついにアメリカ本土を射程に収め、米朝間で緊張が高まった。

その後、2018年6月に、米朝首脳会談が開催され、朝鮮半島の非核化や北朝鮮の体制の保証で合意が実現した。

2019年2月には、2度目となる米朝首脳会談が開催されたが、さらなる合意は実現しなっった。その後、板門店での3度目の米朝首脳会談も、象徴的な動きにとどまった。

1●北朝鮮のミサイル発射実験

2017年7月4日と28日に、北朝鮮は、ICBM「火星14」の発射実験に成功したと発表した。

ICBMとは、たとえば、ユーラシア大陸からアメリカ大陸まで、太平洋を飛び越えて届く長距離ミサイルである。ロケット噴射で大気圏外まで打ち上げ、弾頭を切り離して海の向こうの目標に落とす。

ただし、7月28日の二度のミサイル発射実験は、通常より高度が高く、飛行距離が短い「ロフデッド軌道」で発射された。ミサイルは日本海に落下した。

2●北朝鮮によるICBM開発と水爆実験

北朝鮮のICBMの目標は、アメリカ本土である。ICBMの開発の成功は、北朝鮮がアメリカ本土を核攻撃できることを意味する。

しかも、北朝鮮は2016年9月9日の5度目の核実験で、「水爆実験に成功した」と発表していた。

その後も、水爆を弾道ミサイルに搭載する計画を着々と進めた。

3●米朝関係の悪化

こうして、2017年に入り、アメリカのトランプ政権と北朝鮮の金正恩政権との間では、にわかに緊張が高まった。

たとえば、北朝鮮が8月9日に、「グアム周辺に中距離ミサイルを撃ち込む」とアメリカを威嚇した。トランプ大統領は、これに対して、8月10日に、「炎と激しい怒り」で北朝鮮を攻撃する、と応じた。アメリカ領のグアムは、太平洋におけるアメリカの重要な軍事拠点である。

4●北朝鮮のミサイル発射実験、再び

北朝鮮は8月29日に、中距離弾頭ミサイル「火星12」を北東方向に発射した。ミサイルは、日本の上空を飛び越え、襟裳岬の東約1200キロ付近の太平洋上に落下した。日本政府は、北海道と東北地方などの地域にJアラートを発動して警戒を呼びかけた。

北朝鮮は、9月15日にも、同じ方角に中距離ミサイルを発射した。

しかも、北朝鮮はこの間、ミサイル発射実験に先立つ9月3日に、6度目の核実験に踏み切り、「ICBM搭載のための水爆実験に成功した」と発表した。

5●国際社会の対応

国際連合（国連）の安全保障理事会（安保理）は9月11日に、非難・制裁決議2375を全会一致で採択した。北朝鮮への制裁措置をとして、原油の輸出に上限を設けるなどの措置を採択した。しかし、中国の反対で、全面禁輸は見送りとなった。また、北朝鮮の海外派遣労働者の受け入れを禁止した。さらに、公海での北朝鮮貨物船の臨検措置をとることとなった。

もっとも、北朝鮮はこれまで何度、経済制裁措置を受けても、核実験とミサイル発射実験を繰り返してきた。たとえば、北朝鮮は、2016年と2017年だけで、3回の核実験のほか、40発もの弾道ミサイルの発射を強行している。

もし日本にミサイルが飛んできたら、日本海に配備されているイージス艦が艦対空ミサイルSM3で迎撃し、打ち漏らした分を地対空ミサイルPAC3が撃墜することになる。

とは言うものの、ハイスピードで飛んでくるミサイルをすべて撃ち落とすのは非常に困難で、ミサイル防衛（MD）には限界がある。

6●米朝首脳会談へ

こうして、2017年には国際社会が北朝鮮に

厳しい経済制裁を科し、一時緊張が高まったが、2018年に入ると、北朝鮮は和平路線に転換した。

北朝鮮は、韓国で2月9日から25日にかけて開催された平昌冬期五輪に選手団を送った。その後の4月27日、金正恩委員長と韓国の文在寅大統領との南北首脳会談が板門店で開催された。会談では、休戦協定を平和協定に転換し、朝鮮戦争を終結させる方針が決まった。

2018年6月12日に、トランプ大統領と金正恩委員長は、米朝首脳会談を開催し、朝鮮半島の非核化や北朝鮮の体制の保証で合意した。朝鮮戦争の終結も視野に入ったかに見えた。

ただし、その後、米朝両国は、朝鮮半島の非核化のプロセスをめぐって対立した。アメリカは、非核化の検証可能な実現まで経済制裁を科す姿勢を崩さず、北朝鮮は、非核化の段階に応じて経済制裁を緩和することを求めてきた。

● おわりに —— 米朝首脳会談の決裂とその後

2019年2月27日と28日に、二度目の米朝首脳会談がヴェトナムのハノイで開催されたが、朝鮮半島の非核化をめぐり交渉は決裂した。

2019年6月30日の板門店での米朝首脳会談でも、象徴的な成果にとどまり、具体的な成果は何ら得られなかった。

その後、北朝鮮は10月2日に、潜水艦弾道ミサイル（SLBM）の発射事件に成功した。その後の10月31日に、北朝鮮は、短距離弾道ミサイルの発射実験も行った。2019年5月以降、北朝鮮は、短距離弾道ミサイルの発射実験を日本海で繰り返してきた。

第60章
ミャンマーの民主化とは何か

● はじめに —— ポイントと基礎知識

長期にわたり軍事独裁政権が続いてきたミャンマーでは2011年3月の民政移行後から徐々に民主化が進展した。

2015年11月の総選挙では、アウンサン・スーチー女史率いる野党の国民民主連盟（NLD）が大勝し、政権交代が実現した。

しかし、2021年2月1日、国軍がクーデターを引き起こした。

1● ミャンマー軍事政権の歴史

ミャンマーは、東南アジアに位置する人口約6000万人の国である。旧国名は、ビルマである。

戦前はイギリスの植民地で、第二次世界大戦では日本軍の侵攻を受けた。

独立運動によって戦後独立するが、1962年3月2日に国軍のクーデターが起こり、独裁的な軍事政権が成立した。

この最初の軍事政権は、1988年3月から9月にかけての全国的な民主化運動によって崩壊する。この時に民主化運動の先頭に立ったのが、アウンサン・スーチー女史であった。スーチー女史の父親は、「ビルマ建国の父」と呼ばれる国民的英雄で、その娘のスーチー女史も、国民からの人望が厚かった。

しかし、軍事独裁政権が倒れた直後、国軍は再びクーデターを起こして、政権を奪ってしまった。

2◉軍事政権の継続と
アウンサン・スーチー女史の軟禁

新軍事政権は、1990年5月27日に総選挙を実施したが、選挙結果はアウンサン・スーチー女史が率いるNLDの圧勝だったため、選挙結果を無視して政権に居座り続けた。

反対派は弾圧され、スーチー女史は自宅に軟禁された。

こうした軍事政権の行動は、国際的にも非難を浴び、ミャンマーは長期にわたって国際社会から孤立する結果となった。

3◉軍政から民政へ

転機となったのは2011年3月30日以降、軍政から民政に移行したことである。

20年ぶりに行われた総選挙は公平なものとは言えなかったが、大統領に就任したテイン・セイン大統領は、スーチー女史の軟禁を解除するなど、民主化政策を推し進めた。

国際社会からの支持を得て、発展から取り残された経済を立て直すのが、軍事政権の狙いであった。

4◉野党の国民民主連盟（NLD）の勝利

2015年11月8日に行われた総選挙では、スーチー女史が率いる野党NLDが大勝し、政権交代が実現した。大統領はティン・チョー、スーチー女史は大臣兼国家顧問となった。

国軍がつくった現行の憲法では、スーチー女史は大統領になれない。配偶者や子供が外国籍の人は大統領になれないという規定で、配偶者がイギリス人のスーチー女史を大統領にしないために、わざわざ定められたものである。

また議会では国軍の発言力がまだ強く、本格的な民主化にはまだ課題が多い。

◉おわりに ── 国軍によるクーデター、再び

経済発展の余地が大きいミャンマーは、「アジア最後のフロンティア」とも呼ばれ、今後の動向が国際社会から注目されてきた（いる）。

ただし、ロヒンギャ問題（ロヒンギャの弾圧）を抱えている。この人権問題に対して、国際社会は批判的である。詳しくは、続く章で後述する。

2021年2月1日、国軍がクーデターを起こし、政権を掌握した。軍出身のミンスエ第一副大統領が暫定大統領となり、憲法417条の規定に基づいて期間を1年間とする非常事態宣言を発出した。スーチー女史らNLD幹部の100名以上が拘束され、市民は反発を強めている。

アメリカのジョー・バイデン大統領は、2月10日のホワイトハウスでの演説で、クーデターに関与した国軍幹部や国軍がからむ事業に制裁を科すための大統領令を承認したと明らかにした。

第61章

ロヒンギャ問題とは何か

◉はじめに ── ポイントと基礎知識

長期に東南アジアの国ミャンマーで、少数派のイスラーム教徒ロヒンギャが、多数派の仏教徒住民や治安当局の迫害を受けて、国を追われている。この問題に対して、国際社会は批判的である。

批判の矛先は、事実上の最高指導者であったアウン・サン・スー・チー女史にも向かっていた。

1◉ ロヒンギャとは何か

ロヒンギャとは、ミャンマーの西部ラカイン州に住むイスラーム教徒の住民の呼称である。人口は、推定で約100万である。

もともとこの地域には少数のイスラーム教徒が住んでいたと見られているが、19世紀のイギリス植民地時代に、同じくイギリス領であったベンガル地方からイスラーム教徒が移住し、次第に仏教徒と対立するようになったという経緯がある。

その後、第二次世界大戦後には、東パキスタンから（現バングラデッシュ）から食料を求めて、移民が流入した。

こうして形成された集団が、自らを「ロヒンギャ」と名乗るようになったと考えられている。

2◉ 迫害されるロヒンギャ

もともとミャンマーは、130を超える少数民族が暮らす多民族国家である。

ところが、ロヒンギャは、ミャンマー政府からは、「バングラデッシュからの不法移民」とみなされており、現状では国籍すら認められていない。また、宗教も肌の色も、言語も異なることから、ミャンマー国民の間にも、ロヒンギャに対する差別意識がある。

このため、かつての軍事政権時代にも、ロヒンギャはたびたび軍による弾圧を受け、多くの住民がバングラデッシュに逃れ、難民となった。

3◉ 反ロヒンギャ暴動

2012年6月上旬に発生した反ロヒンギャ暴動以降、ミャンマー政府は、ロヒンギャを狭い移住区に押し込め、移動を制限している。

ミャンマーでは、2015年11月8日の総選挙で、スー・チー女史が事実上の政権を握り民主化が進展したが、国軍や国民の反発が強く、ロヒンギャ問題は依然として解決していない。

◉おわりに ── ロヒンギャ虐殺

2017年8月25日に、ラカイン州でロヒンギャと見られる武装集団が警察を襲撃した。これに対して、ミャンマーの治安部隊は大規模なロヒンギャ掃討作戦を実行し、多くの住民が殺害され、家を焼かれた。隣国のバングラデッシュに流失した難民は、74万人に上る。

この事件をきっかけとして、国際連合（国連）では、ミャンマー政府に対する批判が強まった。

ミャンマー政府は、虐殺や迫害を否定しているが、ロヒンギャ難民は過酷な状況に苦しんでいる。国連の人権理事会はミャンマー政府に対する非難決議を採択し、独立捜査機関による調査を開始したが、ミャンマー政府は協力を拒否している。

第62章
マハティールの復権とは何か

● はじめに —— ポイントと基礎知識

マハティール・ビン・モハマドが2018年5月に、15年ぶりにマレーシア政権に復帰を果たした。

戦後の経済成長を支えたマハティールの復権に、ナジブ・ラザク前大統領の汚職や強権政治からの脱却を望んだ国民は大きな期待を寄せている。

マレーシアで大規模なインフラ建設を進行中の中国との関係にも注目が集まっている。

1 ● マハティールの復権

2018年5月9日に、マレーシア議会選挙が実施され、1981年から2003年まで首相を務めたマハティール元首相が再び首相に選出された。

国内の経済成長を支えた指導者として知られるマハティールは、前任のナジブ前首相とは師弟関係にある。

2 ● ナジブ前政権の汚職体質

ナジブ前政権の強権政治や汚職体質に、有権者たちは不満を募らせていた。たとえば、2015年には、政治系ファンドの「1 IMDB」などからナジブが45億ドル以上の資金を不正流用した疑いがあると報道された。

さらにナジブは、マハティールが前任時代に育て上げた国産車メーカーの「プロトン」の株式の半数を中国へ売却した。

これらに耐えかねたマハティールは、かつて敵対していた旧野党と手を組み、新党を立ち上げて、2018年5月9日の議会下院選挙に臨んだ。

3 ● マハティール政権の改革

就任後、マハティール首相は、経済の安定化を優先すると約束し、ナジブ前政権が進めていた複数の政策を見直していった。

たとえば、税率6％の物品サービス税（GST）の廃止や、首都クアラルンプールとシンガポールを結ぶ高速鉄道計画の中止もその一例である。

4 ● マハティール政権と
中国の「一帯一路」経済圏構想

また中国の「一帯一路（One Belt, One Road）」経済圏構想に基づいて前政権が構築した大型インフラ・プロジェクトに異を唱え、マレーシア半島南部で進行中の巨大都市プロジェクト「フォレスト・シティー」に住むことを目的とした外国人にはビザは発注しない、と宣言した。

中国政府や中国系デベロッパーに対して、慎重な姿勢をとっている。

● おわりに —— マハティール政権の改革の行方？

2018年に93歳と高齢のマハティール首相は、いずれアンワル元副首相に政権トップを譲るとしていたが、両者はかつての政敵同士でもある。2020年2月24日に、マハティール首相は辞任した。

マレーシアは、高度経済成長を果たした1980年代から1990年代に比べて、2010年代、経済成長が伸び悩んできた。当時の興盛を牽引したマハティールが、改革を推し進めて成果を残せるのか、が注目された。

第63章

タイの騒乱とは何か

● はじめに ── ポイントと基礎知識

赤シャツと黄色シャツとの対立となったタイの騒乱は、背景に農村部と都市部との貧富の格差があった。

特に2010年3月には、赤シャツ隊が首都バンコクの一部を占拠し、騒乱となった。日本人カメラマンも、取材中に死亡した。

1● タイという国

東南アジアのタイは、国民の多くが仏教徒で、「微笑みの国」とも言われる。プーケット島などのリゾート地も持ち、海外からの観光客も多い。2000年代前半までに、一定の経済成長も遂げた。

しかし、2000年代後半から2010年代はじめにかけて、政府派と反政府派の激しい対立が続いた。

2● タクシン政権

タクシン・シナワット元首相は、2001年2月から2006年9月までタイの首相を務めていた。

しかし、一族の経営する会社が脱税をして、巨額の利益を得ていたことが批判を浴び、ついには国軍のクーデターによって、国外へ追放されてしまった。

3● 農村部でのタクシン支持

ところが、タクシン元首相は、農民が安い値段で医療を受けられるようにしたり、借金を軽減してあげるなど、農民のための政策を次々に行ったので、地方の農民層に絶大な人気があっ

た。

そのため、クーデター後に実施した選挙では、タクシン派の政党が勝利した。

4● 都市部の黄色シャツ派による抗議運動

この事態に、今度は都市部の労働者やエリート層が反発した。彼らは、もともとタクシン元首相の農村政策に反対であった。こうした反タクシン派は、黄色いシャツを着て、タクシン派政権への抗議行動を行った。

2008年11月には、黄色シャツ隊がタイの国際空港を占拠し、タイ経済に大きな打撃を与えた。

黄色いシャツは、タイ国王への親愛も表していた。タイでは、曜日ごとの色が決まっていて、生まれた曜日の色がその人のラッキー・カラーになる。タイ国王は、月曜日の生まれだったので、月曜日の色である黄色がラッキー・カラーなのであった。

5● 赤いシャツ派による
アシピット政権への抗議運動

その後、タクシン派が政権を追われて、2008年12月15日に反タクシン派のアシピット・ウェーチャチーワ首相が政権に就くと、今度はタクシン派の人々が激しい抗議行動を始めた。彼らは、黄色いシャツに対抗して、赤いシャツを着ていた。

● おわりに ── タイの騒乱へ

2010年3月中旬に、首都バンコクに何万人もの赤シャツ隊が集結して、一部の地区を占拠

160

し、大きな騒乱となった。騒乱は、2カ月以上にわたって続き、治安部隊との衝突で多数の死傷者が出る事態となった。

繰り返しになるが、取材をしていた日本人カメラマンも、銃撃を受けて死亡した。

それから10年後の2020年には、若者による大規模デモが再び起こっており、憲法改正を要求している。タイでは不敬罪となる国王への批判も出ている。詳しくは、続く章で後述する。

第64章
タイの反政府デモとは何か

●はじめに —— ポイントと基礎知識

2020年7月18日から、学生など若者たちによる大規模な反政府デモがタイで続いている。交差点や道路を占拠する光景も、すでに特別なものではなくなってきた。

抗議活動が長期化するなかで、学生たちは、これまで公で語られることのなかった王制改革まで要求し始めている。

10月14日以降の反政府デモでは、警察車両がデモ会場に向けて、放水しながら進入した。警察との衝突も起きていて、デモの参加者は、「国家が武器を持たない国民にこんなことをした」とか、「政府は、われわれと話すべきで、もっと良い解決策があったはずだ」と強く訴える。この衝突は、商業施設も立ち並ぶバンコクの中心部で起きた。

11月下旬の大規模な反政府デモでは、警察との衝突は避けられた。

1●憲法裁判所による野党「新未来党」の解党劇

こうしたデモが広がるきっかけは、2020年2月21日に憲法裁判所が政権批判の急先鋒で、学生など若者たちから絶大な支持を集めていた野党「新未来党」に解党命令を出したことであった。党首は最後の会見で、「政府は私たちを潰

そうとしているが、潰せないと証明する時だ。今より強くならなければならない」と支持者に呼びかけた。

こうした憲法裁判所の判断には、政権の意向が働いたとされ、バンコクで抗議集会が始まった。

タイでは、憲法裁判所に政党の解党の権限がある。また国王は、憲法裁判所の判事を任命する権限がある。

2●新型コロナ・ウイルスと非常事態宣言

こうした事態を、新型コロナ・ウイルスの感染拡大が襲った。非常事態が宣言され、集会は禁止された。

ただし、プラユット政権は、感染拡大が収まった後も、「第二波に備える」として、非常事態宣言を何度も延長した。学生など若者たちは、集会禁止が目的であると反発し、反政府デモの拡大につながった。

3●反政府デモの3つの要求 —— 王制改革まで

民主化を求める学生など若者たちの要求は、大きく3つある。第一に、プラユット・チャンオチャ首相の退陣である。プラユット首相は、陸軍出身で、2014年5月22日の軍事クーデターを主導した。軍政から民政への移管を目指した

2019年の総選挙の後も、首相を続けてきた。学生たちは、軍主導の強権政治だと批判している。

第二に、非民主的な憲法の改正である。現在の憲法は、軍事政権下で定められて、事実上、国軍が上院議員を任命できる内容となっている。これでは民意が反映されないと反発を強めてきたのである。

第三に、国王を君主とする今の王室制度の改革である。タイでは王室は神聖で不可侵な存在とされてきた。王室を批判すれば、不敬罪に問われるが、そのタイで公然と王制改革が叫ばれるのは、異例の事態であると言ってよい。

4● ワチラロンコン国王批判へ

批判の矛先は、ワチラロンコン国王にも向いている。新型コロナ・ウイルスの影響で国民が苦しい生活にあえぐなか、ドイツで生活していることが「国民に寄り沿っていない」と反発を呼んでいる。

デモのなかではじめて王制改革の声を上げた人権派の弁護士は、「多くの参加者がタブー視されてきた君主制に疑問を持ち始めた。誰もが今、タイで何が起きているか気づいている。だから私たちは、それについて堂々と話すことにした」と力説する。さらに学生など若者たちは、国王が即位後、王室財産を自ら運用できるようにしたり、国軍の精鋭部隊を直轄にしたり、権限を強化していることにも反発している。「君主制が権力を拡大していることがはっきりしている。それは民主主義が許す範囲を超えている」と人権派の弁護士は指摘する。

ただし、この弁護士や学生など若者たちは、君主制の廃止は求めていない、と指摘する。「王制を改革して、民衆とともに歩むことは、まだ可能だと思う。（王室制度には）やはりタイらしさが残っている。しかし、もし改革が拒否されたら、間違いなく暴動につながる」とも強調する。

5● 国王が大株主の銀行前で大規模な反政府デモ

タイでは、学生など若者たちが中心になってプラユット首相の辞任や王制改革などを求めるデモを続けていて、11月25日は首都バンコクにある大手銀行の前で大規模なデモを呼びかけ、警察によると、およそ1万2000人が集まった。この銀行は、ワチラロンコン国王が大株主で、デモ隊のリーダーたちは、国王が裕福な暮らしをしていることに疑問を投げかける演説を相次いで行い、王室への批判を強めた。

これに対して、プラユット首相は、25日のデモを前に、王室に対する中傷を禁じる不敬罪の適用も視野に、デモを徹底的に取り締まる方針を表明した。デモ隊は当初、王室財産管理局へのデモ行進を呼びかけていたが、警官隊との衝突が懸念されたため、急遽場所を変更し、衝突を回避した。

● おわりに ── 収束の目途が立たない反政府デモ

学生など若者たちのデモ隊は、11月27日も大規模なデモを呼びかけて、政権との間で緊張が続く。権力や王室という特権階級に対して、学生など若者たちの不満は高まっている。

その後も、学生など若者たちの民主化を求める反政府デモは、収束の目途が立っていない。

第4部

ヨーロッパをめぐる国際問題

変転する状況のただなかで、一人の人間が終始一貫性を保つただ一つの可能性は、すべてを支配する不変の目標に忠実でありながら、状況に応じて変化することにある。

——イギリスの政治家のウィンストン・チャーチル

国家に友人はいない。あるのは国益だけだ。

——フランスのシャルル・ド・ゴール

私たちの人生における最大の仕事は、自分自身を世のなかに誕生させること。つまり、その潜在的な力を開花させることだ。人の努力が生み出す最も重要な成果物とは、その人自身の人格なのだ。

——ドイツの社会心理学者のエーリヒ・フロム

なまじ頭がいい者は、物事を大きく、複雑にしてしまう。これを逆の方向に動かすには、ひらめきと勇気が必要だ。

——イギリスの経済学者のエルンスト・フリードリッヒ・シューマッハー

第65章

欧州連合 (EU) とは何か

◉はじめに──ポイントと基礎知識

欧州連合（EU）は、加盟国内の経済・政治面の統合を目指して設立された。

欧州理事会でEU全体の経済・政治面の方向性を決める。

近年は、ギリシャのソブリン危機や難民問題、イギリスのEUからの離脱（Brexit）などの問題が山積している。

1◉欧州連合 (EU) とは何か

ヨーロッパ各国の経済・政治面での統合を目指して設立された組織がEUである。

2016年1月時点で、EUには28カ国が加盟しており、人口約5億1000万人、国内総生産（GDP）17.3兆ドルの広域共同体を形成してきた。

その後、Brexitの結果、EUは27カ国体制となった。

2◉ヨーロッパ統合の動き

ヨーロッパ諸国はかつて（近代以降も）、絶えず戦争を繰り広げてきた。その反省から、ヨーロッパ統合の流れが生まれ、1952年7月25日にヨーロッパ石炭鉄鋼共同体（ECSC）が発足した。1967年7月1日には、EUの前身となるヨーロッパ共同体（EC）が生まれた。

EUとなったのは、1993年11月1日である。マーストリヒト条約に基づく。

EUの前身となる組織は、すでに見た通り、ECであるが、1967年7月にブリュッセル条約で、ヨーロッパ経済共同体（EEC）とECSC、ヨーロッパ原子力共同体（EURATOM）が合併して、発足した。地域経済を統合することがまず目的であった。

21世紀に入り、2004年以降、EUは、東ヨーロッパ地域に東方拡大してきた。キプロスとチェコ、エストニア、ハンガリー、ラトビア、リトアニア、マルタ、ポーランド、スロバキア、スロベニアの10カ国が2004年5月1日にEUに加盟した。

2007年1月には、ブルガリアとルーマニアがEUに加盟した。

2013年7月には、クロアチアがEUに加盟した。

さらなるEU加盟候補国は、アルバニア、マケドニア旧ユーゴスラヴィア、モンテネグロ、セルヴィア、トルコの5カ国である。

注目すべきことに、冷戦後のEUは、外交と安全保障政策でも、共通の政策を模索してきた。

3◉「シェンゲン協定」と単一通貨ユーロとは何か

EU加盟国の大部分や非加盟国の一部の国々の間では「シェンゲン協定」という協定が結ばれている。加盟国間で国境検査を廃止する協定である。これにより、EU内をパスポートなしでも自由に移動できるようになっている。

また、加盟国のうち19カ国の通貨はユーロに統一され、単一の市場を生み出している。しかし、イギリスは、ユーロ圏に所属していなかった。

4◉EUの仕組みとEU大統領

EUの最高協議機関は、欧州理事会である。加盟している各国の首脳が参加して、政策の方

向性を決める。議長は、かつては持ち回りで
やっていたが、2009年12月以降は、EU大統
領が担う。

2019年6月30日から7月2日の3日間にわ
たって開催されたEU首脳会議は、新しいEU大
統領として、ベルギーのシャルル・ミシェル元
首相を指名した。

その下に、行政を司る欧州委員会、EUの立
法を行うEU理事会、司法を担う欧州司法裁判
所がある。

こうして、EUは、まるで一つの国家のように、
行政・立法・司法の組織を揃えている超国家的
な組織である。

EU大統領は、欧州理事会常任議長が務める。
その任期は、2年半である。一度のみ再任が可
能となっている。国際会議や対外的なイベント
に、EUの代表として参加する。リスボン条約
に基づき、2009年に正式な役職となった。

5 ● ベルギーの政治力

初代EU大統領は、2009年12月1日に就任
したベルギーのヘルマン・ファン=ロンパイ元
首相であった。2014年12月1日に就任したポー
ランドのドナルド・トゥスク元首相は、2代目
である。2019年12月1日に就任したベルギー
のミシェル元首相は、3代目である。

ベルギーは、小さな政党が多く、トップには
高い調整能力が求められる。ミシェルもベル
ギー連立内閣を苦しみながら運営してきた。
EU大統領は、その経験を生かすにはもってこ
いの役割と言える。

首脳会議の議長として、加盟国の利害を調整
する役割がある。対米関係や移民・難民対応、
EUの東方拡大など、不協和音が目立つEUをま
とめあげられるか――。近い関係にあるとされ

るフランスのエマニュエル・マクロン大統領ら
と手を組み、EUの舵取りを担う。

● おわりに ── 問題山積のEU

ギリシャ問題をきっかけに、ポルトガルやイ
タリア、アイルランド、スペイン（PIIGS）な
どでも財政赤字が問題視された。

緊縮財政を実施してようやく立ち直りつつあ
るものの、経済統合を行い、大きな組織となっ
たEUの危機管理体制に問題があることが浮き
彫りになった。

さらに最近では、難民問題や失業率の増加も
あり、舵取りが難しくなっている。EU諸国に
押し寄せるシリア難民の問題は、排外主義やポ
ピュリズムの動きを刺激している。

2017年6月に、イギリスは、EUとの離脱交
渉を開始し、EU市場からの完全撤退を含む完
全離脱、「ハードBrexit」が協議された。Brexit
は、2019年3月29日と決まった。ただし、急
激な変化を避けるため、2020年12月31日ま
では移行期間とされた。

離脱後のイギリスとEUの関係について、イ
ギリスの保守党のテリーザ・メイ首相は、改め
てモノだけの自由貿易協定（FTA）を結ぶこと
をEUに提案していた。しかし、離脱すると言
い出したのはイギリスの方なので、EUとして
はイギリスに都合の良いだけの提案を受け入れ
るつもりはなかった。

離脱交渉に行き詰まったメイ首相は、2019
年5月24日に退陣を表明した。

メイ首相の後任は、保守党のボリス・ジョン
ソンである。2020年12月31日に向けて、EU
との交渉に臨んだ。問題は、イギリスとEUの
間で自由貿易協定（FTA）を締結できるか、で
あった。詳しくは、別の章で後述する。

第66章

EU大統領とは何か

● はじめに —— ポイントと基礎知識

ヨーロッパの経済的かつ政治的な統合は、2007年12月に署名されたリスボン条約でさらに進んだ。

2009年12月のリスボン条約の発効で、「EU大統領」が誕生することとなった。初代EU大統領にベルギーのヘルマン・ファン゠ロンパイ首相が就任した。

1 ● 欧州連合 (EU) と「シェンゲン協定」とユーロとは何か、再び

欧州連合 (EU) とは、繰り返しになるが、ヨーロッパの国々が一つの国家のように結びつくために誕生した連合組織である。加盟国は27カ国である。

EU全体を一つの国家として見ると、人口は約5億人、GDPは約5兆ドルの大国が誕生することになる。

EUのなかでは、すでに見た通り、「シェンゲン協定」（加盟国間で国境検査を廃止する協定）によって、国境間を自由に行き来できる。

また、多くの国で共通の通貨「ユーロ」が使われている。これらはヒトやモノ、カネの往来を活発にして、ヨーロッパ全体の経済を活性化するのが狙いである。

2009年1月1日にはスロヴァキアがユーロを導入し、ユーロ圏は16カ国になった。イギリスは、ユーロ圏に入っていなかった。

2 ● リスボン条約とは何か

こうした経済的な統合が進む一方で、政治的にももっと結束を強めようとする計画が進展した。「EU大統領」や「EU外相」を創設しようとする案である。

こうした新しい案は、リスボン条約の一部で定められており（2007年12月13日署名）、加盟国のすべてが条約を批准し、正式決定になった（2009年12月1日発効）。

3 ● EUの意思決定機関

EUの最高意思決定機関は、加盟各国の首脳が参加する欧州理事会である。その下に、EUの立法・行政・司法をつかさどる機関としてそれぞれEU理事会、欧州委員会、欧州司法裁判所がある。

4 ● EU大統領とは何か

従来、欧州理事会の議長は、参加各国の首脳が6カ月ごとに持ち回りで務めていた。リスボン条約では、この議長職が任期2年半の常任職になり、各国首脳以外から任命されることとなった。新たに「欧州理事会常任議長（EU大統領）」と呼ばれる役職である。

● おわりに —— EU大統領の誕生

リスボン条約の前に、欧州憲法条約という同様の案があったのだが、この条約はフランスやオランダの国民の支持が得られず、加盟国全部の批准が得られる見込みがなくなってしまった。そのため、内容の見直しを行ってできたのが、リスボン条約であった。

リスボン条約も、アイルランドでは国民投票でいったん否決されたが、2009年10月2日の

二度目の国民投票でようやく批准された。

　繰り返しになるが、EUでは、2009年12月1日に、初代EU大統領に元ベルギー首相のファン=ロンパイが就任した。

　2014年12月1日に、ポーランド元首相の

ドナルド・トゥスクが次期EU大統領に就任した。

　EUの新しいEU大統領に、2019年12月1日、元ベルギー首相のシャルル・ミシェル前首相が就任した。

第67章
イギリスのEU離脱（Brexit）とは何か

●はじめに —— ポイントと基礎知識

　2016年6月、イギリスで欧州連合（EU）からの離脱（Brexit）の是非を問う国民投票が行われ、離脱賛成が反対を上回った。

　この結果は、イギリス国内だけでなく、EU経済や世界経済にも大きな影響を及ぼす。

　キャメロン首相の退陣後、イギリス国内の分裂も深刻である。その後、議会説得が難航したテリーザ・メイ首相も退陣し、ジョンソン政権となっている。

1●EUとイギリス

　EUは、繰り返しになるが、ヨーロッパの国々が一つの国のように結びつくために誕生した連合組織である。加盟国は、2016年現在、28カ国であった。

　イギリスもその一つに属していた。ただし、「ユーロ圏」には入っていなかった。

　ところが、イギリスでは、以前からEUから離脱すべきだという意見があった。EUで決まったことにしたがわなければならないため、「国の主権（sovereignty）がなくなる」というのが理由であった。イギリスは歴史的にも、主権へのこだわりが強い国家である。

2●移民問題

　EU圏内では、「シェンゲン協定」（加盟国間で国境検査を廃止する協定）により、人が自由に行き来できるため、2000年代にEUに加盟したポーランドやルーマニアなど東欧諸国から、多くの移民がイギリスにやってきた。

　「彼らはイギリス労働者の仕事を奪い、社会保障費を圧迫している」と離脱派は主張した。

3●キャメロン政権、国民投票へ

　キャメロン政権は、EU離脱には反対の立場であったが、党内にある離脱派の声を抑えるため、「EU離脱の是非を問う国民投票」を選挙公約にしてしまった。国民投票で否決されれば、離脱派もあきらめるであろう、と考えたのである。

　こうして、2016年6月23日に、国民投票が行われることになった。

　EU残留派は、「EUから離脱すれば、大変な経済的損失になる」と主張した。たとえば、イギリスの首都ロンドンには金融市場の世界的な拠点であるシティがあり、金融サービスはイギリスの国内総生産（GDP）の10％を占める基幹産業である。イギリスがEUから離脱すれば、金融市場の拠点もフランスやドイツに移ってし

まうかもしれない。

4◉離脱派と残留派の分裂

しかし、国民投票の結果は離脱支持が51.9％、残留支持が48.1％で、ごく僅差で離脱派の勝利となった。

予想外の結果は、日本の株式市場にも影響を与え、株安・円高が進んだ。

離脱派と残留派の分裂は、イギリス国内にある貧富の格差（上下の"分断"）や、世代間と地域間の分裂をも露わにした。

EU統合ばかりでなく、イギリス国内の統合まで危ぶまれている。

キャメロン首相は、こうした結果を受けて辞任し、メイ首相が就任した。

5◉アイルランドとの国境問題

イギリスがEUから離脱すれば、アイルランド共和国と北アイルランドとの「国境」が復活し、紛争が再燃する恐れがある。イギリスとEUは、北アイルランドに物理的な国境を復活させないことでは意見が一致した。

しかし、その後、EUとの間の輸出入品には関税がかかることになるため、モノの国境（税関）をどこかに置かなければならない。

メイ首相は、イギリスが2020年12月31日までにEUの関税同盟にとどまり、その間に解決策を模索するという案を出したが、議会に否決されてしまった。

6◉イギリス、EUとの離脱交渉

2017年6月19日に、イギリスは、EUとの離脱交渉を開始し、EU市場からの完全撤退を含む完全離脱、「ハードBrexit」が協議された。Brexitは、2019年3月29日と決まった。ただし、急激な変化を避けるため、2020年12月31日までは移行期間とすることとなった。

離脱後のイギリスとEUの関係について、イギリスのメイ首相は、改めてモノだけの自由貿易協定（FTA）を結ぶことをEUに提案した。

しかし、離脱すると言い出したのはイギリスの方なので、EUとしてはイギリスに都合の良いだけの提案を受け入れるつもりはなかった。

当初、2019年3月31日であった離脱期限は、10月31日に延期され、メイ首相は2019年5月24日に離脱交渉の行き詰まりで退陣を表明した。

メイ首相の退陣後、2019年7月23日に保守党のボリス・ジョンソンが首相となり、EUとの離脱交渉と議会の説得に臨んできた。ジョンソン首相とEUは、アイルランドとの国境には税関を設けず、北アイルランドが実質的にEU関税同盟にとどまるという協定案で合意した。その後、12月12日には、総選挙が実施され、保守党が勝利し、ようやく正式に離脱が決まった。

イギリスとEUとの通商・貿易は、2020年12月31日までは移行期間として従来の関税ルールが適用される。ただし、移行期間の終了までに新たな通商協定を結ぶ必要があるが、イギリスとEUの通商・貿易交渉は難航した。ジョンソン政権は、強気の交渉姿勢を見せてきたが、EU側も容易に妥協する姿勢を見せなかった。12月13日の期限を目前にしても、結論はまだ見通せなかった。

イギリスEU交渉の焦点は、繰り返しになるが、FTAを結べるかどうかであった。FTAを締結できれば、関税がゼロとなるが、イギリスEU間には通関作業が発生するため、物流の混乱が予想された。もし交渉が決裂して、「FTAなし」の状態になれば、関税が復活することになり、通関作業はさらに猥雑になる可能性があった。

7◉難航するイギリスとEUの通商交渉

イギリスとEUは、交渉期限の12月13日に、Brexitをめぐる通商・貿易交渉を続ける方針を固めた。ジョンソン首相と欧州委員会のウルズ

ラ・フォン・デア・ライエン委員長が、電話会談で合意した。電話会談後の共同声明で、「現時点ではさらに努力する責任がある」と説明した。電話会談では、「解決していない大きな課題」について話し合った。また、「この遅い段階でも協定を結べるかどうかを見極めるため」双方の交渉官にブリュッセルでの協議を継続するよう伝えることで合意したという。一方、交渉をいつまで続けるのかは言及しなかった。Brexitの移行期間は、12月31日で終わる。混乱を回避するためには、それまでにイギリスとEUのそれぞれの議会が新たな通商協定を批准する必要があった。

こうして、2020年12月までのBrexitをめぐる通商・貿易協議はギリギリまで難航した。期限までに合意に至れなかった場合、EUとイギリスは2021年1月1日から世界貿易機関（WTO）のルールにのっとって貿易を行うことになる。繰り返しになるが、協定なしとなれば、国境管理が必要となるほか、関税が復活するため、価格が上昇する製品が出てくると見られていた。

8●対立する分野

フォン・デア・ライエン委員長は、12月13日のジョンソン首相との電話会談は「建設的で有用だった」と説明した。また、「われわれは1年近い交渉に疲弊しており、何度も期限を破ってしまっているが、現時点ではさらに努力する責任があると考えた」と述べた。

一方のジョンソン首相は、「人生が続く限り、希望はある」と述べ、イギリスが「交渉をあきらめることはもちろんない」と話した。その上で、合意なしとなるシナリオがなお「最も可能性がある」と繰り返した。「私が見る限り、現時点では深刻で非常に難しい問題によってイギリスとEUの意見が分かれている。みなにとっての最善の策は、……WTO方式での通商に備えることだ」という。

イギリスが離脱後もどれだけEUの経済ルー

ルにしたがうかが、交渉の焦点となっていた。EUは、イギリスが単一市場に無関税でアクセスしつつ、製品や雇用条件、企業への補助金などでEUのルールにしたがわず、独自の基準を適用しようとしているのは不公平だとして、これを阻止しようとしていた。

しかし、BBCの報道によれば、EU側はどちらかが基準を上げた場合に、もう一方もそれに合わせるスキームをあきらめたという。その上で、不公平な競争を阻止できる場合に限り、イギリスの逸脱を認める方針に切り替えたと見られている。

また、漁業権も大きな課題となっていた。EUは、加盟国がこれまで通りにイギリスの海域で漁ができるようにすべきである、と主張していた。これを認めない限り、イギリスの漁業関係者にEU市場への特別なアクセスを認めない、としていた。一方のイギリスは、これは主権国家として認められない、と反発していた。

こうして、イギリスとEUの間の大きな対立点は、「公正な競争環境の確保」と「紛争解決などのガヴァナンス」、「イギリス海域でのEUの漁業権」の3分野であった。

9●行き詰まるイギリスとEUの通商交渉

ジョンソン首相は12月17日に、EUとの通商・貿易交渉で、欧州委員会のフォン・デア・ライエン委員長と再び、電話会談した。会談後、交渉は「深刻な状況」にあると懸念を表明した。ジョンソン首相は「期限は迫っている」と述べ、EUが「大胆な」路線変更をしない限り、通商協定がない状態となる「可能性が非常に高い」と警告した。

一方のフォン・デア・ライエン委員長は、特に漁業権をめぐる「大きな相違」を埋めるのは「とても困難」との見解を示した半面で、「多くの問題で多くの進展が見られた」と評価した。

イギリスとEUの通商交渉は18日以降も、ブリュッセルで続けられた。欧州議会（EU理事

会）幹部は、「20日までに協定の草稿が決まらなければ、批准までの時間がとれない」と話していた。交渉の究極的な期限は、Brexitの移行期間が終了する12月31日であった。

イギリス首相官邸は電話会談の後に声明を発表し、「イギリスは、EUの対等な競争環境（Level Playing Field）に関する妥当な要望に応える努力をしてきた。互いの溝は縮まったものの、基本的な部分で困難が続いている」と説明した。ジョンソン首相は漁業権について、「イギリスが長期にわたって漁業水域へのアクセスを制御できない世界で唯一の国となり、自国の漁業とって大きく不利となるような割り当てに直面する状況は受け容れられない」と述べた。「この件におけるEUの立場はまったく妥当ではなく、合意に至るには大きな変更が必要だ」という。

イギリスのデイヴィッド・フロスト首席交渉官も首相の意見に同意し、「EUとの交渉の状況は今日、とても深刻だった。進展は妨げられ、期限は迫っている」とツイートした。

欧州議会は、20日を貿易協定の草稿を確認する期限としていた。一方、イギリスではクリスマスを前に、17日に議会が閉会している。しかし、マイケル・ゴーヴ内閣府担当相は、EUとの協議はクリスマス後も続く可能性があると発言した。クリスマスは「神聖な」日だが、この日に協定批准のために議会が再招集されることもありえる、と話した。ゴーヴはまた、「20日までに協定の内容ができ上がらないと批准する時間がない」と欧州議会が主張していることに対し、「協定の仮申請を行うこともできる」と述べた。

しかし、議会のBrexit委員会では、「最も可能性の高い結果」は、EUとの通商協定がないまま移行期間が終わることだ、と述べた。また野党議員からは、輸入に頼っている企業はすでに、交渉の遅れによる諸問題に直面している、との指摘が相次いだ。

10 ● イギリスとEUの通商交渉の妥結

はたして、イギリスとEUのFTAなど将来の関係をめぐる通商・貿易交渉は、山場の20日の協議でも合意に至らなかった。イギリスとEUは、21日以降も首席交渉官級の交渉を続けたが、もし合意に至っても、2020年内に双方の議会で批准ができるのか、不透明であった。

しかし、イギリスとEUの通商・貿易交渉は、クリスマス・イブの24日に土壇場で合意に達した。産業界が恐れた交渉亀裂による大混乱は免れ、2021年1月以降も、関税ゼロが維持されることとなった。ただし、通関手続きが発生し、物流が滞る懸念は残った。金融やデータ分野でもEUの判断が先送りとなり、急ごしらえの協定は不安定要素が残った。

イギリスの海域でのEU漁船の漁業権の扱いなど主要な対立点でお互いが譲歩し合った。イギリスは、EUの管理から離れて、「主権の奪還を実現した」とアピールした。しかし、漁業権では5年半の激変緩和期間を設けるなど、イギリスが手にした主権は「条件付き」とも言える。また、イギリスが政府補助金などの産業政策でEUルールに合わせる「公正な競争環境の確保」や、紛争解決の「ガヴァナンス」をめぐっては、イギリス側がEUから一定の譲歩を勝ち取った。ところが、EUがイギリスの産業政策に関与できる余地は残った。

EU27カ国は、25日の大使級会合で、欧州議会の同意なしに協定を暫定的に発行させる方針、「暫定適用」で一致した。

● おわりに──「民主主義の赤字」とは何か

「民主主義の赤字」とは、国際社会などで、自らにかかわる決定に参加・関与できない状況をいう。たとえ民主主義国ばかりで構成される国際組織であっても、説明責任や政策決定の透明性は自動的に保障されるわけではない。たとえば、EUでも、民主的統制の及ばない国際官

僚の意思決定に、加盟国などからしばしば不満が生じる。

特に主権にこだわるイギリスが、民主主義の赤字に敏感であると言ってよい。

ヨーロッパ統合の過程で、加盟各国は立法権の一部を自国の議会からEUに委譲したが、EU市民の代表機関である欧州議会の立法権限は限定されており、各国の官僚や閣僚によって構成される欧州委員会や閣僚理事会が政策決定を主導しているため、議会による民主的統制の"欠損（赤字）"が指摘されるのである。

第68章

英連邦、「インド太平洋」で日本との連携へ

● はじめに── ポイントと基礎知識

特に2020年以降、イギリスやオーストラリア、ニュージーランド、カナダの英連邦諸国が中国への牽制を強めてきた。新型コロナ・ウイルスの感染拡大や香港国家安全維持法、華為技術（ファーウェイ）などをめぐり、中国との摩擦が続いている。

そのため、日米両国が「インド太平洋」で進める対中戦略でも、英連邦の存在感が重みを増している。

1 ● 茂木外相の訪英と日米外相会談

日本の茂木敏充外相は、2020年8月5日からイギリスを訪問した。イギリスとの経済連携協定（EPA）の交渉が目的だが、新型コロナ禍を経て、初の海外訪問でイギリスを選んだ理由は、それだけではない。安全保障の面でも、インド太平洋地域でのイギリスの関与が強まっているためである。

イギリスのドミニク・ラーブ外相は5日、茂木外相との会談後に、「日本はアジアの安全保障の重要なパートナーだ」と強調した。

日本政府によると、日英外相は、香港情勢をめぐり危機感を共有し、中国の東シナ海と南シナ海への進出に連携して対応する、と確認したという。

2 ● イギリスの中国離れ

イギリスは以前から、アジアを重視する姿勢を示してきた。その軸は、かつて中国だったが、2020年以降は違う。

キャメロン政権では2015年10月19-23日に、習近平国家主席をイギリスに迎え、中国との関係は「黄金時代」と呼ばれた。ボリス・ジョンソン首相も就任前の2019年夏には、中国の「一帯一路（One Belt, One Load）」経済圏構想について、「熱狂的な支持者だ」と話していた。

しかし、2020年以降は、イギリスは中国に対して、きわめて厳しい姿勢を見せ始めた。イギリスは、ヨーロッパで最悪の新型コロナ・ウイルスの犠牲者を出し、中国の情報開示に批判が噴出した。宗主国だった香港で、6月30日に香港国家安全維持法が施行されると、「中国離れ」は決定的になった。7月には中国の通信機器大手のファーウェイを第五世代移動通信システム（5G）で完全排除すると決めた。

3 ● 英連邦、アジア関与へ

オーストラリアやカナダも、同じである。

オーストラリアは2020年7月23日、中国が南シナ海における領有権や海洋権益を主張していることについて、「法的根拠がない」として中国の主張を退けた。24日には、南シナ海での中国の領有権主張を無効と訴える書簡を国際連合（国連）に送った。カナダは、2018年12月5日に、ファーウェイ創業者の娘で、副会長のCFO（最高財務責任者）を務める孟晩舟を逮捕し、香港問題では、いち早く香港との犯罪人引き渡し条約を停止した。

アメリカと英連邦の4カ国は、機密情報の共有網「ファイブ・アイズ」を構築している。2020年7月末には、複数のイギリスのメディアが、「5カ国は鉱物資源や医療品の調達で中国を外して新たな供給網を構築する」と報じた。激しい米中対立の陰で、英連邦も中国と対峙する側に動いてきた。

インド太平洋で中国の海洋進出を警戒する日本には好材料になる。インド太平洋地域にはオーストラリア以外に、インドや太平洋島嶼国など英連邦の国が目立つ。欧州連合（EU）を離脱したイギリスは、英連邦内の関係を強化している。

こうして、イギリスのインド太平洋への関与を機に、日米と英連邦が、安全保障で対中包囲網を築くシナリオが見えてくる。

● おわりに —— 日本と英連邦

注目すべきことに、イギリスは、2021年には、空母をアジアに派遣する予定である。英紙タイムズは2020年7月、中国を牽制するため、イギリスが空母打撃群をインド太平洋に常駐させる案がある、とも報じた。

しかし一方で、中国の経済力の魅力は高いままである。2010年代で、イギリスの対中輸出は4倍になり、中国依存は年々深まってきた。

したがって、日本が英連邦をつなぎ留めるためには、経済と安全保障の両輪で日本と連携するメリットを見せる必要がある。日英EPAは、その第一歩になる。

将来的には、アメリカと英連邦4カ国の「ファイブ・アイズ」に日本も加われるよう、安全保障面での国際貢献を積み重ねていく必要がある。注目すべきことに、2021年2月1日、ジョンソン政権は、環太平洋経済連携協定（TPP）への加盟を正式に申告した。

21世紀に第二次日英同盟を締結すべきである、という議論もある。

第69章

欧州難民問題とは何か

● はじめに —— ポイントと基礎知識

シリアなどで長期化する紛争によって、住む場所や仕事を奪われた多くの人々が、難民となってヨーロッパ地域に続々と押し寄せている。

受け入れには東ヨーロッパ諸国を中心に反発もあるが、欧州連合（EU）はできる限り受け入れていく構えである。

難民と移民は、区別すべきである。難民とは、政治的や宗教的な理由で自国にいると危険を感じ、やむなく国境を超える人々である。移民とは、経済的目的で国境を超える人々である。ただし近年、両者の区別は、国際会議の場などであいまいになりつつある。

1●難民の増加

中東地域やアフリカ大陸から、地中海を渡ってヨーロッパ地域に入ろうとする難民の数が急増している。その多くは、シリアやアフガニスタンなど、長引く紛争から逃れてきた人々である。

2015年にヨーロッパ地域に入った難民は、50万人に上ると見られている。2014年の約2倍であった。

従来は、エジプトやリビアからの密航船でイタリアに入る難民が多かったが（イタリア・ルート）、2015年には、トルコからゴムボートに乗ってトルコ沿岸に近いギリシャの離島に上陸するルートが盛んになった（バルカン・ルート）。

2●難民が目指すはドイツ

ギリシャに着いた難民の多くは、ドイツを目指してさらに北上を続けている。ドイツは経済的にも豊かで、難民への保護が手厚いからである。

ギリシャからマケドニア、セルビアを縦断して、EU加盟国のハンガリーに入ってしまえば、「シェンゲン協定」（加盟国間で国境検査を廃止する協定）により、検問なしでオーストリアを経由してドイツまで行けるのである。

本来、EUには「難民が最初に入国した国が難民に対応する」という決まりがあるのだが、難民の通り道になる各国も多数の難民を受け入れる余裕はないし、人道的な見地からも通過を事実上、認めている。

3●たらい回しにされる難民

しかし、押し寄せてくる難民の数があまりに多いため、混乱が広がっている。EUへの玄関口となるハンガリーは、もともと難民受け入れに対する抵抗が強く、セルビアとの国境を一時封鎖する強硬策をとった。

そのため、セルビアにいた難民は、隣国のクロアチアに流入し、対応に困ったクロアチア政府は、難民をバスに乗せてハンガリーに移送した。こうして、難民はたらい回しにされた。

4●難民受け入れの割り当て

EUは、2015年9月25日に緊急内相会議を開催し、約12万人に及ぶ新たな難民の受け入れを、割り当てに応じて、各国に義務づけることを決定した。

しかし、文化や宗教が異なるイスラーム教徒の受け入れには、東ヨーロッパ諸国を中心に根強い反発がある。たとえば、ハンガリーやポーランドでは、反リベラルの権威主義的ポピュリズムの政党が政権を握っている。西ヨーロッパでも、排外主義的ポピュリズムの政党や政治家が躍進してきた。詳しくは、続く章で後述する。

●おわりに──アメリカや日本の対応

アメリカのオバマ政権など、ヨーロッパ地域以外の各国も、人道的見地から難民受け入れを表明した。

日本は、難民受け入れの予定はない。かつてより、島国日本の難民・移民政策はきわめて厳格である。

第70章

欧米ポピュリズムとは何か

● はじめに──ポイントと基礎知識

2016年6月、イギリスは、国民投票の結果、欧州連合（EU）からの離脱（Brexit）を決定した。

11月には、アメリカ大統領選挙で、エリートに反感を持つ有権者たちの支持を集めた共和党のドナルド・トランプが勝利した。

2017年に入ると、ヨーロッパ各国で、移民排斥や反EUを訴える政党が支持を伸ばした。

1 ● ポピュリズムとは何か

ポピュリズムの定義は容易ではないが、「大衆迎合主義」や「衆愚政治」と訳される。

ポピュリズムは、エリートと民衆を単純化して二つに分け、支配層であるエリートを悪者と見立てることで、彼らに苦しめられている民衆の共感を獲得する政治姿勢を指す。

また、エリート層が導入した政策は、民衆の利益を脅かす存在として、たとえば、移民や自由貿易の拡大、グローバリゼーションが攻撃の対象となることもある。

2 ● イギリスのEUからの離脱（Brexit）

ヨーロッパでも、ポピュリズム勢力の躍進が目立つ。

たとえば、2016年6月23日、イギリスではEUからの離脱を問う国民投票の結果、賛成が反対を僅差で上回った。すでに見たが、イギリスのEUからの離脱を"Brexit"と呼ぶ。

Brexitの背景には、ポーランドやルーマニアなどからの大量の移民の存在がある。「彼らが

イギリス人から仕事を奪い、社会保障費を圧迫している」という主張が有権者の半数以上に支持されたのである。詳しくは、別の章で前述した。

Brexitをめぐっては、キャメロン政権からメイ政権、そしてジョンソン政権へと政権交代してきた。

3 ● 「トランピズム」とは何か

アメリカのドナルド・トランプ大統領は、そのポピュリズム的な政治手法から「トランピズム」という造語が生まれるほど、大衆の心理を操ることに長けた政治家である。

2016年の大統領選挙では、トランプは、対立候補の民主党のヒラリー・クリントンをエリートの象徴として攻撃した。

こうして、トランプは、2016年11月8日の大統領選挙で、専門家やマスメディアの予測に反して、勝利を収めた。

さらに注目すべきことに、2020年11月3日の大統領選挙でも、トランプ大統領は、敗北したとは言え、7419万6128票（47％）を獲得したことである。「トランピズム」恐るべしである。バイデン政権になっても、アメリカ政治ではトランプ主義の影響力は残る、と見られている。詳しくは、別の章で前述した。

4 ● ヨーロッパ地域でのポピュリズム勢力の伸長

2017年3月15日のオランダ議会選挙では、極右政党「自由党」が勢力を伸ばした。

4月23日と5月7日のフランス大統領選挙では、「国民戦線（現在、「国民連合」）」のマリー

ヌ・ルペン候補が、結果的には敗北したものの、マクロン候補との決戦投票に進んだ。

こうした結果、フランスの多くの国民が難民やイスラーム教徒の流入に対して、不満を募らせている現実が明らかになった。

9月24日のドイツ議会選挙でも、移民排斥と反EUを掲げる「ドイツのための選択肢」が躍進した。

2018年3月4日のイタリア総選挙では、新興政党でポピュリズム政党の「五つ星運動」と極右政党の「同盟」が連立政権を樹立した。

これら西ヨーロッパの排外主義的ポピュリズムに対して、ハンガリーやポーランドでは反リベラルの権威主義的ポピュリズムの政党が政権を握る。両者に共通するのは、反移民と反難民である。

こうしたポピュリズム勢力の伸長は、EUの存在をも脅かしている。

5 ● スペインとイタリアの地方の動き

スペインでは、2017年10月1日に、カタルーニャ独立の是非を問う住民投票で、独立賛成が多数となった。

イタリアでは、2016年6月19日に、ポピュリズム政党「五つ星運動」のヴィルジニア・ラッジがローマ市長に当選した。

● おわりに —— ポピュリズムの台頭と「真実後」

こうしたポピュリズムの台頭を受けて、「真実後（post truth）」という言葉がキーワードとなった。現実には真実ではない情報が、政治や有権者の心理に影響を及ぼす状況を指す。

たとえば、アメリカのトランプ大統領は、大統領選挙の段階から、不確かな情報に基づいた発言を繰り返して、ポピュリズムやナショナリズムを煽った。また、CNNなどリベラルなマスメディアを「フェイク・ニュースだ」、と批判し続けた。政権が発足した後も、こうした姿勢は、変わらなかった。

イギリスのBrexitをめぐっては、EU離脱派の主張が信憑性に欠けるところもあった、と指摘されている。

難民・移民を制限している日本では、ポピュリズムやナショナリズムが台頭していないが、ソーシャル・ネットワーキング・サービス（SNS）など新しいメディアの登場と発達で、現実の真実があいまいとなりつつある、という懸念が残る。

第71章

ギリシャのソブリン危機とは何か

● はじめに —— ポイントと基礎知識

巨額の債務を抱えるギリシャは、2010年代、厳しい緊縮財政によって経済が悪化してきた。緊縮財政に反対するツィプラス政権と欧州連合（EU）との交渉が難航し、一時は破綻寸前になった。

債務不履行の危機は回避されたものの、ユーロ圏の結束に亀裂が生じた。

1 ● 欧州連合（EU）とは何か、再び

EUは、繰り返しになるが、ヨーロッパ地域の国々が一つの国のように結びつくために誕生した連合組織である。

加盟国は、2016年の時点で28カ国であった。

そのうち19カ国が共通通貨「ユーロ」を使用している。イギリスは加盟していなかった。

イギリスのEU離脱（Brexit）の結果、EUは27カ国体制となった。

2◉ギリシャの財政赤字危機の発生

2009年10月5日の政権交代によって、ユーロ圏の国の一つギリシャが、巨額の財政赤字を隠していたことが発覚した。

財政破綻の不安が広がり、ギリシャ国債は暴落した。こうした段階になると、もはやギリシャ国内だけの問題ではない。なぜなら、ドイツやフランスの銀行は、ギリシャ国債を大量に買っていたからである。

3◉ギリシャへの国際支援

結局、銀行は債権の半分を放棄し、さらに国際通貨基金（IMF）とEUが多額の金融支援を提供し、ギリシャは何とか破産を免れた。その代わり、ギリシャには増税や年金の減額、最低賃金引き下げなど、厳しい緊縮財政が課せられることとなった。

その結果、ギリシャ経済は急速に失速し、国内総生産（GDP）は減少して、失業率は大幅に悪化した。

4◉ギリシャの債務不履行（デフォルト）の危機

こうして、ギリシャ国民の不満が高まった。2015年1月25日の総選挙では、緊縮財政に反対する急進左派連合（SYRIZA）が勝利し、党首のアレクシス・ツィプラスが首相に就任した。

しかし、EU側との交渉は難航した。ツィプラス政権が実施した国民投票の結果は緊縮財政反対が多数を占めたが、EU側も「緊縮財政を受け容れなければ、追加の金融支援はしない」と譲歩しなかった。

そのため、ギリシャは、一時的に事実上の債務不履行（デフォルト）に陥った。ツィプラス政権は、結局、緊縮財政を受け容れざるをえなかった。EUは、追加の金融支援を行い、ギリシャの破綻はぎりぎりで回避された。

◉おわりに ── ギリシャはユーロから離脱するか？

しかし、緊縮財政にも限界がある。ギリシャは、借金を返済するために追加の借金をしている状態で、同様の危機は今後も繰り返される恐れがあった。債務の大幅な削減なしに、ギリシャの財政再建は不可能であった。

この状態が続けば、ギリシャはユーロから離脱しなければならない可能性もあった。もしそうなれば、ギリシャはもちろん、EUにとっても大きな痛手となる。

さらに、ギリシャだけではなく、ポルトガル、イタリア、アイルランド、スペインの債務問題も深刻である。アイルランドを例外として、南ヨーロッパ諸国が財政危機に直面している。これら諸国を「PIIGS」と言う。

たとえば、イタリアだが、2011年10月に、世界的格付け機関のムーディーズがイタリアの信用格付けを「Aa2」から「A2」に3段階引き下げた。ユーロ圏の債務危機が解決せず、長期資金の伸達が困難になれば、同国に影響が出るというサインであった。

第72章

スコットランド独立住民投票とは何か

● はじめに —— ポイントと基礎知識

　2014年9月に、スコットランドではイギリスから独立するかどうかを決める住民投票が実施された。

　一時は賛成と反対が拮抗したが、ジェームズ・キャメロン首相の必死の訴えなどにより独立は否決され、イギリスの分裂は回避された。

スコットランド独立住民投票

　2014年9月18日に、イギリスのスコットランドで、独立の是非を問う住民投票が実施された。

　イギリスは、正式名称を「グレート・ブリテンおよび北アイルランド連合王国」と言い、イングランド、スコットランド、ウェールズ、北アイルランドの四つの地域から構成されている。四つの地域はもともと独立した国であったこともあり、今でも対抗意識が強い。

　たとえば、サッカーはそれぞれに独立したリーグがあり、ワールドカップでは4地域から代表チームが出場する。また、「イングリッシュ」は、イングランド人であり、「スコティッシュ」はスコットランド人のことである。

2 ● スコットランド国民党（SNP）とは何か

　1998年11月19日に、トニー・ブレア首相により、イングランドとの合併後のスコットランドで、はじめてスコットランドに議会が設置されることになった。

　2011年5月5日に、この議会で過半数を獲得

したのがスコットランド国民党（SNP）である。SNPは、スコットランドの独立の独立を主張する政党で、独立の是非を問う住民投票の実施を選挙の公約に掲げていた。その公約にしたがって、キャメロン首相に実施を認めさせたのが、2014年9月18日の住民投票であった。

　当初の世論調査では、独立反対が賛成を大きく上回っていたが、投票日が近づくにつれ、賛成派の支持が上昇し、独立が現実味を持ち始めた。

3 ● 独立賛成派の主張の背景

　独立賛成派の主張の背景には、造船や鉄鋼など重工業の衰退による中央との経済格差や、保守党のキャメロン政権が推進する緊縮財政や福祉削減に対する不満があった。

　また、スコットランド近海にある北海油田はイギリス政府が利権を握っており、スコットランドに正当な利益が分配されていない、という主張もあった。

　とは言うものの、独立によって生じる問題も多く、独立後の見通しは必ずしも明るいとは言えない。

● おわりに —— スコットランド独立住民投票の結果

　住民投票の結果は、賛成44.7％、反対55.3％であった。独立は否決されたが、その差はわずかであった。

　イギリス政府はその後、スコットランドに大幅な自治権を認める約束をした。

第5部

ロシア・核兵器を
めぐる
国際問題

ソ連の崩壊は20世紀最大の地政学的破局だ。

——ロシアのウラジーミル・プーチン大統領

自分の運命は自分でつくり出すもので、虚偽や不正は絶対に排撃せねばならない。

くすぶるな、燃え上がれ。

教養ある人間は、他の人格を尊重し、したがって、常に寛大で柔和で腰が低いものである。　　　　　　　　　　　　　　　——ロシアの劇作家のチェーホフ

原子力エネルギーの開発を通じて、私たちの世代は火の発見以来の最も革命的な力を世界にもたらしました。原子力エネルギーは、宇宙の根源的な力であり、時代遅れの偏狭なナショナリズムには適合しません。その理由は、原子力エネルギーの暴発から人類を守るすべはないからです。

——物理学者のアルバート・アインシュタイン

第**73**章

プーチンの "院政" へ？

◉はじめに ── ロシア内閣が総辞職、
プーチンは憲法改定を提案

ロシアのドミートリー・メドヴェージェフ首相は2020年1月15日、内閣が総辞職すると発表した。この数時間前には、ウラジーミル・プーチン大統領が年次教書演説で、議会の権限強化に向けた抜本的な憲法改定を提案しており、プーチンが2024年の任期満了後も権力を維持する狙いがあると見られている。

プーチン大統領がこの日、年次教書演説で発表した憲法改定案は、現在大統領に与えられている首相や閣僚の任命権を議会へと移すことなどが柱である。憲法改定案は、最終的に国民投票で決定するとした。

2018年の大統領選挙で再選を果たしたプーチンは、現在4期目で、2024年に任期満了を迎える。しかし、その後も陰で権力を維持しようとしているとの憶測が流れている。

1◉プーチン大統領の憲法改正案とは何か

現行の憲法では、大統領が首相を指名し、下院の同意を得て正式に任命する。対立する議会を武力制圧したボリス・エリツィン政権期に採択された現行憲法は、大統領に強大な権限を与えた。これを見直して、政府、議会、司法とのバランスをとる狙いがある。

プーチン大統領は憲法改定によって、首相や閣僚の任命における下院の「責任が増大する」と述べた。また注目すべきことに、プーチンは、自分が率いる「国家評議会」の役割拡大も示唆した。退任後のプーチンが議長となり、実権を

維持していく可能性が指摘されている。憲法改正案では、大統領の諮問機関にすぎない国家評議会を国家機関と位置づけ、その地位と権限を憲法に明記することも盛り込まれた。憲法改正案は、連邦議会下院に提出された。

憲法改定案の内容は、以下の通りである。
・首相や閣僚の任命権を議会へと移す。
・国家評議会の役割を拡大する。
・国際法の優位性を制限する。
・大統領任期を「連続2期まで」から「最大2期まで」に変更する。
・他国の市民権や永住権などを持つ者が大統領候補になることを禁止する法律を強化する。

2◉内閣総辞職へ

メドヴェージェフ首相は、国営テレビを通じて内閣総辞職を発表した。隣にはプーチン大統領の姿があった。

プーチン大統領が提案した憲法改定について、メドヴェージェフは、「これらの変更点が承認された場合、……憲法全体にだけでなく、権力の均衡全体や執行権、司法権にも大きな変化をもたらすだろう」と述べた。メドヴェージェフは内閣解散の理由について、「（憲法改正に向けて）大統領がすべての必要な決定を下せるようにしなければならない」と説明した。

プーチンはメドヴェージェフのこれまでの仕事ぶりに感謝した一方で、すべてのことが達成されたわけではない、と述べた。

メドヴェージェフの後任には、ミハイル・ミシュスチン連邦税務局長官が任命された（翌日、

下院で承認された）。

　プーチンは、メドヴェージェフに対し、自分が議長を務める国家安全保障会議（NSC）の副議長への就任を打診した。

3 ◉「陰の実力者」

　1999年12月31日のエリツィンの大統領辞任にともない、プーチンは大統領代行を務め、2000年5月7日に大統領に就任した。以降、約20年間、権力を握り続けている。

　プーチンは、任期を連続2期までとする憲法の規定に基づき、いったんは退任した。2008年5月7日から2012年5月7日までの間、プーチンは首相を、メドヴェージェフは大統領を務めた。しかし、プーチンは首相だったにもかかわらず、「陰の実力者」だと目されていた。

　2012年5月7日には、大統領の任期を4年から6年に延ばした上で、プーチンは再び、大統領に復帰した。プーチンは、2024年に大統領の任期切れを迎えるが、後継者の権限を弱めておくと、退任後も影響力を行使しやすくなる。

　日本や欧米のメディアでは、憲法改正案をめぐる動きを、プーチンによる、2024年の大統領退任後を見据えた"プーチン院政"への始動といった見方が広がっている。

　野党指導者アレクセイ・ナワリヌイは、憲法改定をめぐるいかなる国民投票も「くだらない詐欺行為」になるだろうとした上で、プーチン大統領の狙いは「生涯、唯一の指導者」になることだと述べた。

　ロシアで国民投票が行われたのは、1993年に当時のエリツィン政権下で憲法を承認したのが最後である。

　指導者の退任規定がなかった前身のソ連では、1980年代に指導部の高齢化が進んだ。当時のレオニード・ブレジネフ共産党書記長らは在職のまま死亡し、社会の停滞を招いたと批判されている。あまりにも長期間、支配を継続すると、同様の事態をもたらす危険性がある。国民の反

発も予想される。

4 ◉内閣総辞職のタイミング

　しかし、"院政"という言葉でイメージされるほど強い実権をすべての分野で維持しようとしているのか、それとも、たとえば、安全保障分野の長として睨みを利かすといった形を考えているのか、そこはまだはっきりとは見えていない。これまでのような強い権力を握り続けるつもりである可能性もあるが、後継者が育つ状況を見ながら自身が安全に身を引くための段階的な措置をとろうとしているかもしれず、今後の見極めが必要である。

　それにしても、内閣総辞職のタイミングは、2024年以降を見据えた動きとしては早過ぎないか——。2つの可能性が考えられる。

　第一に考えられるシナリオは、憲法改正をして「2024年以降」に備えるためには3年から4年が必要とプーチンが判断し、また首相には、実務的な能力に疑問符がつくメドヴェージェフよりも実務家が望ましいと考えた、というものである。

　第二に考えられるのは、プーチンが後継を育てるために2024年を待たずに大統領職を引くことである。70歳を超えるプーチンの健康問題が関係している可能性も排除はできない。

　ただし、メドヴェージェフについては、昨今の支持率低下などを受け「更迭された可能性」を指摘する向きもあるが、「プーチン後」の後継としての芽はまだ消えていないと見てよい。

◉ おわりに —— プーチン演説のポイント、再び

　プーチン演説の最大のポイントは、第一に、任期切れの2024年以降は大統領職に就かない姿勢を示したことである。

　第二に、大統領権限を弱める（組閣の際の下院権限強化）点については、2024年に大統領職を退いた以降も、政治的影響力を自身に残す意図が見受けられる。

さらにもう一つ、気になる論点としては、ロシアで高官になる条件に「25年以上連続でロシア国内に住んでいること」などを挙げたことで、これは海外留学組で西欧に近い考えのリベラル派の政治的ライバルを排除したい考えを示したものと考えてよい。

ロシア国内では、経済低迷や年金改革への不満から政府への反発も強まっている。プーチン大統領の思惑がどうあれ、希望通り事が進むか

どうかは未知数である、と見るべきである。

野党指導者のナワルヌイらは、2021年に入り、プーチンの宮殿と思われる建物の映像を公開し、各地で抗議デモが起こっている。3月2日にバイデン政権は、ナワルヌイの毒殺未遂や逮捕でロシアに制裁を科した。

しかし、プーチン大統領は、依然として60％近い支持率を保っている。かつ政権基盤が揺らぐ気配はない。

第74章

新戦略兵器削減条約（新START）とは何か

● はじめに —— ポイントと基礎知識

アメリカとロシアの間の新しい核ミサイル削減の枠組みとなる新戦略兵器削減条約（新START）が、2010年4月に署名された（2011年2月に発行）。「START後継条約」とも呼ばれる。

米露両国の核削減には、北朝鮮やイランなどに国際的な圧力を強める狙いがある。

1 ● アメリカとロシアの戦略核ミサイル軍縮の流れ

1991年7月31日に、第一次戦略兵器削減条約（START I）が締結された。大陸間弾道ミサイル（ICBM）、潜水艦発射弾道ミサイル（SLBM）、および重爆撃機の運搬手段の総数を、条約の発効から7年後にそれぞれ1600基へ削減することが規定された。

1993年1月3日には、第二次戦略兵器削減条約（START II）が締結された。発効はしていないが、基本合意に至った。

1997年3月21日には、第三次戦略兵器削減条約（START III）の基本的枠組みが合意された。START IIが発効しなかったため、START IIIの

交渉はその後、進展しなかった。

2001年12月5日には、START I の義務履行が完了した。米露両国がSTART I の義務履行完了を宣言した。

2002年5月24日には、戦略攻撃兵器削減条約（モスクワ条約）が締結された。米露両国の戦略核弾頭の配備数を2012年までに1700-2200発まで削減することを定めた。

2010年4月8日には、新戦略兵器削減条約（新START、START後継条約）が締結された。核弾頭の配備数上限をモスクワ条約で合意された水準より3割少ない1550発に制限することとなった。弾道ミサイルなどの運搬手段も800基に削減する。2011年2月5日に、新STARTが発効した。

新STARTは、1991年7月の第一次戦略兵器削減条約（START1）と2002年5月のモスクワ条約に代わるもので、冷戦期と比べると、両国の核兵器は半分以下になる。

国際社会では、核兵器など大量破壊兵器（WMD）の開発の抑制と不拡散に期待が高まってきた。

2 ● 核不拡散体制としての「核拡散防止条約（NPT）」

世界の核不拡散体制には、アメリカとロシア（旧ソ連）、イギリス、フランス、中国の5カ国以外の国が核兵器を保有することを禁止する核不拡散条約（NPT）があり、190カ国が加盟している。

しかし、NPTが空洞化しているため、再構築する必要に迫られている。

たとえば、NPTの加盟国でありながら、イランは核開発を続けてきた。NPTを脱退した北朝鮮は、核保有を公表している。未加盟国では、インドとパキスタンが核を保有している。イスラエルの核保有は、公然の秘密である。

3 ● 世界の核兵器の95％を占める米露

米露両国が率先して核兵器を削減することが核不拡散体制の強化につながり、北朝鮮やイランなどに対する国際的な核不拡散の圧力となることが期待されている。

ただし、米露両国が保有する核兵器は、なお世界の90％以上を占める。

また、世界の軍事費は約140兆円で、その44％をアメリカが占める。アメリカの軍事支出は他国と比べ大きく、国内総生産（GDP）に対する比率は4％である。

◉ おわりに ── 削減された核兵器の行方と「核兵器のない世界」

新STARTの発効により、米露の配置済み核弾頭と運搬手段が削減されるが、削減対象は備蓄や予備に回すことが認められており、廃棄義務はない。つまり、世界のどこかの場所に保管されるということである。

バラク・オバマ大統領は、政権発足直後の2009年4月5日のプラハ演説で「核兵器のない世界」を目指すことを訴え、政権2期目後半の2016年5月27日の広島訪問で再び、「核兵器のない世界」を目指す必要性を訴えた。

たとえば、将来、アメリカへの「核テロ」が懸念されるが、核兵器廃絶への道はきわめて厳しいと言わざるを得ない。人類は、核兵器開発の方法を知ってしまったからである。

また、2021年1月20日のバイデン政権発足後には、ロシアとの新戦略兵器削減条約（新START）延長交渉が外交分野で喫緊の課題になる。新STARTは、2月5日に期限切れを迎え、交渉の時間はきわめて少ない。

1月26日、ジョー・バイデン大統領は、ウラジーミル・プーチン大統領と電話協議し、新STARTの5年間の延長で大筋合意した。

第75章

ロシアによる大規模サイバー攻撃とは何か

◉ はじめに ── ポイントと基礎知識

アメリカの政府機関などを対象とした大規模なサイバー攻撃が、2020年12月、アメリカとロシアとの新たな火種に浮上してきた。トラ

ンプ政権は、ロシアが攻撃を仕掛けたと断言し、アメリカ議会からは強力な報復措置を講じるよう求める声が出ている。

ロシアは、否定しているが、米露関係はさらに冷え込むことになると見られている。

1●ロシアによる大規模サイバー疑惑

マイク・ポンペオ国務長官は、12月18日に、アメリカのメディアのインタビューで、実行犯が第三者のソフトウェアを使って、アメリカ政府内のコンピューター・システムにプログラムを埋め込み、ハッキングを試みたと指摘した。「この活動を行ったのはロシア人だと非常に明確に言えると思う」と述べた。

アメリカ政府高官が実行犯を公の場で名指しするのは、はじめてであった。

ドナルド・トランプ大統領は19日に、ツイッターで、「ハッカー攻撃について実態よりもフェイク・ニュース・メディアが過大に報じている」と主張しており、トランプ政権内では温度差もあると見られた。

▼ アメリカに対するサイバー攻撃の事例

2007-2008年	米航空宇宙局（NASA）の衛星が2度ハッキングされ、数分間乗っとられた。
2013年	アメリカのツイッター者がサイバー攻撃を受け、利用者約25万人の個人情報が流出した疑い
2016年	アメリカ大統領選挙をめぐるサイバー攻撃で、ヒラリー・クリントン元国務長官に関する機密メールなどの情報が流出した。
	「シャドー・ブローカーズ」と名乗るハッカー集団が米国家安全保障局（NSA）のスパイツールを奪取したと公表した。
	サンフランシスコ市営鉄道の内部システムが攻撃を受け、2日間運賃システムが停止した。
2020年	国務省や国防総省などの主要省庁がサイバー攻撃を受けた。

CNNテレビによると、アメリカ政府のサイバー対策担当者は、数カ月前に政府のネットワーク内で不審な活動をつかんでいたが、攻撃対象の範囲や高度な手口を明確に把握できたのは、12月に入ってからだったという。

国務省や国防総省、国土安全保障省、エネルギー省などアメリカの主要省庁が攻撃を受けた。エネルギー省傘下で核兵器を管理する国家核安全保障局に加えて、核兵器の研究・開発を担うサンディア国立研究所やロスアラモス国立研究所のネットワークにもアクセスした可能性があるという。

2●アメリカ議会の反発

アメリカ議会では、党派を超えて、ロシアのサイバー攻撃を「戦争行為」と批判する声が出た。

たとえば、民主党指導部のディック・ダービン上院議員は、「アメリカに対する事実上の宣戦布告だ」と非難する。共和党重鎮のミット・ロムニー上院議員は、「ロシアの爆撃機がみつかることなく、わが国全土に繰り返し飛来したようなものだ」と批判した。

3●ロシアのプーチン政権の反発

ロシアのプーチン政権は、関与を一貫して否定している。ドミトリー・ペスコフ大統領報道官は14日に、「関与していない」と述べ、アメリカが根拠なく、ロシアを非難していると反発した。ロシアは、サイバー空間での連携を訴え、攻撃疑惑をかわそうとしてきた。

たとえば、ウラジーミル・プーチン大統領は、9月下旬に、アメリカにサイバー攻撃で選挙に干渉しないことを互いに保証し、衝突を避けるための協定を結ぶよう提案した。ペスコフ大統領報道官は、アメリカが提案に応じていない、と非難した。

4●バイデン次期大統領の反発と新START延長問題

政権移行期のジョー・バイデン次期大統領は、「悪意のある攻撃を仕掛けた者には相当の代償を払わせる」と断言しており、アメリカ議会の

意向も踏まえて、ロシアに厳しい姿勢で臨むとの見方が多い。ロシアによる2016年11月8日の大統領選挙への介入を一時否定したトランプ大統領に対して、バイデンは「ロシアに弱腰だ」と批判してきた経緯がある。

ただし、2020年後半のサイバー攻撃は、バイデン大統領のロシア政策を複雑にする。すでに見た通り、2021年1月20日の政権発足後には、ロシアとの新戦略兵器削減条約（新START）延長交渉が外交分野で喫緊の課題になるからである。新STARTは、2月5日に期限切れを迎え、交渉の時間はきわめて少ない。

バイデン次期大統領は、他国への核不拡散を防止するためにも延長を訴え、軍縮分野ではロシアと協力する考えを示してきた。ただし、今回のサイバー攻撃で米露関係がさらに悪化し、交渉が停滞する可能性もあった。

しかし、繰り返しになるが、1月26日に、バイデン大統領とプーチン大統領は、電話協議で新STARTの5年間の延長で大筋合意した。

◉ おわりに —— サイバー防衛の体制作り

バイデン次期大統領は、「外交政策で同盟国との関係を重視する」と公約してきた。サイバー攻撃は実行犯や被害の実態が公にはわかりにくいだけに、同盟国とサイバー防衛に向けた体制をいかに構築するのかも、バイデン政権の課題となると思われる。

しかし、サイバー攻撃を実行する国家は、ロシアに限らない。たとえば、中国やイラン、北朝鮮などである。そのため、サイバー防衛の態勢作りは、安全保障上の重要かつ緊急な課題となる。

第76章
ウクライナ紛争とは何か

◉ はじめに —— ポイントと基礎知識

親ロシア政権崩壊により、2014年3月に、ロシアがクリミア半島を併合した。これに対して、欧米諸国が反発し、国際的な緊張が高まっている。

親ヨーロッパ派の新政権と東部の親ロシア派勢力との対立は、国を二分する内戦に発展した。

1 ◉ ウクライナの東西分裂

ウクライナは、東ヨーロッパ地域とロシアとの間に位置する国である。

かつては旧ソ連の一部であったこともあり、ロシアと国境を接する東部には今でもロシア系の住民が多い。

逆に、西部には親ヨーロッパ派の住民が多く、ヨーロッパの仲間に入りたいと望んでいる。

2 ◉ ウクライナの政権交代劇とは何か

ソチ・オリンピック開催中の2014年2月22日、ウクライナでは親ロシア派のヤヌコビッチ政権が、反政府勢力の蜂起によって崩壊した。

ロシアとしては、この事態を黙認できなかった。ロシアにとって、ウクライナは隣国であり、大切な友好国であったからである。

3●ロシアによるクリミア半島の併合と、欧米諸国による経済制裁

ウクライナ南部にあるクリミア半島は、かつてはロシア領で、現在でもロシア人が多い。

ロシアはクリミア半島に密かに軍隊を派遣し、3月16日に形式的な住民投票を行って、18日にクリミア半島をロシアに併合した。

欧米諸国と日本は、こうした動きに対して、ロシアのクリミア併合を激しく非難し、ロシアへの経済制裁を発動した。

4●混迷するウクライナ情勢

一方で、ウクライナでは2014年5月25日に大統領選挙が行われ、親ヨーロッパ派のペトロ・ポロシェンコが大統領に就任した。

しかし、ウクライナ東部のドネツク州とルガンスク州では、親ロシア派の武装勢力がロシアへの編入を求めて庁舎などを占拠し、政府軍との内戦に発展した。政府軍の空爆により、民間人も多数が犠牲になっている。

2014年7月17日には、マレーシア旅客機がウクライナ東部で誤って撃墜される事件も起こった。

5●ウクライナをめぐる勢力争い

ウクライナの内戦の背景には、欧米諸国とロシアとの間の勢力争いがある。

ウクライナは、旧ソ連の一部であるため、ロシアとしては、欧米諸国の勢力圏に取り込まれてしまうのを防ぎたいのである。

ウクライナの親ヨーロッパ政権は、欧州連合（EU）と北大西洋条約機構（NATO）への加盟を希望している、と見られていた。

「ウクライナまでのEUとNATOのさらなる東方拡大は行き過ぎである」として、「ウクライナ内戦の原因は、ロシアのウラジーミル・プーチン大統領ではなく、EUとNATOにある」という議論もある。

●おわりに —— ウクライナをめぐる停戦合意

しかし、ウクライナをめぐる対立が長引くことは、ロシアと欧米諸国のどちらにとっても得策ではない。

2015年2月11日に、ベラルーシの首都ミンスクで、ウクライナとロシア、ドイツ、フランスの首脳会談が開催され、停戦合意が結ばれた。合意には、ドネツク州とルガンスク州で新ロシア派勢力に自治権を与えること、ロシアが両州に干渉しないことをなどが盛り込まれた。

ドナルド・トランプ大統領は、ロシアのプーチン大統領に好意的であったが、アメリカ議会と国務省は、ロシアへの経済制裁を強化した。

第77章

核実験禁止条約とは何か

●はじめに —— ポイントと基礎知識

2017年7月に、国際連合（国連）で核兵器禁止条約が採択された。ただし、核保有国はいずれも条約に参加していない。

被爆国である日本も、アメリカの「核の傘」に守られているため、不参加である。こうした日本の姿勢には、失望の声も上がっている。

1●核兵器禁止条約とは何か

2017年7月7日に、核兵器の全廃を目指す核兵器禁止条約が、国連の122カ国の賛成で採択された。

核兵器禁止条約は、核兵器の全廃と根絶を目的として、核兵器の開発や保有、使用を禁止する内容である。

また、「核兵器を使用する」と威嚇することも禁止しており、これは、「核保有国が互いに核攻撃を恐れて戦争を回避する」という核抑止の考え方を否定するものである。

2●核不拡散条約とは何か

従来の核軍縮は、核不拡散条約（NPT）という国際条約の枠組みによって進められてきた。

核兵器を保有する国家が増えることを防ぐために、1968年7月1日に署名開放された条約で、繰り返しになるが、当時すでに核兵器を保有していたアメリカとソ連（現ロシア）、イギリス、フランス、中国の5カ国以外は、核兵器を保有することを禁止している。その上で、核兵器を保有する5カ国にも、核軍縮に取り組むことが義務づけられている（1970年3月5日に発効）。

しかし、核兵器保有国の間で、核軍縮交渉はほとんど進んでいない。

逆に、インドやパキスタン、北朝鮮、イスラエルと、核保有国は着実に増えているのが現状である（核兵器の拡散〔proliferation〕）。

3●核兵器禁止条約の限界

冒頭で見た通り、残念ながら、核保有国はいずれも、核兵器禁止条約に参加していない。

しかし、核兵器禁止条約によって、「核兵器は人道的にアウトである」という国際世論や規範（norm）が浸透すれば、核保有国も実質的に核兵器を使用することができなくなる。こうしたことから、核軍縮の道が開けるのではないかというのが、核兵器禁止条約の参加国の考え方である。

一方で、核抑止を認める核保有国は、核兵器の削減を段階的に進めるべきであるとして、核兵器禁止条約に反対している。

4●核兵器禁止条約に不参加の日本

日本は、繰り返しになるが、アメリカの「核の傘」の下にいる。国家の安全保障をアメリカの核抑止力に頼っているのである。そのため、核兵器禁止条約には反対の立場である。

日本は、世界で唯一の被爆国で、核兵器の悲惨さを強く訴えかけることができるだけに、冒頭でも見た通り、核兵器禁止条約への不参加には失望の声も上がっている。

●おわりに ── ICANの功績

核兵器禁止条約の実現には、国際的な非政府組織（NGO）のICAN（核兵器廃絶国際キャンペーン）が中心的な役割を果たした。ICANはその功績により、2017年のノーベル平和賞を受賞した。ICANには、日本人も中核メンバーとして参加している。

核兵器禁止条約の参加国は122カ国、反対はオランダ、棄権はシンガポール、不参加は71カ国に上る。

核保有国が保有する核兵器の数は、以下の通りである（2020年10月の時点）。

- ・ロシア　　　　　　6375発
- ・アメリカ　　　　　5800発
- ・中国　　　　　　　320発
- ・フランス　　　　　290発
- ・イギリス　　　　　215発
- ・パキスタン　　　　160発
- ・インド　　　　　　150発
- ・イスラエル　　　　90発
- ・北朝鮮　　　　　30-40発

第**6**部

イスラーム圏を
めぐる
国際問題

　現世の生活は、ただつかのまの遊びごと、戯言はあだなる飾りなり。

　学者のインクは殉教者の血より神聖なり。

　アッラーと審判の日を信じる者は、良き言葉のみを語るか、さもなければ、沈黙を守りなさい。

　また、アッラーと審判の日を信ずる者は、隣人に対し寛容をもって接しなさい。

　そして、またアッラーと審判の日を信ずる者は、客人に対し十分な親切を尽くしなさい。

　信者たちは、互いの愛情、慈悲、同情心において一つの肉体のようなものである。一箇所でも具合が悪ければ、体の他の全組織が熱と不眠に冒されながら彼を気遣うのだ。

　　　　──イスラーム教の創始者であり預言者のムハンマド・イブン=アブドゥッラーフ

第78章
イスラーム教とイスラーム原理主義とは何か

◉はじめに ── ポイントと基礎知識

イスラーム教は、アフリカから中東地域、そして東南アジアまで、世界で約16億人が信仰する宗教である。

イスラーム教徒は、国別ではインドネシアが約2億人、パキスタンが1.7億人、インドの1.6億人（インドではむしろマイノリティーである）の順となる。

こうして、イスラーム教徒は、中東地域ではなく、意外にもアジア地域に多いのである。

1◉イスラーム教とは何か

7世紀の前半、メッカ（現サウジアラビアの都市）の商人であったムハンマド・イブン＝アブドゥッラーフが、神の言葉を人々に伝え始めたのが、イスラーム教の始まりである。雄一の神アッラーを信じ、ムハンマドに下った神の言葉を信じる。ユダヤ教のヤハウェ、キリスト教の神とは実は同じ神である。

ムハンマドに下った神の言葉を記録したものが経典コーランである。最近では、言語の発音に近い「クルアーン」とも表記される。コーランの教えを守って正しく生きれば、来世で天国に行けるという。

イスラーム教は、神と天使、経典、預言者、来世、天命の6つを信仰し、信仰告白と礼拝、喜捨、断食、巡礼の5つを行う義務が課せられえる（六信五行）。

2◉イスラーム教の戒律とは何か

イスラーム教は、偶像崇拝を禁止している。神の姿をかたどった像を拝むのは重大な罪である。国によっては映画やテレビも偶像を映すものとして禁止されている。

豚肉やお酒だけでなく、それらを原料にした調味料も禁止されている（みりんやしょう油も禁止）。最近では、イスラーム教の戒律に背かずに製造された「ハラル食品」がイスラーム教徒向けのビジネスとして注目されている。

イスラーム教徒の女性が外出する時には顔や身体を隠す。どの程度隠すかは国や地域によって大きく異なる。ヨーロッパでは、公共の場でのヘジャブ（髪を覆うスカーフ）やブルカ（顔を隠す）の着用を禁止する法律が制定された。

イスラーム教では、利息をとってはいけない。そのため、利息をとらずに独自の手順で融資する「イスラーム金融」が発達した。

3◉イスラーム教の宗派 ── スンニ派とシーア派とは何か

ムハンマドの死後のイスラーム教指導者を「カリフ」と言う。4代目カリフでムハンマドのいとこであったアリーの死後、アリーと敵対していたムアーウィアが5代目カリフになったが、これに反発した一部の教徒が「アリーとその子孫こそ正統なカリフである」と主張し、「アリーの党」と呼ばれた。この党派が後に、「シーア派」と呼ばれるようになった。

これに対して、シーア派以外の主流派は、他のカリフも正統と認め、慣習や伝統を意味するスンニから「スンニ派」と呼ばれるようになった

イスラーム教の85％は、このスンニ派である。

シーア派は、主としてペルシア（現在のイラン）で広まったため、イランではシーア派が多数を占める。

4◉イスラーム原理主義とは何か

イスラーム原理主義は、イスラーム教の規範に基づいた社会や国家を理想とする考え方のことである。

本来は福祉活動などが主な活動であったが、中東情勢の混乱のなかで、一部に戦闘やテロを実行する過激なグループが現れた。

◉おわりに —— 主なイスラーム原理主義組織

アルカイダは、1980年代に、ソ連のアフガニスタン侵攻に対抗して集められた元義勇兵らを中心に結成された。アメリカのレーガン政権が、アルカイダをもともと支援していたのである。しかし、冷戦の終結後に、アメリカはアルカイダへの支援を中止した。その後、指導者ビン・ラーディンの下で反米化し、2001年の「9.11」同時多発テロ攻撃を起こした。

タリバンは、パキスタンのイスラーム神学校でイスラーム主義思想を教育された学生らが武装し、アフガニスタンを制圧した。イスラーム教の教えをきわめて厳格に適用し、女子教育を否定するなど偏狭な思想を持つ。「9.11」同時多発テロ攻撃後、オサマ・ビン・ラーディンをかくまっていたため、アメリカのW.ブッシュ政権の攻撃を受けて政権を追われ、ゲリラ化した。

「イスラーム国（IS）」は、シリアからイラクにかけて勢力を拡大したスンニ派のイスラーム主義武装集団である。シーア派を否定し、中東地域を武力で制圧しようとした。詳しくは、別の章で後述する。

ハマスは、パレスチナのイスラーム主義組織である。2007年6月に穏健派政党のファタハと対立してガザ地区を侵攻した。イスラエルに対して強硬な姿勢をとり、欧米諸国からはテロ組織と認定されている。詳しくは、続く章で後述する。

ムスリム同胞団は、1920年代にエジプトで結成されたイスラーム主義組織である。長らく非合法化されていたが、2011年の民主化運動でムバラク政権が崩壊すると、その後の大統領選挙でムスリム同胞団系のムハンマド・ムルシー大統領が当選した。ムルシー大統領は、2013年7月の軍事クーデターで失脚し、ムスリム同胞団は再び非合法化された。詳しくは、別の章で後述する。

ボコ・ハラムは、ナイジェリアのイスラーム主義武装集団である。ボコ・ハラムとは、「西洋の教育は罪」という意味である。タリバンと同様に女子教育を否定し、2014年4月に女学校を襲撃して女子生徒200人以上を拉致した。拉致した少女を使った自爆テロを繰り広げている。人道的に無視できない。人道的介入（humanitarian intervention）をすべきだが、国際社会の関心は決して高くはない。

第**79**章

パレスチナ問題とは何か

◉ はじめに —— ポイントと基礎知識

第二次世界大戦から70年以上にわたる争いが続くパレスチナでは、パレスチナ自治区が穏健派のファタハとイスラーム原理主義のハマスに分裂して、情勢が複雑化している。

特にイスラエルとハマスの対立が続き、中東和平への糸口はいまだに見えない。

1◉ イスラエル建国と4度の中東戦争

地中海南東岸のパレスチナ地方にあるイスラエルは、第二次世界大戦後の1948年5月14日に、この地に移住してきたユダヤ人によって建国された国である。

しかし、この地にもとから住んでいたアラブ人は、イスラエルによって住む土地を奪われてしまった。彼らは、「パレスチナ難民」と呼ばれる。イスラエルに激しく抵抗してきた。

周辺のアラブ諸国も応援し、イスラエルと4度、中東戦争を戦った。

2◉ 深刻化するパレスチナ紛争

1993年9月13日に、イスラエルとパレスチナ解放機構（PLO）はオスロ合意（パレスチナ暫定自治合意）に調印した。1994年5月には、イスラエルは、戦争で占領したヨルダン川西岸地区とガザ地区から撤退し、この場所にパレスチナ人による暫定自治政府（PA）を作ることになった（ガザ・エリコ暫定自治合意）。

しかし、パレスチナ人のなかには、「イスラエルが存続することすら認めない」と考える強硬な人々もいる。

一方で、イスラエルも、占領したパレスチナ人自治区にユダヤ人入植地を建設し、パレスチナ人を締め出している。お互いに、なかなか和解することができないのである。

3◉ ガザ紛争とは何か

こうした情勢下で、パレスチナでは過激派グループのハマスが勢力を伸ばし、穏健派のファタハと対立するようになった。

2007年6月12日、ハマスがガザ地区を占拠すると、ファタハは、ヨルダン川西岸地区で自治政府を支配し、パレスチナ自治区は分裂状態になってしまった。

2008年12月27日には、イスラエル軍が、ハマスが実効支配するガザ地区を空爆し、ハマスのロケット弾発射装置や武器庫などを破壊した。その後の2009年1月3日に市街戦に発展し、ハマスとの激しい戦闘が起こった（ガザ紛争）。1300人以上の死傷者が出た。同月、イスラエルが停戦宣言した。

2010年9月2日に、イスラエルのベンヤミン・ネタニヤフ首相とパレスチナのマフムード・アッバース議長との間で、ようやく和平交渉が再開した。

4◉ イスラエルによる塀建設

ハマスを認めないイスラエルは、ガザ地区の周りに高い塀を築き、人や物資の出入りを厳しく制限している。そのため、ガザ市民の多くは仕事に就くこともできず、経済的に非常に困窮している。

イスラエルのこの措置は、国際的にも批判さ

れている。

5◉ イスラエルのガザ侵攻とは何か

対立を続けてきたイスラーム原理主義のハマスと穏健派のファタハは、2011年5月4日に、エジプトの仲介により、無党派の内閣樹立に合意した。こうして、パレスチナの分裂状態の解消に向けた動きが始まった。

2014年6月2日に、ハマスとファタハは和解して、暫定統一政府を発足させた。

イスラエルは、これに強く反発し、誘拐事件を口実にガザに侵攻した。空爆と地上部隊の攻撃によってパレスチナ側の2000人以上が死亡した。その多くは、民間人であった。

イスラエルのネタニヤフ首相は、「ファタハは、イスラエルとの平和か、ハマスとの平和か、どちらかを選ばなければならない」と述べた。イスラエルは、ハマスの西岸支配につながる恐れがあるとして警戒していた。

6◉ 行き詰る和平交渉

戦闘は2014年8月26日に停戦したが、破壊されたガザ地区の再建の目途が立っていなかった。和平交渉は、完全に行き詰っており、イスラエルとパレスチナの2国が共存することはますます難しくなっていた（いる）。

2017年10月2日に、パレスチナ自治政府のラーミー・ハラダラ首相がガザ地区を訪問した。

交渉でハマスは、ガザ地区の行政権限を自治政府に移譲することになった。これにより、パレスチナの分断が解消される希望が出てきた。

中東和平の争点は、第一に、ユダヤ人入植地の問題、第二に、エルサレムの帰属問題、第三に、パレスチナ難民問題である。

◉ おわりに ──アメリカが在イスラエル米大使館をエルサレムに移転

2018年5月14日に、ドナルド・トランプ大統領は、パレスチナ暫定自治政府や国際社会の反対を押し切って、在イスラエル米大使館をエルサレムに移転した。中東和平の仲介役を事実上、放棄したのである。詳しくは、別の章で後述する。

これが大規模なデモを呼び、60名以上が死亡した。その後、ガザを実効支配するハマスとイスラエルの武力衝突が続いた。

7月19日には、イスラエル国会がイスラエルを「ユダヤ人の国」とする法案を可決し、ヘブライ語のみを公用語とし、東イスラエルを含むエルサレムを首都と規定し、パレスチナ暫定自治政府の反発を呼んでいる。

他方で、トランプ政権は、中東和平を部分的に仲裁した。イスラエルと一部アラブ諸国との国交正常化である。2020年9月15日、アメリカのホワイトハウスで、アラブ首長国連邦（UAE）とバーレーンの2か国が、イスラエルとの国交を正常化する合意文書に署名した。10月23日にはスーダン、12月10日にはモロッコもイスラエルと和平合意に至った。「歴史的な躍進」である。詳しくは、別の章で前述した。

第80章
「アラブの春」とは何か

◉はじめに —— ポイントと基礎知識

2010年12月から2011年はじめにかけて発生したチュニジアでの抗議デモが、アラブ諸国にも波及した。

その結果、チュニジアやエジプト、リビアでは、長期にわたった独裁政権が崩壊した。

これら一連の民主化運動は、「アラブの春」と呼ばれている。

1◉チュニジアでの「ジャスミン革命」とは何か

北アフリカのチュニジアで2010年12月18日から2011年1月14日にかけて「ジャスミン革命」と呼ばれる民主化運動が起こった。青年の焼身自殺を発端に、高い失業率に対する不満が爆発し、大規模デモにつながった。

国軍幹部の離反もあり、1月14日事態を収拾できなくなったザイン・アル＝アービディン・ベン・アリー大統領はサウジアラビアに亡命した。その後、暫定政権が誕生した。

こうして、23年間続いたチュニジアの独裁政権は崩壊した。この影響は、中東地域のアラブ諸国へたちまち波及していくことになる。詳しくは、後述する。

2◉ソーシャル・ネットワーキング・サービス（SNS）の役割

チュニジアにおける民主化運動を「ジャスミン革命」と呼ぶのは、ジャスミンがチュニジアを代表する花だからである。

デモの呼びかけや情報の共有化のため、facebookをはじめとしたソーシャル・ネットワーキング・サービス（SNS）やインターネット、マスメディアが重要な役割を果たした。

3◉エジプトでのムバラク政権の崩壊

その直後の2月11日には、エジプトでも大規模な反政府デモが起こり、ホスニー・ムバラク大統領が退陣した。

ムバラク大統領は、エジプト軍最高評議会に国家権力を移譲した。

こうして、30年間に及ぶ長期独裁政権に終止符が打たれた。中東地域の大国で、武器援助など、アメリカとの関係も緊密であったエジプトでの政変劇は、特にインパクトが大きかった。詳しくは、続く章で後述する。

4◉リビアでのカダフィ政権の崩壊

リビアでは、ムアンマル・アル・カッザーフィー大佐の退陣を求めるデモが勃発した。

これに対して、カッザーフィー大佐が国民を武力で弾圧したため、国際連合（国連）の安全保障理事会（安保理）の決議により北大西洋条約機構（NATO）が英仏軍を中心とした多国籍軍が空爆し（「ユニファイド・プロテクター作戦」）、42年に及ぶカッザーフィー独裁政権は崩壊した。

ただし、アメリカのオバマ政権の政策対応は、「後方からの指導（leading from behind）」にとどまった。

2010年8月23日に、首都トリポリが陥落した。その後、国民評議会が暫定政府作りを始めた。

● おわりに ──「アラブの春」の波及と限界

　国民の自発的なデモは、アルジェリア、イエメン、バーレーン、サウジアラビアなどアラブ諸国でも起こり、一部ではしばらく政府の治安部隊と反政府勢力との衝突が続いた。

　その後、エジプトで軍事クーデターが起こるなど、「アラブの春」は後退した。

　シリアでは、内戦がまだ続いている。イランやロシアがアサド政権を支援し、アメリカなどはクルド人民族など反政府組織を支援して、国際内戦の状況となっている。

　イラクとシリアでは一時、「イスラーム国（IS）」のプレモダンな脅威が深刻となった。トランプ政権は、IS打倒のためにロシアとも協力した。詳しくは、別の章で後述する。

　ただし、トランプ政権は、2018年12月19日に、シリアに展開する米軍が撤退を開始したと明らかにした。その直後、トルコ軍がシリアに軍事介入し、クルド人部隊を攻撃した。詳しくは、別の章で後述する。

　2019年には、アルジェリアとスーダンで相次いで大規模デモと政変が起こり、アラブ世界は2011年の「アラブの春」に続いて、「第二のアラブの春」を迎えた。イラクとヨルダンでは、首相が退陣した。

　しかし、「アラブの春」と「第二のアラブの春」の政変後も、アフリカ北部と中東地域の各国の政治情勢は安定していない。背景となった貧富の格差の拡大（上下の"分断"）や高い失業率などの問題が残っているためである。

第81章
エジプトの軍事クーデターとは何か

● はじめに ── ポイントと基礎知識

　エジプトでは独裁政権の崩壊後、民主的な選挙によってイスラーム主義政党のムハンマド・ムルシー大統領が選出されたが、低迷の続く経済に国民の不満が高まった。

　これを受け、2013年7月に、エジプト軍はクーデターによってムルシー大統領を解任した。

1 ● ムバラク政権の崩壊、再び

　繰り返しになるが、2010年の暮れ、チュニジアで発生した反政府運動は、23年間続いたザイン・アル゠ビディーン・ベン・アリー政権を崩壊させた。これに触発され、中東の他のアラブ諸国でも大規模な反政府運動が起こった。

「アラブの春」である。エジプト革命もその一つであった。当時のエジプトは、ホスニー・ムバラク大統領による独裁的な政権が29年間続き、高い失業率や物価高騰のため、民衆の不満が高まっていた。

　2011年1月に、インターネットを通じた呼びかけによってエジプト全土で大規模な反政府デモが発生し、2月11日にムバラク大統領はついに辞任に追い込まれた。

2 ● ムルシー政権の成立

　ムバラク政権崩壊後のエジプトでは、軍による暫定的な統治を経て、2012年6月26-28日に大統領選挙が実施され、ムルシー大統領が選出された。ムルシー大統領の支持母体は、イス

ラーム主義組織のムスリム同胞団である。

エジプトの歴史上、はじめて民主的に選ばれた大統領に、エジプト国民は多大な期待を寄せた。

3◉ムルシー大統領に対する抗議デモ

しかし、新政権発足後もガソリン不足や物価の高騰、治安の悪化が続き、国民は生活の改善を実感できなかった。

また、イスラーム主義的な新憲法を制定しようとするムスリム同胞団に対し、若者や野党勢力は激しく反発した。

2012年11月、大統領の権限を大幅に強化する宣言を出すと、ムルシー大統領に反対する抗議デモが各地に広がっていった。

4◉エジプト軍のクーデター

政権発足1周年となる2013年6月下旬には、大統領の辞任を求める大規模な反政府デモが発生し、首都カイロは騒然となった。

7月3日には、当初は静観していたエジプト軍が事態の収拾に乗り出した。ムルシー政権に対して48時間の期限つきで解決策を要求し、その期限が切れると、ムルシー大統領を強引に解任した。

◉おわりに —— 混迷するエジプト情勢

エジプト軍は暫定政府を設立し、その行動を「民衆の声に応えたものである」と説明した。

一方で、ムスリム同胞団を中心とするムルシー支持派は、軍の介入を「クーデターである」と非難し、抗議運動を展開した。

暫定政府は治安部隊でこれらを弾圧して、混乱が続いた。

第82章
シリア内戦とは何か

◉はじめに —— ポイントと基礎知識

アサド政権と反体制派によるシリア内戦は、それぞれが外国からの援助を得て長期化している。

混乱に乗じて「イスラーム国(IS)」が勢力を伸ばし、戦火を逃れた国民は難民となってトルコやヨーロッパ地域へ避難した。

1◉シリアという国家

シリアは、東をイラク、北をトルコと接する中東のアラブ国家である。

現政権のバッシャール・アサド大統領は、父親のハーフィズ・アサド大統領から政権を引き継いだ。

アサド父子による独裁政権は、1970年から50年以上にわたって続いている。

2◉アラウィ派(シーア派)が統治するシリア

アサド家の宗教は、イスラーム教シーア派から分かれたアラウィ派で、政権中枢を同じアラウィ派で固めている。

シリア国内ではスンニ派が多数を占めるが、アサド政権は厳しい言論統制や弾圧によって反対勢力を抑え込み、国民を統治してきた。

3◉「アラブの春」とシリア内戦

2010年12月18日に北アフリカのチュニジアで発生した民衆の反体制運動は、インターネットなどを介して瞬く間にエジプトやリビア、イエメンなどの中東諸国に広がっていった。

シリア国内でも、2011年から各地で反政府デモが行われた。

アサド政権は、これらを徹底的に弾圧したがデモは収まらず、やがて武装した反体制勢力の自由シリア軍と、政府軍による内戦に発展した。シリア内戦である。

4◉国際紛争としてのシリア内戦

アサド政権も反体制派勢力も、それぞれ国外からの支援を受けている。

アサド政権を支援しているのは、ロシアとイランである。ロシアは、政府軍に武器を輸出している。また、シーア派を国教とするイランは、シーア派のアサド政権に肩入れしている。

レバノンにあるシーア派武装組織のヒズボラも、アサド政権を支持し、反体制派との戦闘に参加している。

一方で、欧米諸国やスンニ派のアラブ諸国は、反体制派を支持している。

2013年8月21日には、化学兵器（神経ガス）が使われて多数の市民が犠牲になった。

アメリカのオバマ政権は、アサド政権の仕業と見て、「レッドラインを越えた」として軍事介入する構えを見せたが、アサド政権はロシアの仲介で化学兵器の全廃を約束し、アメリカによる軍事介入は回避された。

5◉「イスラーム国（IS）」の脅威

こうした混乱に乗じて、スンニ派武装組織の「イスラーム国（IS）」がシリアの国内で勢力を拡大し、新たな脅威となった。

三つ巴の戦闘に多くのシリア国民が家や仕事をなくして、難民となった人々がトルコやヨーロッパ地域に続々と流入した。

ISは、2015年11月13日のフランス・パリでの同時多発テロの犯行にも関与したと見られる。詳しくは、別の章で後述する。

6◉ISの脅威の消滅？

2017年3月に入り、トランプ大統領は、アサド政権打倒を最優先とするこれまでの政策方針を転換し、ロシアと協力してIS打倒を目指す方針を表明した。

しかし、トランプ政権は、アサド政権側が化学兵器を使用したとして、二度、アサド政権の拠点を攻撃したものの、その後はロシアの主導で停戦への努力が行われてきた。

同時に、アメリカは、クルド人勢力への支援を強め、ISへの攻撃を強化した。

2017年10月17日には、クルド人が主体の武装勢力が、ISが首都と称するシリアのラッカを制圧し、ISは事実上、崩壊した。続く章で後述する。

7◉シリア内戦の行方

その後、アメリカのトランプ政権は、反政府軍への支援を縮小したため、シリア内戦は、アサド政府軍が優勢となり、反政府軍は追い詰められている。

政府軍の勝利は時間の問題である、と見られている。

8◉クルド人問題をめぐるトルコとシリアの対立

ISとの戦闘では、少数民族のクルド人部隊が前線で活躍した。

隣国のトルコは、自国内のクルド人独立運動を抑えるため、クルド人の勢力拡大を警戒していた。

2018年1月20日には、トルコがシリア国境に侵入してクルド人地区を空爆し（「オリーブの枝」作戦）、シリア政府軍と対立を深めてきた。

9◉シリア難民

シリア内戦で、シリア国民の過半数が国外や国内への避難を強いられた。

難民は、トルコやヨルダン、レバノン、イラクに逃れ、難民受け入れが国際的な問題となっている。

◉おわりに──アメリカの撤退とトルコの軍事介入

ISを倒したことで満足したアメリカのトラン

プ政権がシリア北東部から撤収したことで（2019年10月7日）、支援を失ったクルド人も苦境に立たされた。

10月9日に、トルコ軍は国境を越えてシリア北東部のクルド人勢力を攻撃した。シリア北東部の国境に沿って安全地帯を作り、シリア難民を帰還させるという名目であった。

これに対して、アメリカ国内では、「トランプ政権がクルド人を見捨てた」という批判が強まった。詳しくは、別の章で後述する。

第83章
イスラーム国（IS）の脅威とは何か

◉はじめに──ポイントと基礎知識

イラクやシリア国内の混乱に乗じて急成長したスンニ派過激派組織が、「イスラーム（IS）」を自称して、イラクとシリア両国にまたがる地域を支配し、国際的な脅威となった。

2015年1-2月には、日本人ジャーナリスト2名の人質が殺害される事件も発生した。安倍晋三首相が中東諸国を歴訪した際、IS対策として2億ドルの支援を表明したことに対抗したものと見られている。

ISは、日本人に限らず、外国人ジャーナリストなどを拉致し、斬首した。しかも、その映像をインターネットで流した。

1◉イスラーム教の宗派対立
──スンニ派とシーア派とは何か、再び

イスラーム教には、繰り返しになるが、スンニ派とシーア派という二大宗派がある。

イスラーム教徒全体の約85%はスンニ派だが、イランのように厳格なシーア派の国もある。

中東地域では、スンニ派の地域大国がサウジアラビアで、シーア派の地域大国がイランである。中東地域で、両国はライバル関係にある。

2◉イラクという「破綻国家」

イランの隣国イラクもシーア派の多い国だが、スンニ派とシーア派は共存して暮らしていた。

ところが、アメリカのW.ブッシュ政権が2003年3月20日にイラクに侵攻し、フセイン独裁政権が崩壊すると、イラク国内ではシーア派とスンニ派の対立が激しくなった。

アメリカの支援を受けて成立したマリキ政権がシーア派を優遇したため、スンニ派の不満が高まった。

その後も、多数派のシーア派と少数派のスンニ派の対立は続き、イラクは「破綻国家（failed state）」の様相を呈している。

3◉「イラクとシリアのイスラーム国（ISIS）」
とは何か

こうした対立に乗じ生まれたのが「イラクの

アルカイダ」と名乗るスンニ派過激派組織であった。

　もともとは、国際テロ組織アルカイダ系の武装集団であったが、シリアで内戦が始まると、組織名を「イラクとシリアのイスラーム国（ISIS）」に変えて、シリアに侵入した。

　略奪や原油の販売などによって急速に勢力を拡大し、イラクに戻ってきた。

　彼らは、スンニ派住民の多いイラク北部の都市を次々に制圧しながら南下し、シリアとイラクにまたがる地域に勢力を拡大した。

4●イスラーム国（IS）の脅威

　組織の指導者アルー・バクル・アル＝バクダディーは、自らをカリフ（イスラーム教の指導者のこと）と名乗り、2014年6月29日に、「イスラーム国（IS）」の樹立を宣言した。

　彼らは支配地域に極端な解釈に基づくイスラーム法を適用し、したがわない者を容赦なく殺害した。

　その一方で、インターネットを駆使した広報活動を展開しており、外国から多数の戦闘員をリクルートした。世界各地のテロ組織に共闘を呼びかけており、国際的に大きな脅威になった。

5●長期化するISとの戦い

　イラク政府軍による掃討作戦や、米軍による空爆にもかかわらず、ISの勢力はなかなか衰えなかった。

　アメリカのオバマ政権には、IS掃討のため、大規模な地上軍を派遣する意思がなかった。

　これに対して、トランプ政権は、IS掃討により積極的であった。繰り返しになるが、2017年3月、トランプ政権は、アサド政権打倒を最優先とするこれまでの政策方針を転換し、ロシアと協力してIS打倒を目指す方針を表明した。

　シリア内戦にも、トマホーク・ミサイルを二度にわたって撃ち込むなど、軍事介入した。

　ドナルド・トランプ大統領は2017年4月7日に、アサド政権によるシリア市民への化学兵器（サリン）使用の疑惑で、シリア空軍基地へのミサイル攻撃を命じたと記者会見で発表した（59発）。トランプ政権は2018年4月6日には、同じく市民への化学兵器使用の疑惑で、シリアへ再び空爆した（105発）。

　ただし、トランプ政権は、対外関与や武力行使全般にはきわめて消極的であった。

6●ISの脅威の消滅か？

　ISとの戦闘は、イラク軍やクルド人部隊、シリアのアサド政権による政府軍によって行われてきた。アメリカを中心とする有志連合やロシアが空爆などでこれを支援しており、ISは急速に勢力を失った。

　2017年7月10日に、イラク軍はISのイラクでの最大拠点のモスルを奪還した。

　さらにシリアでも10月17日に、最重要拠点のラッカが陥落し、ISは事実上、崩壊した。ただし、ISの脅威は拡散し、完全に消滅したわけではない。

●おわりに── トルコ軍のシリア軍事介入

　トランプ大統領は、2018年12月19日に、ISを打倒したと述べるとともに、シリアに展開する米軍が撤退を開始したと明らかにした。

　シリアとイラクの情勢が再び、不安定化することが懸念された。

　撤退に一貫して反対してきたジェームズ・マティス国防長官は20日、大統領を説得できず、辞任することとなった。マティスは、同盟国との国際協調を重視し、大統領の"暴走"にブレーキをかけてきた。しかし、マティスの辞任により、政権内に大統領に直言できる人物はいなくなり、大統領の「アメリカ第一主義」に基づく行動が加速することが危惧された。

第84章

イランの核開発問題とは何か

● はじめに ── ポイントと基礎知識

イランのウラン濃縮活動は、核兵器に使われる可能性がある。国際社会は停止を求めているが、イランは応じず、欧米諸国はイラン産原油の輸入を制限する経済制裁に踏み切った。

イスラエルは、イランへの空爆を検討しているとされる。

もしイランが、核保有国となれば、中東地域で核拡散が進む危険もある。

1 ● 核兵器とは何か

核兵器の材料には、原子力発電所でできるプルトニウムと、天然ウランに含まれるウラン235の濃度を90％に高めた高濃縮ウランとがある。繰り返しになるが、日本に落とされた原爆で言うと、広島型が濃縮ウラン、長崎方がプルトニウムであった。

2 ● イランの核開発疑惑とは何か

イランは当初、「原子力発電の燃料にするため」と言って、ウラン濃縮を始めた。ところがその後、「医療用アンソトープの原料にするため」と言って、濃度を20％に高めた濃縮ウランの生産を始めた。

これに対して、濃度20％のウランを作るのは簡単なので、欧米諸国は、「核兵器に使うつもりなのではないか」と疑ってきた。

3 ● 核不拡散条約（NPT）と
国際原子力機関（IAEA）とは何か

イランは、核不拡散条約（NPT）の加盟国である。

NPTというのは、核兵器を持つ国家が増えるのを防ぐためにできた国際条約で1968年7月1日に署名され、1970年3月5日に発効した。すでに核兵器を保有していたアメリカとソ連（現ロシア）、イギリス、フランス、中国の5カ国以外の国が、核兵器を持つことを禁止している。

また、秘密裡に核兵器の開発をしないように、国際原子力機関（IAEA）という国際機関が、定期的に核関連施設を査察することも定めている。そのIAEAも、「イランは核開発を進めている可能性が高い」という報告書を出した。

4 ● イランへの経済制裁

欧米諸国は、イランに対して、ウラン濃縮の停止を求めたが、イランのマフムード・アフマディーネジャード大統領は、「ウラン濃縮は平和利用が目的である」と応じなかった。

そのため、欧米諸国は、イランに対する経済制裁に踏み切り、イラン産の原油の輸入を止めるよう各国に呼びかけた。イランはこれに対抗して、「ホルムズ海峡を封鎖する」と脅した。

5 ● 深刻なイラク危機

イランの核開発は、イランと敵対するイスラエルにとっても大きな脅威となる。そのため、イスラエルがイランの核施設を空爆するのではないかという懸念がある。こうして、イランの核開発をめぐる危機は、一触即発の事態にある。

もしイランが、核保有国となれば、繰り返しになるが、中東地域で核拡散（nuclear

proliferation）が進む危険もある。ライバル国のサウジアラビアはもちろん、エジプトやトルコも、シリアも核開発に乗り出しかねない。「安全保障のディレンマ」と言うが、核兵器をめぐる軍拡競争をめぐる悪循環に陥る可能性が高い。

　日本も無関係ではいられない。日本が輸入する石油の8割はホルムズ海峡を通過するため、もしもイランが本当にホルムズ海峡を封鎖すれば、日本経済に大きな打撃となる。

　また、日本は長い間、イランとの間で経済関係を維持してきた歴史がある。日本外交がイニシアティブを発揮して、イランの核開発疑惑をめぐる危機を収束することが期待されるが、残念ながら、日本外交が入り込む余地はあまりない。

◉おわりに —— イラン核合意

　2015年7月14日に、米露英仏独とイランは、イラン核合意を実現し、当面の中東地域の安定化を図った。

　イランに対する経済制裁の緩和をイランは期待したが、2018年5月8日に、トランプ政権は、イラン核合意から離脱することを発表した。イランへの経済制裁が再開された。対抗措置として、イランも核開発を段階的に再開し、両国の間で軍事的な緊張が高まった。

　2020年1月3日には、イラン革命防衛隊のガセム・ソレイマニ司令官が、米軍に殺害される事件が起こった。イラクのバクダッドを訪問中のソレイマニ司令官を無人戦闘機でミサイル攻撃したのである。ソレイマニ司令官は、海外のシーア派を支援するコッズ部隊を指揮するイランの英雄であった。イラクやシリアで勢力を伸ばしたスンニ派のテロ組織イスラーム国（IS）の殲滅にも大きな役割を果たした。トランプ政権は、イラクや周辺地域でアメリカの外交官などへの攻撃計画を阻止するためであったとソレイマニ殺害の正統性を主張しているが、2020年11月3日のアメリカ大統領選挙に勝利するために、支持層に強硬な姿勢をアピールする狙いもあったのではないかと見られている。

　11月27日には、イランの核開発の中心人物である核科学者モフセン・ファクリザデが暗殺された問題で、イラン政府は11月30日に、イスラエルと反体制派組織が新しい「複雑な」手口で暗殺を実行したとの見解を示した。イスラエル製の遠隔武器で暗殺された模様である。

　バイデン政権では、アメリカはイラン核合意に復帰すると見られている。しかし、アメリカ国内にはイラン核合意への復帰に反対する声も根強い。

第85章

イエメン内戦とは何か

◉はじめに —— ポイントと基礎知識

　アラビア半島南端の国イエメンで発生した内戦が、イスラーム教の二大宗派の対立となり、サウジアラビアとイランの代理戦争の様相を呈している。

　空港や港が封鎖され、物資の欠乏やコレラの蔓延など、深刻な人道的危機が生じている。

1◉「アラブの春」とイエメンの政権交代

アラビア半島の南端に位置するイエメンは、1990年5月22日に北イエメンと南イエメンが合併してできた国家である。

2010年12月18日からチュニジアで起こった反体制運動の「アラブの春」は、イエメンにも波及し、合併以来20年以上にわたって権力の座を占めていたアリー・アブドッラー・サーレハ大統領が退陣した（2011年12月22日）。

代わって、それまで副大統領であったアブド・ラッボ・マンスール・ハーディーが大統領に就任した。

2◉イエメン内戦へ

この政情不安に乗じて勢力を伸ばしたのが、フーシ派と呼ばれるシーア派（ザイド派）の武装勢力である。フーシ派は、首都サヌアをはじめとした重要拠点を制圧すると、2015年1月22日にクーデターを起こして政権を掌握した。

他方で、ハーディー大統領は、南部のアデンに逃れて、暫定政府を樹立し、フーシ派に対抗した。

こうして、イエメンは、内戦状態になってしまった。

3◉サウジアラビアとイランの代理戦争へ

サウジアラビアが、このイエメン内戦に介入した。スンニ派国家のサウジアラビアにとって、隣国イエメンにシーア派政権が生まれるのを黙って見ているわけにはいかなかった。

サウジアラビアは、他のスンニ派諸国とともにフーシ派の拠点を空爆した。

他方で、シーア派国家のイランは、フーシ派を支持しており、内戦はサウジアラビアとイランの代理戦争になってしまった。

こうして、イエメン内戦は泥沼化し、和平交渉は進んでいない。

4◉人道的危機へ

内戦の一番の犠牲者は、一般市民である。空爆と戦闘で多くの市民が犠牲となったほか、イランからの武器流入を恐れたサウジアラビアがイエメンの空港や港を封鎖したため、多くの人々が深刻な食糧難に陥っている。

また、衛生状態の悪化でコレラが蔓延し、多数の子供がなくなっている。

国際連合（国連）によると、食料などの人道支援を必要とする人は、イエメン人口の75%に当たる2200万人に及ぶという。

◉おわりに ── イエメン内戦の泥沼化

石油資源の少ないイエメンはもともと豊かな国家ではない。

国際的な関心も高いとは言えない。そのため、このままでは事態は悪化するばかりである。国際社会は、人道的介入（humanitarian intervention）をすべきかが問われている。

第86章

イスラエル米大使館の移転とは何か

◉はじめに —— ポイントと基礎知識

アメリカは、20018年5月に、イスラエル米大使館をエルサレムに移した。「エルサレムの地位は、イスラエルとパレスチナの和平交渉で決める」という考え方を放棄した結果であった。

イスラエル建国から70年にわたるアメリカの中東政策の大きな転換点となる出来事であった。

1◉イスラエル米大使館の移転と抗議デモ

イスラエル建国から70年を迎える2018年の5月14日に、トランプ政権は、イスラエル米大使館をテルアビブからエルサレムへ移転した。イスラエル政府は歓迎する一方で、パレスチナ人は怒りを露わにした。

米大使館の移転をめぐる問題で、パレスチナ人移住区であるガザ地区、ヨルダン川西岸地区では大規模な抗議デモが勃発した。特にガザ地区では、イスラエル軍が催涙ガスや実弾を使用して事態の鎮静化を図った。自治政府によると、14日だけで55名が死亡し、2700名が負傷した。数日で60名以上が死亡した。その後も、ガザを実効支配するハマスとイスラエルの武力衝突が続いた。

2◉キリスト教福音派の存在

米大使館の移転は、大きな反発が予想されたなかで実施された。

背景の一つに、トランプ政権とアメリカ国内のキリスト教福音派との関係が挙げられる。福音派とは、特定の教派を指すものではなく、聖書の言葉を忠実に守る保守的なプロテスタントの総称である。その数はアメリカ国民の約4分の1である（15％まで減ったという説もある）。2016年11月8日のアメリカ大統領選挙では、福音派の8割強がトランプに投票し、勝利に貢献した。

彼らの一部は、エルサレムをユダヤ人国家であるイスラエルが統治することが重要であると考えている。トランプ政権の決定は、2018年11月6日のアメリカ中間選挙に向けた国内の支持者に向けてのアピールでもあったと見られる。

3◉パレスチナ自治政府の反発

これに対して、パレスチナ自治政府のマフムード・アッバース議長は、アメリカは、「単独で（和平の）調停者にはなり得ない」として、9月にオランダのハーグの国際司法裁判所に提訴した。パレスチナ側は、欧州連合（EU）やロシア、中国や日本に対して、和平交渉の仲介役に参加するよう求めた。

◉おわりに —— 米大使館移転を歓迎するイスラエル

一方で、イスラエルのベンヤミン・ネタニヤフ首相は、米大使館の移転を歓迎し、「ユダヤ人が3000年間、エルサレムと呼ばれる地を首都としてきた」ことを反映するものだと語った。

7月19日には、イスラエル国会がイスラエルを「ユダヤ人の国」とする法案を可決し、ヘブライ語のみを公用語とし、東イスラエルを含むエルサレムを首都と規定し、パレスチナ暫定

自治政府の反発を呼んでいる。また、一連の動きを受けて、オーストラリアやブラジルなどの国々も、自国の大使館をエルサレムに移転することを検討し始めた。

　他方で、トランプ政権は、2020年に入り、中東和平を部分的に仲裁した。イスラエルと一部アラブ諸国との国交正常化である。9月15日、アメリカのホワイトハウスで、アラブ首長国連邦（UAE）とバーレーンの2カ国が、イスラエルとの国交正常化をする合意文書に署名した。10月23日にはスーダン、12月10日にはモロッコもイスラエルと和平合意に至った。詳しくは、別の章で前述した。

第87章
トルコのクーデター未遂事件とは何か

● はじめに ── ポイントと基礎知識

　アジアとヨーロッパの境目にあるトルコでは、二つの価値観がせめぎ合っている。

　イスラーム教を尊重するエルドアン政権は、世俗主義を支持する軍と対立してきた。

　2016年7月の一部軍によるクーデターは、失敗に終わり、エルドアン政権は強権姿勢をさらに強めている。

1●トルコのクーデター未遂事件とは何か

　2016年7月16日、繰り返しになるが、トルコでクーデター未遂事件が起こった。トルコの一部の反政府勢力が首都アンカラとイスタンブールに兵隊を展開し、政権を奪取しようとした。

　しかし、反乱軍は、翌朝までに制圧され、クーデターは結局、失敗に終わった。

2●トルコの「世俗主義」とは何か

　トルコはかつて、オスマン帝国としてイスラーム世界を支配していたが、第一次世界大戦後にオスマン帝国が滅び、現在のトルコ共和国がアナトリア半島に建国されると、公の場に宗教を持ち込まない世俗主義を大原則にした。

　ヨーロッパ的な近代化を目指す知識人やトルコ軍は、世俗主義を支持している。

　しかし、トルコ国民のほとんどはイスラーム教徒なので、世俗主義を緩和しようとする勢力も根強くある。

3●エルドアン首相とイスラーム教的価値観とは何か

　2003年3月14日に首相に就任したレジェップ・タイイップ・エルドアンは、経済成長を実現する一方で、イスラーム教的価値観を重視した政策を次々と打ち出した。

　たとえば、2013年には、女性公務員のヘッドスカーフ着用が一部で解禁された。髪を覆うヘッドスカーフはイスラーム信仰のシンボルで、政権分離の原則から従来は禁止されていた。

4●エルドアン大統領の強権政治

　一方で、エルドアン政権は、反対派を弾圧し、報道機関を政府の管理下に置くといった強権的な一面も持つ。

　2014年8月28日に、大統領に就任したエルドアンは、権力を大統領に集中させる新憲法の

制定を掲げ、反対派は危機感を募らせていた。2016年7月のクーデターは、こうした情勢下で起こったものである。

5●クーデター後

クーデター制圧後、エルドアン政権は反政府勢力への大規模な弾圧を行った。クーデターは、皮肉にも、政権をますます強硬なものにしてしまったのである。このことは、トルコと欧米諸国との関係に微妙な影を落としている。

トルコは、長年、欧州連合（EU）への加盟交渉を続けているが、世俗主義の弱まりや強権的な政府は、加盟への大きな障害となる。

他方で、EUは、難民問題やイスラーム国（IS）問題ではトルコと協調関係にあり、トルコ国内が不安定になることも望んでいなかった。

●おわりに ── ISの脅威の消滅か?

ISとの戦闘は、繰り返しになるが、イラク軍やクルド人部隊、シリアのアサド政権による政府軍によって行われてきた。アメリカを中心とする有志連合やロシアが空爆などでこれを支援しており、ISは急速に勢力を失った。

2017年7月10日に、イラク軍はISのイラクでの最大拠点のモスルを奪還した。さらにシリアでも10月17日に、最重要拠点のラッカが陥落し、ISは事実上、崩壊した。ただし、ISの脅威は拡散し、完全に消滅したわけではない。詳しくは、別の章で前述した。

第88章

米軍のシリアからの撤退とトルコの軍事介入

●はじめに ── ポイントと基礎知識

2019年10月に、シリア内戦をめぐり、少数民族クルド人の武装組織を支援するために駐留していた米軍部隊がシリア北部国境地域からの撤退を始めた。

その「力の真空」を埋めるがごとく、トルコがシリアに軍事介入した。トルコがシリアで本格的な軍事作戦を行うのは、3回目であった。アメリカは、クルド人武装組織を見捨てるような行動をとったのである。

トランプ政権としては、中東地域の安定よりも、2020年11月の大統領選挙での再選をより優先した形であった。

1●米軍部隊のシリアからの撤退

2019年10月7日に、繰り返しになるが、シリア内戦をめぐり、少数民族クルド人の武装組織の人民防衛隊（YPG）を支援するために駐留していた米軍部隊がシリア北部国境地域からの撤退を始めた。トルコのレジェップ・タイエップ・エルドアン大統領が10月7日に明らかにし、トランプ大統領も、「われわれの兵士が祖国に帰る時だ」と表明した。

ホワイトハウスは、前日の6日には、YPGを敵視するトルコの越境軍事作戦の計画について、「関与しない」との声明を発表していた。

米軍が共闘してきたクルド人勢力を見捨てることになる上、中東地域の緊張をさらに高めかねない。アメリカ国内では、長引く中東での戦

争への「介入疲れ」があり、繰り返しになるが、中東地域の安定よりも、2020年11月3日の大統領選挙での再選にプラスになるという政治判断が優先された形であった。

トランプ大統領は10月7日、撤退規模には触れず、「ばかげた終わりの見えない戦争から抜け出す時だ」と強調した。アナトリア通信によると、これに先立ってエルドアン大統領が首都アンカラで記者団に、「米軍部隊は撤退を始めた」と明言した。

2◉クルド人武装組織の失望

一方、YPGを中心とするクルド人勢力は、「米軍が責任を果たすことなく、トルコとの国境地帯から撤退している」と失望感をにじませていた。

トルコは、YPGが自国内で分離独立を目指す非合法武装組織のクルディスタン労働者党（PKK）と一体のテロ組織と認定している。エルドアンはたびたび、YPGが支配するユーフラテス川の東側地域への越境軍事作戦の可能性に言及してきた。

ただし、8月7日にはアメリカとの間で、シリア北部に「安全地帯」の設置を目指すことで合意するなど事態は小康状態にあった。

3◉トランプ政権の声明

トランプ大統領とエルドアン大統領は10月6日に電話会談を行っていた。その直後にホワイトハウスが、「トルコが長く計画してきたシリア北部での作戦を間もなく進める。米軍は作戦に支援も関わりもしないし、その地域にいることもない」との声明を発表し、トルコの作戦には関知しない姿勢を示した。

トランプ政権の声明は、過激派組織のイスラーム国（IS）の掃討作戦で米軍に代わって地上戦の中心的な役割を担ってきたYPGの切り捨てに等しい。

トランプ大統領は7日、「クルドはわれわれ

とともに戦ってきたが、膨大な資金と装備を受け取った。私が何十年も続く（クルドと）トルコとの戦いを止めてきたのだ」と突き放した。

YPGを中心とするクルド人勢力は早速、アメリカと敵対するシリアのアサド政権と共闘する姿勢も見せ始めた。「（YPGが支配してきた北部の要衝）マンビジュに政権軍が進軍する準備をしている」とツイートし、トルコ軍に対抗する構えを見せた。トルコとYPGにアサド政権軍も巻き込んだ衝突に発展する可能性があった。

4◉トルコによるシリアへの軍事介入

エルドアン大統領は2日後の10月9日には、力の真空を埋めるように、トルコ軍がシリア北部のクルド人勢力を標的にした軍事作戦を開始したと発表した。国際社会では、内戦が続くシリア情勢のさらなる悪化に対する懸念から反対の声が圧倒的であったが、クルド人勢力を「テロ組織」とみなすトルコは「平和の春」作戦を強行した。

シリア内戦が始まった2011年以降、繰り返しになるが、トルコがシリアで本格的な軍事作戦を行うのは3回目であった。現地からの情報では、トルコ軍はシリア北部の町テルアビヤドなどに空爆や砲撃を加えていた。民間人の居住区に攻撃が行われ、死傷者が出たという情報もあり、被害拡大が懸念される状況である。

◉ おわりに ── トルコの軍事目的

エルドアン大統領は、「トルコに対するテロの脅威を排除するのが目的である」と表明した。トルコは、国内の反政府武装組織「クルド労働者党」とつながりがあるシリアのクルド人勢力を敵視していた。両国の国境線沿いのシリア側に「安全地帯」を設けてクルド人勢力の影響力をそぐ一方、トルコ国内で社会問題として深刻化するシリア難民の帰還先にしようとしていると思われる。

第7部

国際機構と
国際制度を
めぐる
国際問題

　私は民主主義とは、すべての人間のエネルギーを大放出するものだと信じている。

　運命のなかに偶然はない。人間はある運命に出会う前に、自分がそれをつくっている。
　　　　　　　　　　　　　　　　──アメリカのウッドロー・ウイルソン大統領

　さまざまなものが集まっているのがこの世界ではない。世界とは、人やものがさまざまに関わっているもろもろの事実のことである。

　世間の人々がしばしば話題にし、その存在が当然であるかのように信じられている「因果応報」の法則というものは存在しない。ただいつも、自然の法則が貫かれているだけだ。
　あるいはまた、一般的に因果というならば、それは物理法則や力学の法則のことだ。そこで貫かれているのは非情な論理だけだ。
　あるいはこうも言い換えられる。事実の起こり方が、人が考えてひねり出した物理的因果の法則にあてはまっているだけだ。
　　　　──オーストリア・ハンガリー帝国の哲学者のルートヴィヒ・ヴィトゲンシュタイン

第89章

国際連合（国連）とは何か

● はじめに —— ポイントと基礎知識

　国際連合（国連）は、世界平和や国際協調を目指して作られた国際機関である。

　総会、安全保障理事会（安保理）、経済社会理事会、国際司法裁判所、事務局、信託統治理事会がその主要な組織である。

　日本は、国連加盟国最多となる11回目の安全保障理事会非常任理事国入りを果たしている。

1 ● 国際連合とは何か

　国際連合（United Nations）は、世界193カ国（2020年12月現在）が加盟する国際機関である。

　世界平和を守ること、各国の友好関係を深めること、貧しい人々の生活を向上させることが主な目的である。

　特に重要な機関は、安全保障理事会、総会、国際司法裁判所である。

　国連の前身は、第一次世界大戦後の1920年1月10日に設立された国際連盟である。国際連盟は、アメリカのウッドロー・ウィルソン大統領の「14カ条の平和原則」による提案で創設された。国際連盟は、世界平和や国家間の協力を目的にしていた。

　しかし、アメリカやソ連などの大国が参加せず、1933年にドイツや日本も途中で脱退するなど、形だけの存在になっていた。

2 ● 国連の主な機関

　総会は、すべての加盟国が参加して開催される国連の最高機関である。全加盟国が等しく1票の投票権を持っていて、多数決で決議する。総会は通常、毎年9月中旬から下旬に開催される。加盟国の代表が集まり、戦争と平和や経済問題などについて話し合い、決議（議論の結果を決める）の投票を行う。

　安全保障理事会は、世界の安全と平和、紛争防止について話し合う組織である。国連で最も重要な組織である。安全保障理事会は、常任理事国の5カ国と非常任理事国の10カ国、計15カ国で構成される。安全保障理事会の常任理事国の5大国（P5）は、拒否権を持つ。かつ任期もない。

　国際司法裁判所は、国家間の紛争を裁判で解決する機関である。

　たとえば、日本は、2014年、調査捕鯨をめぐってはじめて国際司法裁判所の裁判の当事国となった。調査捕鯨とは、鯨資源を持続的に利用する方法を調べるための捕鯨である。2010年5月31日に、オーストラリアが日本の捕鯨は違法であるとして国際司法裁判所に提訴した。2014年3月31日に、国際司法裁判所は、この調査捕鯨を違法とする判決を下している。

　他に経済社会理事会、事務局、信託統治理事会（現在は活動停止）などがある。

3 ● 国連の軍事的措置 —— 国連軍・平和維持活動（PKO）・多国籍軍

　平和の破壊・侵略行為に関する行動を定めた国際連合憲章第7章には、「軍事的強制措置は、安全保障理事会と加盟国の間の特別協定にしたがって提供される兵力・援助・便益によって行われる」と記されている。これにより加盟国の

軍隊が武力攻撃できる。つまり、国連は、軍事的制裁の手段を持つ。

ただし、国連軍は、これまで一度も組織されていない。背景には、冷戦があった。朝鮮戦争の時の「国連軍」は、厳密には多国籍軍である。

国連の平和維持活動（PKO）は、国連の指揮下にある。資金は、国連や加盟国から支給される。PKOは、休戦や停戦の監視拠点の運営が非武装の将校によって編成される監視団によって実施される。PKOは、平和維持のため、兵力を引き離したり、撤退させたりする。この任務は、武装した軍人で編成される。ただし、戦闘は行わず、武器の使用は自衛の場合に限られる。

多国籍軍は、安全保障理事会の決議を受け、武力行使を行うが、国連軍でもPKOでもなく、安全保障理事会の指令命令下にはない。

4 ● 国連創設70周年としての2015年

2015年は、国連創設から70周年にあたった。事務総長の潘基文は、総会に対して、世界の人々のために尽くすように求めた。

一方で、潘事務総長は、中国の抗日戦争勝利記念の軍事パレードに参加した。日本政府は、

これに対して、「国連は中立であるべき」と抗議するも、潘事務総長は、「国連は中立ではなく、公正・不偏である」との考えを述べている。

2017年1月1日から国連の事務総長は、ポルトガル出身のアントニオ・グテーレスである。

● おわりに ── 国連と日本

日本は、安全保障理事会の非常任理事国に立候補し、当選した。2016年から2年間、11回目となる非常任理事国を務めた。

日本は将来的に、安全保障理事会の常任理事国入りを目指している。ただし、日本やドイツの常任理事国入りなど、「国連改革」はまったく進展していない。冷戦後に設置された「グローバル・ガヴァナンス委員会」も、残念ながら、目立った成果を上げていない。

2011年7月9日に独立した南スーダンのPKOに陸上自衛隊施設部隊の派遣が決定された。2012年1月から活動を開始した。道路や橋の建設などにあたった。詳しくは、別の章で前述した。日本のPKOへの施設部隊派遣は、カンボジア、東チモール、ハイチに続いて4例目であった。

第90章

世界銀行グループとは何か

● はじめに ── ポイントと基礎知識

世界銀行（WB）は、発展途上国への融資や開発支援を行う。1944年7月（アメリカ東部）ブレトンウッズ会議で設立が決定された。1945年12月に設立された。

国際通貨基金（IMF）とともに、世界の金融

秩序の土台を支える国際機関である。

1 ● 「ブレトンウッズ体制」とは何か

世界の金融秩序を支える二つの国際金融機関である世界銀行とIMFは、いずれも第二次世界大戦後の復興策の一環として当時の連合国によって創設された国際機関である。

繰り返しとなるが、1944年7月1日から22日にかけてのブレトンウッズ会議で、連合国44カ国が参加して、国際復興開発銀行（IBRD、後の世界銀行）とIMFの設立を決定した。これら戦後の国際経済体制を「ブレトンウッズ体制」と呼ぶ。

これらの設立には、アメリカ外交が強いイニシアティブを発揮した。世界銀行とIMFで、アメリカ・ドルを中心とした国際経済体制を作ることを目指したのである。

2 ● 世界銀行グループとは何か

世界銀行は、五つの国際機関から成り立っている。

第一に、「国際復興開発銀行」が、中所得国や信用力の比較的に高い国にお金を貸し出す。

第二に、「国際開発協会（IDA）」が、特に貧しい発展途上国に緩やかな返済条件でお金を貸し出す。

第三に、「国際金融公社（IFC）」が、発展途上国の民間支援を行い、開発の手伝いをする。

第四に、「多国間投資保証機関（MIGA）」が、投資家や貸手に対して保証（政治的リスク保険）を提供することによって、開発途上国への直接投資を奨励する。

第五に、「国際投資紛争解決センター（ICSID）」が、外国投資の際に起きてしまったトラブルを解決する。

3 ● 世界銀行の活動とは何か

世界銀行は、主に発展途上国の開発資金援助を行っている。

たとえば、近年の事例では、2008年に東南アジア諸国連合（ASEAN）が金融危機対策のために設立した基金に100億ドルを出資した。

より新しい活動としては、生物多様性保全のための世界的プログラム「SOS」創設の資金を他の国際基金と組んで拠出している。

● おわりに —— 近年の動向

世界銀行は、年間融資額を20億ドルに倍増した。

また、世界銀行は、東、西、南、中央部アフリカの電力プール整備に5億ドルを支援した。

さらに、世界銀行は、国際金融公社（IFC）により、2008-2011年度に、15以上の電力分野における官民連携案件（PPP）案件に約4-5億ドルの投融資を実施した。

日本は、世界銀行で、アメリカに次いで世界第2位の出資国である。

第**91**章

国際通貨基金（IMF）とは何か

● はじめに —— ポイントと基礎知識

国際通貨基金（IMF）とは、加盟国からの出資を受けて財政の厳しい国に貸し付ける国際機関である。IMFは、1946年3月に創設された。

各国の経済政策や金政政策を監視し、助言を行う。

日本のアベノミクスは評価したが、消費税増税の先送りには懸念を表明してきた。

1 ● 国際通貨基金（IMF）とは何か

IMFとは、国際通貨制度の安定を維持し、危

機を予防するために設けられた国際機関である。2016年1月現在で、188カ国が加盟している。

トップは、2011年7月5日から2019年9月12日まで、フランスのクリスティーヌ・ラガルド専務理事が務めた。2019年9月29日に、ラガルドの後任として、ブルガリア出身のクリスタリナ・ゲオルギエバが決定した。

国際連合（国連）には、経済と社会、文化、教育、保健などの各分野の国際協力を進めるための15の国際機関がある。IMFは、その国際機関の一つである。

繰り返しになるが、1944年7月1日から15日にかけてのブレトンウッズ会議で、連合国44カ国が参加して、国際復興開発銀行（IBRD、後の世界銀行）とIMFの設立を決定した。これら戦後の国際経済体制を「ブレトンウッズ体制」と呼ぶ。

2◉IMFと経済学者ケインズ

IMFはもともと、イギリスの経済学者ジョン・メイナード・ケインズが、第二次世界大戦後の景気を安定させるために提案した。

当初のプランは、「国際通貨を創出・発行し、世界中央銀行としての機能を持つ」というものであった。

3◉IMFの活動 ── 支援から助言まで

IMFは、加盟国からの出資などを利用して、支払い困難（外貨不足）に陥った加盟国に資金を貸しつけて金融危機の予防に努めている。

また、加盟各国の経済情勢や金融動向をチェックし、助言（サーベイランス）を行う。

さらに、金融危機を予防するために、為替相場や為替政策を監視している。必要に応じて、早い段階で警告を発する。

4◉IMFのギリシャへの支援

恒常的に金融危機に直面しているギリシャにも支援を継続してきた。すでに見た通り、2010年に発生したギリシャ財政危機では、欧州連合（EU）と協議して、年間300億ユーロの融資を決定した。

これ以降、四半期ごとにギリシャの財政再建と構造改革について審査している。

5◉出資割当額とは何か

IMFの財源の大半は、加盟国が払い込む出資割当額である。この額は各国の世界経済における相対的な規模をほぼ反映している。

日本はIMFに加盟した1952年から現在まで理事国を務めており、その財政負担はアメリカに次いで加盟国中第2位である。

6◉IMFが描く日本経済への処方箋

IMFは、日本に対しても、消費税が少なくとも15%以上にするべきだと提言している。繰り返しになるが、アベノミクスは評価したものの、消費税の増税延期には懸念を表明してきた。

またIMFは、一般に通貨安になれば輸出が増えるが、日本の場合は、製造拠点の多くが海外にあるため、日本が輸出を増やすことは難しいだろう、と分析していた。

◉おわりに ── 国際通貨制度とは何か

国際通貨制度とは、国家間の決済のルールである。IMFができた当時は、金とアメリカ・ドルを基準に各国の通貨価値が固定されていた（固定相場制）。たとえば、1ドル＝360円であった。

その後、1971年8月15日の「ニクソン・ショック」と1973年12月18日のスミソニアン合意を経て、市場の需給で為替レートが変わる現在の変動相場制に移行した。

補論：関税と貿易に関する一般協定（GATT）と世界貿易機関（WTO）は何か

関税と貿易に関する一般協定（GATT）とは、関税や各種輸出入規制などに関する貿易障壁を

取り除き、多国間で自由貿易を維持・拡大するために締結された国際協定であった。

円滑な国際貿易を実現するために、「ブレトンウッズ体制」の枠組みの一環として、多国間の協定締結により、1947年10月30日に署名開放され、翌1948年1月1日に発足した。本部は、スイスのジュネーブにある。

日本は、1955年9月10日にGATTに加盟した。

GATTは、「自由」「無差別」「多角」の3原則により自由貿易を実現しようとするものであった。

1995年1月1日に世界貿易機関（WTO）が設立されたことで、WTOがその役割をGATTにとって代わった。WTOは、司法的機能を持つ通商・貿易の国際機関である。

第92章

環太平洋経済連携協定（TPP）とTPP11とは何か

◉はじめに —— ポイントと基礎知識

「環太平洋経済連携協定（TPP）」とは、その名の通り、太平洋を囲む国々の間で結ばれた通商・貿易協定である。

2015年10月、5年半にわたって続けられてきたTPPの国際交渉がようやく大筋合意に至った。日本は、貿易品目の95％におよぶ関税を撤廃することになっていた。

TPPが発効すれば、日本を含む12カ国による世界最大の自由貿易圏（FTA）が誕生するはずであった。しかし、2017年1月に、アメリカのドナルド・トランプ大統領は、TPPから離脱する大統領令に署名した。

日本をはじめとした11カ国は、「TPP11」で合意し、TPP11の枠組みを残した。

1◉TTPの拡大

TPPは、もともとはシンガポール、ブルネイ、ニュージーランド、チリの4カ国の協定であった（2006年発足）。

2010年に、アメリカ、オーストラリア、ペルー、ヴェトナム、マレーシアが交渉に参加した。2012年には、メキシコとカナダが交渉に参加した。

2013年には、日本も交渉に参加した。

2◉TTPのメリットとデメリットとは何か

TPPでは、加盟国間の関税を原則としてゼロにするという方針をとっている。関税がなくなれば、日本は自国の製品をアメリカなどの加盟国に安く売ることができる。

反対に、海外からの製品も、安く日本に入ってくるようになる。これは、消費者にとってはメリットが大きいが、同じ製品を売っている国内の産業には大きな脅威となる。

特に安価な小麦やコメが国内に大量に輸入されるようになると、日本の農業は壊滅的なダメージを受けるかもしれない。そのため、国内にはTPP参加への反発も根強くあった。

3◉TPPがカバーする分野

また、TPP交渉では関税だけでなく、労働や投資、知的財産権、金融サービスといった幅広い分野で、統一ルールをつくる話し合いが進展した。

実現すれば、日本の経済社会に与える影響は大きい。

4●TTPの大筋合意

TPPには、各国の利害が複雑に交錯しているため、交渉は難航したが、2015年10月5日に、ようやく大筋合意に至った。

合意内容によれば、日本は全貿易品目のうち、95.1％の品目で関税を撤廃することになっていた。野菜や果物は、大半の関税がゼロになる。

当初は「聖域」として保護する方針であった重要5品目（コメ、麦、牛・豚、砂糖、乳製品）についても、約3割で関税を撤廃することになっていた。

一方、日本からの輸出品では、乗用車や自動車部品に対するアメリカの関税が撤廃されることになっていた。

5●TPP批准問題

TPPは、参加国の議会での批准を経て、発効する予定であった。アメリカ議会での批准が鍵となると見られていた。

アメリカの民主党議員の多くは、そもそも自由貿易の拡大やグローバリゼーションの動きに反対である。民主党の支持基盤の一つが、労働組合だからである。

もともと自由貿易の拡大には賛成の共和党だが、共和党議員には、「知的所有権の問題などで、妥協し過ぎである」という批判も少なからずあった。

TPPが実現すれば、世界の国内総生産（GDP）の4割を占める巨大な自由貿易圏が誕生するはずであった。

6●アメリカにとってのTPPの意義

TPPをアメリカが推し進めた背景には、第一に、経済成長のメリット、第二に、中国の脅威に対する牽制として、「再均衡（rebalancing）」ないし「アジア旋回（pivot to Asia）」の手段

と位置づけられていたこと、第三に、「アジア太平洋ないしインド太平洋地域で、国際的なルール形成をするのはアメリカである」ことを示す必要性があった。

こうして、TPPの背景には、経済的な動機だけではなく、戦略的な動機も含まれていたのである。

バラク・オバマ大統領としては、パリ協定やイランとの核合意、キューバとの国交正常化などと並んで、オバマ外交の「遺産（レガシー）」にしたいところであった。

●おわりに ── トランプ政権によるTPP離脱

しかし、トランプ大統領は、就任初日にTPPからの離脱を明らかにし、3日後の1月23日に、TPPから離脱する大統領令に署名した。オバマ外交の遺産がまず一つ取り除かれた。

冒頭で見た通り、アメリカがTPPから離脱したため、残された11カ国は、2018年3月8日に、知的財産権や金融サービス、医薬品保護など関税以外の統一ルールが一部を除き凍結された形で、「TPP11」の協定に署名した。「ポスト・トランプ」のアメリカが、TPPに戻ってくることを企図したためである。

バイデン政権がTPPへ復帰することが期待されるが、支持基盤の労働組合などの反対もあり、早期復帰は難しいと見られている。ジョー・バイデン前副大統領は、2020年11年の大統領選挙で、「TPPを再交渉する」ことを明言していた。これに対して、バイデンは、トランプ政権が離脱を表明した気候変動（climate change）のパリ協定やイラン核合意には「復帰する」と公約していた。バイデン大統領は、2021年1月20日にパリ協定に復帰し、世界保健機関（WHO）からの離脱表明も取り消す大統領令などに署名した。

注目すべきことに、2021年2月1日、イギリスのジョンソン政権が、TPPへの加盟を正式に申告した。

第93章

東アジア地域包括的経済連携（RCEP）とは何か

◉ はじめに —— ポイントと基礎知識

2020年11月に、日本や中国、韓国、東南アジア諸国連合（ASEAN）などアジア15カ国は、東アジア地域包括的経済連携（RCEP）協定に署名した。

世界貿易額の3割を占める大型の自由貿易協定（FTA）で、品目ベースで輸出入にかかる関税の91％を段階的に撤廃する。たとえば、日本から中国や韓国に輸出する際の関税が大幅に引き下げられる。

自由化水準が低いという課題もあるが、アジア主導で世界の通商・貿易戦略が変わる可能性がある。

1 ◉ アジア15カ国がRCEPに署名

11月15日の首脳会談には、日本の菅義偉首相と梶山弘志経済産業相が参加した。15カ国はその後、オンライン形式で署名式に臨み、各国首脳は、「RCEPが世界最大の自由貿易協定として、世界の貿易および投資のルールの理想的な枠組みへと向かう重要な第一歩だと信じる」との共同声明を発表した。

菅首相は、首脳会談で、「新型コロナ・ウイルス禍で世界経済が低迷し、内向き志向が見られるなかでも自由貿易を推進するのが重要である」と強調した。ヴェトナムのグエン・スアン・フック首相は記者会見で、「全加盟国のビジネスに繁栄をもたらす」と語った。

2 ◉ RCEP発効の手続き

RCEPの参加15カ国はその後、発効に向けた手続きに入った。日本政府は、「協定案の国会承認など必要な手続きを来年（2021年）中に終えたい」としている。発効時期は未定だが、ASEAN6カ国、非ASEAN3か国の国内批准が終わると、協定が発効することとなる。

参加を見送ったインドには"門戸"を開き、いつでも加入できるよう配慮した。菅政権は当面、インドを取り込むことを断念した形である。

3 ◉ 関税の引き下げ

繰り返しになるが、焦点の関税は、参加国全体で91％の品目で段階的に撤廃する。日本からの工業製品輸出では、協定の発効時に即時撤廃する分も含めて段階的に92％の関税がなくなる。

特に日本とはじめてFTAを結ぶ中韓両国の削減幅が大きい。中国向けの無関税品目の割合は現行の8％から86％へ、韓国向けは現行の19％から92％まで最終的に広げる。

関税を即時撤廃する品目を見ると、中国向けではガソリン車用のエンジン部品の一部（現行の関税率3％）、農業用トラクター（6％）、鉄鋼製品の一部（3-6％）などがある。

4 ◉ 段階的な撤廃

ただし、関税の撤廃は、各国とも自国の産業を保護する狙いもあり、10-20年かけて段階的に減らすケースが多い。RCEPでも、たとえば各国の競争が激しくなると予想される電気自動車用モーターや自動車用電子系部品などは10年超の期間をかけて撤廃する。

中国勢の躍進が目立つ電池関連部品でも、電

池材の撤廃時期は、16年目以降となる。

5●データ流通などルール分野

RCEPは、データ流通などルール分野でも一定の前進を見たが、環太平洋経済連携協定（TPP）などに比べ、水準の低さが目立つ。国家間の公正な取り引き条件に関する規律作りに消極的な中国をはじめとして、事情の異なる参加国に配慮した結果である。

データ流通に関しては、TPPにある「3原則」のうち、「データの自由な流通の確保」、「サーバーなど情報技術（IT）関連設備の自国への設置要求の禁止」は盛り込んだが、「『ソースコード』の開示要求の禁止」は、入っていない。

中国の問題視される企業の優遇についても、ルールを盛り込めなかった。

●おわりに —— 中国の方向転換と存在感

RCEPは、中国が参加するはじめてのメガFTAとなり、同国の存在感を高める。自由化に消極的であった中国の方向転換は、貿易戦争を仕かけるアメリカとの関係が大きく影響している。

一方で、アメリカは大統領選挙後の混迷があり、欧州連合（EU）はイギリスのEU離脱（Brexit）をめぐって、通商・貿易交渉への足踏みが続く。

第94章
アジア・インフラ投資銀行（AIIB）とは何か

●はじめに —— ポイント

アジア・インフラ投資銀行（AIIB）は、アジア地域のインフラ開発を支援する目的で、中国の呼びかけにより設立された国際金融機関である。

アジア内外の57カ国が設立に参加したが、日本やアメリカは、中国の勢力拡大に利用されることを懸念し、参加を見送った。

1●アジア・インフラ投資銀行（AIIB）とは何か

AIIBは、繰り返しになるが、中国の呼びかけで設立された国際金融機関である。その目的は、アジア周辺の発展途上国に、道路や鉄道、ダムといったインフラ整備のための資金を融資することである。

2015年6月29日に、その設立協定の調印式が北京で行われた（創設メンバー57カ国のうち、まず50カ国が署名した）。

2●AIIBの加盟国と仕組み

AIIBの創設メンバーは57カ国で、資本金は1000億ドル（約12兆円）である。そのうち、30.34%を中国が出資した。

議決権も出資比率をもとに決まるため、中国が26%を握ることになった。重要案件の議決には議決権の4分の3以上の賛成が必要なので、4分の1（25%）を超える議決権を持つ中国が拒否権を持つ形である。

本部は北京で、初代総裁も中国から選出された。事実上、中国が主導する国際金融機関である。

創設には、イギリスやドイツ、フランスなどアジア地域以外の国々（域外国）も20カ国が参加している。一方で、アメリカと日本は、「ガヴァナンスが不透明である」として、参加を見

送った。

3 ● 世界銀行とアジア開発銀行（ADB）

発展途上国に融資を行う国際金融機関としては、すでに世界銀行（WB、国際復興開発銀行〔IBRD〕）やアジア開発銀行（ADB）がある。

これらは、アメリカや日本が多くの資金を出資しているため、日米欧が主導権を握っている。中国は、発言権が低いことにかねてから不満を抱いていた。

そのため、中国の習近平国家主席が2013年10月に新たに設立を提唱したのが、AIIBであった。

4 ●「一帯一路」経済圏構想とは何か

中国は、AIIBを通じて、発展途上国に経済的・政治的影響力を行使する狙いがある、と見られている。

習国家主席が提唱する「一帯一路（One Belt, One Road）」経済圏構想は、アジアからヨーロッパに至る海と陸の貿易路を整備し、現代版のシルクロードを築こうというものである。AIIBも、この「一帯一路」経済圏構想に利用されるのではないか、と見られている。

5 ● ヨーロッパ諸国のAIIB加盟

こうしたインフラ整備は、中国と陸続きのヨーロッパにとっても他人事ではない。ドイツやフランス、イタリアがAIIBに参加しているのは、このためである。

陸続きではないが、ヨーロッパ諸国では、イギリスのキャメロン政権が比較的早い段階で、AIIBへの加盟を表明した。「特別な関係」にあるイギリスの政策に、アメリカのオバマ政権は苛立った。

ただし、中国が提唱したAIIBが57カ国もの加盟国を集めた背景には、国際通貨基金（IMF）の改革が、アメリカ国内の議会の反対でまったく進展しないことへの不満があったと思われる。

2020年1月の時点で、AIIBには、102カ国が加盟していた。

● おわりに ── AIIBとADBの役割分担か？

アジア地域の発展途上国にとって、融資してくれる国際金融機関が増えるのは歓迎だが、中国が自国の勢力拡大にAIIBを利用する可能性も否定できない。

融資基準が柔軟なAIIBと、融資基準が公正なADBが、しばらく、それぞれ併存していくものと思われる。

主に発展途上国の開発を目的として、財政支援や専門的な助言を行う国際機関を「国際開発金融機関（MDBs）」と言う。通常、国際開発金融機関と言えば、世界銀行グループに加えて、アジア開発銀行、米州開発銀行（IDB）、アフリカ開発銀行（ADB）、欧州復興開発銀行（EBRD）の4つの地域開発銀行を指す。

融資基準とは、お金を貸し出す（融資する）時の条件である。銀行はお金を借りたい先がきちんと返済できるかを審査して、大丈夫だと判断したところにのみ融資を行う。アジア開発銀行は、融資基準が厳しく、資金需要も応えきれていない、という指摘もある。

第95章

G7とG8、そしてG20とは何か

◉はじめに ── ポイントと基礎知識

2020年6月にキャンプ・デービットで開催予定であった主要7カ国首脳会議（G7サミット）は、11月の大統領選挙後に延期された。

2019年8月に、世界の主要国と欧州連合（EU）G7サミットがフランスのビアリッツで開催された。2018年6月には、カナダのシャルルボワで、代表によるG7サミットが開催された。2017年5月にイタリアのシチリア島で、2016年5月に日本の伊勢志摩で、2015年6月にドイツのエルマウ、2014年6月にベルギーのブリュッセルで開催された。

ロシアのクリミア半島の併合に抗議して、いずれも、ロシア抜きの「G7」となった。これに対して、ドナルド・トランプ大統領は、2020年6月に予定されていたキャンプ・デービットでのG7にロシアのウラジーミル・プーチンも招待する意向を示し、注目されていた。

1◉主要国首脳会議（サミット）とは何か

主要国首脳会議（サミット）とは、アメリカと日本、イギリス、フランス、イタリア、カナダ、ロシアの8カ国首脳と、EUの代表が年1度集まって行う国際会議である。略して、「G8サミット」と呼ばれる。1990年代後半に、G7にロシアを加えて、G8になった。

サミットがはじめて開かれたのは、1975年である。それまで、1970年代前半には、ドルの切り下げや石油危機（オイル・ショック）といった国際経済問題が次々に起こった。

こうした国際経済問題に主要国が協調して対処する必要から、当時、「先進国」と呼ばれる国の首脳が集まったのが、サミットの始まりである。

2◉ブリュッセル・サミット ── G8からG7へ

サミットの開催地は、毎年各国の持ち回りになっている。

2014年6月4日と5日のブリュッセル・サミット以降、繰り返しになるが、ウクライナ情勢で批判を受けたロシアは、サミットに参加していない。ロシア抜きなので、G8ではなくG7に戻った。

ウクライナ情勢が不透明なため、しばらくはG7体制が続く見込みである。

ブリュッセル・サミットでは、EUのドナルド・トゥスク欧州理事会議長（EU大統領、ポーランド出身）とジャン＝クロード・ユンケル欧州委員会委員長（ルクセンブルクの政治家）の二人が、初参加の顔ぶれであった。ブリュッセル・サミットでは、ウクライナ問題のほか、東アジアや中東情勢などが議題となった。

3◉G7の成果と限界

2019年8月24日から26日にかけてのビアリッツでのG7サミットでは、テロ対策などで協調する一方で、通商・貿易と環境の問題ではアメリカとヨーロッパ諸国は再び激しく対立した。アメリカのトランプ政権が保護貿易主義的な政策をとっていたためである。

以下で見るG20の発足により、存在意義が著しく低下していたG7であったが、民主主義（政治の民主化や民主主義の促進）や資本主義

218

（経済の市場化や自由貿易の拡大）、法の支配など
リベラルな価値観を共有する国際制度として
再評価されてきた。

とはいえ、世界のさまざまな重要問題について、数カ国だけで話し合うのには限界がある。特に近年は、従来の先進国が世界経済を引っ張っていく力を失う一方で、中国やインド、ロシア、ブラジル、南アフリカのBRICS諸国をはじめとして、新興国が急速に経済成長を遂げている。

4 ● G20サミットとは何か

G20の正式名称は、「20カ国財務相・中央銀行総裁会議」である。世界的な経済の安定と成長をはかるための国際会議である。年1回開催される。

2008年9月15日のリーマン・ショックをきっかけとして、11月14日と15日に、G8に新興11カ国の首脳とEUの代表を加えた「世界20カ国・地域首脳会議（G20サミット）」が開催された。主に世界経済や金融について話し合うため、「金融サミット」とも呼ばれる。

G8を除く参加国は、アルゼンチン、オーストラリア、ブラジル、中国、インド、インドネシア、メキシコ、サウジアラビア、南アフリカ、韓国、トルコ、EUの11カ国・1地域である。

● おわりに ── 自由主義と保護貿易主義をめぐる対立

2018年6月8日と9日のカナダのシャルルボワで開催されたG7では、世界経済や通商・貿易問題、テロ対策、シリア情勢、北朝鮮に対する問題などが議題となった。通商・貿易問題では、鉄鋼・アルミへの輸入関税を決めたアメリカのドナルド・トランプ大統領と、アメリカ以外の6カ国で、非難の応酬となった。

最終的に、「自由で公正なルールに基づく貿易システムを発展させるため努力していく」と明記した首脳宣言を採択したが、サミット閉幕後にトランプ大統領は承認を撤回した。また、トランプ大統領は、サミットの途中で米朝首脳会談が開催されるシンガポールに向けて出発し、気候変動（climate change）の問題などに関する議論には参加しなかった。

2019年のG7サミットは、すでに見た通り、フランスのビアリッツで、G20サミットは大阪（6月28日と29日）で開催された。

ビアリッツ・サミットの顔ぶれは、アメリカのトランプ大統領、日本の安倍晋三首相、イギリスのボリス・ジョンソン首相、フランスのエマニュエル・マクロン大統領、ドイツのアンゲラ・メルケル首相、イタリアのジュゼッペ・コンテ首相、カナダのジャスティン・トルドー首相、ドナルド・トゥスク欧州理事会常任議長（EU大統領）、ジャン＝クロード・ユンケル欧州委員長であった。

安倍首相は、トランプ大統領との信頼関係を土台として、欧米間の利害調整に努めた。

第8部

グローバル・イシューをめぐる国際問題

文化、宗教、信念が異なろうと、大切なのは苦しむ人々の命を救うこと。自分の国だけの平和はありえない。世界はつながっているのだから。

忍耐と哲学をかければ、物事は動いていく。

——日本の国際政治学者でUNHCR代表の緒方貞子

われわれの世代の遺産は、グローバルな問題に対して子供たちの世代がどのような成果を上げ、どのように大胆な態度で問題に立ち向かうことができるかで定義される。 ——インドの企業家のナービン・ジャイン

未来の人々が現代を振り返った時、それは人々が地球環境を守るために全力を尽くした時代だったと語られてほしい。そしてその業績は、誰もが想像し得なったほど大きいものだったと。

——アイルランドのロックバンド、U2のボーカリストのボノ

人生の目標を持った時から、あなたの人生が始まる。目標をしっかりと持てば、"今日を生きる"という確固たる生き方ができる。

——日本の作家の喜多川泰

第96章

新型コロナ・ウイルス危機とは何か

● はじめに ── ポイントと基礎知識

2020年に、世界と日本は、新型コロナ・ウイルスの感染拡大の危機に直面した。パンデミック（世界的大流行）に陥った。日本を含むさまざまな国に拡大した。新型コロナ・ウイルス感染症は中国の湖北省・武漢市から発生し、日本では2020年2月1日に指定感染症に指定された。

2020年12月31日の15時（日本時間）の時点で、世界の感染者数は8270万7976人、死者は180万5002人となった。

アメリカは、最大の感染国となっていて、同じく12月31日の15時（日本時間）の時点で、感染者数は1974万468人、死者は34万2312人に及んでいる。イギリスなどヨーロッパ諸国やブラジル、インド、インドネシアなどでも、感染は拡大してきた。

日本は、感染者数を比較的に低く抑え込んできたが、世界でパンデミックが収束しなければ、新型コロナ・ウイルス危機を乗り越えたことにはならない。日本では12月31日、新規感染者が3708人で、感染者数が23万304人に達した。31日の死者は65人で、日本での死者は3414人に達した。東京都の新規感染者は31日、初の4ケタ台の1337人で、感染者数は6万245人に達した。

1● コロナ・ウイルスとは何か

コロナ・ウイルスは、よくあるウイルスが原因の風邪の10〜15％を占めるありふれたものである。決して珍しいものではない。しかし、突然変異すると「MERS（中東呼吸器症候群）」や「SARS（重症急性呼吸器症候群）」のような恐ろしい感染症になることがある。

通常のコロナ・ウイルス感染症は、一般的に「風邪」と診断される呼吸器感染症である。気道粘膜に感染することで、咳、鼻水、高熱などの症状を引き起こす。毎年冬に流行のピークが見られ、ほとんどの人が6歳までに感染し、多くは軽症で済む。

コロナ・ウイルスという名称は、電子顕微鏡で観察すると王冠（ギリシア語で「コロナ」）のような形をしていることから名づけられた。少し専門的な話になるが、プラス鎖の一本鎖RNAを遺伝子に持つ、表面に突起があるウイルスである。

コロナ・ウイルスは、人だけでなく、さまざまな動物に感染する。イヌ、ネコ、ウシ、ブタ、ニワトリ、ウマ、アルパカ、ラクダなどの家畜、シロイルカ、キリン、フェレット、スンクス、コウモリ、スズメからも、それぞれの動物に固有のコロナ・ウイルスが検出されており、いずれも感染した動物に、主に呼吸器症状や下痢などが見られる。多くは種固有のもので、特定の動物がかかるコロナ・ウイルスは、人を含む他の動物に感染することはない。人に感染するのは、人に感染するコロナ・ウイルスである。

2● 新型コロナウイルス（COVID-19）とは何か

しかし、何らかの理由で遺伝子変異が起こると、それまでは他の動物しか感染しなかったようなウイルスが人に感染することがある。これが新型ウイルスである。これまでに突然変異で

生まれた新型コロナ・ウイルスで引き起こされた病気として、すでに見たMERSやSARSがある。

2020年にパンデミックとなった新型コロナ・ウイルス（COVID-19）で報告されている症状はどのようなものか——。

新型コロナ・ウイルスは、MERSやSARSに比べれば症状は軽いものの、通常のコロナ・ウイルスよりも肺炎を起こしやすいものである。

新型コロナ・ウイルスの症状は、咳・発熱が主症状であり、重症肺炎も起こしやすい。新型コロナ・ウイルスの主な症状としては、他のコロナ・ウイルス感染症と同じく、咳や発熱などの呼吸器症状が報告されている。通常の風邪による咳や発熱と違う点は、MERSやSARSのような重症肺炎を引き起こしやすいという点である。重症化した肺炎により、呼吸困難などの症状が見られることがあり、命に関わることがある。しかし、MERSやSARSに比べれば、重症肺炎を起こす可能性は低い。

無症状であることもあるが、発熱、咳、呼吸困難、下痢、関節痛、筋肉痛、味覚・嗅覚障害がある。ウイルスに対する免疫反応が過剰になるサイトカインストームを起こすと重症化するし、血栓、凝固異常を起こすことも報告されている。

・発症から1週間まで……約80%　軽症（風邪症状、嗅覚味覚障害）なら自然治癒
・発症から1週間後から10日まで……約20%　肺炎になって、呼吸困難、咳、痰が見られ入院
・発症から10日以降……5%　重症肺炎などで人工呼吸管理　2〜3%は致死的

変異した新型コロナ・ウイルスに対して、人間は免疫がない。感染拡大のために、感染経路の追跡やロックダウン、緊急事態宣言、外出自粛、営業自粛、マスクの着用、手洗いなど、各国でさまざまな対策がとられてきた。

新型コロナ・ウイルスに効くワクチンの開発が進められてきたが、2020年12月以降、ワクチンの接種が始まった。ただし、まず医療従事者や基礎疾患持ちの高齢者のワクチン接種が優先される。

3◉感染拡大の第三波の脅威

感染の危険性が高いのは、換気が悪く、密室である空間で、近距離で長時間の会話などの濃厚接種であるとされている。ただし、100%感染するわけではない。しかし、そうした場所がクラスター（小規模な集団発生）になってしまう。3月より欧米諸国での大流行があり、日本でも感染経路不明の感染例があるために、人の接触を制限する集団感染予防の対策を施行し、その効果から新規感染者が一度減少した。

しかし、経済活動を行うために、ある程度の人の接触可能がある状況になり、8月に感染が再び拡大し、さらに新型コロナ・ウイルスが感染しやすい冬に近づくにつれて、換気が悪い状況のなか、感染拡大の傾向が再び顕著となってきた。感染拡大の第三波が懸念される。

毎年冬に大流行するインフルエンザの症状となかなか見分けがつかないことも問題である。また、新型コロナ・ウイルスとインフルエンザが同時に大流行することも懸念される。さらに、感染力の増した新型コロナ・ウイルスの変種が、イギリスや南アフリカなどで確認されている。

4◉遺伝子検査（PCR）と抗体検査

日本では、対応できるだけの検査能力は欧米に比べて遅れていたが、徐々に増えてきた。ただし、都道府県によって差がある。

新型コロナ・ウイルスの遺伝子検査（PCR）が保険適応になることで、検査できる機関が増えてきた。検査自体も100%ではないが、重症者を診断し、新型コロナ・ウイルスに効果が期待されている治療が行われていくことになる。

抗体検査については、すでに感染したかどうかを検査するには有効な方法だが、この抗体がウイルスに対する効く抗体（中和抗体）かどう

かが大切になる。中和抗体でない場合、再感染する恐れがあるからである。

5 ● 新型コロナ・ウイルスへの日本の対応

2020年の新型コロナ・ウイルス危機への日本の政策対応は、後手に回った。都道府県の多くの知事たちが、安倍政権よりもより早く、営業自粛要請などでリーダーシップを発揮した。新型コロナ・ウイルス危機への対応のまずさによって、安倍政権の支持率も低下し始めた。

「緊急事態宣言」は、2020年4月7日に東京、神奈川、埼玉、千葉、大阪、兵庫、福岡の7都府県を対象地域として発令され、4月17日に全都道府県に拡大された。このうち当初から宣言の対象とした7都府県に、北海道、茨城、石川、岐阜、愛知、京都の6道府県を加えた13の都道府県を、特に重点的に感染拡大防止の取り組みを進めていく必要があるとして、「特定警戒都道府県」と位置づけた。

緊急事態宣言は、3月13日に成立した新型コロナ・ウイルス対策の特別措置法に基づく措置である。全国的かつ急速な蔓延により、国民生活や経済に甚大な影響を及ぼすおそれがある場合などに、総理大臣が宣言を行い、緊急的な措置をとる期間や区域を指定する。

対象地域の都道府県知事は、住民に対し、生活の維持に必要な場合を除いて、外出の自粛をはじめ、感染の防止に必要な協力を要請することができる。

また学校の休校や、百貨店や映画館など多くの人が集まる施設の使用制限などの要請や指示を行えるほか、特に必要がある場合は臨時の医療施設を整備するために、土地や建物を所有者の同意を得ずに使用できる。

さらに緊急の場合、運送事業者に対し、医薬品や医療機器の配送の要請や指示ができるほか、必要な場合は、医薬品などの収用を行うことができる。

5月14日に北海道・東京・埼玉・千葉・神奈川・大阪・京都・兵庫の8つの都道府県を除く、39県で緊急事態宣言を解除することを決定した。5月21日には、大阪・京都・兵庫の3府県について、緊急事態宣言を解除することを決定した。緊急事態宣言は、東京・神奈川・埼玉・千葉・北海道の5都道県で継続した。5月25日には、首都圏1都3県と北海道の緊急事態宣言を解除した。およそ1カ月半ぶりに、全国で解除されることになった。

こうして、日本は、新型コロナ・ウイルスの拡大の第一波を、ダメージが比較的に小さく抑え込むことができた。安倍首相は、「日本モデルを世界に示していきたい」と述べたが、日本政府の対応は、繰り返しになるが、後手に回ってきた。

たとえば、緊急事態宣言を発するタイミングは、各種の世論調査の結果、半数以上の国民が「遅過ぎる」と答えている。数10億円を投じた"アベノマスク"は、不良品が混じっていたり、サイズが小さかったり、国民への配布も著しく遅れた。マスクが届いた頃には、市場でマスクの品薄状態は改善されつつあった。俳優でミュージシャンの星野源のYou Tubeに便乗した"アベノコラボ"は、国民の顰蹙(ひんしゅく)を買った。濃厚接触を追跡するアプリ、いわゆる"アベノアプリ"の普及はなかなか進んでいない。

日本の東京などでは、花粉症に悩む人も多く、特に春にはマスクを着用する人がもともと多い。そのため、欧米人と違い、マスクの着用に抵抗感がない。風邪やインフルエンザが流行る(はや)時期には、うがいや手洗いが奨励される。人との挨拶も一定の距離をとり、控えめなものである（ハグやキスをしない）。また日本人は、罰則がなくとも、政府や地方自治体の自粛要請に大人しくしたがう。こうした日本人の慣習や国民性が、新型コロナ・ウイルスの感染拡大を抑え込む要因になったのではないか、と推測される。

新型コロナ・ウイルスに対して、日本人などアジア人は、遺伝子的に耐性が強いのではない

かという意見もある。しかし、特に台湾や韓国、シンガポール、ヴェトナムなどが初期の感染封じ込めに成功したのは、政治的なリーダーシップを強力に発揮したからである。台湾や韓国では、かつてのMERSやSARSの感染拡大の教訓が活きたと言ってよい。またインドネシアでは、感染が急拡大してきた。日本は、繰り返しになるが、ラッキーなだけであった。

11月には、新型コロナ・ウイルス感染が再び、拡大する事態となったが、菅政権の対応は遅かった。感染再拡大の原因として、Go Toトラベルや Go Toイートなどの政策の影響が指摘されたが、菅首相は11月25日に、「Go Toトラベルが感染拡大の主要な原因であるとのエビデンスは現在のところは存在しない」と開き直った。東京都など地方自治体は、11月下旬には、再び営業自粛の要請などに踏み切った。

年末年始のコロナ対策は、12月14日まで、誰しもが一部感染拡大エリアのみの一時停止の対策で動くのだろう、と考えていた。ところが、12月14日夜に行われたGo Toトラベル・キャンペーン対策本部において、菅政権は、年末年始にあたる12月28日から2021年1月11日までの間、Go Toトラベル・キャンペーンの利用を全国で一斉に停止すると発表した。こうして、一部感染拡大エリアの一時停止でGo Toトラベル事業を進めていくはずだった政府が、急転直下の決断を下した。すでに一時停止中である大阪市・札幌市と、新たに一時停止に加わると予想されていた東京都と名古屋市が、全国一斉一時停止以前から先行して12月27日までも一時停止した。

2021年1月7日には、首都圏の東京都と神奈川県、千葉県、埼玉県に1カ月の緊急事態宣言が再び、発動された。13日は、大阪府や愛知県、福岡県など7府県でも緊急事態宣言が発動された。問題は、1カ月の緊急事態宣言で、新型コロナ・ウイルスの感染拡大がどこまで防げるのかであった。結局、もう1カ月延長とな

り、さらに2週間延長された。

新型コロナ・ウイルスの感染拡大を防ぐために、規制を強め過ぎてしまうと、経済活動が窒息してしまう。しかし、経済成長を優先すれば、新型コロナ・ウイルスの感染拡大を防ぐことが困難となる。こうして、新型コロナ・ウイルスの感染拡大防止と経済成長との両立を図ることは、きわめて難しい。「命か経済か」の問いに解はない。

6 ● 新型コロナ・ウイルスと国際政治経済
──「ウィズ・コロナ」から「ポスト・コロナ」へ

新型コロナ・ウイルスは、特に欧米諸国で感染が拡大した。特にアメリカでは、トランプ政権が経済活動の継続を最優先したため、新型コロナ・ウイルスの感染が爆発的に拡大した。にもかかわらず、トランプ大統領とその支持者たちは、マスクの着用を拒み続け、科学者の声に耳を傾けなかった。花粉症対策や風邪の予防、大気汚染対策などのためにマスクを着用する習慣のある日本などアジア諸国と違い、欧米諸国では、マスクの着用に忌避感がある。

10月上旬には、トランプ大統領が新型コロナ・ウイルスに感染した。大統領選挙直前の「10月のサプライズ」となった。新型コロナ・ウイルスの感染拡大とそれにともなう経済の失速がなければ、トランプ大統領は再選されていたかもしれない。これに対して、民主党のバイデン前副大統領は、マスクの着用を有権者に勧め続け、科学者の声に耳を傾け、大統領に就任したその日から、新型コロナ・ウイルスへの政策対応に乗り出すことを掲げてきた。

トランプ政権は、「中国寄りである」と批判して、世界保健機関（WHO）から離脱すると発表したが、民主党のバイデン政権になれば、それは取り消すと予測されていた（1月20日にその旨の大統領令に署名した）。新型コロナ・ウイルスの感染拡大防止や1日も早いワクチンの開発には、国際協力が欠かせない。

ブラジルも、経済活動を優先させ、新型コロナ・ウイルスの感染拡大を招いた国の一つである。

イギリスやイタリア、フランス、スペイン、ドイツなどヨーロッパ諸国でも、新型コロナ・ウイルスは、猛威を振るった。多くの国が、ロックダウンに踏み切った。しかし、マスクの着用は、徹底されていない。新型コロナ・ウイルス感染はドイツでもたしかに猛威を振るったが、その致死率は2％弱と、近隣のヨーロッパ諸国に比べて驚くほどに低い。その原因は、よくわかっていない。

北欧のスウェーデンは、商店や飲食店の営業を認め続け、マスク着用の義務化も避けるなど緩やかな規制で、新型コロナ・ウイルス対策に取り組んできた。しかし、11月以降の感染再拡大を受けて、政策を転換し、規制を強化し始めた。

ヨーロッパ諸国は、アメリカやアジア諸国と比べて、比較的に人口が多くない。それだけに、絶対的な数字よりも、新型コロナ・ウイルスの感染拡大による被害は深刻だと言える。

新型コロナ・ウイルスの感染拡大の震源地となった中国は、強権的な政策対応で、いち早く感染防止に成功した。その後は、一日の新規感染者数が20人台程度で安定している。中国発の新型コロナ・ウイルスだが、湖北省にほぼすべてが集中していると言ってよく、奇妙なほどよくコントロールされている。もっとも、中国の統計データの信憑性は疑わしい。

台湾や韓国、シンガポール、ヴェトナムなどが感染防止に成功したことも前述した。

ワクチンの開発と接種にしばらく時間がかかる以上、人類は、「ウィズ・コロナ」で、新型コロナ・ウイルスとうまく共存しつつ、感染拡大防止と経済活動との両立をうまく図っていくほかない。新型コロナ・ウイルス危機で、世界と日本の政治経済、社会、企業のあり方、働き方、ライフ・スタイル、地域のあり方などが大きく変わってしまった。

「ポスト・コロナ」の国際政治経済の姿も、2021年2月の時点では、まったく予測がつかない。識者によって、未来像はさまざまである。しかし、アメリカの信頼が低下したことはたしかである。震源地となった中国は、信頼を大きく失ったという見方と、これを契機に国際社会で影響力を増大させるという見方もある。よくわからないのである。

● おわりに ── 新型コロナ・ウイルス感染拡大でパニックにならないために何が必要か

新型コロナ・ウイルスの発生状況などの最新情報は、厚生労働省のサイトで日々情報提供されているので、リアルタイムでの正確な情報としては、「新型コロナ・ウイルス感染症について」を確認するのがよい。あわせて、国立感染症研究所の「コロナ・ウイルスに関する解説および中国湖北省武漢市等で報告されている新型コロナ・ウイルス関連肺炎に関連する情報」などでも、正確な情報がまとめられている。

未知の感染症が見つかった場合、まずは正確な情報を知ることが第一である。新しく発生した感染症の場合、当然ながら最初ははっきりとわかることが少ない。正確な情報は、情報の検証がしっかり行われた上で公開されるので、感染症の拡大状況という事実と情報提供までに時間差があることも、ある程度は仕方がないと考えるべきかもしれない。不正確な情報を信じてしまうことの方が危険である。

感染症の感染経路は、飛沫感染、飛沫核感染、空気感染、経口感染、糞便感染、血液感染、性行為感染などである。ウイルスについての情報が少ない段階でも、これらの感染経路について、しっかりと理解しておくのがよい。医療機関では感染症の標準予防策として、感染症の有無にかかわらず、すべての患者のケアに際して、患者の血液、体液（唾液・胸水・腹水・心嚢液・脳脊髄液などすべての体液）、汗を除く分泌物、

排泄物、あるいは傷のある皮膚や粘膜を、すべて「感染の可能性のある物質」とみなして対応することになっている。この考え方を頭に入れて、普段からうがいや手洗いをしっかりとすることが感染症対策の基本となる。

不安を煽る情報は、鵜呑みにしないことである。不確かな段階で不安を煽り何かを販売するような情報は詐欺のこともあるし、ただの情報でも、発信者の承認欲求を満たしたり、炎上商法的なものであることも少なくない。間違った情報によって、逆に健康に被害になることがある。

まずは落ち着いて、厚生労働省をはじめとする公的機関からの情報を押さえ、適切な行動をとることが重要となる。

第97章

SDGs（持続可能な開発目標）とは何か

● はじめに —— ポイントと基礎知識

持続可能な開発目標（SDGs）とは、2000年9月にニューヨークで開催された国際連合（国連）ミレニアム・サミットで採択された「国連ミレニアム宣言」をもとにまとめられて2001年に策定された「ミレニアム開発目標（MDGs）」の後継として、2015年9月の国連サミットで採択された「持続可能な開発のための2030アジェンダ」にて記載された2030年までに持続可能でよりよい世界を目指す国際目標である。

17のゴール・169のターゲットから構成され、地球上の「誰一人取り残さない」ことを誓っている。SDGsは、発展途上国のみならず、先進国自身が取り組む普遍的なものであり、日本としても積極的に取り組んでいる。

SDGsは、2020年以降、「ポスト・コロナ」の道しるべになる、として再び注目されている。

1 ● 「SDGs」とは何か

「SDGs」とは、繰り返しになるが、「持続可能な開発目標（Sustainable Development Goals）」の略称である。これは、2015年9月25-27日に国連で開かれたサミットのなかで世界のリーダーによって決められた国際社会共通の目標である。

この国連サミットでは、2015年から2030年までの長期的な開発の指針として、「持続可能な開発のための2030アジェンダ」が採択された。この文書の中核を成す「持続可能な開発目標」を「SDGs」と呼んでいる。SDGsの17の目標をまとめたのが、以下の図である。これらSDGsの17の目標を環境（E）、社会（S）、ガヴァナンス（G）の視点から「ESG」の理念として、三層構造でまとめる議論もある。詳しくは、後述する。

2 ● 「MDGs」とは何か

SDGsは、冒頭で見た通り、2000年9月に国連のサミットで採択された「国連ミレニアム宣言」をもとにまとめられた「MDGs（ミレニアム開発目標）」が2015年に達成期限を迎えたことを受けて、MDGsに代わる新たな世界の目標として定められた。

MDGsは、以下の8つのゴールを掲げていた。

図表97　SDGsの「17の目標」

［出典］https://www.env.go.jp/earth/sdgs/index.html ほか

・ゴール1：極度の貧困と飢餓の撲滅
・ゴール2：初等教育の完全普及の達成
・ゴール3：ジェンダー平等推進と女性の地位
　　　　　向上
・ゴール4：乳幼児死亡率の削減
・ゴール5：妊産婦の健康の改善
・ゴール6：HIV／エイズ、マラリア、その他
　　　　　の疾病の蔓延の防止
・ゴール7：環境の持続可能性確保
・ゴール8：開発のためのグローバルなパート
　　　　　ナーシップの推進

　こうして、「極度の貧困と飢餓の撲滅」「HIV／エイズ、マラリア、その他の疾病の蔓延の防止」などが織り込まれていることからもわかるように、MDGsは先進国による発展途上国の支援を中心とする内容であった。

　しかし、MDGsについては、乳幼児死亡率の削減など、発展途上国が抱える問題を挙げ、解決策を探ったが、その内容は先進国が決めており、発展途上国からは反発もあった。進展には地域の偏りなどの「見落とし」があったとも指摘された。

　こうした意見を踏まえて、2015年に新たに策定されたSDGsは、「誰ひとり取り残さない（leave no one behind）」ことを目指し、先進国と発展途上国が一丸となって達成すべき目標で構成されているのが特徴である。

3◉SDGsの「17の目標」とは何か

　肝心のSDGsの中身、「持続可能な開発目標」とは具体的にどのようなものなのであるか──。SDGsは「17の目標」と「169のターゲット（具体目標）」で構成されている。

　17の目標は、たとえば、貧困や飢餓といった問題から、働きがいや経済成長、気候変動（climate change）に至るまで、21世紀の世界が抱える課題を包括的に挙げている（**図表97参照**）。

　以下は、その日本語訳（環境省など）である。

▼ SDGsの「17の目標」
　①貧困をなくそう
　②飢餓をゼロに
　③すべての人に健康と福祉を
　④質の高い教育をみんなに
　⑤ジェンダー平等を実現しよう
　⑥安全な水とトイレを世界中に

⑦エネルギーをみんなにそしてクリーンに

⑧働きがいも経済成長も

⑨産業と技術革新の基盤をつくろう

⑩人や国の不平等をなくそう

⑪住み続けられるまちづくりを

⑫つくる責任使う責任

⑬気候変動に具体的な対策を

⑭海の豊かさを守ろう

⑮陸の豊かさも守ろう

⑯平和と公正をすべての人に

⑰パートナーシップで目標を達成しよう

　　＊日本は、2020年の達成度は平均79.2％で、世界で17位にとどまる。

　169のターゲットは、目標をより具体的にしたものである。

　少し長いが、「目標1：貧困をなくそう」を例に、以下、実際のターゲットを見てみよう。

・1.1：2030年までに、現在1日1.25ドル未満で生活する人々と定義されている極度の貧困をあらゆる場所で終わらせる。

・1.2：2030年までに、各国定義によるあらゆる次元の貧困状態にある、すべての年齢の男性、女性、子どもの割合を半減させる。

・1.3：各国において最低限の基準を含む適切な社会保護制度および対策を実施し、2030年までに貧困層および脆弱層に対し、十分な保護を達成する。

・1.4　2030年までに、貧困層および脆弱層をはじめ、すべての男性および女性が、基礎的サービスへのアクセス、土地およびその他の形態の財産に対する所有権と管理権限、相続財産、天然資源、適切な新技術、マイクロファイナンスを含む金融サービスに加え、経済的資源についても平等な権利を持つことができるように確保する。

・1.5　2030年までに、貧困層や脆弱な状況にある人々の強靱性・復元力（resilience）

を構築し、気候変動に関連する極端な気象現象やその他の経済、社会、環境的ショックや災害に暴露や脆弱性を軽減する。

・1.a　あらゆる次元での貧困を終わらせるための計画や政策を実施するべく、後発開発途上国をはじめとする開発途上国に対して適切かつ予測可能な手段を講じるため、開発協力の強化などを通じて、さまざまな供給源からの相当量の資源の動員を確保する。

・1.b　貧困撲滅のための行動への投資拡大を支援するため、国、地域および国際レベルで、貧困層やジェンダーに配慮した開発戦略に基づいた適正な政策的枠組みを構築する。

　こうして、17の各目標に対し、それらを達成するために必要なターゲットが、それぞれ5から10程度、計169設定されている。

4 ● なぜSDGsが話題になっているのか

　日本でSDGsが注目される前から、世界ではそれに先駆けた動きがあった。きっかけは2006年、当時の国連事務総長であるコフィ―・アナンが金融業界に向け、「責任投資原則（PRI）」を提唱したことである。国連環境計画（UNEP）の金融イニシアティブ（UNEP_FI）並びに国連グローバル・コンパクトで策定され、2006年4月27日のニューヨーク証券取引所でアナンが取引開始のベルを鳴らす発足式典が行われた。

　アナン国連事務総長が提唱した責任投資原則は、以下の通りである。

・私たちは投資分析と意志決定のプロセスに、ESG（Environment Social Governance：環境・社会・企業統治）の課題を組み込みます。

・私たちは活動的な（株式）所有者になり、（株式の）所有方針と（株式の）所有慣習にESG

問題を組み入れます。

・私たちは、投資対象の主体に対してESGの課題について適切な開示を求めます。

・私たちは、資産運用業界において本原則が受け入れられ、実行に移されるように働きかけを行います。

・私たちは、本原則を実行する際の効果を高めるために、協働します。

・私たちは、本原則の実行に関する活動状況や進捗状況に関して報告します。

ここで提唱されたのは、機関投資家（大規模な投資を行う企業・金融機関などの投資家）が投資をする際に、ESG課題を反映させることである。こうして、投資家は企業への投資をする際に、その会社の財務情報だけを見るのではなく、環境や社会への責任を果たしているかどうかを重視すべきだという提言が国連によってなされた。

5 ● SDGsへの日本政府と日本企業の取り組み

日本では、2010年に世界最大級の機関投資家である年金積立金管理運用独立行政法人（GPIF）がPRIに署名した。日本企業は機関投資家から、汚染物質の排出状況や商品の安全性、供給先の選定基準や従業員の労働環境といったESGにもとづく非財務情報の開示を求められるようになった。

これをきっかけに、投資を受ける日本企業の間にも、もっとESGを考慮しようという動きが広まった。SDGsは現在、日本企業にとって、ESGを考える上での大きな指標になっている。

実際にSDGsの達成に向けて、日本政府や日本企業はこれから、どのような取り組みを行っていくのか、が注目される。

2018年7月にベルテルスマン財団（Bertelsmann Stiftung）と持続可能な開発ソリューション・ネットワーク（SDSN）から発表されたSDGs達成ランキングにおいて、日本は156カ国中15位であった（2020年は17位）。トップ5は、スウェーデン、デンマーク、フィンランド、ドイツ、フランスであった。

日本は、17の目標のうち、達成されていると評価されたのは、「目標4：質の高い教育をみんなに」の一つのみであった。その他の目標は未達成となっている。特に「目標5：ジェンダー平等を実現しよう」「目標12：つくる責任つかう責任」「目標13：気候変動に具体的な対策を」「目標14：海の豊かさを守ろう」「目標17：パートナーシップで目標を達成しよう」の5つに関しては、4段階の評価で最も低い達成度という評価であった。

2018年7月にニューヨークの国連本部で開かれたSDGsに関する政治フォーラムである「持続可能な開発に関するハイレベル政治フォーラム」では、SDGsの採択から3年経った時点における各国の取り組みの現状が共有された。

日本は同フォーラムで、2030年に向けて民間企業および市民団体へのSDGsの取り組みを普及・拡大を促進しながら、「オール・ジャパン」でSDGsに取り組むことを表明した。安倍政権は、地方創生と中長期的な持続可能なまちづくりを推進すべく、積極的にSDGsに取り組んでいる29の自治体を「SDGs未来都市」として、2018年6月15日に選定した。

そのなかでも、循環型の森林経営に取り組む北海道下川町をはじめ、特に優れた取り組みと認定された10事業に対して上限4000万円の補助金制度も設けられた。政府が地方のSDGsの取り組みを支援しながら成功事例を増やすことで、全国的に持続可能なまちづくりの普及を加速させることが狙いである。

こうした日本政府の取り組みを後押しするように、同年6月には、企業がSDGsに取り組む際に留意すべきポイントを整理し、明文化した「SDGs Communication Guide」を株式会社電通が発表した。

6●SDGsへの日本の身近な取り組み

　もちろん、SDGsは国や政府、企業だけが意識すべき目標ではなく、われわれ一人ひとりにも密接に関わっている問題である。

　たとえば、目標8には「2030年までに、若者や障害者を含むすべての男性および女性の、完全かつ生産的な雇用、および働きがいのある人間らしい仕事、ならびに同一労働同一賃金を達成する」、目標12には「2030年までに、人々があらゆる場所において、持続可能な開発および自然と調和したライフ・スタイルに関する情報と意識を持つようにする」という、個人の生活や意識の変革を必要とするようなターゲットが設定されている。

　他人事ではいけない。

●おわりに──2030年・持続可能な未来のために

　2030年の持続可能な未来のために、SDGsを理解し、社会課題に関心を持つことが重要である。

　SDGsは、すでに見た通り、普遍的な目標として「誰も置き去りにしない」という約束を掲げている。先進国と途上国、そして企業と私たち個人がともに手をとって目標達成のために努力をしていかないことには、貧困の解消や格差の是正といった深刻な問題は解決できない。

　われわれ一人ひとりにも、できることは数多くある。2030年の世界を変え、その先の未来に引き継いでいくためには、SDGsを特別なものとしてではなく、「自分ごと」として捉え、それぞれの活動、生活のなかに浸透させていくことが大切となる。

第98章

気候変動（地球温暖化）問題とは何か

●はじめに──ポイントと基礎知識

　気候変動（climate change）ないし地球温暖化（global warming）とは、温室効果ガスにより、地球の気温が上昇する現象である。温暖化現象は、すでに危機的な状況にある、とみなされている。

　しかし、二酸化炭素（CO_2）の削減は経済成長の足かせになることから、主要国の足並みはなかなか揃わない。

　そのため、2015年12月の「パリ協定」の成立まで、「ポスト京都議定書」の国際的な枠組みをめぐる国際交渉は難航した。

1●温室効果ガスとは何か──地球温暖化のしくみ

　地球は、太陽からの熱によって常に暖められている。その熱の一部は、宇宙へ逃げてしまうが、大気中の水蒸気や二酸化炭素、メタンなどの気体は、地球から放射される赤外線を吸収して、熱を逃さない温室のような役割を果たしている。このような気体を「温室効果ガス」と呼ぶ。

　中国とアメリカの二酸化炭素排出量が飛び抜けて大きい。たとえば、2016年に、中国は28.2％、アメリカは15.0％であった。米中両国に、インド、ロシア、日本、ドイツ、韓国、イギリス、メキシコと続く。

2●気候変動（地球温暖化）の問題とは何か

温室効果ガスが適度にあることで、地球は生物にとって快適な環境になっているが、その量があまりに多くなると（アンバランスになると）、地球の温度が上がり過ぎてしまう。これが「気候変動」ないし「地球温暖化」と呼ばれる現象である。

地球温暖化が進むと、海面上昇や異常気象、農作物や生態系への悪影響、内陸部の砂漠化、マラリアなど熱帯性伝染病の流行など、いろいろな問題が起こってくる。

地球規模でさまざまな影響をもたらすことから、「人類最大の危機」とも言われる。気候変動問題は、「唯一の超大国」アメリカでさえ、1国だけでは対処できない「地球規模の問題（global issues）」の典型的な事例である。

3●国連の「気候変動に関する政府間パネル（IPCC）」の第5次報告書

地球温暖化についての調査をまとめている国際連合（国連）の「気候変動に関する政府間パネル（Intergovernmental Panel on Climate Change : IPCC）」という国際機関が2013年に公表した第5次評価報告書（AR5）によれば、1880年から2012年まで間に、世界の地上気温は平均0.85℃上昇した。

その原因は、人間が石炭や石油を燃やした時に出す二酸化炭素などの温室効果ガスである。

産業革命前に比べ、気温上昇を少なくとも2℃未満に抑える必要がある。2℃未満であっても、気候変動に対する「適応」が必要である。

4●「京都議定書」の国際的な枠組みの形成

1997年12月11日には、第3回国連気候変動枠組み条約の締約国会議（COP3）で世界各国が話し合い、「京都議定書」が取り決められた。2008年から2012年までの5年間に、先進国が決められた量の二酸化炭素排出を削減すると

いう取り決めであった。

ただし、この京都議定書には、二酸化炭素排出国トップのアメリカと中国が参加しておらず、効果は限定的であった。続く京都議定書の第二約束期間（2013-2020年）には、日本も参加していない。

5●パリ協定──「ポスト京都議定書」の国際的な枠組み作り

約150カ国から提出された国別目標案をもとに、2015年12月にフランスのパリで開催されたCOP21で国際交渉が行われ、12日にパリ協定が採択された。

ただし、経済成長を阻害されたくない発展途上国の反対もあり、国際交渉は難航した。COP21まで話し合われてきたのは、「2020年以降の削減目標をどうするか」ということであった。

パリ協定の締結には、米中が協調する動きを見せた。日本外交は、出遅れた。こうして、パリ協定には、これまで削減目標の設定に消極的であった中国やアメリカも参加している。

ただし、あくまでも自主的な目標であり、罰則のあった京都議定書よりも強制力はより弱くなっている。

しかし、パリ協定の締結は、イラン核合意や環太平洋経済連携協定（TPP）の大筋合意、キューバとの国交正常化などと並んで、オバマ外交の遺産（レガシー）としたいところであった。ところが、2017年6月1日に、トランプ政権は、パリ協定からの離脱を表明した。オバマ外交の遺産がまた一つ取り除かれた。

●おわりに──パリ協定の内容

パリ協定は、産業革命からの世界の気温上昇を、少なくとも2℃未満に抑える（できれば1.5℃未満になるように努力する）ことを目標に掲げている。

また、温室効果ガスの排出量を、21世紀後

半までに海や森林による吸収量と均衡させ、実質ゼロにすることも目指す。

パリ協定では、各国の削減目標を参加国ごとに作成し、進み具合を国連に報告して、目標は5年ごとに見直すこととなっている。パリ協定は、先進国には発展途上国への支援を義務づけ

る。

パリ協定は、発効後3年以内は脱退を通告できない。脱退通告は、通告の1年後から効果が生じる。また、国連気候変動枠組み条約から脱退した場合は、パリ協定からも脱退する。詳しくは、続く章で後述する。

第99章
パリ協定とは何か

● はじめに —— ポイントと基礎知識

気候変動ないし地球温暖化の対策には、「ポスト京都議定書」の国際的な枠組みが必要である。

長い国際交渉の末、2015年12月に、パリでの第21回国際連合（国連）気候変動枠組み条約締約国会議（COP21）で、パリ協定が採択された。2016年11月に「パリ協定」が発効し、2020年以降にすべての国家が温室効果ガス削減に取り組むことになった。

しかし、アメリカのドナルド・トランプ大統領は、2017年6月に、パリ協定からの離脱を宣言した。

1 ● 地球温暖化の仕組み、再び

繰り返しになるが、地球は太陽からの熱によって、常に暖められている。その熱の一部は宇宙に逃げてしまうが、大気中の水蒸気や二酸化炭素（CO_2）などの気体は、地球から放射される赤外線を吸収し、熱を逃さない温室のような役割を果たしている。このような気体を「温室効果ガス」と言う。

これも繰り返しになるが、温室効果ガスがあるおかげで、地球は生物にとって快適な環境に

なっているが、その量があまり多くなってしまうと、地球の温度が上がり過ぎてしまう。これが「気候変動（climate change）」ないし「地球温暖化（global warming）」と呼ばれる現象である。

地球温暖化が進むと、海面上昇や異常気象、農作物や生態系への影響など、いろいろな問題が起こってくる。

2 ● IPCCの特別報告書とは何か

国連と国際気象機関（WMO）が設立した気候変動に関する政府間パネル（IPCC）が2018年10月に発表した特別報告書によれば、1880年から2017年までの間に、世界の地上気温は平均1℃上昇し、2030年には1.5℃まで上昇するという。

その主な原因は、石油や石炭を燃やした時に出る二酸化炭素などの温室効果ガスである。

3 ● パリ協定の採択へ

地球温暖化対策については、毎年開催されるCOPで話し合いが行われている。

1997年12日11月には、COP3で温室効果ガスの削減を各国に義務づける「京都議定書」が取り決められた。

しかし、この京都議定書には、二酸化炭素排出国トップのアメリカと中国が参加せず、効果は限定的であった。

2015年12月12日に、フランスのパリで開催されていたCOP21で、「ポスト京都議定書」の新しい国際的な枠組みとして、パリ協定が採択された。

4●パリ協定での取り組み

パリ協定では、「2020年以降の世界の気温上昇を産業革命以前から2℃未満に抑える」ことを目標に、長期戦略として、すべての国家が温室効果ガス削減に取り組むことが盛り込まれた。

また、温室効果ガスの排出量と海や森林による吸収量を、21世紀後半までに均衡させることも盛り込まれた。

発展途上国も排出削減に取り組むことが決まり、先進国は発展途上国への支援を義務づけられた。

削減目標は、各国が自主的に設定するが、5年ごとに目標を見直し、進捗状況を管理することになった（global stocktake：地球規模の棚卸し）。

5●パリ協定からのアメリカの離脱

パリ協定は、アメリカや中国を含む世界の196の国・地域が参加し、2016年11月4日に発効した。

しかし、冒頭で見た通り、アメリカのトランプ大統領は、2017年6月1日に、パリ協定は「不公平」として、パリ協定からの離脱を宣言した。トランプ大統領は、2016年11月の大統領選挙の候補として、「自国の石油・石炭産業を助ける」ことを公約に掲げていた。

6●アメリカのパリ協定離脱への世界（と国内）の反応

国連のアントニオ・グテーレス事務総長は、「非常に残念だ」と表明した。欧州連合（EU）も、「世界にとって悲しい日だ」とコメントした。フランスのエマニュエル・マクロン大統領は、パリ協定の重要性を強調して、「私たちの惑星を再び偉大にしよう」と演説した。マーシャル諸島のビルダ・キャシー・ハイネ大統領は、「気候変動の最前線に住む私たちにとって、非常に心配な決定だ」と批判した。

しかし、アメリカ国内の動きだが、カルフォルニア州、ニューヨーク州、ボストン、ロサンゼルス、サンフランシスコなどの首長が、「パリ協定を順守し続ける」と表明している。気候変動の問題でも、連邦制をとるアメリカは、連邦政府と州政府の政策をそれぞれ見る必要があるのである。

●おわりに──アメリカのパリ協定への復帰へ

ただし、パリ協定は、発効後3年以内は脱退を通告できない仕組みとなっている。脱退通告は、通告の1年後から効果を生じる。国連気候変動枠組み条約を脱退した場合は、パリ協定からも脱退する。

したがって、パリ協定からの離脱を宣言したアメリカだが、正式には、発効3年後の2019年11月4日までは脱退通告ができなかった。2020年11月4日に、アメリカは、パリ協定から正式に離脱することとなった。

しかし、2020年11月3日の大統領選挙に勝利したジョー・バイデン前副大統領は、就任とともに、パリ協定に復帰する意向であった。2021年1月20日、就任したばかりのバイデン大統領は、パリ協定に復帰する大統領令に署名した。

第100章
京都メカニズムとは何か

◉ はじめに —— ポイントと基礎知識

1997年12月の京都議定書では、温室効果ガスの削減を各国が約束した。たとえば、日本の削減目標は、1990年から−6％であった。

自国で削減できない分を他国との取り引きで補う仕組みが注目された。

1◉ 京都議定書とは何か、再び

気候変動（climate change）ないし地球温暖化（global warming）の原因は、繰り返しになるが、人間が排出する二酸化炭素（CO_2）などの温室効果ガスだと言われている。そのため、二酸化炭素の排出量をいかに減らすのかが、世界的な課題となった。

1997年12月に、第3回国際連合（国連）気候変動枠組み条約締約国会議（COP3）が、日本の京都で開催され、11日に「京都議定書」が取り決められた。この京都議定書では、各国の温室効果ガスの削減義務がはじめて具体的に取り決められた。

2◉ 日本の削減目標

たとえば、日本の削減目標は、繰り返しになるが、1990年の排出量を基準に6％に設定された。これを、2008年から2012年までの5年間で達成しなければならないとされた。

ところが、日本の温室効果ガスの排出量は減るどころか、増加し続けた。そのため、実際に削減しなければならない排出量は、2007年度の時点で15％に上る計算であった。現実に、これだけの排出量を削減するのはほとんど不可能であった。

▼ 各国の削減目標：

EU各国	−8％
アメリカ	−7％
日本、カナダ、ハンガリー、ポーランド	−6％
クロアチア	−5％
ニュージーランド、ロシア、ウクライナ	±0％
ノルウェー	＋1％
オーストラリア	＋8％
アイスランド	＋10％

＊プラスの数値は増加上限を示す。

3◉ 京都メカニズムとは何か

京都議定書は、以下のような救済ルールを用意していた。

第一に、クリーン開発メカニズム（CDM）である。発展途上国に排出削減のための資金や技術を提供し、その結果削減された分を自国の削減量に加えてよいとされた。

第二に、共同実施である。先進国と共同で排出削減事業を実施し、その結果削減された分を山分けしてよいとされた。

第三に、排出権取り引きである。他国の排出量を買い取って、自国の削減量に加えてよいとされた。

第四に、吸収源活動である。植林や森林経営を実施すれば、その森林が吸収した二酸化炭素を削減量に加えてよいとされた。

4◉ 不参加のアメリカと中国

日本は、削減量のうち3.8％を吸収源活動で、1.6％をクリーン開発メカニズムと共同実施、

排出権取り引きの京都メカニズムでまかなう計画であった。

もっとも京都議定書には、世界の温室効果ガス排出の多くを占めるアメリカや中国が参加していなかった。アメリカは、2001年3月28日、W.ブッシュ政権が、京都議定書から離脱を表明した。中国は発展途上国のため、そもそも削減義務がなかった。

そのため、欧州連合（EU）のヨーロッパ諸国や日本が削減目標を達成したとしても、実際のところ、効果のほどは知れていた。

また、続く京都議定書の第二約束期間（2013-2020年）には、日本も参加していなかった。

● おわりに ──「ポスト京都議定書」の国際的な枠組み作りへ

「ポスト京都議定書」の国際的な枠組みには、地球温暖化ガスの排出量が多いアメリカや中国を巻き込んでいかなければ、効果が期待できない。

COP3で議長国として、京都議定書をまとめた日本外交の国際交渉でのリーダーシップが大いに期待されたが、2015年11月30日から12月13日にかけてのCOP21で「パリ協定」が締結されたのは、アメリカと中国の協調によるところが大きかった。

第101章
新しいエネルギー事情

● はじめに ── ポイントと基礎知識

石油や石炭、天然ガスといった化石燃料は、地中に堆積した地質時代のプランクトンや動植物の遺骸が燃料に変化したものである。

現在、人類が消費しているエネルギーの85%は化石燃料と言われている。化石燃料は無限にあるわけではないので、いつかは枯渇する。現在の技術で採掘できる資源の埋蔵量を「可採埋蔵量」と言う。採掘技術は年々進化しているので、石油や天然ガスの可採埋蔵量は、今のところあまり減っていない。

石油に代わる燃料として、近年では天然ガスの生産量が増加している。特にアメリカでは、新開発の採掘技術により、シェール・ガスの生産が拡大した。

しかし、中国やインドなど新興国の台頭で、将来のエネルギー需要は大幅に増加すると見込まれる。

1 ● 各国のエネルギー事情

まずアメリカのエネルギー事情だが、地下2000メートル下の頁岩層には、天然ガスや原油が大量に含まれており、近年、これらの採掘技術が確立し、アメリカは天然ガスや原油の生産国となった。「シェール革命」と呼ぶ。このシェール革命は、世界のエネルギー事情に大きな影響を及ぼしうる。詳しくは、続く章で後述する。

日本のエネルギー事情としては、福島第一原発の事故以降、原子力発電がほぼストップしたため、原子力に代わるエネルギーとして石炭や液化天然ガス（LNG）の需要が増大している。

ロシアのエネルギー事情としては、ロシア経

済は天然ガスと原油の輸出に大きく依存しているため、原油価格の下落と、ウクライナ情勢をめぐる欧米諸国と日本による経済制裁により、ロシア経済は急激に悪化している。

ヨーロッパのエネルギー事情としては、ヨーロッパの天然ガス調達先は、ロシアが全体の約3分の1を占めてきたが、欧州連合（EU）はウクライナ問題でロシアと対立しており、両者の緊張が高まっている。ロシアに代わる調達先として注目されるのが、中央アジアのアゼルバイジャンから延びる現在建設中のパイプラインである。また、アメリカからLNGを購入する計画もある。

サウジアラビアのエネルギー事情としては、シェール・オイルの増産や中国経済の減速の影響で、原油価格は2014年後半から大幅に下落している。このような場合、産油国は生産量を減らして価格を調整するのだが、世界最大のサウジアラビアは、生産量を減らしていない。シェール・オイルは中東地域に比べ生産コストが高いため、価格競争で優位に立とうという戦略である。

イランのエネルギー事情としては、核開発をめぐって欧米諸国と対立していたが、イランは、2015年7月14日に平和的解決に合意した。これにより、これまでイランに科されていた経済制裁が解除されれば、イランからの原油輸出も拡大する見込みであった。しかし、アメリカのドナルド・トランプ大統領は、2018年5月8日に、イランの核合意から離脱することを表明した。

2 ◉「サウス・ストリーム」から「トルコ・ストリーム」へ

ロシアからヨーロッパ地域に天然ガスを供給するパイプラインは、現在はその大半がウクライナを経由している。

ロシアはウクライナを迂回し、黒海を横断してブルガリアからヨーロッパ地域に向かう「サウス・ストリーム」の建設計画を進めていたが、2014年12月に計画は中止された。

代わって、トルコ経由でギリシャなどにガスを供給する「トルコ・ストリーム」の建設が進んでいる。このパイプラインは、ギリシャに延長され、南ヨーロッパにガスを供給する予定である。財政危機の続くギリシャは、これを歓迎している。

3 ◉ パナマ運河の拡張工事

パナマ運河は、太平洋と大西洋を結ぶ閘門式運河である。大型船舶が通れるようにするために、現在拡張工事が進められている。これが完成すれば、輸送できる貨物量が大幅に増える。

日本では、アメリカから輸入するシェール・ガスの郵送路として期待されている。

4 ◉ 液化天然ガス（LNG）とは何か

液化天然ガス（LNG）とは、常温では気体の天然ガスをマイナス162℃で液化して体積を圧縮し、タンカーなどで輸送可能としたものである。

日本で消費する天然ガスのほとんどは、輸入LNGである。

◉ おわりに ── 再生可能エネルギーとは何か

再生可能エネルギーとは、太陽光・太陽熱、水力、風力、バイオマス、地熱など、自然現象によって生産されるエネルギーである。化石燃料（石油や石炭、ガスなど）とは違い、将来も枯渇する心配がなく、地球環境に対する負荷も小さい。

近い将来は、石油など化石燃料から原子力、再生可能エネルギーまで、最適なエネルギー・ミックスを目指すべきである。

欧州連合（EU）をはじめ、中国や日本も、21世紀半ばまでに、温室効果ガスの排出量を実質ゼロにすること（カーボン・ゼロ）を目標として掲げる。国家戦略として、再生可能エネ

ルギーのできるだけ早い導入・普及が期待され

る。詳しくは、別の章で後述する。

第102章
シェール・ガスとメタンハイドレートとは何か

◉ はじめに ── ポイントと基礎知識

アメリカではシェール・ガスの生産量が急増し、国際的なエネルギー情勢の変革をもたらしつつある。

一方で、これまで資源がないと思われていた日本では、メタンハイドレートが新たな資源として注目されている。

1◉「シェール革命」とは何か

地下深くにある頁岩（シェール）という地層は、粒子の細かい泥が堆積して固まってできたものである。薄い層状にはがれて割れる性質があるので、本の頁を意味する「頁」岩の名前を持つ。

頁岩は、水中に堆積した泥がもとなので、微生物の遺骸が大量に含まれている。そのため、頁岩層には大量の天然ガスや石油が埋蔵されていることがある。

地下深くにあるため、従来は取り出すのが難しかったが、21世紀になって採掘技術が確立された。

頁岩層から取り出した天然ガスを「シェール・ガス」、石油を「シェール・オイル」と呼ぶ。特にシェール・ガスは、天然ガスの可採埋蔵量を大幅に増加させた。

2◉シェール・ガスとシェール・オイルの採掘方法

従来のガス田は、天然ガスが自然に溜まっている場所を探して、そこから取り出せばよかっ

たが、シェール・ガスは薄い岩の層の隙間に染み込んでいて、そのままでは取り出すことができない。

シェール層まで垂直に穴を掘り、そこからカーブさせて地層と水平に掘り進む（水平抗井）。次に、薬剤を混ぜた水を高圧で注入し、岩盤に毛細血管のような割れ目を作ってガスを取り出す（水圧破砕）。

こうした技術によって、シェール・ガスの生産量は飛躍的に増加し、商業化・ビジネス化が可能になった。

3◉「シェール革命」再び

しかし、シェール・ガスの生産量が増加するにつれ、価格低下が起こり、収益性が悪化した。極端な原油安の影響もあり、2015年1月にはテキサス州のシェール・ガス開発会社が経営破綻するなど、雲行きが怪しくなった。

また、水圧破砕法が地震発生や環境破壊の原因になるという報告もある。

そのため、欧州やアメリカで規制が始まるなど、状況は不安定であった。

しかし、トランプ政権になり、さまざまな規制が緩和され、「シェール革命」は再び、活況を取り戻した。

4◉激変するエネルギー情勢

頁岩層は世界各地にあるが、シェール・ガスやシェール・オイルの生産は、アメリカに集中している。

ロシアや中国でも、シェール・ガスの埋蔵は確認されているが、技術的にアメリカがほぼ独占している状態である。

アメリカでは生産量が急増し、近い将来、エネルギーの輸入国から輸出国に転じる。これによって、国際的なエネルギーのパワー・バランスも今後は大きく変化する、と考えられている。

シェール革命によって、アメリカのエネルギー安全保障が高まる。中東地域の石油資源にこれまでのように依存する必要がなくなるため、アメリカの中東政策に大きな影響を及ぼすと予測される。

● おわりに —— メタンハイドレートとは何か

シェール・ガスは、残念ながら日本ではほとんど採れないが、日本近海にはメタンハイドレートという物質が眠っていることがわかっている。これは、天然ガスの主成分であるメタンと水分子がシャーベット状に固まったもので、メタンを取り出して天然ガスと同様に使うことができる。埋蔵量は、日本の天然ガス消費量の約100年分と推定される。

2013年3月には、渥美半島沖の水深千メートル、地下300メートルから、世界ではじめてメタンハイドレートの採掘に成功した。

メタンハイドレートの形状は一見すると氷のようで触ると冷たいが、大量のメタンを含んでいる。そのため、発火すると勢いよく燃え、最後は水しか残らないため「燃える氷」と呼ばれる。

メタンハイドレートの問題点は、海底深くにあるため、採掘が難しいことと、大気中に大量に放出されてしまうと温室効果ガスとなってしまうことである。

第103章
レアアースとは何か

● はじめに —— ポイントと基礎知識

レアアースは、ハイテク産業に必要不可欠な希少な鉱物だが、かつてはほぼすべてを中国からの輸入に頼ってきた。

将来の安定確保のため、他国での資源開発や、「都市鉱山」と呼ばれる廃棄物からのリサイクルが進められている。

1 ● レアメタルとは何か

地球上に存在する量が少なかったり、抽出するのが難しかったりする希少な（レア）金属を、「レアメタル」と言う。経済産業省によって、21種類が指定されている。

量は少なくても、レアメタルは現在の産業にはなくてはならないものになっている。料理にスパイスを加えて味を良くするように、レアメタルを加えることで、製品の性能をずっと良くできるからである。たとえば、台所などでよく使われるステンレスは、鉄鋼にクロムやニッケルを混ぜて錆びにくくしている。

他にも、バッテリに使われるリチウム、液晶パネルの電極に使われるインジウム、排気ガスを除去する触媒として使われる白金（プラチナ）などがよく知られている。

2 ● レアアースとは何か

レアアースは、レアメタルの一種である。ひ

とまとめにレアアース（希少類）と言うが、実は化学的性質がよく似た17種類の元素のグループ名である。

これらの元素はどれも性質が似ているので、単独で取り出すのがなかなか難しい。そのため、埋蔵量がそれほど少ないわけではないが、希少な鉱物となっている。

3●レアアースと中国

日本はレアメタルのほとんどを輸入に頼っている。特にレアアースは、全世界の生産量の約97％を中国が占めていた。中国産のレアアースは圧倒的に価格が安いため、他の国はどこも太刀打ちできないのである。

しかし、古いエピソードとなるが、2010年、尖閣諸島の問題で、日中関係が悪化すると、中国はレアアースの輸出を一時ストップし、日本の産業界に衝撃が走った。このまま中国からの輸入に頼っているとまずいのではないかと思い知らされたのである。こうして、日本にとっての相互依存の脆弱性が認識された。

●おわりに ── レアアースをめぐる課題

日本の産業にとって、レアアースの確保は死活問題である。中国に依存したままでいいのかという議論が成り立つ。政府や企業は対策として、中国以外の国々からの資源の調達や、レアアースの使用量を減らしたり、まったく使わない代替技術の開発を進めている。

また、使用済みの電気製品廃棄物は、「都市鉱山」とも呼ばれている金属資源の宝庫で、リサイクルによる資源回収も期待されている。

第104章
世界の主な国際紛争と内戦

●はじめに ── ポイントと基礎知識

フランスのパリでは、同時多発テロが発生し、死者多数の大惨事となった。

パレスチナでは、アラブ人とユダヤ人の武力衝突が相次ぐ。

スーダンでは、内戦状態に陥っている。

1●パリでの同時多発テロとは何か

2015年11月13日に、フランスのパリのサッカー場など7カ所を標的にした大規模な同時多発テロが発生した。無差別な銃撃や自爆テロで、少なくとも130名が死亡し、300名以上の負傷者が出た。

フランスのフランソワ・オランド大統領は、「前例のないテロが起きた」と非常事態を宣言し、各国首脳がテロ行為を非難した。

「イスラーム国（IS）」が犯行声明を出しており、関与が有力視されている。

2●パレスチナ紛争とは何か

パレスチナでは、かねてよりアラブ人とユダヤ人による対立が続いている。

第二次世界大戦後の1948年5月14日に、ユダヤ人によってイスラエルが建国されるものの、アラブ人はこれに反発した。

1948年5月15日に、近隣のアラブ諸国とともにイスラエルに侵攻する第一次中東戦争に発展し、これ以降も、たびたび武力衝突を起こしてきた。アラブ諸国は、イスラエルと第四次中

東戦争まで戦った。その後も、紛争は絶えない。

たとえば、2014年に中東和平の機運が高まったが、国際交渉は決裂した。夏以降に少年の殺害事件が相次いだこともあり、新たな対立が生まれてきている。詳しくは、別の章で前述した。

3 ● 南北スーダン内戦とは何か

スーダンは、長年南北で内戦を繰り広げてきたものの、2011年7月9日に、南側が新しく南スーダンとして独立した。アフリカで、54番目の新国家が誕生したことになる。

スーダンはかつて、南部をイギリスが、北部をエジプトが占領していた。その後、南北は統一されたが、北部による支配に南部の住民は不満を抱いていた。やがて南北対立は内戦に進展した。

南部に油田が発見されて以降、北部が石油利権の独占を図って南部を分割したため、激しい抗争が繰り広げられてきた。南スーダンの課題は、この原油収入の配分をめぐるスーダンとの交渉である。とりわけ境界の資源の帰属に関しては、スーダンとの新たな紛争が始まる可能性があった。

国家収入に占める原油輸出の割合は約6割、南スーダンでは9割強である。南スーダンには、原油以外にほとんど産業がないため、交渉がこじれるとインフラ整備もおぼつかなくなる。

さらに、2013年12月以降、南スーダンでは大統領と副大統領の民族の違いから対立が発生し、被害が拡大してきた。和平交渉も行われているものの、依然、衝突は続いていて、解決の糸口は見えていない。

2016年7月8日には、首都ジュバで大規模な戦闘が発生し、和平は破綻し、事実上内戦状態に戻ってしまった。

4 ● ダルフール紛争とは何か

スーダン西部にあるダルフール地方で続いているアラブ系武装勢力と非アラブ系住民との間で行われている民族紛争である。

スーダン政府がアラブ系武装勢力を非公式に支援し、非アラブ系住民が大量に虐殺されている。「世界最大の人道的危機」と捉えられている。詳しくは、別の章で後述する。

5 ● アフガニスタンの内戦とは何か

2001年の「9.11」同時多発テロ攻撃の直後の10月7日に、W・ブッシュ政権は、アフガニスタンに軍事介入した。タリバン政権は1カ月あまりで崩壊し、アメリカは、アフガニスタン戦争に勝利したかに見えた。

しかし、2021年まで、アフガニスタンは内戦の状況に陥っている。

3 ● ナイジェリアのボコ・ハラムとは何か

ナイジェリアは、北部でイスラーム教、南部でキリスト教が信仰されており、対立してきた。

近年、ボコ・ハラムというイスラーム過激派組織が台頭しており、非人道的な多数のテロ行為を行っている。

政府も対応を急ぐものの、政府側の勢力も不十分で、状況はまったく好転していない。

● おわりに ── その他の国際紛争と内戦について

そのほかの国際紛争や内戦としては、たとえば、ソマリアの内戦やカシミール紛争、コロンビア内戦、ウクライナ内戦、チェチェン紛争、新疆ウイグル自治区の独立運動、チベットの独立運動などがある。

たとえば、中国の新疆ウイグル自治区では、イスラーム教徒が100万人以上、拘束されていると見られている。政権交代直前の2021年1月19日、マイク・ポンペオ国務長官が、こうした中国の弾圧を「大量虐殺（genocide）」と認定した。バイデン政権の国務長官となるアントニー・ブリンケンも、これを追認した。

第105章

第105章
南スーダンの独立とは何か

● はじめに ── ポイントと基礎知識

長く悲惨な内戦を経て、スーダン共和国の南部アフリカ系住民が南スーダン共和国として独立した。

しかし、南北スーダンは、石油資源の利益配分や、国境の油田地帯での領有権などをめぐって対立している。

1● 南スーダンの独立

2011年7月9日に、スーダン共和国から南部が南アフリカ共和国として独立し、アフリカ54番目の独立国家が誕生した。分離前のスーダンはアラブ系の多い北部と、アフリカ系が多い南部との間で対立していた。

2● スーダン内戦の終結

1983年9月に起こった第二次内戦は20年以上続いたが、2005年1月に終結し、南部は暫定的に自治政府が統治していた。2010年1月9日から15日にかけての南部の分離独立を問う住民投票では、独立を求める票が圧倒的な多数を占めた。

3● 石油資源をめぐる南北対立

しかし、南スーダンには豊富な石油資源があるが、製油所やパイプラインは北部にあり、利益配分などをめぐって両国は対立している。2012年3月から4月にかけて、両国の国境に位置する油田地帯アビエイの領有権をめぐって、軍事衝突も発生している。

4● 再び内戦へ

繰り返しになるが、2013年12月15日以降、南スーダンでは大統領と副大統領の民族の違いから対立が発生し、被害が拡大してきた。和平交渉も行われているものの、依然、衝突は続いていて、解決の糸口は見えていない。

2016年7月8日には、首都ジュバで大規模な戦闘が発生し、和平は破綻し、事実上内戦状態に戻ってしまった。

● おわりに ── ダルフール紛争

スーダン共和国は、西部のダルフール地方でもダルフール紛争が続いており、この地域の安定にはまだ時間がかかりそうである。詳しくは、続く章で後述する。

第**106**章
ダルフール紛争とは何か

◉ はじめに ── ポイントと基礎知識

ダルフール紛争とは、スーダン共和国の西部ダルフール地方の民族紛争である。「世界最大の人道的危機」とみなされている。

これに対して、国際連合（国連）とアフリカ連合（AU）は、合同の国連平和維持活動（PKO）の派遣を決定した。

1 ◉ スーダン共和国の南北対立とは何か

スーダン共和国は、北アフリカに位置するアフリカで最大面積の国家であった。

1956年1月1日に独立するまで、スーダンはイギリスの統治下に置かれていた。もともとスーダン北部にはイスラーム教徒のアラブ系が多く、南部は非アラブ系が多い。

イギリス統治時代には、北部と南部との交流が制限されていたこともあり、南北間の溝が深まっていった。

2 ◉ スーダン内戦とは何か

北部のアラブ系中心の統治に南部が反発したため、独立と前後して内戦が勃発した。1970年代にいったん停戦したが、すでに見た通り、1983年9月に対立が再燃し、その後は20年以上の長期にわたって紛争が続いた。

2005年1月9日、北部政府と南部のスーダン人民解放運動（SPLM）との間で和平合意が成立し、内戦はようやく成立した。その後、暫定的な南北統一政権が発足し、2010年1月中旬には南部独立を問う国民投票を行うこととなった。

3 ◉ ダルフール紛争とは何か

こうした情勢の下で、スーダン南部のダルフール地方では、スーダン政府との反政府勢力との間で抗争が激化していた。2003年2月25日に、反政府組織が政府軍部隊を急襲し、100人以上の兵士を殺害した。

これがきっかけとなり、ジャンジャウィードというアラブ系民兵組織が、政府の支援を受けて、ダルフールの村落を次々に襲った。

この結果、数千人が殺害され、100万人以上が住む家を追われたという。隣国のチャドにも、大勢の避難民が流入した。国連はこうした事態を「世界最大の人道的危機」と呼んで、警告した。

4 ◉ 大量虐殺とは何か

特定の人種や民族、宗教に所属する集団を、殺戮や強制退去などに追って抹殺する行為を「大量虐殺（genocide）」や「民族浄化（ethnic clensing）」と言う。ダルフール紛争では犠牲者の多くがアフリカ系住民であったため、大量虐殺の疑いがある。

このため、2009年7月14日には、国際刑事裁判所（ICC）がスーダンのオマル・ハッサン・アハメド・バシル大統領に対する逮捕状を発行した。

◉ おわりに ── 石油資源と中国の援助

スーダンには豊富な石油資源があり、その利権を得るために中国がスーダン政府を援助していることも、大きな国際問題となっている。

アメリカをはじめとした国際社会は、人道を無視した中国のアフリカ諸国への赤裸々な援助外交に批判的である。

第107章
世界の難民とは何か

● はじめに ── ポイントと基礎知識

難民とは、紛争や人権侵害などによって母国を追われた人々である。経済的な目的のために、国境を超える移民とは区別される。

国連難民高等弁務官事務所（UNHCR）によれば、2016年末の時点で、国外に逃れた難民や国内で住処を失った避難民の数は、約6560万人であった。このうち、難民数は約2250万人、国内避難民数は約4030万人、難民申請者数は280万人であった。

こうして、世界の総人口の113人に1人が難民という比率であった。

1 ● 難民とは何か

1951年7月28日に締結された難民の地位に関する条約では、「人種、宗教、国籍、政治的意見やまたは特定の社会集団に属するなどの理由で、自国にいると迫害を受けるかあるいは迫害を受ける恐れがあるために他国に逃れた」人々と定義されている。

今日では、難民とは、政治的な迫害のほか、武力紛争や人権侵害などを逃れるために国境を越えて他国に庇護を求めた人々を指すようになっている。

また、紛争などによって住み慣れた家を追われたが、国内にとどまっているか、あるいは国境を越えずに避難生活を送っている国内避難民も近年増加している。このような人々も、難民と同様に外部からの援助なしには生活できない。彼らは、食料や物資の不足に苦しみながら、戦火のなかに暮らしている。

適切な援助が実施できなかった場合、これらの人々は国境を越えて難民となり、結局、受け入れ国の政府や国際社会は、より重い負担を強いられることになってしまう。

2 ● シリア難民とは何か

長引くシリア内戦により国外に逃れた人の数は、2016年末の時点で、552万人に上った。

最大の避難先はトルコで、約290万人である。トルコからヨーロッパを目指す難民も多く、欧州連合（EU）は難民受け入れに頭を悩ませてきた（いる）。

EUはトルコと協定を結び、ギリシャに不法入国した難民をトルコに返す代わりに、それと同数のシリア難民を受け入れ、EU各国で配分することになった。

シリア国内には住居を奪われた国内避難民も630万人に上っており、深刻な状況であった。国内避難民も合わせると、シリア国民の半数以上が難民であった。

3 ● アフガニスタン難民とは何か

アフガニスタンでは、1979年12月24日のソ連軍のアフガニスタン侵攻以降、戦乱や内戦が絶えず、40年間以上にわたって、難民が存在していた。

2001年の「9.11」同時多発テロ攻撃後の10月7日からは、アメリカのW. ブッシュ政権が、「テロとの戦い」の一環として、アフガニスタン戦争に踏み切った。11月13日にタリバン政権が早くも崩壊したが、その後も、アフガニスタンは、内戦の状態にある。

2016年末の時点でも約250万人の難民が残っており、多くは隣国パキスタンやイランで生活していた。2021年になっても、こうした厳しい状況は変わっていない。

4◉南スーダン難民とは何か

独立間もない南スーダンでは、すでに見た通り、大統領と副大統領の権力争いが激化して内戦状態となり、2016年末の時点で、約144万人に上る難民が発生していた。

ウガンダが約70万人、エチオピアが約35万人を受け入れた。

5◉ソマリア難民とは何か

ソマリアは、1980年代から権力抗争が激化して内戦状態となった。

1993年10月3日には、「ソマリアの悲劇（モガディシュの戦闘）」で、米軍が多数死亡した。

2012年にようやく正式な政府が発足したが、治安は安定していない。長期にわたる内戦で、2016年末の時点で、約100万人の難民がケニアなどの隣国諸国に避難した。

6◉ロヒンギャ難民とは何か

ミャンマー西部ラカイン州に暮らすイスラーム教徒の住民ロヒンギャは、ミャンマー政府から「バングラデシュからの不法移民」とみなされ、迫害にさらされている。

治安部隊の掃討作戦により多数の住民が居住区を追われ、隣国バングラデシュに逃れた。

多数のロヒンギャを載せた密航船が受け入れを拒否され、海上を漂流する事件も発生している。詳しくは、別の章で前述した。

◉おわりに —— 日本の難民受け入れについて

日本は、難民受け入れに非常に消極的な国である。たとえば、2016年には、10901人が難民申請を行い、難民指定されたのはわずか28名であった。

シリアなどの紛争地域から日本への難民が少ないこともあるが、日本の難民審査基準は非常に厳格で、認定へのハードルが高いと言われている。

難民申請中は日本で暮らすことができるものの、滞在中の支援は十分とは言えない。在留資格のない難民申請者は施設に収容されたり、逃げてきた国に強制送還されたりする場合もある。

このように大きな課題があるが、社会の関心は低く、難民に大きく門戸を開くという議論は進んでいない。

数字で見るUNHCRの難民援助活動（2020年12月）

・支援対象者……約8650万人
・発展途上国の受け入れ……約85％
・避難民の子供の割合……約40％

第108章

ソマリア沖の海賊とは何か

● はじめに ── ポイントと基礎知識

2010年代に、ソマリア沖で海賊被害が急増し、国際問題になった。無政府状態のソマリアで、海賊ビジネスが横行したのである。

日本は、これに対して、海賊対処法に基づき、海上自衛隊を派遣した。

1● 「アフリカの角」とは何か

アフリカ大陸の東端にサイの角のように突き出た地域は、その形から「アフリカの角」と呼ばれる。この地域の沿岸部を占めているのがソマリアである。

ソマリアとアラビア半島との間にあるアデン湾は、紅海の入り口にあたり、スエズ運河を通って地中海へと続く。日本の石油タンカーを含めて、年間約2万隻もの船舶が行き来する重要な海洋ルートである。

2● ソマリア海賊とは何か

1990年代はじめ頃から、アデン湾の海域を通る船を狙って海賊が出没するようになった。海賊は自動小銃やロケット弾でタンカーや貨物船を襲撃し、乗組員を人質にして船会社に高額な身代金を要求する。

2000年代後半以降は、特に被害が急増し、国際的に重大な問題になった。

3● ソマリア海賊の正体とは何か

海賊の多くは、ソマリア沿岸に住む元漁民と見られている。ソマリアは、1988年5月から内戦が続いているため、政府が存在せず、犯罪を取り締まる警察も存在しない。

また、経済も悪化しているため、困窮した漁民や高収入にあこがれる若者が、ビジネスとして海賊行為を行うようになったと見られている。

4● 国際社会の対応

こうした事態に対して、アメリカやヨーロッパ、中国、ロシアなどは、ソマリア沖に軍艦を派遣して、商船の護衛や海賊の取り締まりを始めた。

日本の船も何度か被害にあっており、対策が求められていた。日本政府は、2009年3月13日に、海上自衛隊の護衛艦2隻をソマリア沖に派遣して、日本の船を護衛することになった。

しかし、この派遣はあくまでも、日本の船や貨物を守るのが任務であった。他国の船が海賊に襲われても助けに行くことはできないし、正当防衛や緊急事態でなければ、海賊を攻撃することもできない。

● おわりに ── 海賊対処法の成立とは何か

そのため、2009年6月19日、海賊対処法という新しい法律が成立した。海賊対処法は、海賊への対策として、海外への自衛隊派遣を可能にする法律である。派遣地域や期間に、事前の国家承認が必要ない。法案は参議院で否決されたが、2009年6月に衆議院で再可決された。

新しい法律では、自衛隊が外国船でも護衛できること、警告を無視して襲撃してきた海賊船を攻撃できることが定められた。新法の下、新たに護衛艦2隻がソマリア沖に派遣された。

第109章

化学兵器禁止条約とは何か

● はじめに ── ポイントと基礎知識

化学兵器禁止条約（CWC）とは、化学兵器の貯蔵や使用を包括的に禁止する国際条約である。

2013年9月12日には、内戦中のシリアが化学兵器禁止条約に加盟した。

廃棄活動のためにシリア入りした化学兵器禁止機関（OPCW）は、2013年にノーベル平和賞を受賞した。

1●化学兵器とは何か

化学兵器とは、マスタード・ガスなどの化学物質を使った兵器である。一度に大量の人間を殺傷できるので、核兵器や生物兵器と並ぶ大量破壊兵器（WMD）の一つである。

核兵器の不拡散（nonproliferation）のためには核不拡散条約（NPT）があり、（炭疽菌など）生物兵器の禁止のためには生物兵器禁止条約（BWC）があり、化学兵器を禁止するためにはCWCがある。

2●化学兵器禁止条約とは何か

CWCとは、繰り返しになるが、加盟した国家に対して化学兵器の開発や生産、貯蔵、使用の禁止を義務づける国際条約である。現時点で保有している化学兵器については保有量や貯蔵場所を申告し、原則として条約発効後10年以内（2007年4月まで）に、段階的に破棄しなければならない。

CWCの加盟国は、192カ国に上る。

備蓄化学兵器の廃棄は、ロシアが2020年、アメリカが2023年までに完了する計画である。廃棄の進捗は、OPCWの査察によって検証される。OPCWの本部は、オランダのハーグにある。

3●シリアの化学兵器条約への加盟

2013年8月21日に、シリア内戦で政府軍が化学兵器を使用した疑惑が強まった。アメリカの軍事介入を避けるため、シリアのアサド政権は、CWCに加盟し、化学兵廃棄のためにOPCWがシリアに入った。

この活動が評価されて、OPCWは2013年のノーベル平和賞を受賞した。

● おわりに ── トランプ政権によるシリアへの空爆劇

OPCWは2015年5月、サリンの製造に必要な化学物質を含めて、世界の備蓄化学兵器の90％が破棄されたと発表した。

しかし、シリアは、化学兵器の廃棄を完了していなかった。

すでに見た通り、ドナルド・トランプ大統領は2017年4月7日に、アサド政権によるシリア市民への化学兵器（サリン）使用の疑惑で、シリア空軍基地へのミサイル攻撃を命じたと記者会見で発表した（59発）。

トランプ政権は2018年4月6日には、同じく市民への化学兵器使用の疑惑で、シリアへ再び空爆した（105発）。

第110章
各国での政権交代

◉はじめに —— ポイントと基礎知識

2016年11月には、アメリカ大統領選挙で、エリートに反感を持つ有権者たちの支持を集めた共和党のドナルド・トランプが勝利した。しかし、2020年11月の大統領選挙では、トランプ大統領は再選されなかった。

2018年は、政権交代を問う各国で選挙が実施された。ヨーロッパでは、イタリアとスペインで政権交代が実現した。

対米関係に注目が集まる中南米では、世界経済への影響が大きいメキシコやブラジルをはじめとして、6カ国で選挙が実施された。

1◉アメリカでの政権交代とロシアでの政権継続

繰り返しになるが、2016年11月8日には、アメリカ大統領選挙で、エリートに反感を持つ有権者たちの支持を集めた共和党のドナルド・トランプが、民主党のヒラリー・クリントンに勝利した。しかし、2020年11月3日の大統領選挙では、トランプ大統領は再選されなかった。民主党のジョー・バイデン前副大統領が勝利した。

2018年3月18日に、ロシアのウラジーミル・プーチン大統領が圧倒的な得票率で4選を果たした。ただし、その後、80％を誇った支持率は、ロシア経済の悪化で60％前後へ低下した。2020年の新型コロナ・ウイルス危機への対応をめぐっても、批判が生じている。他方で、プーチン大統領は、2020年に憲法改正で院政を敷く動きを見せた。

イギリスの政権交代については、前述した。

2◉イタリアでの政権交代

イタリアでは、2018年3月4日の総選挙で、新興政党でポピュリズム政党の「五つ星運動」と極右政党の「同盟」が躍進し、連立政権を模索した。

法学者のジュゼッペ・コンテを次期首相に選出したが、当初は経済相の候補をめぐって、コンテとセルジオ・マッタレッラ大統領の意見が対立した。

最終的には、別の候補を立てて合意に至り、6月1日に新政権が誕生した。

3◉スペインでの政権交代

2018年6月1日には、スペインでマリアーノ・ラホイ・ブレイ首相の不信任決議案が賛成多数で可決され、社会労働党のペドロ・サンチェス党首が首相に指名された。

内閣に欧州連合（EU）関係者を充てた新ポストは、17人中の11人の女性が入閣し、話題となった。

2010年代に活発化した北東部カタルーニャ州の独立問題については、自治権拡大を問う住民投票を実施することを9月3日に提案した。

こうした南欧の政治情勢は、ヨーロッパ地域や世界の金融市場にも少なからず影響すると見られている。

4◉中南米での選挙結果

中南米では、2018年に主要4カ国で、総選挙が実施された。

ベネズエラでは、反米左派のニコラス・マ

ドゥロが再選された。

　6月17日に決選投票が実施されたコロンビアでは、右派のイバン・ドゥケ前上院議員が勝利した。

　7月1日のメキシコでの大統領選挙では、野党の新興左派政党の「国家再生運動」のアンドレス・マヌエル・ロペス・オブラドール元メキシコ市長が選出された。

　10月7日には、中南米で最大の経済規模を持つブラジルの総選挙が実施された。中道右派の前職ミシェル・テメルは、再出馬を断念した。極右の自由社会党のジャイル・ボルソナロ下院議員と左派の労働党のフェルナンド・アダジ元サンパウロ市長の決選投票となり、ボルソナロ下院議員が勝利した。

◉ おわりに ── ベネズエラ情勢の混迷化

　ベネズエラで、野党が多数を占める国会のフアン・グアイド議長は2019年1月23日、反米左派のニコラス・マドゥロ・モロス大統領に代わって暫定大統領に就任すると宣言した。

　これを受けて、トランプ米大統領は23日に声明を出し、トランプ政権はグアイドを暫定大統領として承認すると発表した。野党指導者であるグアイドは23日、首都カラカスで行われた反政府集会で、「（マドゥロによる）権力強奪を止め、移行政権の樹立や自由選挙の実施を実現する」と強調した。

　アメリカのほか、カナダやブラジルなどの周辺国も、グアイドの暫定大統領就任を承認する意向を表明した。

　独裁色を強めるマドゥロは、有力な野党候補が事実上排除された2017年5月21日の大統領選挙で再選を決め、1月10日に2期目の就任を宣言していた。しかし、アメリカなど多くの国は「大統領選挙は不公正だった」として政権の正統性を認めていなかった。

　トランプ大統領の声明に対し、マドゥロは23日、アメリカと国交断絶する方針を示し、ベネズエラで活動するアメリカの外交官に72時間以内に国外退去するよう求めた。

　これに対して、トランプ大統領は声明で、「私はベネズエラの民主主義を復活させるため、アメリカの経済、外交力の全てを使い続ける」と強調し、経済制裁などの圧力を強化する考えを示した。

第111章

ベネズエラとトルコのインフレ問題とは何か

◉ はじめに ── ポイントと基礎知識

　新興国など世界各地で、インフレーション（インフレ）が加速してきた。

　特に南米のベネズエラでは、政府が通貨単位を切り下げるなどして、統制を図ったが、物価上昇はその後も続き、インフレ率が約100万%に達する見通しであった。

　中東のトルコでも、インフレ率が急伸してきた。国民の生活への影響だけでなく、ヨーロッパ市場と中央アジア経済の中継拠点であるため、世界経済に与える影響も大きい。

1 ◉ インフレーション（インフレ）とは何か

　新興国など世界各地で、インフレーションに歯止めがかからない。

インフレーション（インフレ）とは、物価が持続的に上がり続ける経済状況のことである。

特に局地的で急激に物価が上昇するケースは、「ハイパー・インフレ」と呼ばれ、経済や社会全体に大きな打撃を与える。

歴史的には、第一次世界大戦後のドイツのワイマール共和国のハイパー・インフレがよく知られている。

2● ベネズエラのインフレ

2018年に最も深刻なインフレに陥ったのは、南米のベネズエラである。

ベネズエラは、外貨獲得を頼る原油が資金難で大幅減産に至り、人権侵害へのアメリカの経済制裁もあり、財政は崩壊した。1月には、米格付け大手のS&Pが一部デフォルトを宣言した。

ニコラス・マドゥロ・モロス大統領は、通貨の単位を5桁切り下げるデノミ（通貨単位の切り下げ）を実施し、新通貨のボリバル・ソベラノ（BES）を導入した。

3● ベネズエラ難民とは何か

深刻な経済難・食糧難などから、国際連合（国連）によると、ベネズエラでは、2015年以降に約200万人が国外へ退出した。

コロンビアやブラジルへ大量の難民が流出するなど、周辺国にも影響が及んだ。

マドゥロ大統領は、たとえば、2018年9月に中国の李克強首相と会談して、中国に経済支援を求めたが、解決の糸口はまだ見えていない。

4● トルコでのインフレ

中東のトルコでも、2018年9月の消費者物価指数が前年同月比24・5％も上昇した。背景にあるのは、通貨トルコ・リラの大幅な下落であった。

アメリカ人牧師の拘束問題でアメリカと対立し、経済制裁を受けて通貨安とインフレの悪循環に陥った。

エルドアン政権の下、トルコ中央銀行は政策金利を24.00％まで引き下げたが、さらなる金融引き締めなども視野に入れていた。

●おわりに ── インフレと金融危機の歴史について

16世紀に、アメリカ大陸の銀がヨーロッパへ大量に流入し、インフレが起きた。

18世紀後半には、フランス革命後にヨーロッパでインフレが発生した。

1914-1918年の第一次世界大戦後の1920年代には、すでに見た通り、敗戦国のドイツでハイパー・インフレが起きた。

1929年10月24日からの世界大恐慌では、アメリカのウォール街で株価が大幅下落し、世界経済が大打撃を受けた。

1939-1945年の第二次世界大戦後には、敗戦国の日本で闇市が登場した。

1971年8月15日には、「ニクソン・ショック」で、ドルと金の固定比率での交換が停止されることとなった。

1973年10月16日からの石油危機（オイル・ショック）では、原油の価格が高騰し、世界各国で物資が不足した。さらに、1979年には、2月11日のイラン革命にともない、第二次石油危機が発生した。

1987年10月19日に、ニューヨーク証券取引所を発端に、世界的に株価が大暴落し、「ブラック・マンデー」と呼ばれた。

2000年代に、ジンバブエでハイパー・インフレが発生し、一時はインフレ率が前年同月比5000億％にまで到達した。

2007年7月からのサブプライム金融危機では、アメリカ経済と世界経済が深刻な金融危機に陥った。「100年に一度の金融危機」（アラン・グリーンスパン元FRB議長）とも言われた。

さらに、2008年9月15日のリーマン・ショックでは、大手証券会社のリーマン・ブラザーズの破綻で、アメリカ経済と世界経済がさらに深刻な金融危機に陥った。

第9部

ハイテクノロジーをめぐる国際問題

　この地上で過ごせる時間には限りがあります。本当に大事なことを本当に一生懸命できる機会は、二つか三つくらいしかないのです。

　一つのことを、一生やり続けられると確信する日がくる。
　　　　　　　　──アメリカの実業家・Apple社の共同設立者のスティーブ・ジョブズ

　未来は、向こうからやって来るのではない。それは私たちが創り出すものだ。
　　　　　　　　　　　　　　──アメリカの神学者のレオナルド・スウィート

　すべてのものは、私たちにはコントロールできない力に支配されています。それは、星にとっても虫にとっても同じことです。人間も植物も宇宙の塵もすべて、はるかかなたの演奏者の奏でる神秘的な調べに合わせて踊っているのです。
　　　　　　　　　　　　　──物理学者のアルバート・アインシュタイン

　君は宇宙の秩序に生かされている。君が生きているのではない。
　生かされているうちは、今日という一日を与えられたことに感謝して、今日一日使命を果たすために、全力で今を楽しめばそれでいい。それが生きるということだ。
　　　　　　　　　　　　　　　　　　　──日本の作家の喜多川泰

第112章
第四次産業革命へ

● はじめに ── 産業革命の歴史

18世紀後半、イギリスで第一次産業革命が起こり、人類は農業社会から工業社会へと大きく移行する転換期となった。未来学者のアルビン・トフラーが言う「第二の波」である。産業革命に先駆けたイギリスは、19世紀には「世界の工場」となり、自由貿易を掲げて、世界経済の安定に貢献した。「パックス・ブリタニカ」の時代である。

19世紀後半には、イギリスやドイツ、アメリカ、フランスなどで、重化学工業を軸に第二次産業革命が起こった。ヨーロッパ列強は、原材料を求めて、熾烈な植民地獲得競争に乗り出した。こうして、1870年代以降、「帝国主義の時代」に入った。ヨーロッパの宗主国と植民地との間には、グローバルな規模で「帝国主義世界体制」が形成されていく。明治維新後の日本も、「富国強兵」を推し進め、やがてアジア地域で植民地獲得競争に乗り出していく。

1970年以降は、アメリカを中心とした西側世界で情報革命（後のIT革命）が起こり、第三次産業革命が進展してきた。トフラーは「第三の波」と位置づけた。

21世紀に入り、特に2020年以降、人類は、「第四次産業革命（Industry 4.0）」を経験しようとしている。

1 ● 覇権安定理論と「コンドラチェフの波」とは何か

イマニュエル・ウォーラーステインの覇権安定（循環）理論は、経済面での長期波動、すなわち「コンドラチェフの波」と密接に関連づけられている。約50年周期であるコンドラチェフの波の下降期に、覇権戦争が起こる可能性が高まることが仮定されている。

この50年という周期の要因は技術革新によるものとされる。こうして、コンドラチェフの波とは、技術革新により景気の循環があるサイクルで起きてくるという考え方である。たとえば、ある分野で画期的な新技術が開発された場合、それに関連した産業が出現し、さまざまな製品が開発され、一大好況が出現する。しかし、そうした新しい産業もいつかは飽和状態となり、製品も売れなくなってきて、新たな技術革新まで景気の低迷が続くことになる、と想定されるのである。

2 ● 大きな景気の波

18世紀後半の産業革命から現在までの間には、こうした景気の大きな波が四つもしくは五つあった、と考えられている。しかし、その波をつくった技術革新が何であるのかは、人によって多少捉え方に違いがあるが、景気の波を支えた技術革新とは、たとえば、1780年頃からの波では蒸気機関や紡績、1898年頃から1940年の波では電気や自動車、化学、石油と捉えられる。

景気の大循環と科学技術の発展を簡潔に示したのが、以下の図である。

図表112 「コンドラチェフの波」

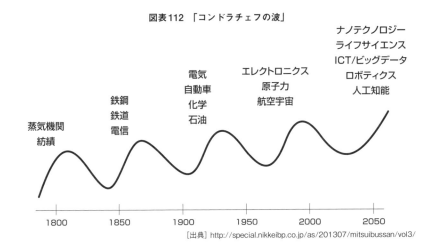

〔出典〕http://special.nikkeibp.co.jp/as/201307/mitsuibussan/vol3/

　景気循環論にはいくつかあるが、コンドラチェフの波はなかでも、大循環ないし長期波動と位置づけられる。以下の表の通りである。

▼ いくつかの景気循環論

景気循環	周期	起因	別称	発見・解明者
キチンの波	約40カ月	在庫投資	在庫（投資）循環、小循環、短期波動	キチン（生没年不詳、アメリカの経済学者
ジュグラーの波	約10年	設備投資	設備投資循環、主循環、中期波動	ジュグラー（1819-1905年）フランスの経済学者
クズネッツの波	約20年	建築物の需要	建築循環	クズネッツ（1901-1985年）、アメリカの経済学者
コンドラチェフの波	約50年	技術革新	大循環、長期波動	コンドラチェフ（1892-1938年）、ソ連の経済学者

出典：fairstyle.net/minorityreport/?=18 を元に筆者作成。

3◉第四の波から第五の波へ

　コンドラチェフの波では、1950年頃からの石油、化学、電子のさらなる発展に加えて、原子力、航空、宇宙といったイノベーションが第四の波と位置づけられる。1990年頃からのコンピューターを基盤にしたデジタル技術とそのネットワーク、バイオテクノロジー、ソフトウエア・インフォメーション・テクノロジーなどが第五の波で、今はその波が終わりを迎えようとしている、と想定される。

　他方で、現在までを第四の波として、これから人工知能（AI）、ビッグデータ、ロボテックス、IoT（モノのインターネット）、ナノテクノロジー、ライフ・サイエンスが牽引する第五の波が起きてくるとする見方もある。

4◉「持続可能性」

　次の波を起こすイノベーションについては、人類の抱えている地球環境問題、エネルギー問題、食糧問題、少子高齢化問題などを無視しては人々に受け容れられないであろうと考えられるため、次の波のキーワードとして「持続可能性（sustainability）」が指摘されている。たと

えば、再生可能エネルギー、バイオミミクリー（bio-mimicry〔生物模倣〕）、グリーン化学、工業エコロジー、グリーン・ナノテクノロジーなどがその牽引役となると考えられる。

● おわりに ── 「持続可能性」と第五の波

しかし、こうした技術も単独で成り立つわけではなく、それを支えるものはおそらく、すでに見たAIやロボテックス、ビッグデータ、IoTなどのテクノロジーである。

こうして、大脳としてのAI・ビッグデータ、神経としてのインターネット・情報通信技術（ICT）、感覚としてのセンサーなどのディバイス、手足としてのロボットなどのテクノロジーの発展が、「持続可能性」の第五の波を起こす原動力になると思われる。

第113章

GAFAとは何か

● はじめに ── ポイントと基礎知識

GAFA（ガーファ）とは、アメリカの大手IT企業4社の頭文字をとったものである。

いずれもインターネット上のサービスを通じて蓄積した膨大なデータを独占し、世界のなかで圧倒的なシェアを築いている。

こうした状況に対して、公平性やプライバシーの問題を懸念する声が上がっている。たとえば、2020年後半のアメリカ議会で、深刻に問題視された。

1 ● GAFAとは何か

世界を席巻するGAFAとは、検索エンジンのGoogle、デジタル・デバイスのApple、ソーシャル・ネットワーキング・サービス（SNS）のfacebook、ネット通販のAmazonのことを指す。

4社の強みは、それぞれインターネット上のサービスを通じて、利用者の検索履歴や関心、好み（選好）、買い物履歴といったデータを蓄積していることである。

これらのビックデータを活用して、さらに新しいサービスと価値の創出へとつなげていくこ

とができる。

2 ● GAFAへの批判

一方で、GAFAなど一部の企業が膨大なデータを独占している現状は、他者の市場参入を阻む要因になっている。そのため、公正な競争の観点から、各国で懸念の声が上がっている。

また個人情報管理の観点からも、GAFAは問題視されている。

3 ● GAFAの主なサービスとは何か

Googleは、Gmail、動画サイトYouTube、クラウド・サービスのGoogle Cloud、Android（モバイルOS）などのサービスを提供している。

Appleは、MacやiPad、iPhoneなどハードウェアの他に、音楽配信サイトiTune、クラウド・サービスのiCloudなどのサービスを提供している。

facebookは、世界最大のソーシャル・ネットワーキング・サービス（SNS）を運営している。ユーザーは、全世界で約20億人である。

Amazonは、世界15カ国で展開するネット通販サイトである。動画配信サイトPrime

Videoやクラウド・サービスのAWSなどのサービスを提供している。

● おわりに ── 米中間のハイテク覇権争いとは何か

GAFAと中国のIT企業との競争が、近い将来に予想される。GAFA対BAT（バイドゥ、アリババ集団、テンセント）＋TMD（今日頭条、美団点評、ディディ〔滴滴〕）という対立構図である。

米中貿易戦争と同時進行で、米中間のハイテク覇権争いは、すでに始まっていると見るべきである。

冒頭でも見た通り、2020年後半のアメリカ議会で、GAFAをめぐる問題が審議されたが、たとえば、ジョー・バイデン前副大統領の息子の「ウクライナ疑惑」についてのニュースが閲覧できなくなるなど、11月3日の大統領選挙への影響も取りざたされた。

予備選挙の段階では、民主党のエリザベス・ウォーレン上院議員が、GAFAの解体を提言していた。彼女は気まぐれだが、民主党のリベラル左派の政策として、注目される。穏健派のジョー・バイデン大統領は、いかなる政策をとるのであろうか──。

第114章

5Gとは何か

● はじめに ── ポイントと基礎知識

次世代の無線データ通信システムである「5G」の開発が進んでいる。

超高速・大容量、多数同時接続、超低遅延の無線通信の普及により社会も大きく変わる可能性がある。

2020年に早くも、国内でサービスが開始された。

しかし、欧米諸国や中国などは、1年早く、2019年から5Gの導入と普及を進めてきた。日本は、最先端のハイテク技術で1周期遅れてのスタートとなった。

ハイテクノロジーが急速に変化する時代に、1年間の遅れは致命的である。

1 ● 5Gとは何か

5Gとは、「第五世代移動通信システム」である。

これまで普及していた携帯電話の通信網は、4G（第四世代移動通信システム）であった。日本では、2010年頃から4Gの商用サービスが始まった。

そのため、スマートフォンが普及することが可能となった。

2 ● 5Gの特徴

4Gの進化形の5Gの特徴は、第一に、超高速・大容量（より高画質な動画映像の配信や、大量のデータ送受信を短期間で可能にする。1Gbps）、第二に、多数同時接続（IoT［モノのインターネット］）によって、家電や自動車など、さまざまなものが無線でインターネットと接続するようになり、同時に接続できる通信機器の数が大幅に増える。100万台/ km^2）、第三に、超低遅延（自動運転など、リアルタイムでデータを送受信するシステムへの利用が期待できる。1ミリ秒）である。

3◉ 通信システムの発展の歴史

1980年に、1Gでアナログ通信が可能となった。

1990年には、2Gでデジタル通信が可能となった。

2000年には、3Gでメールが可能となった。

2010年には、4Gでスマートフォンが可能となった。

2020年には、5GでIoTが本格的に可能となる。

◉ おわりに ── 5Gをめぐるハイテク覇権争い

米中貿易戦争は、米中間でのハイテク覇権争いと同時進行している。

5Gをはじめとした次世代の新しい技術をめぐる競争が熾烈化している。5G以外には、人工知能（AI）、ビックデータ、IoT、ロボット、自動運転、3Dプリンター、ドローン、再生可能エネルギーなどである。

第四次産業革命では、繰り返しになるが、「持続可能性（sustainability）」がキーワードとなる、と思われる。

5Gの導入と普及で出遅れた日本は、第6世代（6G）での巻き返しを図る必要がある。さもなければ、日本のハイテク技術力が世界経済で低下してしまう。

第115章
AIとディープ・ラーニングとは何か

◉ はじめに ── ポイントと基礎知識

機械学習と「ディープ・ラーニング」とは、コンピューターに人間と同じ認識能力を持たせるために、大量のデータを読み込ませて学習させる技術である。

画像認識や音声認識をはじめ、さまざまな分野で実用化が進んでいる。

中国政府が、国民、特に少数民族の監視を強化していることが、人道的な観点から問題視されている。

1◉人工知能（AI）とは何か

人間が行う判断や推論をコンピューターに肩代わりさせる技術を「人工知能（AI）」と言う。

たとえば、猫の持つさまざまな特徴を数値化しておく。次に、サンプルとなる猫の画像を大量に読み込んで、猫を識別するための最適な特徴の組み合わせをコンピューターに覚え込ませる。学習が一通り済めば、実際の画像からも猫かどうかを判別できるようになる。

AI研究にはこれまで、1950年代の第一次ブーム、1980年代の第二次ブームがあったが、いずれも実用的な成果に乏しく、普及にも至らなかった。2000年代以降の第三次ブームは、機械学習の技術を利用することで、実用的なAIがようやく実現することとなった。

2◉「ディープ・ラーニング」とは何か

機械学習では、猫を見分けるために注目するポイントだけは、最低限人間が教えておかなければならない。ところが最近、そのポイントをコンピューターが自動で探し出す技術が登場した。「ディープ・ラーニング」と言う。

人間が気がつかないような細かい特徴までコンピューターが自力で発見するので、より精度

の高い認識が可能となる。その反面、なぜそう判断したのか説明がつかないというブラック・ボックス問題も生じている。

3●多層的なニュートラル・ネットワーク

ディープ・ラーニングでは、入力した情報をニュートラル・ネットワーク（人間の神経回路を模した思考回路）によって処理している。

通常のニュートラル・ネットワークは、3階層だが、ディープ・ラーニングでは情報を処理する中間層を何重にも多層化することで、より複雑な特徴を分析できるようになった。階層を深くしたので、「ディープ・ラーニング」と呼ばれている。

●おわりに ── ディープ・ラーニングの実用例

機械学習やディープ・ラーニングは、すでにさまざまな分野で実用化が進んでいる。

たとえば、画像認識や音声認識の精度は、ディープ・ラーニングによって飛躍的に向上した。これらは、自動運転車やスマート・スピーカーに活用されている。

ディープ・ラーニングは収集した大量のデータをもとに、データを内容にしたがって分類したり、共通する特徴をみつけるといった仕事にも利用できる。

ビッグデータの活用に、ディープ・ラーニングの技術は欠かせない。詳しくは、続く章で後述する。

第116章
ビッグデータとは何か

●はじめに ── ポイントと基礎知識

インターネット上に蓄積される膨大な量のデータを「ビッグデータ」と言う。

ソーシャル・ネットワーキング・サービス（SNS）やスマートフォンの普及により、ビッグデータを活用した新しいサービスが次々と生まれている。

その一方で、個人情報の流出を心配する声もある。

1●ビックデータとは何か

繰り返しになるが、インターネットを介して蓄積される膨大な量のデータをビッグデータと言う。

インターネット上では、多数の利用者が日々大量のデータをやり取りしている。これらのデータを収集・蓄積したものがビッグデータである。

近年、このビッグデータを人工知能（AI）を使って分析し、人々の行動パターンや市場の動向、世間の流行などを発見し、ビジネスや社会に利用していこうという試みが注目されている。

2●Googleとビッグデータ

たとえば、検索サイトのGoogleは、検索以外にもメールやブログ、地図、動画投稿サイトといった多くのサービスを行っている。これらのサービスを通じて、利用者からはたくさんのデータが集まってくる。Googleは、これらのビッグデータを、検索結果の精度の向上や、利用者の関心、現在位置に合わせた広告の表示な

どに活用している。

　サービスを通じて大量のデータを集め、そのビッグデータをサービス向上や利益につなげていくという仕組みである。

3◉ビッグデータの背景

　近年では、ツイッター、facebookなどのSNSやスマートフォンが普及し、利用者が自分からいろいろなデータを提供するようになった。

　また、「クラウド・コンピューティング」と呼ばれる利用形態が生まれ、これまで個々のコンピューターに保存していたデータをインターネット上で管理することが一般的になってきた。

　こうしたサービスによって、インターネット上にビッグデータが蓄積されるようになったのである。

4◉ビッグデータの活用例

（1）検索連動型広告
　利用者の検索履歴、クリック履歴、位置情報、メールなどから、利用者個人個人に的を絞った広告を表示する。

（2）オンライン映画配信サービス
　会員がいつ、どんな映画を視聴したか、レビューでいくつ星をつけたかといったデータを細かく把握し、おすすめの映画を表示する。

（3）道路交通情報サービス
　多数の自動車のカーナビにある世界測位システム（GPS）などから、現在の交通量や渋滞情報を把握する。

（4）「スマート・メーター」
　各家庭の電気メーターから、電力使用量をリアルタイムで送信し、電力の需給をきめ細かく調整する。

5◉改正個人情報保護法とは何か

　2017年5月30日に、改正個人情報保護法が施行された。この法改正により、個人情報データを本人と特定できないように加工した「匿名加工情報」にすることで、本人の同意なしに目的外で使用したり、第三者に提供できるようになった。これもビッグデータを経済活動に活かすためである。

　もっとも、収集されるデータのなかには、プライバシーにかかわるものもあるため、取り扱いは慎重に行う必要がある。

　このため、個人情報保護の包括的な監督機関として、個人情報保護委員会が設立された。

◉おわりに ── 中国によるビックデータの活用

　国際社会では、中国が13億人の国民の監視のために、ビックデータを活用し、特に少数民族や異教徒を厳しく取り締まる動きを見せていることが深く懸念されている。

　さらに、中国国内で磨かれたビックデータの技術が、外国の権威主義体制や独裁体制の国家へ輸出されることが深刻に懸念される。

　繰り返しになるが、政権交代直前の2021年1月19日に、マイク・ポンペオ国務長官が、中国政府による新疆ウイグル自治区での取り締まりを「大量虐殺（genocide）」と認定した。バイデン政権で国務長官となるアントニー・ブリンケンも、これを追認した。

第117章
IoT（モノのインターネット）とは何か

● はじめに ── ポイントと基礎知識

IoT（モノのインターネット）とは、情報端末以外のさまざまなモノに通信機能を持たせ、インターネットを介して情報を収集・分析することで新しい機能やサービスを生み出すことである。

スマートフォンやクラウド・コンピューティングの普及で実現可能となった。

1 ● IoTとは何か

IoTとは、"Internet of Things"の略である。一言で言えば、さまざまなモノがインターネットでつながることである。

ここで言うモノとは、コンピューターやスマートフォンをはじめとして、テレビや冷蔵庫、エアコン、自動車、時計、靴、さらにはヒトやペットなど、文字通りあらゆるモノである。

こうしたモノに、さまざまなセンサーを搭載して、情報を収集する。収集された情報は、インターネット上に蓄積され、分析される。

こうして、モノとインターネットが相互に情報をやり取りすることで、これまでになかった新しい使い方やサービスが生まれてくると期待されている。

2 ● IoTの事例

たとえば、街中を走る自動車の速度や位置データなどを収集・分析して、道路の渋滞状況を把握したり、天気情報サービスと連動して、目的地の天気をドライバーに伝えたりするサービスは、IoTの事例である。

また、体重計や運動靴をインターネットにつないで、日々の体重や運動量を記録したり、血圧や心拍数を計測する端末を身につけてデータを収集したり、健康管理に役立てるサービス（スマート・ヘルスケア）もある。

3 ● 「スマート・グリッド」とIoT

「スマート・グリッド」と呼ばれる次世代の電力網では、各家庭に取りつけられた"賢い"電力量計（スマート・メーター）をインターネットに接続し、消費電力量をリアルタイムに収集して、発送電を制御する。これも、IoTの事例である。詳しくは、別の章で後述する。

4 ● スマートフォンとIoT

スマートフォンが普及したことで、IoTは急速に身近なものになりつつある。

スマートフォンがあれば、いつでもどこでもインターネットに接続できるので、モノから収集した情報を確認したり、モノを遠隔操作するのに利用できる。

さらにスマートフォン自体もモノとして、情報の収集に使われている。

5 ● クラウド・コンピューティング

情報の蓄積や分析、加工をサーバー・コンピューターが受け持ち、各端末は必要な機能やサービスをインターネットを介して利用することを「クラウド・コンピューティング」と言う。

IoTは、クラウド・コンピューティングの発展形と考えることができる。

6◉IoTとその他のサービス

M2Mとは、"Machine to Machine"の略である。複数の機械同士がネットワークを介して直接に情報をやり取りし、動作を自動化するシステムである。サービスの一部は、IoTと重なる。

O2Oとは、"Online to Offline"の略である。ウェブサイト（オンライン）の閲覧者に割り引きクーポンを発行するなどのサービスを提供し、実店舗（オフライン）に誘導することである。

また、「テレマティクス」とは、通信（telecommunication）と情報工学（informatics）を組み合わせた造語で、特に自動車に各種情報を提供するサービスのことである。主にカーナビを媒体にした各種サービスを指す。

ウェアラブル端末とは、人の手足や頭部などに直接に装着する情報端末のことである。腕時計型や眼鏡型がすでに発売されている。また、ベッドやマットレスに心拍や血圧センサーを装着して、モニターする医療機器もある。

◉おわりに ── 政府主導の製造業革新プロジェクト

たとえば、「インダストリー4.0」とは、ドイツ政府が推進する製造業の革新プロジェクトである。情報技術を利用して、各工程を高度に連携させるため、特にIoTの考え方が取り入れられている。

主要国は、IoTの技術にかかわらず、同じようなハイテクノロジーの製造業復興プロジェクトを立ち上げている。

たとえば、「中国製造2025」など、強力な国家主導の（特にハイテクの）製造業復興プロジェクトが、米中貿易戦争の文脈から注目されている。

第118章

再生可能エネルギーとは何か

◉はじめに ── ポイントと基礎知識

太陽光や風力、地熱、バイオマスなどの再生可能エネルギーは、枯渇の心配がない新しいエネルギーとして期待される。全量固定価格買い取り制度の導入で普及が見込まれるが、コストが高く、電気料金の値上げなど国民の負担も増加する。

2020年10月、菅義偉首相は、2050年までに二酸化炭素（CO_2）など温室効果ガスの排出量を実質ゼロにする目標（カーボン・ゼロ）を掲げた。再生可能エネルギーの技術を急速かつ大幅に開発・普及させる必要がある。さもなければ、カーボン・ゼロの目標の実現は難しい。

1◉原子力エネルギーとは何か

原子力エネルギーには、石油や石炭、天然ガスにはない利点があると言われている。第一に、石油や天然ガスに比べて可採年数が長いこと、第二に、地球温暖化の原因となる二酸化炭素（CO_2）の排出量が少ないこと、第三に、火力や水力に比べて、発電コストが安いことなどである。

そのため、政府は原子力利用を積極的に推進してきた。日本には現在54基の原子炉があり、これまで発電量の約30％を原子力発電に頼ってきた。

しかし、福島第一原子力発電所の事故の影響

で、原子力にも大きな問題があることが改めて明らかになった。

2●再生可能エネルギーとは何か

そのため、特に石油や石炭のように枯渇する心配がなく、使ってもまた再生できる再生可能エネルギーに、大きな期待が寄せられている。水力や地熱は従来からある再生可能エネルギーだが、その他にも、太陽光や風力、バイオマスなど、さまざまな方式の新しいエネルギーが研究・開発中である。

これらのエネルギーは、第一に、繰り返しになるが、枯渇する心配がない、第二に、石油やウランのように輸入に頼る必要がない、第三に、地球温暖化の原因となるCO_2の排出が少ない、第四に、新技術や製品の開発により、新しい産業やビジネスとして期待できる、といったメリットがある。

3●発展途上の再生可能エネルギー

とは言うものの、現在の日本の電力全体に占める再生可能エネルギーの割合は、水力を含めても約10％に過ぎない。

2011年5月に開かれたG8サミットで、菅直人首相は、「自然エネルギーによる電力の割合を2020年代の早い時期に20％超に増やす」などの方針を発表し、再生可能エネルギー特別措置法が制定された（2012年7月1日に施行）。

福島第一原子力発電所の事故で、原子力による発電量は極端に減ったが、再生可能エネルギーはまだまだ発展途上である。今のところ、不足分は火力発電でまかなっているのが現状である。

4●再生可能エネルギーのコスト

太陽光発電や風力発電は、既存のエネルギーに比べると、まだコストが高い。業者の参入を促すため、全量固定価格買い取り制度を導入し、再生可能エネルギーによる発電電力を電力会社に買い取らせる必要がある。

買い取りコストは、再生可能エネルギー賦課金として電力料金に上乗せされ、標準家庭で月120円ほどになる。再生可能エネルギーの普及に、国民も負担を強いられる形である。しかし、大した負担ではない。

◉ おわりに ── 「脱炭素社会」へ

繰り返しになるが、2020年10月26日の所信表明演説で、菅義偉首相は、2050年までに二酸化炭素（CO_2）など温室効果ガスの排出量を実質ゼロにする目標（カーボン・ゼロ）を掲げた。国を挙げて「脱炭素社会」を目指すことになった。

そのためには、再生可能エネルギーの開発に戦略的に取り組む必要がある。電気自動車（EV）への切り替えも必要である。「スマート・グリッド」構想も本格化しなければならない。詳しくは、続く章で後述する。

第**119**章

「スマート・グリッド」構想とは何か

◉ はじめに —— ポイントと基礎知識

IT技術を応用して、電力を安定的かつ効率的に供給する"賢い"電力網、いわゆる「スマート・グリッド」が、再生可能エネルギーのインフラとして注目を浴びている。

日本でも、東日本大震災の原発事故の影響による電力不足で、その重要性が高まっている。

1 ◉「スマート・グリッド」とは何か

「スマート・グリッド」とは、繰り返しになるが、情報通信技術を活用して、電力供給の効率化や安定化を実現しようとする次世代の電力網のことである。

もともと電気は、そのままの形では貯蔵しておくことができない。発電した電気はその時点で使われなければ、無駄になってしまう。そのため、電力会社は、その時その時の需要に応じて、発電量を調整しなければならない。

スマート・グリッドでは、コンピューター・ネットワークを駆使して、こうした調整がきめ細かくできるようにする。

2 ◉ スマート・メーターとは何か

たとえば、各家庭に取りつられている電力量計に通信機能をつければ、電力使用料をリアルタイムで観測でき、電気料金を請求するための検針作業も自動化できる。こうした"賢い"電気メーターを「スマート・メーター」と言う。

イギリスでは電気料金の不払い防止策として、スマート・メーターの導入が進んでいる。

アメリカでは、家庭内の電気製品の遠隔操作

や、電力線を利用したデータ通信などにスマート・メーターを利用するという構想がある。

3 ◉ 再生可能エネルギーとスマート・グリッド

太陽光発電や風力発電などの再生可能エネルギーは、地球温暖化対策として今後のさらなる普及が期待されている。問題は、これらは比較的に小規模な発電所が分散していて、天候による出力の変動も大きいことである。

これらを電力網に組み込んで安定した電力供給を行うためには、スマート・グリッドで送電系統を細かく制御する必要があると考えられている。

◉ おわりに —— 「グリーン・ニューディール」政策

スマート・グリッドは、もともと送電網が不安定なアメリカで考案されたもので、バラク・オバマ大統領の「グリーン・ニューディール」政策で取り上げられて、注目されるようになった。「脱炭素社会」の実現を目指すバイデン政権でも、「グリーン・ニューディール」政策が改めて注目される。

一方で、日本ではもともと電力供給が安定していたため、スマート・グリッドの導入・普及にはそれほど積極的に推進していない。しかし、東日本大震災では多くの発電所が停止し、全国的な電力不足に陥ったことをきっかけに、再生可能エネルギーの普及促進と合わせて、大いに注目されるようになった。

2020年10月26日の所信表明演説で、菅義偉首相が2050年までに二酸化炭素（CO_2）など地球温暖化ガスの排出量を実質ゼロにする目

標（カーボン・ゼロ）を掲げたことでも、スマート・グリッドの導入・普及が期待される。

第120章

シェアリング・エコノミーと ギグ・エコノミーとは何か

● はじめに ── ポイントと基礎知識

モノと場所、サービス、スキルなどを、必要とする人と共有することを、「シェアリング・エコノミー」と言う。

インターネットやスマートフォンの普及で提供者と利用者が個人同士で簡単に結びつくようになり、新しい市場が生まれている。

1 ● 「シェアリング・エコノミー」とは何か

シェアリング・エコノミー（共有経済）とは、普段は利用していないモノや場所を、不特定多数の人と共有することで有効に活用していく経済活動のことである。

たとえば、自分では年に数回しか使わないアウトドア用品やスポーツ用品があるとする。そのままでは1年の大半を物置きにしまっておくだけだが、他人に有料で貸し出せば、貸す側は収入を得られるし、借りる側もわざわざ購入する必要もない。お互いにお金が節約できるのである。

平日しか乗らない自動車、あるいは休日しか乗らない自動車にも、同じようなことが言えよう。

2 ● シェアリング・エコノミーの背景と具体例

こうしたアイディア自体は以前からあり、特に目新しいわけではない。しかし、インターネットやスマートフォンの普及によって。不特定多数の提供者（貸し手）と利用者（借り手）

を即座に結びつけられるようになった。こうした結果、さまざまなサービスが登場した。

たとえば、空き部屋を旅行者に貸し出す民泊は、シェアリング・エコノミーの代表的な例と言える。特にAirbnbは、世界191カ国で500万件以上の宿を仲介する大手民泊仲介サイトである。

メルカリは、手軽に出品や購入ができるスマートフォンやインターネット上のフリー・マーケットである。

3 ● ライド・シェアとは何か

個人が自分の車で客や荷物を運ぶライド・シェアは、スマートフォンのアプリで配車を依頼すると、GPS機能で位置情報を知らせ、付近にいるドライバーを手配する仕組みである。

たとえば、アメリカのUberやLyft、中国の滴滴（ディディ）などの大手仲介サイトが典型例である。しかし、滴滴は日本でもタクシー配車サービスを提供しているが、日本では規制が厳しく、まだあまり普及していない。

Uber Eatsは、顧客が出前を注文すると、近くにいる配達車が飲食店から料理を受け取り、顧客に配達するサービスである。こうしたサービスは、日本でもコロナ禍で急速に普及した。

● おわりに ── 「ギグ・エコノミー」とは何か

モノやスペースだけではなく、空き時間やスキルをシェアするという考え方もある。クラウド・ソーシングは、発注側が不特定多数の人に

仕事を依頼し、受注側は条件に応じて仕事を引き受ける仕組みである。さまざまな業務を仲介するサービスがあり、新しい働き方としても注目されている。

　ライド・シェアのドライバーとして働いたり、クラウド・ソーシングなどで単発の仕事を請け負う働き方は、「ギグ・エコノミー」とも呼ばれている。スキル次第では収入を増やせる一方で、最低賃金の適用や労災などの福利厚生がないため新たな労働問題を生むケースも想定される。欧米では、Uberのドライバーを従業員とみなすよう求める裁判で、ドライバー側が勝訴するケースが相次いでいる。

第121章
クラウド・ファンディングとフィンテックとは何か

●はじめに ── ポイントと基礎知識

　「クラウド・ファンディング」とは、インターネットを通じて不特定多数の人たちから資金を調達することである。たとえば、映画「この世界の片隅に」（片渕須直監督・脚本）の制作資金や西野亮廣の絵本「えんとつ町のプペル」（映画にもなった）、焼失した首里城の再建資金などをクラウド・ファンディングで調達した（している）ことでも話題になっている。

　「フィンテック」とは、IT技術と金融を結びつけた新しいサービスのことである。大規模なシステムが必要だった従来のサービスと異なり、スマートフォンやインターネットを利用して、新たな付加価値を生み出すビジネスとして注目されている。

1●「クラウド・ファンディング」とは何か

　クラウド・ファンディングとは、冒頭でも見た通り、主にインターネット（仲介専門のウェブサイト）を使って、不特定多数の人たちから小口の資金を募る資金調達方法のことである。「群衆（crowd）」と「資金調達（funding）」を組み合わせた造語である。

　資金を提供した人達に対する見返りの形によって、第一に、寄付型（金銭的見返りがない）、第二に、購入型（製品や何らかの権利を提供する）、第三に、投資型（配当金や利子を受け取る）に大別される。

2●クラウド・ファンディングの可能性

　新しく事業を始めたり、製品を作ったりするには資金が必要だが、銀行の融資や株式の発行には厳しい条件やリスクがともなう。クラウド・ファンディングは、インターネットを通じて幅広く支援者を募集できるので、比較的に容易にリスクを低減できる。

　特に購入型は、先行販売や限定品などの特典を支援者に提供することで人気を博し、成功すれば資金調達自体がPRになる効果も期待できる。

3●「フィンテック」とは何か

　フィンテックとは、冒頭でも見た通り、ITを活用した新しい金融サービスや、それらを開発・提供するビジネスである。「金融（finance）」と「技術（technology）」を組み合わせた造語である。

スマートフォンを利用したコード決済や、複数の銀行口座やクレジット・カードを一括管理できる家計簿アプリなどは、フィンテックの身近な例である。他にも、インターネット経由で海外送金を格安に行うサービスや、小口の投資をインターネットで募るサービスなど、決済や送金、融資、資産運用のさまざまな分野に及んでいる。

4●フィンテックの可能性

従来、こうしたサービスには大規模なシステムと多額の投資が必要であった。

しかし近年は、スマートフォンの普及やIT技術の発達により、アイディア次第で付加価値の高いサービスを生み出せるようになった。特に2016年からIT企業への出資制限が緩和され、日本でもフィンテックが育つ環境が整いつつある。

●おわりに──フィンテックによるサービス

フィンテックの決済のサービスとしては、第一に、スマートフォンとカードリーダーの組み合わせで、店舗に専用端末がなくても、クレジット・カードで決済ができるサービス、第二に、1枚のカードで複数のカード会社を利用できるサービス、第三に、指紋認証で買い物ができるサービスなどがある。

送金のサービスとしては、海外に格安で送金できるサービスがある。

資産管理・運用としては、第一に、クレジット・カードや銀行口座と連動した家計簿アプリ、第二に、人工知能（AI）で銘柄を自動選択して運用するサービスなどがある。

融資のサービスとしては、第一に、ネット上で小口の融資を募るサービス、つまりクラウド・ファンディング、第二に、投資家と起業家のマッチングを行うサービスなどがある。

第122章
仮想通貨とブロックチェーンとは何か

●はじめに──ポイントと基礎知識

ネット上で流通するビットコインなどの仮想通貨は、中央の機関が存在しなくても発行され、取り引きが成立している。

これを可能にするブロックチェーン技術は、仮想通貨以外にもさまざまな分野で応用が始まっている。

1●仮想通貨とは何か

仮想通貨は、インターネット上で流通する、発行元の存在しない通貨である。代表的なものにビットコインがある。取引所を介して円やドルと交換でき、国を超えた決済にかかる手数料が安く済むなどのメリットがある。

円やドルといった通貨は、各国の中央銀行が発行し、発行量を管理しているが、ビットコインなどの仮想通貨には管理する機関が存在しない。

2●ビットコインの半永久性

インターネット上には、ビットコインで過去に行われた全取り引き情報を記録する元帳が、「ノード」と呼ばれる複数のコンピューターに

よって保管されている。ノード同士が互いにやり取りして、データを常に最新の状態に保つ。

こうして、多数のノードが分散して元帳を管理しているため、すべてのノードが停止しない限り、ビットコインは半永久的に存続することができる。

3●「ブロックチェーン」とは何か

ビットコインの元帳は、「ブロックチェーン」と呼ばれる。ブロックチェーンは、複数の取引き情報を束ねたブロックを数珠繋ぎにしたものである。前のブロックの内容をもとに算出されたデータ（ハッシュ値）を含んでいるため、過去の取引き情報を更新すると、そのブロックのハッシュ値が変わり、チェーンが切れてしまう。

この仕組みによって、取引きの改竄を防いでいる。最新のブロックをブロックチェーンの末尾に追加するには大量の計算が必要で、各ノードはこの計算の報酬としてビットコインを受け取っている。

●おわりに ── ブロックチェーンの将来

ブロックチェーンは、ソフトウェアの一種なので、仕様が変更されることもある。仕様が大きく変更されると、新旧二つのブロックチェーンができてしまい、仮想通貨が分裂することもある。たとえば、2017年にはビットコインも分裂し、新たな仮想通貨ビットコイン・キャッシュができた。

現在はこのほかにも、多数の仮想通貨が発行されている。また、改竄されにくく、半永久的に存続するというブロックチェーンの特徴は、仮想通貨以外にもスマート・コントラクト（取り引きを自動的に行う仕組み）などに利用が広がっている。

第123章

量子コンピューターとは何か

●はじめに ── ポイントと基礎知識

量子コンピューターとは、半導体でデジタル情報を処理する従来型のコンピューターと違い、量子状態という特殊な現象を利用して情報処理を行う装置である。

従来型コンピューターが苦手とする分野では、はるかに高速の演算が可能であると予測される。

1●「ムーアの法則」の限界？

コンピューターは、より多くのトランジスタをより小さなチップに詰め込む技術によって性能を向上させてきた。半導体の集積率は、「ムーアの法則」によれば、ほぼ2年で2倍のペースで向上するので、20年後には現在の1000倍の性能が同じコストで手に入るはずである。

しかし、2010年からいくつかの理由で、ムーアの法則通りの性能向上が望めなくなってきた。

2●量子コンピューターの可能性

その一方で、画像認識や経路検索、人工知能（AI）学習など、比較的に単純な計算を総当り的に繰り返さないと答えが得られない分野の計算が急増してきた。

たとえば、「都内の駅をすべて回る最短のルートは」といった組み合わせ問題では、要素（駅）

の数を増やすと、組み合わせのパターンはそれ以上の比率で増えて、計算に膨大な時間がかかる。処理能力短縮のために、複数のコンピューターで手分けすること（並立処理）は可能だが、それではコストや電力が増えてしまう。

ところが、量子の特殊な性質を利用できれば、コンピューターの演算の基本単位（論理回路）自体で並列処理ができるから、この問題は一挙に解決する。

3 ● 量子アニーリングとは何か

量子コンピューターというアイディアは、1980年代に提唱され、基礎研究が続いていたが、実用化はまだ先であると考えられていた。最大の理由は、「量子状態」を保つ技術がまだ確立していないということであった。

2010年にD-Wave社が組み合わせ最適化問題に特化した量子アニーリングという手法を使った商用システムの販売を始めたことが、転機となった。D-Waveのような量子アニーリング専用機（イジングマシン）は、量子現象を利用して組み合わせ最適化問題を計算するが、その問題専用である。

量子コンピューター研究は、汎用性のある従来型コンピューターの論理回路を半導体から量子ゲートに置き換えることを目指しており、「これ（イジングマシン）は量子コンピューターではない」という批判も多く、同様の性質を持つ量子ニューラル・ネットワーク型の場合、2018年に内閣府が、「結論が出るまで量子コンピューターとは呼ばない」と発表する騒ぎとなった。

● おわりに ── 量子コンピューターの実用化へ

しかし、イジングマシンの販売開始と米航空宇宙局（NASA）やGoogleがそれを導入したことは、量子力学を応用した情報処理の実用性に対する認識を大きく変えた。

その結果、この分野に資金が集まるようになり、汎用型デジタル量子コンピューター（量子ゲート型）の研究も加速した。実用化も実現性を大きく増したのである。

早ければ、2030年代にも、実用レベルのシステムが登場すると見込まれる。

第124章
ゲノム編集とは何か

● はじめに ── ポイントと基礎知識

生物の遺伝情報のなかから、狙った遺伝子をピンポイントで改変するゲノム編集の技術が開発され、動植物の品種改良や医学への応用が急速に進んでいる。

ただし、人間の遺伝子を操作することには倫理的な問題がある。

1 ● 「ゲノム」とは何か

「ゲノム」とは、遺伝子（gene）と染色体（chromosome）を組み合わせた言葉である。

染色体は、生物の細胞一つ一つに含まれている。人間の染色体は23対（46本）あり、それぞれの遺伝情報を記録したDNA（デオキシリボ核酸）が格納されている。23体の染色体とそのなかのDNAが、いわば人間という生物の

設計図である。この設計図をゲノムと言う。

DNAは、塩基という物質が鎖のようにつながったものである。塩基にはアデニン（A）、チミン（T）、グアニン（G）、シトシン（C）の4種類があり、これらの塩基の配列のひとまとまりを遺伝子と言う。

2 ◉ ゲノム編集とは何か

ゲノム編集とは、ゲノムのなかから狙った遺伝子を取り除いたり、別の遺伝子で置き換えたりする技術のことである。2012年に「クリスパー・キャスナイン（CRISPR/ Cas9）」という精度の高い方法が開発され、急速に普及した。

クリスパー・キャスナインでは、まず標的となる遺伝子の塩基配列と結合するガイドRNA（DNAの鋳型のようなもの）を用意する。ガイドRNAが標的となる遺伝子と結合すると、キャスナインという「ハサミ」の役割を果たす酵素が、標的の遺伝子を切断する仕組みである。

特定の遺伝子を切り取った後は、DNAを再度つなげるか、用意しておいた代わりの遺伝子を挟む。この手法により、狙った遺伝子をピンポイントで編集することができるのである。

従来の品種改良や遺伝子操作技術は、突然変異を利用するため、偶然に頼る部分が多かった。それに比べると、ゲノム編集は飛躍的に効率がよく、コストも安く済む。

クリスパー・キャスナインを開発したエマニュエル・シャルパンティエとジェニファー・ダウドナは2020年のノーベル化学賞を受賞した。

3 ◉ ゲノム編集の可能性

ゲノム編集は、農作物や家畜の改良、癌やエイズの治療、新薬の開発などに利用できると期待される。

◉ おわりに —— ゲノム編集と倫理

ゲノム編集を使えば、人間の遺伝子も改変できるが、生まれてくる子供に特定の性質を持たせるデザイナー・ベビーについては、倫理的な問題から否定的な意見が強い。

2018年には、中国で人間の受精卵をゲノム編集で改変した双子の女児が生まれ、国際的な批判が巻き起こった。

第125章
自動運転車とは何か

◉ はじめに —— ポイントと基礎知識

人間が運転操作をしなくても自動で走る自動運転車の開発が、急ピッチで進められている。

レベル3の自動運転車は、2020年にも実用化を目指していた。

しかし、法律や安全面での課題がまだ残っている。

1 ◉ 自動運転車とは何か

自動運転車とは、人間が操作をしなくても自動的に走行する自動車である。こうしたSF映画に登場するような未来の自動車が、近い将来、本当に街を走る時が来るかもしれない。

自動運転を可能とする仕組みは、以下の技術を必要とする。

・人工知能（AI）

　リアルタイムに複雑な判断が要求される自動車の運転は、AIが行う。自動運転車の要となる技術である。

・電子制御ユニット（ECU）

　ハンドルやアクセル、ブレーキなどの制御は、AIの命令を受けたECUが行う。

・センサー

　道路の状況や他の自動車、歩行者などの情報を常に監視する。

・カメラ

　道路の白線や障害物など、周辺の状況を視覚的に把握する。

・5G（第五世代移動通信システム）

　超高速で遅延の少ない次世代携帯電話の通信技術も、自動運転には欠かせない。

・GPS

　正確な現在位置は、GPS（世界測位システム）によって把握する。2018年に運用を介した日本版のGPS衛星「みちびき」では、数センチの誤差で測位が可能となる。

・IoT（モノのインターネット）

　実際の走行で得た道路の情報はインターネットのサーバーに送られ、解析された情報を全車で共有する。

2 ● 自動運転のレベル

　自動運転と言っても、すべてを自動で行う自動車だけが自動運転ではない。政府は、自動運転を以下の5つのレベルに分類している。

　レベル1は、自動ブレーキなどの安全運転支援システムである。レベル2は、加速や制動、操縦などの組み合わせをシステムが行う。レベル3は、基本的にはシステムがすべての運転を行う。ただし、システムが対応できない場合にはドライバーが操作しなければならない。レベル4は、高速道路や日頃通う道路ならば、ドライバーが運転に関与しなくてよい。

　さらにレベル5は、あらゆる状況でシステムが完全に自動運転を行う。このレベルになると、自動車にハンドルやアクセルが不要となる。

3 ● 自動運転の実用化

　2020年時点の日本で実用化されているのは、レベル2の自動運転までである。車間距離を自動で一定に保つアダプティブ・クルーズ・コントロールや、渋滞時追従支援システムなどを搭載した自動車は、すでに市販化されている。

　政府とメーカーは、東京五輪が開催される予定であった2020年までにレベル3の自動運転車の開発と、タクシーやバスといった交通機関でのレベル4の実用化を目指してきた。しかし、一般自動車に交じって行う公道での実験走行は、欧米諸国が先行して開始していたが、日本ではまだ始まったばかりである。

4 ● 自動運転の課題

　とは言うものの、レベル3以上の自動運転には解決すべき課題もある。一つは、法律上の問題である。自動運転で交通事故が発生した場合は、誰の責任になるのか、という問題がある。そもそも自動運転技術は、「人間の運転手が必要」とするジュネーブ道路交通条約に反しており、国際的な法改正が必要となる。

　もう一つは、安全上の問題である。ソフトウェアへの不正アクセスや天候の影響にいかに対応するのかという問題がある。歩行者などからの合図があった場合に、いかに応えるのかという問題もある。

● おわりに ── 自動運転のメリットとデメリットとは何か

　自動運転のメリットとデメリットは、以下の通りである。

自動運転のメリット：
・人的なミスによる事故が減る。
・交通渋滞が緩和される。

・免許不要で、子供や体の不自由の人も運転できる。
・道路標識や信号、駐車場の削減。
・エネルギー資源の節約につながる。

自動運転のデメリット：
・実行発生時の責任があいまいである。

・ドライバーの運転技術が衰退する。
・人の合図などを理解できるか？
・不正なアクセスによる乗っ取りの危険がある。
・テロなどに悪用される可能性がある。

第126章

ドローンとは何か

● はじめに ── ポイントと基礎知識

複数のプロペラで飛ぶ小型の無人飛行機を「ドローン」と言う。安価な製品ができて、普及が進んでいる。

規制する法律ができる一方で、ドローンを使った宅配サービスなど、新たな産業への利用も期待されている。

1 ● ドローンとは何か

ドローンとは、リモコンで操縦する小型の無人飛行機のことである。飛ぶ音が蜂に似ていることから"drone（雄の蜂）"と呼ばれるようになった。

ドローンには複数のプロペラが搭載されており、GPS（世界測位システム）やジャイロスコープで機体の傾きを検出して機体を自動的に制御する。そのため操縦も比較的に簡単である。

2 ● ドローンの可能性

当初、ドローンは、偵察や空爆といった軍事目的で開発が進められてきたが、現在では、火山観測など人間の立ち入れない場所の調査や空撮、農薬散布などに応用されている。

趣味でドローンを飛ばす人も増えた。しかし、首相官邸に墜落するなどトラブルが重なり、2015年に改正航空法、2016年に小型無人機等飛行禁止法が施行された。

一方で、ドローンを使った宅配サービスについては、政府の後押しで商用化が進められている。離島などにドローンで荷物を運ぶといった用途が期待される。

また、災害時の捜索や救助でも、ドローンの利用・活躍が期待される。

3 ● 改正航空法と小型無人機等飛行禁止法によるドローン規制

改正航空法と小型無人機等飛行禁止法によるドローン規制は、以下の通りである。
・夜間の飛行禁止
・空港周辺や人口密集地域の飛行禁止
・周囲の状況を目視により常時監視すること
・人や建物などとの間に距離を保つこと
・政府施設や外国公館、原子力事業所の周辺地域の飛行禁止、など
以上、違反した場合は、罰金が科される。

● おわりに ── ドローンの軍事利用

ドローンは、すでに軍事利用されている。しかも、コストが安い。そのため、発展途上国でも利用可能である。

おわりに

岐路に立つ
リベラルな国際秩序

いつの日にか敗れるような主張で勝つよりは、いつか必ず勝つような主張で敗ける方がよい。
　　　　　　　　　　　　　　——アメリカのウッドロー・ウイルソン大統領

自分のなかに広がっている荒野をよく見つめるがいい。そこにあるのは世界中のあらゆる戦争、他人を皆殺しにしたいという欲、とめどのない軽佻浮薄、けだもののような荒々しさ、終わりのない享楽に溺れようとする欲、そして卑しさと怯え……。誰もがその荒野の道を独りで渡っていかねばならない。そして、渡り切らねばならないのだ。
　　　　　　　　　　　　　　——詩人のヘルマン・ヘッセ

目の前の現実ばかりを見て、その都度の現実に適した対応をしている人はたしかに実際家であり、頼もしくさえ見えるかもしれない。もちろん、現実のなかに生き、現実に対応することは大切だ。現実は蔑視すべきものではないし、現実はやはり現実なのだから。しかし、物事の本質を見ようとする場合は、現実のみを見ていてはならない。現実の向こうにある普遍的なもの、抽象的なものが何であるのか、つかまえることのできる視点を持たなければならないのだ。あの古代の哲学者プラトンのように。
　　　　　　　　　　——ドイツの哲学者のフリードリヒ・ニーチェ

●はじめに──歴史のアナロジー

　21世紀はじめのリベラルな国際秩序の模範として、19世紀の「ウィーン体制」、つまり「ヨーロッパの協調（Concert of Europe）」を指摘できる。1世紀にわたって、「長い平和（long peace）」を提供した。経済的には、19世紀は、「パックス・ブリタニカ」の時代であった。イギリスは、18世紀後半に産業革命に先駆けて、19世紀には「世界の工場」となった。19世紀のリベラルな国際秩序は、「パックス・ブリタニカ」に支えられていた。

　しかし、19世紀半ばの1853年10月16日から1856年3月30日かけてのクリミア戦争で、大国間戦争が復活してしまう。黒海から地中海へ不凍港を目指して南下政策をとるロシアに対して、イギリスとフランスは、オスマン・トルコ帝国を支援し、クリミア戦争を戦った。ただし、「ウィーン体制」を広義に捉えればだが、第一次世界大戦までウィーン体制は維持された。1871年1月18日のドイツ統一後の「ビスマルク体制」によって、ヨーロッパ地域の勢力均衡（BOP）は、その後もしばらく維持されたからである。

　こうして、19世紀はじめから20世紀はじめの第一次世界大戦まで、国際政治の中心であるヨーロッパ地域の国際秩序は、「長い平和」を享受できたのである。ただし、1870年代からの「帝国主義の時代」では、ヨーロッパ地域の大国やアメリカ、日本の宗主国と、アジア地域やアフリカ地域、中東地域の植民地との間で、「帝国主義世界体制」が形成されていたことは、看過されてはならない。つまり、「西欧国家体系」と呼ばれた西ヨーロッパ地域の国際システムは、グローバルな「帝国主義世界体制」との二重構造であったのである。

　近代以降の主権国家システムは、西ヨーロッパ地域から、「帝国主義の時代」と二度の世界大戦を経て、第二次世界大戦後の「脱植民地化（decolonization）」によって、グローバルに拡大していく。「帝国主義世界体制」は、溶解していった。政治的には主権国家システムで、経済的には資本主義システムであるとして、近代以降の国際システムを違った二重構造として捉えることもできる。戦間期の国際政治は、ヨーロッパ地域の「ヴェルサイユ体制」と東アジア地域の「ワシントン体制」として捉える視角もある。いずれにせよ、近代以降の国際秩序は、重層的かつ多層的に捉える必要性がある。

　米中間の「新しい冷戦」を予測する議論としては、その他の歴史のアナロジーも議論されており、古代ギリシャの都市国家間の安全保障のディレンマである「トゥーキュディデスの罠」や第二次世界大戦後の冷戦が指摘される。米中両国だけでなく、インドの台頭も視野に入れる議論としては、自由主義と共産主義とファシズムで三極であった戦間期の、特に1930年代の不安定な国際秩序が想定される。

　19世紀後半の近代グローバリゼーションの時代と21世紀はじめの現代グローバリゼーションの時代の近似性を指摘することもできる。たとえば、貧富の格差の拡大（上下の"分断"）とセーフティー・ネットの欠如、膨らむ国家の財政赤字、国際金融危機の頻発、政治の劣化、怒れる有権者、ポピュリズムやナショナリズムの台頭などの現象が似ているのである。イギリスを中心とした三国協商とドイツを中心とした三国同盟との間で、安全保障のディレンマが急速に深まってしまった時期でもある。

　もちろん、近代グローバリゼーションと「ハイパー・グローバリゼーション」とも言うべき現代グローバリゼーションとでは、その規模とスピードに違いがある。かつては、3年ぐらいかかった変化が現在では、3カ月や3週間、3日間で国際政治経済を席巻するからである。21世紀型の「100年に一度の金融危機」と呼ばれた2007年7月からのサブプライム金融危機と2008年9月15日のリーマン・ショック

を想起することができる。

1●ウィルソンの国際秩序構想とその挫折

1914年8月1日に第一次世界大戦が勃発した。バルカン半島の小競り合いを契機に、ヨーロッパ地域全体、ひいては世界規模の大戦へとエスカレートした。周辺の国際危機がエスカレートして、大国間戦争が勃発したのである。こうした戦争の始まり方は、「バルカン・モデル」と呼ばれる。参戦したいずれの国も、短期戦を想定しており、戦争が長期化するとは考えていなかった。

国際政治の中心であるヨーロッパ地域での国際秩序の破局に直面して、アメリカのウッドロー・ウィルソン大統領は、「勝利なき平和」演説や「14カ条の平和原則」演説などで、リベラルな国際秩序構想を提示した。たとえば、秘密外交の廃止や航行の自由、通商障壁の撤廃（自由貿易の拡大）、軍縮、民族自決（「民族自決（national self-determination）」という表現を使用しなかったが）、国際機構の設立などである。最も重要であったのは、最後に謳われた国際機構の設立であった。

しかし、現実には、世界一の経済大国となっていた提唱国のアメリカが国際連盟に不参加となり、リベラルな国際秩序は形成されなかった。戦争の始まり方が「バルカン・モデル」で、特定の国家のみの責任ではないにもかかわらず、敗戦国のドイツに第一次世界大戦の戦争責任を押しつけ、天文学的な賠償金を科すなど、「過酷な講和（ハード・ピース）」をとり、戦争を終結させたことも、「ヴェルサイユ体制」と呼ばれた第一次世界大戦後のヨーロッパ地域の国際秩序を不安定なものとした（すでに見た通り、アジア地域では「ワシントン体制」が形成された）。1917年のロシア革命（「3月革命」と「11月革命」）で共産化していたロシア、つまりソ連もヴェルサイユ体制から排除されていた。

しかし、ウィルソンの失敗は、その後のアメ

リカ外交に新たな伝統をもたらし、政治的かつ外交的に大きな歴史の教訓を残した。

第一次世界大戦後の国際秩序は、繰り返しになるが、ヨーロッパ地域の「ヴェルサイユ体制」とアジア地域の「ワシントン体制」の二重構造であった。少し見方を変えれば、溶解していく「西欧国家体系」と「帝国主義世界体制」が併存する二重構造でもあった。ロシア革命でロシアが共産化したが、政治的な主権国家システムと経済的な資本主義システムという二重構造には、原理的な変化はなかった。

2●フランクリン・ローズヴェルトとハリー・トルーマンのリベラルな国際秩序の形成

フランクリン・ローズヴェルト大統領は、第二次世界大戦の勃発に直面して、「4つの自由」演説を行い、イギリスのウィンストン・チャーチル首相との間では「大西洋憲章」をまとめるなど、リベラルな国際秩序の戦後秩序構想を提示した。特に大西洋憲章の声明は、英米両首脳が合意した戦後に樹立されるべき国際秩序について、八項目の基本原則をまとめたものである。

たとえば、領土の不拡大・不変更、強制的な領土変更への反対、統治形態選択の自由（「民族自決」。チャーチルは大英帝国には適応されないように画策したが）、自由な政府、通商と天然資源獲得の機会均等（チャーチルはここでも大英帝国には適応されないように画策した）、航行の自由、社会的正義、武力行使の放棄、軍縮、「一般的安全保障のための広域的で常設的な体制の成立」（ローズヴェルト大統領は、まだ戦後国際機構の構想がまとまっておらず、こうしたあいまいな表現になった）など、リベラルな戦後国際秩序構想が発表された。

また、1944年7月1日から15日にかけてのブレトンウッズ会議では、アメリカが外交のイニシアティブを発揮して、国際復興開発銀行（IBRD、後の世界銀行）と国際通貨基金（IMF）の設立を決定した。第二次世界大戦後の国際経

済秩序は、「ブレトンウッズ体制」と呼ばれることになる。

1945年4月25日から6月26日にかけてのサンフランシスコ会議では、国際連合（国連）の設立が実現した。

通商・貿易面では、関税および貿易に関する一般協定（GATT）が1947年10月30日に締結され、1948年1月1日に発効・発足した。こうして、「ブレトンウッズ体制」は強化された。

ただし、冷戦の開始と激化のため、第二次世界大戦後の20世紀後半、アメリカ中心のリベラルな国際秩序は、西側世界に限定された。注目すべきは、冷戦によるソ連の共産主義の脅威が、西側のリベラルな国際秩序の形成とヨーロッパの地域統合を後押しした側面があることである。

アメリカのトルーマン政権は、1947年3月12日の「トルーマン・ドクトリン」で冷戦の宣戦布告に近い宣言を行い、6月5日の「マーシャル・プラン（欧州復興援助計画）」の発表で「ヨーロッパの分断」をもたらした。さらに1949年4月4日には北大西洋条約を締結し、マルチな多国間同盟の北大西洋条約機構（NATO）を形成した。これに対して、アジア地域では、日米同盟を基軸として、「ハブ＆スポークス」と呼ばれる主に二国間（バイ）の同盟のネットワークを形成した。

1970年代はじめには、ニクソン政権が新経済政策を打ち出し、金とドルの兌換性を廃止し、「ブレトンウッズ体制」が崩壊した。西側のリベラルな国際秩序は動揺した。

こうして、第二次世界大戦後の国際秩序は、冷戦と脱植民地化（帝国主義世界体制の溶解の動き）の二重構造であった。さらに西側陣営では、アメリカ中心のリベラルな国際秩序が形成され、冷戦と同時進行していた。冷戦とアメリカ中心のリベラルな国際秩序、脱植民地化の動きの併存であったと見てよい。

3●ブッシュ・シニアとビル・クリントンによるリベラルな国際秩序の拡大

1989年夏以降の「東欧革命」と11月9日のベルリンの壁崩壊、12月2日から3日にかけてのマルタ島での米ソ首脳会談での冷戦の終結宣言、さらに1990年10月3日のドイツ再統一で、冷戦は終結する。冷戦の終結後、ブッシュ・シニア政権とクリントン政権は、多国間主義（multilateralism）のアプローチで、西側世界のリベラルな国際秩序をグローバルに拡大した。

1991年1月17日に勃発した湾岸戦争での勝利によって、軍事的にアメリカの単極構造となった。「唯一の超大国」となったのである。アメリカ経済はしばらく低迷していたが、クリントン政権の下で、再生された。軍事的にも経済的にも、「一人勝ち」の状態となった。

経済的には、「新自由主義」の規範に基づいた資本主義の深化と拡大がさらに進んだ。現代グローバリゼーションが急速に進展したのである。しかし、この「ハイパー・グローバリゼーション」は、国内のセーフティー・ネットが崩壊し、国家（政治）の干渉がないまま、貧富の格差の拡大（上下の“分断”）が急速に進む時代でもあった。

こうして、冷戦の終結後、国際システムは、アメリカ中心の単極構造となり、リベラルな国際秩序がグローバルに拡大した。経済的には、「新自由主義」の規範の下に、現代グローバリゼーション（ハイパー・グローバリゼーション）が急速に進展していった。

4●リベラルな国際秩序か、地政学の復活か？

21世紀はじめには、2001年に「9.11」同時多発テロ攻撃が起こり、W. ブッシュ政権は、「テロとの戦い」を始めた。10月7日には、アフガニスタン戦争に突入した（「不朽の自由」作戦）。2002年9月20日にアメリカ議会に提

出された『国家安全保障戦略（NSS2002）』で「先制（pre-emption）」のドクトリンを打ち出し、2003年3月20日にはイラク戦争（「イラクの自由」作戦）を開始する。アフガニスタンも、イラクも、戦争後の国家建設と平和構築に成功しなかった。両国は内戦の状態に陥り、米軍に対するテロも続発した。こうして、アメリカ外交は、中東地域で過剰拡大（over stretch）してしまったのである。

　同時に、アメリカ中心で進展してきた現代グローバリゼーションの限界が露わとなった。すでに見た通り、2007年7月からのサブプライム金融危機に続いて、2008年9月15日のリーマン・ショックとなり、国際経済秩序は、「100年に一度の金融危機」に直面する。その後は、ギリシャのソブリン危機も続いた。

　現代グローバリゼーションが限界を見せ、主要国の国内では、ポピュリズム（大衆迎合主義）やナショナリズムが跋扈するようになった。たとえば、2016年6月23日には、イギリスが欧州連合（EU）からの離脱（Brexit）を国民投票で決定し、11月8日のアメリカ大統領選挙の結果、自由や民主主義、資本主義、法の支配といったリベラルな規範と価値観をほとんど語らない"異形"の大統領として、ドナルド・トランプ大統領が誕生した。ヨーロッパ地域の国家では、グローバリゼーションによる移民と難民の大量流入により、右派ポピュリズムと排外主義が台頭してきた。こうして、アメリカ中心のリベラルな国際秩序が"漂流"し、崩壊していく。

　トランプ政権は、「自由貿易ではなく保護貿易主義を、民主主義でなく権威主義を、指導ではなく勝利を目指している」と批判されることがある。アメリカ中心のリベラルな国際秩序にとって最も深刻な事態は、アメリカのトランプ大統領の外交と安全保障政策であった。また同時に、「国家資本主義」のアプローチをとる中国やロシアの台頭もあり、大国間政治の復活やその悲劇、地政学の復活が指摘されるようになってきた。

◉ おわりに──21世紀の国際秩序と国内秩序の課題

　「リベラルな国際秩序は、崩壊した（liberal international order is over）」と主張する議論がある。たとえば、攻撃的リアリストのジョン・ミアシャイマーや国際政治学者のウォルター・ラッセル・ミード、歴史家のニーアル・ファーガソン、ジャーナリストのギデオン・ラックマンらの議論である。

　これに対して、ネオリベラリストのジョン・アイケンベリーやジョセフ・ナイ、ジャーナリストのファリード・ザカリアは、「リベラルな国際秩序は、まだ崩壊していない、頑強である（liberal international order is alive）」と主張する。

　はたして、アメリカ中心のリベラルな国際秩序は維持されるのか──。

　たとえば、ミアシャイマー論文を見てみよう。ミアシャイマーは、「アメリカ中心のリベラルな国際秩序は、中国の台頭とロシアの復活で崩壊しつつある」と指摘する。「リベラルな国際秩序は、ナショナリズムを高め、主権と民族自決、国家アイデンティティを刺激する」という。「トランプ政権は、中国に対して封じ込め政策を展開している」とも指摘される。こうして、国際システムの構造は、「単極から多極化へ」移行しつつある。「リアリストの国際秩序へ移行する」という。

　これに対して、アイケンベリーやナイらの反論を見てみよう。アイケンベリーらは、繰り返しになるが、「アメリカ中心のリベラルな国際秩序は、まだ崩壊していない、頑強である」と指摘する。特にアメリカの同盟網は幅広くかつ深化しており、"目に見える"軍事力と経済力のハード・パワーは、"目に見えない"他国を魅了する力であるソフト・パワーで強化されているという。これに対して、中国とロシアは、「現状変革国家（revisionist powers）」ではない。

むしろインサイダーである。せいぜい「妨害者（spoiler）」に過ぎない。同盟国も少ないという。

こうした論争とは一定の距離を保ちつつ、ネオクラシカル・リアリストのギデオン・ローズや古典的なリアリストのリチャード・ハースは、「リベラルな国際秩序は、たしかに揺らいでいるが、再構築されるべきである」と主張する。もともと、リベラルな国際秩序は、国際政治学者のジョン・ジェラルド・ラギーによれば、国際的な自由貿易の拡大と国内での完全雇用の実現などセーフティー・ネットの整備の両立を目指す「埋め込まれた自由主義（embedded liberalism）」であったと指摘される。「ブレトンウッズ体制」は、自由貿易の拡大を性急に追求するシステムではなかったという。

グリアム・アリソンやアンドリュー・ベイスヴィッチに至っては、「リベラルな国際秩序は、幻想である（myth of liberal international order）」と主張する。

ローズやハースは、繰り返しになるが、アメリカ中心のリベラルな国際秩序を再構築する必要性を説く。アメリカは「慈悲深い（benevolent）」覇権国へ戻るべきであるという。同時に、「ハイパー・グローバリゼーション」である現代グローバリゼーションがもたらす弊害に、国家の干渉が必要である、とローズは主張する。現代グローバリゼーションによって、発展途上国だけではなく、先進国、特にアメリカでさえも、国内政治で中間層が〝没落〟して、富裕層はますます豊かになったが、貧困層はますます貧しくなってきた。上下の〝分断〟である貧富の格差の拡大である。左右の〝分断〟である保守とリベラルのイデオロギーのさらなる分極化と同時進行なところが、構造的に厄介な問題である。さらに、世代間の分断という斜めの〝分断〟も存在する。

ローズは、こうした現代グローバリゼーションに対応すべく、自由主義と民主主義を再構築する必要性を説くのである。かつて社会学者の

アンソニー・ギデンズも、現代グローバリゼーションについての『暴走する世界』（1999年）のなかで、国家と市場、市民社会の関係を軸に民主主義を再構築する必要性を説いていたことを想起させる。

何よりも、ローズやハースは、1990年代から2010年代にかけてコンセンサスになってきた「関与（engagement）」政策の失敗を指摘する議論に対して、「中国とロシアへの関与を、これまで失敗してきたからと言って、将来の課題として放棄すべきではない」と主張する。

しかし、トランプ政権下で、ワシントン（ホワイトハウスや官庁間、アメリカ議会、シンクタンク）では、反中国のコンセンサスが超党派で形成されてきた。

はたして、バイデン政権の下で、アメリカ中心のリベラルな国際秩序は再構築されるのか――。

バイデンの『国家安全保障戦略』

繰り返しになるが、バイデン政権は、3月3日に、暫定版の『国家安全保障戦略（NSS）』をまとめ、中国を「国際秩序に挑戦する唯一の競争相手」と位置づけ、「新しい国際規範や合意を形作るのはアメリカだ」と宣言した。

ほぼ同時に、バイデン政権とアメリカ議会は、2022会計年度から6年間で273億ドルの予算を投じ、沖縄からフィリピンを結ぶ第一列島線に沿って米軍の対中ミサイル網を築くことを検討し始めた。台湾や南シナ海での有事を想定しており、日本など同盟国との協力も課題となる。バイデン政権がアメリカ議会に提出した要望書では、「中国抑止に向けた重要な軍事能力に（財政面の）資源を集中させる」と明記し、「先制攻撃は（自国にとって）あまりにも打撃が大きく、失敗すると思わせることを目的としている」と狙いを説明している。

要望書は、中国に対抗する柱として、「第一列島線に沿った精密攻撃ネットワークの構築」を挙げた。地上配備型ミサイルの活用を拡大す

る。米軍は核弾頭の搭載を明確に否定しており、通常兵器による対中包囲網を描く。

日本政治外交とリベラルな価値観

　日本という国家は、近代以降、ほぼ40年の歴史的な周期で大きな節目を迎えてきた。

　第一に、1868年に、明治維新によって、それまでの封建社会から脱し、近代国家を樹立した。この明治維新が成功したのは、勤王の志士たちが「世のため、人のため」という想いに基づいた大義の御旗があったからである。世のなかを改めなければ、この国の近代化はならず、日本は欧米列強の植民地にされてしまう――。こうした危機意識や気概が、私心を捨てて国を想う心が、彼らを突き動かし、維新回天の業を成し遂げるエネルギーをもたらしたのである。これ以降、"坂の上の雲"を目指して、富国強兵の道を駆け上っていく。

　第二に、1905年に、日露戦争に勝利し、世界の列強に仲間入りし、国際的な地位を飛躍的に向上させる。これ以降、富国強兵のとりわけ「強兵」の方向に傾斜して、軍事大国の道を真っ直ぐらに突き進む。

　第三に、1945年に太平洋戦争と第二次世界大戦に敗戦するが、焦土のなかから、富国強兵の「富国」の方向に傾斜して、奇跡的な経済成長を遂げる。日本はやがて、経済大国となる。

　第四に、1985年に、日本の膨大な貿易黒字に歯止めをかけるべく、円高誘導、輸入促進を目的にプラザ合意が結ばれた。この時期に日本は経済大国としてのピークを迎え、バブル崩壊後は、現在まで低迷が続く。

　こうした歴史の周期が再び繰り返されるとすれば、第五の大きな転換点を日本は2025年の前後に迎えることになる。この歴史のタイミングに「令和維新」を実現すべく、軍事力や経済力に任せた「覇道」ではなく、"徳"に基づいた「王道」を歩む必要がある。つまり、日本も、リベラルな価値観にもっとコミットメントする必要がある。ポピュリズムやナショナリズムが跋扈し、権威主義が横行する国際政治の世界にしてはならない。

主要な参考文献

● 国際政治・政治学・アメリカ政治外交などの本

アイケンベリー、G・ジョン（2004）（鈴木康雄訳）『アフター・ヴィクトリー ── 戦後構築の論理と行動』NHK出版

会田弘継（2017）『破綻するアメリカ』岩波書店

会田弘継（2016）『トランプ現象とアメリカ保守思想』左右社

青野利彦、倉科一希、宮田伊知郎編著（2020）『現代アメリカ政治外交史 ──「アメリカの世紀」から「アメリカ第一主義」まで』ミネルヴァ書房

井上弘貴（2020）『アメリカ保守主義の思想史』青土社

ウッドワード、ボブ（2011）（伏見威蕃訳）『オバマの戦争』日本経済新聞出版

ウッドワード、ボブ（2018）（伏見威蕃訳）『FEAR 恐怖の男 ── トランプ政権の真実』日本経済新聞出版

ウッドワード、ボブ（2020）（伏見威蕃訳）『RAGE 怒り』日本経済新聞出版

宇野重規（2013）『西洋政治思想史』有斐閣

宇野重規（2016）『保守主義とは何か ── 反フランス革命から現代日本まで』中公新書

宇野重規（2020）『民主主義とは何か?』講談社現代新書

大井赤亥（2020）『武器としての政治思想 ── リベラル・左派ポピュリズム・公正なグローバリズム』青土社

カー、E.H.（2011）（原彬久訳）『危機の二十年 ── 理想と現実』岩波文庫

苅部直、宇野重規、中本義彦編（2011）『政治学をつかむ』有斐閣

北岡伸一、細谷雄一編（2020）『新しい地政学』東洋経済新報社

君塚直隆（2010）『近代ヨーロッパ国際政治史』有斐閣

橘木俊詔（2018）『ポピュリズムと経済 ── グローバリズム、格差、民主主義をめぐる世界的問題』ナカニシヤ出版

久保文明、金成隆一（2020）『アメリカ大統領選』岩波新書

久米邦夫、川出良枝、古城佳子、田中愛治、真渕勝（2011）『政治学［補訂版］』有斐閣

高坂正堯（1966）『国際政治 ── 恐怖と希望』中公新書

佐久間裕美子（2020）『Weの市民革命』朝日出版社

塩野誠（2020）『デジタルテクノロジーと国際政治の力学』News Picks パブリッシング

島村直幸（2019）『国際政治の＜変化＞を見る眼 ── 理論・歴史・現状』晃洋書房

島村直幸（2018）『＜抑制と均衡＞のアメリカ政治外交 ── 歴史・構造・プロセス』ミネルヴァ書房

新川敏光、大西裕、大矢根聡、田村哲樹（2017）『政治学』有斐閣

末近浩太、遠藤貢編（2020）『紛争が変える国家』岩波書店

田中明彦（1996）『新しい「中世」── 21世紀の国際システム』日本経済新聞社

田中拓道（2020）『リベラルとは何か ── 17世紀の自由主義から現代日本まで』中公新書

谷口将紀、水島治郎編（2018）『ポピュリズムの本質 ──「政治的疎外」を克服できるか』中央公論新社

テミン、ピーター（2020）（栗林寛幸訳）『なぜ中間層は没落したのか ── アメリカ二重経済のジレンマ』慶應義塾大学出版会

ナイ、ジョセフほか（2017）（田中明彦、村田晃嗣訳）『国際紛争 ── 理論と歴史［原書第10版］』有斐閣

ナウ、ヘンリー（2005）（村田晃嗣、石川卓、島村直幸、高橋杉雄訳）『アメリカの対外関与 ── アイデンティティとパワー』有斐閣

中西寛（2013）『国際政治とは何か ── 地球社会における人間と秩序』中公新書

中西寛、石田淳、田所昌幸（2013）『国際政治学』有斐閣

仲正昌樹編（2013）『政治思想の知恵 ── マキャベリからサンデルまで』法律文化社

中村隆文（2019）『リベラリズムの系譜学——法の支配と民主主義は「自由」に何をもたらすか』みすず書房
中山俊宏（2013A）『アメリカン・イデオロギー——保守主義運動と政治的分断』勁草書房
中山俊宏（2013B）『介入するアメリカ——理念国家の世界観』勁草書房
納家政嗣・上智大学国際関係研究所編（2021）『自由主義的国際秩序は崩壊するのか——危機の原因と再生の条件』勁草書房
日本経済新聞社編（2020）『分断のアメリカ』日本経済新聞出版
バートレット、ジェレミー（2019）（中村雅子訳）『ラディカルズ——世界を塗り替える＜過激な人たち＞』双葉社
藤原帰一（2007）『国際政治』放送大学教育振興会
細谷雄一（2012）『国際秩序——18世紀ヨーロッパから21世紀アジアへ』中公新書
ブル、ヘドレー（2000）（臼井英一訳）『国際社会論——アナーキカル・ソサエティ』岩波書店
増田正、丹羽文生、半田英祐、島村直幸、吉田龍太郎、加藤秀治郎（2020）『政治学入門』一藝社
水島治郎編（2020）『ポピュリズムという挑戦——岐路に立つ現代デモクラシー』岩波書店
村田晃嗣、君塚直隆、石川卓、栗栖薫子、秋山信将（2015）『国際政治学をつかむ［新版］』有斐閣
モーゲンソー、ハンス（2013）（原彬久訳）『国際政治——権力と平和(上中下)』岩波文庫
八代尚宏（2018）『脱ポピュリズム国家——改革を先送りしない真の経済成長戦略へ』日本経済新聞出版社
山崎正和（2021）『哲学漫想』中央公論新社
ラギー、ジョン・ジェラルド（2009年）（小野塚佳光、前田幸男訳）『平和を勝ち取る——アメリカはどのように戦後秩序を築いたか』岩波書店
ローゼンブラット、ヘレナ（2020）（三牧聖子、川上洋平訳）『リベラリズム——失われた過去と現在』青土社
ローレン、ポール・ゴードン、ゴードン・A・クレイグ、アレキサンダー・L・ジョージ（2009）（木村修三、滝田賢治、五味俊樹、高杉忠明、村田晃嗣訳）『軍事力と現代外交——現代における外交的課題［原書第4版］』有斐閣
渡瀬裕哉（2019）『なぜ、成熟した民主主義は分断を生み出すのか——アメリカから世界に拡散する格差と分断の構図』すばる舎
渡辺靖（2019）『リバタリアニズム——アメリカを揺るがす自由至上主義』中公新書
リラ、マーク（2017）（会田弘継、山本久美子訳）『難破する精神——世界はなぜ反動化するのか』NTT出版
レビツキー、スティーブン、ダニエル・ジブラット（2018）（濱野大道訳）『民主主義の死に方——二極化する政治が招く独裁への道』新潮社
渡部恒雄（2020）『2021年以後の世界秩序——国際情勢を読む20のアングル』新潮新書

● ウィズ・コロナからポスト・コロナへ

朝日新聞社編（2020）『コロナ後の世界を語る——現代の知性たちの視線』朝日新書
アタリ、ジャック（2020）（林昌宏、坪子理美訳）『パンデミック後、新しい世界が始まる——命の経済』プレジデント社
飯島渉（2018）『感染症と私たちの歴史・これから』清水書院
井上栄（2020）『感染症——広がり方と防ぎ方［増補版］』中公新書
今村充（2020）『ポストコロナの資本主義——挑戦される国家・企業・通貨』日本経済新聞出版
内田樹編（2020）『ポストコロナ期を生きるきみたちへ』晶文社
内海孝（2016）『感染症の近代史』山川出版社
小路田泰直編著（2020）『疫病と日本史——「コロナ禍」のなかから』敬文舎
カーリン、ダン（2021）（渡会圭子訳）『危機の世界史』文藝春秋
川島真、森聡編（2020）『アフターコロナ時代の米中関係と世界秩序』東京大学出版会
カンター、ノーマン・F（2020）（久保儀明、楢崎靖人訳）『黒死病——疫病の社会史』青土社
黒木登志夫（2020）『新型コロナの科学——パンデミック、そして共生の未来へ』中公新書
クラステフ、イワン（2020）（山田文訳）『コロナ・ショックは世界をどう変えるか——政治・経済・社会を襲う危機』中央公論新社
ケリー、ジョン（2020）（野中邦子訳）『黒死病——ペストの中世史』中公文庫
小林慎和（2020）『人類2.0——アフターコロナの生き方』プレジデント社
玄武岩、藤野陽平編（2020）『ポストコロナ時代の東アジア——新しい世界の国家・宗教・日常』勉誠出版
佐藤けんいち（2020）『世界史から読み解く「コロナ後」の現代』ディスカバー携書
ザカリア、ファリード（2021）（上原裕美子訳）『パンデミック後の世界 10の教訓』日本経済新聞出版

278

シュワブ、クラウス、ティエリ・マルレ（2020）（藤田正美、チャールズ清水、安納令奈訳）『グレート・リセット ── ダボス会議で語られるアフターコロナの世界』日経ナショナル・ジオグラフィック社
ステルター、ダニエル（2020）『コロノミクス ── 世界経済はどこへ向かうのか？我々は何を備えるべきか？』ACHIEVVEMENT PUBLISHING
詫摩佳代（2020）『人類と病 ── 国際政治から見る感染症と健康格差』中公新書
竹中治堅（2020）『コロナ危機の政治 ── 安倍政権vs.知事』中公新書
玉木俊明（2020）『移動・交易・疫病 ── 命と経済の人類全史』星海社新書
東大社研現代中国研究拠点編（2020）『コロナ以後の東アジア ── 変動の力学』東京大学出版会
成毛眞（2020）『アフターコロナの生存戦略 ── 存分に稼ぐための新コンセプト』角川書店ハ
丸山俊一＋NHK「欲望の時代の哲学」制作班（2020）『マルクス・ガブリエル　危機の時代を語る』NHK出版新書
宮崎揚弘（2015）『ペストの歴史』山川出版
村上陽一郎（1983）『ペスト大流行 ── ヨーロッパ中世の崩壊』岩波新書
村上陽一郎編（2020）『コロナ後の世界を生きる ── 私たちの提言』岩波新書
山本太郎（2020）『感染症と文明 ── 共生への道』岩波新書
ラリ、ユヴァル・ノア（2020）（柴田裕之訳）『緊急提言パンデミック』河出書房新社歴史学研究会編、中澤達哉、三枝暁子監修（2020）『コロナの時代の歴史学』績文堂出版

◉ 予測本など

アタリ、ジャック（2008）（林昌宏訳）『21世紀の歴史 ── 未来の人類から見た世界』作品社
アタリ、ジャック（2017）（林昌宏訳）『2030年ジャック・アタリの未来予測 ── 不確実な世の中をサバイブせよ！』プレジデント社
アーキンソン、デービッド（2020）『日本人の勝算 ── 人口減少×高齢化×資本主義』東洋経済新報社
甘利明、山際大志郎（2018）『INNOVATION ECOSYSTEM ── ニッポンは甦る！』講談社
伊藤亜聖（2020）『デジタル化する新興国 ── 先進国を超えるか、監視社会の到来か』中公新書
岩村充（2020）『国家・企業・通貨 ── グローバリズムの不都合な未来』新潮選書
内田樹編（2018）『人口減少社会の未来学』文藝春秋
NHKスペシャル取材班（2017）『縮小ニッポンの衝撃』講談社現代新書
蛯原健（2020）『テクノロジー思考 ── 技術の価値を理解するための「現代の教養」』ダイヤモンド社
落合陽一（2015）『魔法の世紀』PLANETS
落合陽一（2016）『これからの世界をつくる仲間たちへ』小学館
落合陽一（2017）『超AI時代の生存戦略 ── シンギュラリティに備える34のリスト』大和書房
落合陽一（2018A）『日本再興戦略』幻冬舎
落合陽一（2018B）『0才から100才まで学び続けなくてはならない時代を生きる学ぶ人と育てる人のための教科書』小学館
落合陽一（2019）『2030年の世界地図帳 ── あたらしい経済とSDGs、未来への展望』SBクリエイティブ
落合陽一、猪瀬直樹（2018）『ニッポン2021-2050 ── データから構想を生み出す教養と思考法』角川書店
蟹江憲史（2020）『SDGs（持続可能な開発目標）』中公新書
ガブリエル、マルクス（2020）（大野和基訳）『世界史の針が巻き戻るとき ──「新しい実在論」は世界をどう見ているか』PHP新書
ガブリエル、マルクス・、マイケル・ハート、ポール・メイソン、斎藤幸平編（2019）『資本主義の終わりか、人間の終焉か？未来への大分岐』集英社新書
河合雅司（2017）『未来の年表 ── 人口減少に本でこれから起きること』講談社現代新書
河合雅司（2018）『未来の年表2 ── 人口減少に本であなたに起きること』講談社現代新書
川口伸明（2020）『2060未来創造の白地図 ── 人類史上最高にエキサイティングな冒険が始まる』技術評論社
ガンズ、ジョシュア、アンドリュー・リー（2020）（神月謙一訳）『格差のない未来は創れるか ── 今よりもイノベーティブで今よりも公平な未来』ビジネス教育出版社
ギャロウェイ、スコット（2018）（渡会圭子訳）『GAFA ── 四騎士が作り替えた世界』東洋経済新報社
クライン、ナオミ（2020）（中野真紀子、関房江訳）『地球が燃えている ── 気候崩壊から人類を救うグリーン・ニューディールの提言』大月書店
クリスタキス、ニコラス（2020）（鬼澤忍、塩原通緒訳）『ブルー・プリント ──「よい未来」を築くための進化論と人類史(上下)』News Picksパブリッシング

コシエンダ、ケン（2019）（二木夢子訳）『Creative Selection ── Apple創造を生む力』サンマーク出版

シバタナオキ、吉川欣也（2018）『テクノロジーの地政学 ── シリコンバレー vs.中国、新時代の覇者たち』日経BP社

嶋中雄二編著（2019）『2050年の経済覇権 ── コンドラチェフ・サイクルで読み解く大国の興亡』日本経済新聞社

シャルマ、ルチル（2018）（川島睦保訳）『シャルマの未来予測 ── これから成長する国　沈む国』東洋経済新報社

シュワブ、クラウス（2019）（小川敏子訳）『「第四次産業革命」を生き抜く ── ダボス会議が予測する混乱とチャンス』日本経済新聞出版社

ダムルジ、ハッサン（2020）（土方奈美訳）『フューチャー・ネーション ── 国家をアップデートせよ』News Picksパブリッシング

ディアマンディス、ピーター＆スティーブン・コトラー（2020）（山本康正、土方奈美訳）『2030年 ── すべてが「加速」する世界に備えよ』News Picksパブリッシング

ドゥブーフ、クルト（2020）（臼井陽一郎監訳、小松﨑利明、武田健、松尾秀哉訳）『トライバル化する世界 ── 集合的トラウマがもたらす戦争の危機』明石書店

出口治明（2020）『自分の頭で考える日本の論点』幻冬舎新書

デュメイン、ブライアン（2020）（小林啓倫訳）『アマゾン化する未来 ── ベゾノミクスが世界を埋め尽くす』（ダイヤモンド社）

ドッブス、リチャード、ジェームズ・マニーカ、ジョナサン・ウーツェル（2017）（吉良直人訳）『マッキンゼーが予測する未来 ── 近未来のビジネスは、4つの力に支配されている』ダイヤモンド社

成毛眞（2021）『2040年の未来予測』日経BP

西野亮廣（2016）『魔法のコンパス ── 道なき道の歩き方』主婦と生活社

西野亮廣（2017）『革命のファンファーレ ── 現代のお金と広告』幻冬舎

西野亮廣（2018）『新世界』角川書店

日本経済新聞社編（2018）『AI 2045』日経プレミアシリーズ

日本経済新聞社編（2020）『日経大予測2021　これからの日本の論点』日本経済新聞出版

バーグ、ナタリー、ミヤ・ナイツ（2019）（成毛眞監訳）『amazon帝国との共存』フォレスト出版

ハラリ、ユヴァル・ノア（2019A）（柴田裕之訳）『ホモ・デウス ── テクノロジーとサピエンスの未来(上下)』河出書房新社

ハラリ、ユヴァル・ノア（2019B）（柴田裕之訳）『21 lessons ── 21世紀の人類のための21の思考』河出書房新社

バロウズ、マシュー（2015）（藤原朝子訳）『シフト ── 2035年、米国最高情報機関が予測する驚愕の未来』ダイヤモンド社

ピンカー、スティーブン（2019）（橘明美＋坂田雪子訳）『21世紀の啓蒙 ── 理性、科学、ヒューマニズム、進歩(上下)』草思社

ファーガソン、ニーアル（2019）（柴田裕之訳）『スクエア・アンド・タワー（上下）── ネットワークが創り変えた世界』東洋経済新報社

藤原洋（2018）『全産業「デジタル化」時代の日本創生戦略』PHP研究所

フリードマン、ジョージ（2009）（櫻井祐子訳）『100年予測 ── 世界最強のインテリジェンス企業が示す未来覇権地図』早川書房

フリードマン、ジョージ（2011）（櫻井祐子訳）『激動予測 ──「影のCIA」が明かす近未来パワーバランス』早川書房

フリードマン、ジョージ（2015）（夏目大訳）『新・100年予測 ── ヨーロッパ炎上』早川書房

フリードマン、トーマス（2018）（伏見威蕃訳）『遅刻してくれてありがとう ── 常識が通じない時代の生き方(上下)』日本経済新聞出版社

米国国家情報会議編（2013）（谷町真珠訳）『2030年世界はこう変わる』講談社

米国国家情報会議編（2010）（北村愛子、北村淳訳）『グローバル・トレンド2025』並木書房

堀江貴文（2020）『それでも君はどこにでも行ける』光文社

丸山俊一＋NHK「欲望の時代の哲学」制作班（2018）『マルクス・ガブリエル　欲望の時代を哲学する』NHK出版新書

丸山俊一＋NHK「欲望の時代の哲学」制作班（2020）『マルクス・ガブリエル　欲望の時代を哲学するII』NHK出版新書

南博、稲葉雅紀（2020）『SDGs ── 危機の時代の羅針盤』岩波新書

森川博之（2020）『5G ── 次世代移動通信規格の可能性』岩波新書

安宅和人（2020）『シン・ニホン ── AI×データ時代における日本の再試と人材育成』News picks publishing

山口周（2019）『NEW TYPE ニュータイプの時代』ダイヤモンド社

山崎史郎（2017）『人口減少と社会保障 ── 孤立と縮小を乗り越える』中公新書

吉川洋（2016）『人口と日本経済 ── 長寿、イノベーション、経済成長』中公新書

ランダース、ヨルゲン（2013）（野中香方子訳）『2052 ── 今後40年のグローバル予測』日経BP社

リフキン、ジェレミー（2020）（幾島幸子訳）『グローバル・グリーン・ニューディール ── 2028年までに化石燃料文明は崩壊、大胆な経済プランが地球上の生命を救う』NHK出版

レッソン、ヴィルジニー（2018）（河野彩、山口羊子訳）『2038 グラフと地図で知るこれからの20年』原書房

ロス、アレックス（2016）（依田光江訳）『未来化する社会 ── 世界72億人のパラダイムシフトが始まった』ハーパーコリンズ・ジャパン

渡邉哲也（2018）『GAFA vs. 中国 ── 世界支配は「石油」から「ビックデータ」に大転換した』ビジネス社

渡部恒雄（2020）『2021年以後の世界秩序 ── 国際情勢を読む20のアングル』新潮新書

◉ 国際政治の辞典・キーワード集など

石井修、滝田賢治編（2003）『現代アメリカ外交キーワード ── 国際政治を理解するために』有斐閣

猪口孝、岡沢憲芙、山本吉宣、大澤真幸、スティーブン・R. リード編（2000）『政治学事典』弘文堂

猪口、岡沢、山本、大澤、R. リード編（2004）『縮刷版 政治学事典』弘文堂

猪口孝、田中明彦、恒川惠一、薬師寺泰蔵、山内昌之編（2005年）『国際政治事典』弘文堂

大下尚一、有賀貞、志邨晃佑、平野孝編（1989）『史料が語るアメリカ 1584-1988 ── メイフラワーから包括通商法まで』有斐閣

川田侃、大畠英樹編（2003）『国際政治経済辞典』東京書籍

佐々木卓也編著（2011）『ハンドブック アメリカ外交 ── 建国から冷戦後まで』ミネルヴァ書房

田中明彦、中西寛編（2010）『新・国際政治経済の基礎知識［新版］』有斐閣

土佐弘之編（2011）『グローバル政治理論』人文書院

バトラー=ボードン、T（2016）（大間知知子訳）『世界の政治思想50の名著 ── エッセンスを論じる』ディスカバー・トゥエンティワン

花井等、石井貫太郎編（2009）『名著に学ぶ国際関係論［第2版］』有斐閣

ボニファス、パスカル（2019）（佐藤絵里訳）『現代地政学 国際関係地図』Discover

ボニファス、パスカル、ユベール・ヴェドリーヌ（2019）（佐藤絵里訳）『増補改訂版 最新 世界情勢地図』ディスカバー・トゥエンティワン

増田弘、土山実男編（2001）『日米関係キーワード』有斐閣

◉ 論文

会田弘継（2020）「アメリカ保守思想の変容と『小さな政府』の終焉」『中央公論』9月号、142-149頁

会田弘継×宇野重規（2019）「混迷する欧米政治の教訓 ── 国際社会の荒波を"包摂"の理念で迎え入れる」『中央公論』6月号、58-67頁

安野正士（2021）「自由主義的国際秩序 ── その思想的背景と危機」納谷政嗣・上智大学国際関係研究所編『自由主義的国際秩序は崩壊するのか ── 危機の原因と再生の条件』勁草書房、25-53頁

池内恵（2020）「すばらしい『まだら状』の新世界」『アステイオン』092、12-19頁

石川卓（2019）「『規範』による軍拡？」『国際政治（特集: 関係回復の論理と実証）』第195号、92-107頁

石川敬史（2020）「特殊にして普遍的な幻想の超大国」『アステイオン』093、14-29頁

泉川泰博（2020）「歴史的必然としてのトランプ外交とアメリカの行方」『国際問題』第694号（9月号）、6-15頁

太田宏（2020）「気候変動問題とトランプ政権のアメリカ第一主義」『国際問題』第692号（6月号）、6-17頁

尾身茂（2020）「感染症が問う人類史的課題」『外交』Vol. 60、6-11頁

大屋雄裕（2021）「パンデミックと超監視社会の可能性」『国際問題』第698号（1・2月号）、23-31頁

神谷万丈（2020）「新型コロナウイルスパンデミックと国際関係」『Security Studies 安全保障研究』第2巻第3号、49-74頁

萱野稔彦×諸富徹（2009）「環境・国家・資本主義 ── グリーン・ニューディールの行方」『現代思想』3月号、

Vol. 37-3、140-159頁

川上高司（2018）「トランプの『乱』とアメリカの衰退 ── 文明の転換期に見る危機の時代」『海外事情』第66巻第2号、2-16頁

川上高司（2019）「米中新冷戦時代の到来か」『海外事情』第67巻第1号、26-45頁

川上高司（2020）「アメリカの行方：新大統領で決まる世界」『海外事情』第68巻第6号、21-38頁

キャノン、J・ブレンドン（2019）「自由で開かれたインド太平洋とリベラルな国際秩序：評論」『国際問題』第687号（12月号）、37-48頁

キャンベル、カート・M（2020）「バイデン政権誕生なら米国のアジア政策は積極化」『外交』Vol. 63、16-21頁

久保文明（2020）「アメリカ大統領選挙　二つの現実と二つの国民」『外交』Vol. 63、34-39頁

久保文明（2021）「データと歴代政権との比較から読み解く ── バイデンが進む次の道とトランプが残す影響力」『中央公論』1月号、94-101頁

久保文明×古矢旬（2021）「深き分断　アメリカのこれから」『世界』1月号、174-184頁

熊谷聡（2021）「COVIT-19版『東アジアの奇跡』は本物か ── 経済地理的アプローチからの回答」『国際問題』第698号（1・2月）、32-42頁

倉田徹（2020）「香港危機は世界の危機へ」『外交』Vol. 62、124-130頁

古城佳子（2021）「ポスト・トランプ状況と国際協調の行方」『世界』1月号、196-203頁

小林正英（2020）「英国EU離脱後の米欧関係 ── 重層的な潮流」『国際問題』第691号（5月号）、16-26頁

佐藤丙午（2019）「INF条約と軍備管理軍縮の将来」『海外事情』第67巻第1号、90-105頁

佐藤丙午（2020）「2020年大統領選挙と米国政治」『海外事情』第68巻第6号、39-55頁

佐橋亮（2020a）「トランプ政権内部から読み解く米中貿易戦争」『中央公論』10月号、110-119頁

佐橋亮（2020b）「米中対立と日本 ── 関与から戦略的競争に移行するアメリカを中心に」『国際問題』第688号（1・2月号）、5-17頁

佐橋亮（2020c）「不信深めるアメリカの対中姿勢」『外交』Vol. 62、100-106頁

佐橋亮×辰巳由紀（2020）「バイデン新政権　対中政策の振れ幅」『外交』Vol. 64、60-69頁

シャドロー、ナディア（2020）「インド太平洋地域の安定は日米の方にかかる」『外交』Vol. 63、22-27頁

清水真人（2020）「菅政権の展望と課題」『公研』No. 687（11月号）、50-80頁

神保謙（2019a）「インド太平洋の安全保障 ── 戦略空間としての収斂」『国際問題』第687号（12月号）、7-16頁

神保謙（2019b）「戦略的空間として収斂する『インド太平洋』」『外交』Vol. 54、54-59頁

神保謙（2020）「トランプ政権と日米同盟」『外交』Vol. 63、28-33頁

新浪剛史×伊藤元重（2020）「需要喚起のアベノミクスから企業活性化のスガノミクスへ」『中央公論』12月号、26-34頁

高橋杉雄（2020）「21世紀の米国の国防戦略 ── 変化と継続」『国際問題』第694号（9月号）、16-30頁

託摩佳代（2020）「感染症と国際協力 ── 新型コロナウイルスへの台頭には何が必要か？」『国際問題』第695号（10月号）、5-14頁

田中明彦（2018）「貿易戦争から『新しい冷戦』へ」『中央公論』11月号、26-37頁

トン、カート（2020）「『バイデン政権』で対中政策はどう変わるか」『外交』Vol. 62、107-113頁

中林美恵子（2019）「アメリカ中間選挙と今後の展望」『海外事情』第67巻第1号、46-62頁

中山俊宏（2017）「異形の大統領は世界をどこへ連れていくのか」『中央公論』12月号、80-85頁

中山俊宏（2018）「トランプ政権一年、異形の大統領の内政と外交」『公研』No. 655（3月号）、52- Vol. 83頁

中山俊宏（2020）「アメリカの選択 ── 2020年アメリカ大統領選挙考」『外交』Vol. 64、48-53頁

中山俊宏×森聡（2020）『公研』第688号（12月号）、38-54頁

納家政嗣（2018）「歴史の中のリベラルな国際秩序」『アステイオン』088、14-29頁

納家政嗣（2009）「『ポスト冷戦』の終わり」『アステイオン』070、8-26頁

納家政嗣（2021）「国際協調は再生できるか」『国際問題』第698号（1・2月）、5-13頁

彦谷貴子（2020）「トランプ外交と向き合う日本外交」『国際問題』第694号（9月号）、39-51頁

ファーガソン、ニーアル（2020）「新・帝国時代の秩序なき闘争 ── 中国・ロシア、そしてGFAの脅威」『中央公論』4月号、84-93頁

フクヤマ、フランシス（2019）【アメリカ発】世界を揺るがす三つの特徴、三つの背景　民主主義の脅威『ポピュリズム』とは何か」『中央公論』6月号、94-101頁

フクヤマ、フランシス（2020）「古代王朝からひもとく習近平体制の実態」『中央公論』9月号、134-141頁

藤原帰一×三牧聖子（2020）「対談 揺れ動くアメリカ――コロナと人権をめぐって」『神奈川大学評論』第96巻、8-37頁

細谷雄一（2020）「リベラルな国際秩序と日本外交」『国際問題』第690号（4月号）、5-12頁

前嶋和弘（2019）「中間選挙後のアメリカ政治外交」『海外事情』第67巻第1号、63-75頁

松下和夫（2020）「気候危機:日本は何をすべきか?」『国際問題』第692号（6月号）、42-54頁

待鳥聡史（2019）「二大政党制の硬直化」『国際問題』第681号（5月号）、31-39頁

三浦秀之（2019）「トランプ政権における対中通商政策の決定過程――対中協調派と対中強硬派の相克『関与』か『牽制』か」馬田啓一・浦田秀次郎・木村福成・渡邊頼純編『揺らぐ世界経済秩序と日本』文眞堂、71-86頁

三牧聖子（2021）「民主主義の危機と再生――権威主義化する共和党と、投票権擁護の草の根運動」『中央公論』1月号、102-107頁

森聡（2019）「ワシントンの対中強硬姿勢の狙いと技術の安全保障化――抜き差しならない米中『技術覇権』競争」『中央公論』7月号、100-109頁

安井朝彦（2020）「トランプ政権の通商政策と国内政治の変化――保護主義の今後を占う視点」『国際問題』第689号（3月号）、17-27頁

山岸敬和（2020）「新型コロナウイルス感染症とトランプ的アメリカ」『国際問題』第695号（10月号）、29-38頁

山崎正和（2020）「二十一世紀の感染症と文明――近代を襲う見えない災禍と、日本人が養ってきた公徳心」『中央公論』7月号、22-29頁

渡部恒雄（2019）「トランプ時代が要請する日本の同盟戦略」『海外事情』第67巻第3号、65-80頁

渡辺将人（2019）「トランプ大統領 二〇二〇年への再選戦略」『外交』54、110-115頁

渡辺靖（2021）「『トランプ時代』から教訓を探る――トライバリズムを民主主義は克服できるか」『中央公論』1月号、84-93頁

渡辺靖×西山隆行×金成隆一（2020）「分断を固定化させる構造変化が起きている」『外交』Vol. 63、40-51頁

渡邊裕子（2020）「ニューヨーク現地レポート 歓喜に沸いた11月7日――『振り子』を逆に動かしたZ世代とマイノリティ」『中央公論』1月号、108-115頁

◉ **ホームページ**

「SDGsとは？」（外務省）
　　　https://www.mofa.go.jp/mofaj/gaiko/oda/sdgs/about/index.html

「SDGs（持続可能な開発目標）とは何か? 17の目標をわかりやすく解説｜日本の取り組み事例あり」
　　　https://miraimedia.asahi.com/sdgs-description/

榊原智「日米豪印（クアッド）は台湾と協力を」
　　　https://blogos.com/article/496833/

公務員総研「香港に『国家安全法制』導入決定！アメリカの反応は？」
　　　https://koumu.in/articles/200601c

公務員総研「日本における『国家安全保障会議（日本版NSC）』について」
　　　https://koumu.in/articles/287

『国家安全保障戦略』について（内閣府）
　　　https://www.cas.go.jp/jp/siryou/131217anzenhoshou.html

近藤大介「来日の中国・王毅外相『スマイル外交』に転じた理由」
　　　https://news.biglobe.ne.jp/international/1127/jbp_201127_0466450650.html

ジェームズ・カラファノ「イスラエル・UAE和平合意はトランプの中東政策が有効な証拠」
　　　https://www.trumpnewsjapan.info/2020/08/17/israel-uae-peace-agreement/

「新型コロナウイルス感染症の症状・知っておくべき注意点」
　　　https://allabout.co.jp/gm/gc/482268/

「タイ反政府デモ 3つの要求に異例の事態｜日テレNEWS24」
　　　https://www.news24.jp/articles/2020/11/10/10758885.html

「タイの反政府デモ 国王が大株主の銀行前で大規模に 緊張続く｜NHKニュース」
　　　https://www3.nhk.or.jp/news/html/20201126/k10012731241000.html

「高橋杉雄「米国の国家安全保障戦略」『NDISコメンタリー』第68号、2018年
　　　http://www.nids.mod.go.jp/publication/commentary/pdf/commentary068.pdf
『またしても歴史的な大躍進』イスラエルとモロッコが国交正常化」
　　　https://www.ntdtv.jp/2020/12/46440/
森聡「トランプ政権の国防戦略と『戦略的競争』」
　　　http://www2.jiia.or.jp/pdf/research/H30_US/03_mori.pdf
森聡「アメリカの中間選挙の結果と今後」中曽根平和研究所『コメンタリー』2018年
　　　http://www.jips.org/research/2018/11/0910
渡部恒雄「トランプ政権の国家安全保障戦略と国家防衛戦略が示す —— 現実主義と同盟国重視への回帰」

● 雑誌・新聞など

International New York Times　（＊重要な出来事の翌日の朝刊を参照）
『海外事情』（＊特にアメリカ政治外交や米中関係の記事を参照）
『外交』（＊特にアメリカ政治外交や米中関係の記事を参照）
『公研』（＊特にアメリカ政治外交や米中関係の記事を参照）
『国際問題』（＊特にアメリカ政治外交や米中関係の記事を参照）
コトバンクのHP　（＊言葉・概念の定義を確認するために参照）
NHK「これでわかった！世界のいま」（日曜日の18時05分から）
The Financial Times　（＊特にギデオン・ラックマンの記事を参照）
『【図解】まるわかり時事用語』新生出版社　（＊2009年版から2021年版まで）
『東洋経済』（＊特にアメリカ政治外交や米中関係の記事を参照）
『中央公論』（＊特にアメリカ政治外交や米中関係の記事を参照）
『日本経済新聞』（＊重要な出来事の明後日の朝刊を参照）
『ニューズ・ウィーク』（＊特にアメリカ政治外交や新型コロナ・ウイルスの記事を参照）
BBC放送のHP　（＊ヨーロッパの政治外交の記事を参照）
Foreign Affairs　（＊特にリベラルな国際秩序やアメリカ政治外交の記事を参照）
White HouseのHP　（＊アメリカ政府の文書を参照）

あとがき

　人には偶然に起こったように見えることすら、あらかじめ充分に起こり得る可能性を含んでいたのだ。つまり、私たちにとってそれが偶然に見えているだけに過ぎない。あるいは、自分の思慮不足から予測できなかっただけのことなのに、あり得ないことが起きたかのように驚きつつ、それを偶然なことだと名づけているだけである。だから、いつでもあらゆることが起こり得る。そして、あらゆることを自分が起こし得る。
　　　　　――オーストリア・ハンガリー帝国の哲学者のルートヴィヒ・ウィトゲンシュタイン

　一人ひとりに天の使命があり、その天命を楽しんで生きることが、処世上の第一要件である。　　　　　――日本の実業家で日本資本主義の父の渋沢栄一

　各国家は力の体系であり、利益の体系であり、そして価値の体系である。したがって、国家間の関係はこの三つのレベルの関係がからみあった複雑な関係である。国家間平和の問題を困難なものとしているのは、それがこの三つのレベルの複合物だということなのである。しかし、昔から平和について論ずるとき、人々はその一つのレベルだけに目をそそいできた。
　　　　　――高坂正堯『国際政治』（1966年）

　本書の企画は、構想に1年、執筆に2週間をかけた――。わずか2週間で本をまとめることができたのは、大学で1年生向けに「時事問題研究B（国際編）」の講義を担当してきたからである。膨大なレジュメを一気に文章化していった。夜中の2時に起きて、20時間ぶっとうしで、本を書き上げた。集中力には自信がある。小生は、幼い頃、部屋の隅っこで、何時間も無言でブロックを組み立てていたという。
　2019年の忙しい師走のまさに年末に、突然にひらめいたように、本書の企画を一藝社に持ち込んだところ、代表取締役社長の小野道子様と代表取締役会長の菊池公男様、企画・編集の松澤隆様が、本の出版を快く引き受けて下さった。心からの感謝を申し上げたい。

　特に2020年1月上旬の原稿の脱稿から、2021年3月の出版まで時間がかかってしまったのは、2020年11月3日のアメリカ大統領選挙を踏まえるためであった。そのため、2020年の現状もカバーする必要が生じてしまった。

　こうして生まれた本書の内容は、大学での講義の教科書としてだけではなく、就活や公務員試験の対策に役立つのではないか、と期待している。また、社会人にもわかるように、できるだけわかりやすくまとめたつもりだが、自分自身が特に専門とするアメリカ政治外交に関連する項目は、力が入り過ぎてしまったかもしれない。原則として、一つのテーマについて、約2000字程度でまとめたが、大幅に字数が増えてアンバランスになってしまった項目もある。それだけ内容が重要であるということである。

　しかし、本書は、それぞれの項目を「はじめに」でポイントと基礎知識をまとめつつ、重要な国際問題や現実の問題を「そもそも〜とは何か」というシンプルな問いから議論を出発している。また、はじめから本書を読み進めてもよいが、どの項目から読んでも理解できるように工夫した。

　また本書は、必要に応じて、国内問題や経済の問題、環境、民主化、ハイテクノロジーの問題も取り上げている。軍事や安全保障、戦争と平和の問題は、国際政治学の現実主義（realism）が第一義的に取り上げるが、リベラリズム（liberalism）が相対的により重要視する国内問題や経済の問題にも目を向けなければ、バランスのとれた入門書にはならない、と考えたからである。

　本書は、小生にとって、『＜抑制と均衡＞のアメリカ政治外交―歴史・構造・プロセス』（ミネルヴァ書房、2018年）と『国際政治の＜変化＞を見る眼―理論・歴史・現状』（晃洋書房、2019年）に続く、3冊目の本である。一気に書き上げたので、思わぬ誤字脱字や事実誤認が残っているのではないか、と少し心配である。

　2冊目の『国際政治の＜変化＞を見る眼』では、以下のミスがみつかってしまった。

・中国に対する「関与（engagement）」を「取り込み」と言い換えた箇所が、「取り組み」になっていた。これに気がついた時には、1週間以上、落ち込んだ。
・高坂正堯先生の国家と国際政治の三つの体系についての指摘を引用したが、不正確であった。この「あとがき」の冒頭で正しく引用し直した。
・また、2010年代後半は「第二次韓流ブーム」かと勘違いしていたが、正しくは、「第三次韓流ブーム」であった。高校生の姪の桃花と話していて、誤りに気がついた。
・安倍政権の「アジアの民主主義の安全保障ダイヤモンド」構想への認識が甘かった。
・ユトレヒト講和条約が、1713年と1714年の二つの協定から成ることへの理解が足りなかった。

　本書に議論を戻せば、本や論文をまとめていると、大学院時代に指導教官の石井修先生や納家政嗣先生と議論した内容を思い出すことが少なくない。同期に沖村理史さんや石川卓さん、高光佳絵さんがいて、先輩に佐藤丙午さんや山田敦さん、高柳彰夫さん、後輩に倉科一希さんや青野利彦さん、池田亮さん、堀圭一さんがいたことも幸運であった。大学学部時代に竹田いさみ先生や先輩の永野隆行さんや佐藤真千子さん、横田純一さん、後輩の水本義彦さんや久保昌央さん、本間律子さん、八丁由比さん、堀圭一さん、市原麻衣子さん、佐野康子さん、松村尚子さんたちと何時間も議論したことも、しばしば思い出す。

　こうして、これまで、さまざまな学恩に支えられてきたことになる。京都を一人旅した時に、こうしたことに想いを馳せて、知恩院の山門で一人、号泣したこともあった。酔っていたわけではない。30代の10年間、苦学したのである。

　杏林大学からは、出版助成をいただいた。特に学部長の北島勉先生と田中信弘先生に深く感謝を申し上げたい。

　深刻な腎不全を患ってきた父が、ただ家族のためだけに、長生きをしてくれていることに、心から感謝したい。2021年3月2日で、85歳になる。2月10日には、心筋梗塞を抱えている母が78歳になった。毎日毎日、両親が無事なことを感謝しつつ、眠りにつく。妹二人が幸せであることに感謝しながら、眠りにつく。姪や甥たちが日々元気なことにも感謝しながら、眠りにつく。こうして、家族が元気なうちに、小生は、本をできるだけたくさんまとめたい、と目論んでいる。

　いつか、両親に面と向かって、父と母の子供でよかったと伝えたい、といつも思う。

父の誕生日の2021年3月2日
杏林大学の井の頭キャンパスの研究室にて

島村　直幸

装丁──アトリエ・タビト

［著者紹介］

島村 直幸（しまむら・なおゆき）

1970年生まれ
獨協大学外国語学部英語学科卒業
一橋大学大学大学院法学研究科博士後期課程満期退学、博士（法学）
現在：杏林大学総合政策学部准教授
専攻：政治学、アメリカ政治外交史、国際関係論

著書
『国際政治の〈変化〉を見る眼 —— 理論・歴史・現状』（晃洋書房、2019年）
『〈抑制と均衡〉のアメリカ政治外交 —— 歴史・構造・プロセス』（ミネルヴァ書房、2018年）
『帝国の遺産と現代国際関係』（共著：勁草書房、2017年）
『イギリスとアメリカ —— 世界秩序を築いた四百年』（共著：勁草書房、2016年）
など

<ruby>教養<rt>きょうよう</rt></ruby>〉としての<ruby>国際問題入門<rt>こくさいもんだいにゅうもん</rt></ruby>

2021年4月1日　　初版第1刷発行

著　者　　島村 直幸

発行者　　菊池 公男
発行所　　株式会社 一藝社
　　　　　〒160-0014 東京都新宿区内藤町1・6
　　　　　TEL.03-5312-8890
　　　　　FAX.03-5312-8895
　　　　　振替　東京　00180-5-350802
　　　　　e-mail:info@ichigeisha.co.jp
　　　　　website://www.ichigeisha.co.jp

印刷・製本　　株式会社 日本制作センター

©Naoyuki Shimamura
2021 Printed in Japan

ISBN978-4-86359-236-0　　C3031
落丁・乱丁本はお取り替えいたします

政治学小辞典

堀江 湛・加藤秀治郎◆編

政治学で学ぶべき内容をわかりやすく小項目中心にまとめたコンパクトな辞典。大学院へ進学する準備や公務員試験準備のための重要用語の確認にも最適。

四六判 並製 302頁 定価（本体2,700円＋税） ISBN 978-4-86359-199-8

政治学入門

増田 正・丹羽文生・半田英俊・
島村直幸・吉田龍太郎・加藤秀治郎
著

中堅・新進気鋭の研究者が中心となり、基礎的な事柄をできるだけやさしく問いた入門書。

A5判 並製 182頁 定価（本体2,400円＋税） ISBN 978-4-86359-226-1

ドイツ・パワーの逆説

ハンス・クンドナニ◆著／中村登志哉◆訳

欧米を中心に活躍する気鋭の国際政治学者（英国王立国際問題研究所上級研究員）が分析した、戦後ドイツの真の姿。フィナンシャル・タイムズ、ウォールストリート・ジャーナル等で好評、邦訳後は、読売、日経、朝日新聞はじめ多くの媒体で採り上げられた注目の書。ヨーロッパと世界、日本の安全保障を考える際も必読。

A5判 並製 234頁 定価（本体2,700円＋税） ISBN 978-4-86359-196-7

「日中問題」という「国内問題」
── 戦後日本外交と中国・台湾 ──

丹羽文生◆著

元防衛大臣・森本敏氏推薦。今日の日中関係、日台関係の起点を検証した意欲的な研究。1960年代、「2つの中国」問題が、日本にとって大きな政治問題となり始めた池田勇人内閣から、「日中共同声明」調印が成った田中角栄内閣初期までの、およそ12年間──この間の日中国交正常化と、それに伴う台湾との断交の政治過程を詳論。

A5判 上製 304頁 定価（本体7,500円＋税） ISBN 978-4-86359-162-2